Kohlhammer

Kerstin Popp
Andreas Methner (Hrsg.)

Schülerinnen und Schüler mit herausforderndem Verhalten

Hilfen für die schulische Praxis

Verlag W. Kohlhammer

Alle Rechte vorbehalten
© 2014 W. Kohlhammer GmbH Stuttgart
Umschlag: Gestaltungskonzept Peter Horlacher
Gesamtherstellung:
W. Kohlhammer Druckerei GmbH + Co. KG, Stuttgart
Printed in Germany

Print:
ISBN 978-3-17-022247-2

E-Book-Format:
pdf: ISBN 978-3-17-023849-7

Inhalt

Vorwort 9

Herausfordernde Verhaltensweisen

Subjektorientierung und Kooperative Beratung 15
Monika A. Vernooij & Manfred Wittrock

Herausfordernde Verhaltensweisen in Anbetracht weiterer Förderschwerpunkte

Gestaltungsbedingung der Erziehungshilfe unter integrativen
Bedingungen 29
Kerstin Popp

Herausfordernde Verhaltensweisen im Kontext »geistiger
Entwicklung« 47
Saskia Schuppener

Herausforderndes Verhalten im Kontext körperlicher und motorischer
Entwicklung 62
Ingeborg Hedderich & Jürgen Tscheke

Herausforderndes Verhalten im Kontext sprachlicher
Entwicklung 73
Markus Spreer & Christian W. Glück

Lehreraufgaben konkret – *Lehren*

Prävention und Integration im Anschluss an den Response-to-
Intervention-Ansatz (RTI): Das Rügener Inklusionsmodell (RIM) . 89
Bodo Hartke, Kirsten Diehl, Kathrin Mahlau & Stefan Voß

Die Herausforderungen sind mannigfach 101
Walter Schledde & Jörg Schlee

Lernumgebungen erfolgreich gestalten 116
Diethelm Wahl

Lehreraufgaben konkret – *Erziehen*

SchoolSoccer® 125
Oliver Rybniker

Wie man durch hundegestützte Pädagogik erzieherische Ziele erreicht   137
Viola Liebich

Lehreraufgaben konkret – *Beraten*

Universitäre Angebote sonderpädagogischer Beratung für die
schulische Praxis 165
Roland Stein

Kooperatives Coaching 175
Andreas Methner

Beratung von Menschen mit Migrationshintergrund 193
Christa Thau-Pätz

Lehreraufgaben konkret – *Diagnostizieren*

Sonderpädagogische Diagnostikin inklusiven Settings 203
Peter Jogschies

Diagnostik emotional-sozialen Förderbedarfs – inklusive Gutachten?   219
Christian Eichfeld

Lehreraufgaben konkret – *Beurteilen*

Soziometrie in der Schulklasse 231
Angela Gutschke

Beurteilen von Verhaltensauffälligkeiten im schulischen Kontext . .   242
Andrea Bethge

Lehreraufgaben konkret – *Fördern*

Evidenzbasierte Förderung emotional-sozialer Kompetenzen zur
Prävention 255
Thomas Hennemann

Voneinander Lernen! 267
Tobias Hagen, Marie-Christine Vierbuchen & Clemens Hillenbrand

Kooperative Förderplanung 276
Conny Melzer

Kunstpädagogische Potenziale im Hinblick auf heterogene
Schülergruppen 293
Frederik Poppe & Nora Bernhardt

Autorenverzeichnis 303

Vorwort

Ein Buch mit dem Titel »Herausfordernde Verhaltensweisen« zu versehen ist eigentlich eine Herausforderung. Jeder hat einen persönlichen Bezug zu diesem Titel. Als theoretisch nicht ganz präzise wird der Begriff im deutschsprachigen Raum betrachtet. Im angloamerikanischen Sprachraum ist er aber durchaus als »challenging behavior« (»herausforderndes Verhalten«) weit verbreitet. Hier werden »herausforderndes Verhalten« und Verhaltensstörung häufig synonym gebraucht: »Any repeated pattern of behavior or perception of behavior that interferes with or is at risk of interfering with optimal learning or engagement with prosocial interactions with peers or adults« (Smith & Fox 2003, zit. n. Nilsen 2010, 143).

Nach Theunissen (2008, 17) stellt die Bezeichnung »herausforderndes Verhalten« grundsätzlich eine Parallelbezeichnung zu den bereits bestehenden Begriffen wie Verhaltensauffälligkeiten, Verhaltensstörung oder Problemverhalten dar. Mit Begriffen wie abweichendes Verhalten aus der Soziologie, seelische Behinderung im SGB, Störung u. a. des Sozialverhaltens und der Emotionen aus dem ICD-10 oder dem Förderbedarf im Bereich des emotionalen Erlebens und sozialen Handelns der KMK haben wir weitere Versuche, ein Phänomen zu erfassen, das ein »von den zeit- und kulturspezifischen Erwartungsnormen abweichendes maladaptives Verhalten« (Myschker 2008, 49) beschreibt. Die skizzierte Begriffsvielfalt könnte (fast) beliebig erweitert werden. Die begrifflichen Fassungsversuche unterscheiden sich zunächst, wie bei den aufgezeigten Beispielen deutlich wird, durch die Fachrichtung, in der sie gebräuchlich sind (vgl. Mutzeck 2000, 15). Werden die einzelnen Bereiche in sich detaillierter betrachtet, wird offensichtlich, dass weitere Begrifflichkeiten synonym nebeneinanderstehen. So sind neben dem KMK-geprägten Begriff des Förderbedarfs der emotionalen und sozialen Entwicklung Begriffe wie Verhaltensstörung, Verhaltensauffälligkeit, Gefühls- und Verhaltensstörung derzeit im schulischen Bereich gebräuchlich. »Begriffe könnte man als unwichtig abtun, aber sie sind ein Ausdruck des dahinter stehenden Denkens und Verstehens – und sie wirken unter Umständen auf das Verständnis dessen, was der Begriff bezeichnet, zurück« (Stein 2002, 5). Damit einhergehend unterliegt nicht nur das zu beschreibende Verhalten selbst einem zeitlichen Faktor, sondern der gewählte Begriff für die Abweichung in gleicher Weise.

Trotz dieses Risikos wurde der Begriff bewusst gewählt! Denn sie fordern uns heraus, die Kinder und Jugendlichen, die mit unterschiedlichsten Handlungsabläufen reagieren. Herausforderung ist positiv und negativ belegt. Führt man sich vor Augen, dass das TV-Format »Die strengsten Eltern der Welt« auf einen

Marktanteil von 7,7 % und mehr bei der Zielgruppe der 14- bis 49-jährigen Zuschauer kommt (vgl. Quotenmeter GmbH) und der Suchbegriff »Erziehungsratgeber« bei dem Online-Warenhaus Amazon mit 11 288 Ergebnissen generiert wurde (12. 09. 11), wird die Beschäftigung mit der Problematik deutlich. Offensichtlich ist das abweichende Verhalten von Kindern und Jugendlichen für viele Erwachsene ein ernst zu nehmendes Thema. Diese als abweichend wahrgenommen Verhaltensweisen stellen (meist) zunächst nur aufgrund ihrer Komplexität und ihres Schweregrades noch keine Verhaltensstörung dar. Diese Kinder und Jugendlichen bringen uns an die Grenzen unserer Belastbarkeit, aber sie fordern uns auch, fordern uns, nach neuen Wegen und Inhalten zu suchen. Mit der Bezeichnung »herausforderndes Verhalten« wird eine Ressource geschaffen, da diese eine positive Konnotation hervorruft (vgl. u. a. Theunissen 2008, 17; Stein 2011, 324) und damit diese Verhaltensweisen eine neue Bewertung erhalten (können). Im Kontext von Beratungstheorien würde bei diesem Vorgehen von »Reframing« gesprochen werden (vgl. Stumm & Pritz 2009, 587). »Oft nimmt das Leiden unter der Problematik alleine durch diese Umdeutung stark ab« (Büttner & Quindel 2005, 131) und Widerstände können überwunden werden (vgl. Miebach 2010, 135 f.). Gleichzeitig können Etikettierungsprozesse, durch stigmatisierende Begrifflichkeiten wie Verhaltensstörung, frühzeitig unterlaufen werden (vgl. Mühl 2009, 7).

Diese Ressource im Hinterkopf, wird in einem ersten Teil des vorliegenden Buches näher auf den Begriff der »herausfordernden Verhaltensweisen« in unterschiedlichen sonderpädagogischen Kontexten eingegangen werden. Die Einleitung bildet ein Aufsatz von Vernooij & Wittrock, die den Begriff des herausfordernden Verhaltens aufgreifen und nach den Veränderungen auch unter inklusiven Bedingungen suchen. In der neuen Herausforderung für die Kooperative Beratung haben sie einen möglichen Anknüpfungspunkt gefunden und geben einen Ausblick auf die Herausforderung an die Sonderpädagogik, an die Sonderpädagoginnen und Sonderpädagogen.

Im nachfolgenden Abschnitt wird das herausfordernde Verhalten im Blickwinkel unterschiedlicher sonderpädagogischer Professionen betrachtet. Der Beitrag von Kerstin Popp knüpft direkt an die Überlegungen von Monika A. Vernooij und Manfred Wittrock an, indem die Entwicklungen auf dem Gebiet der Pädagogik bei Beeinträchtigungen der emotionalen und sozialen Entwicklung und die Herausforderungen im inklusiven System beleuchtet werden. Es folgen Betrachtungen zu herausforderndem Verhalten im Kontext der geistigen Entwicklung (Saskia Schuppener), der körperlichen und motorischen Entwicklung (Ingeborg Hedderich & Jürgen Tscheke) sowie der sprachlichen Entwicklung (Markus Spreer & Christian W. Glück). Die Beiträge zeigen, dass diese Erscheinung in allen Förderschwerpunkten präsent ist, aber auch die unterschiedlichen Sichtweisen auf die Problematik.

Was wäre ein Buch über herausforderndes Verhalten, das nicht auch auf den konkreten Umgang mit diesen Verhaltensweisen eingehen würde? Dies kann natürlich nur exemplarisch geschehen. Grundlage der weiteren Themen bilden die klassischen Kompetenzen der Lehrertätigkeit: Lehren, Erziehen, Beraten,

Diagnostizieren, Beurteilen, Fördern und Innovieren. Um diese Kompetenzbereiche gruppieren sich die nächsten Beiträge.

Unter der Überschrift Lehren wird ein Konzept (einer) integrativen und präventiven Grundschule vorgestellt (Bodo Hartke, Kirsten Diehl, Kathrin Mahlau & Stefan Voß), an die klassischen Aufgaben des Lehrenden erinnert (Walter Schledde & Jörg Schlee und Diethelm Wahl).

Zum Komplex Erziehen stellen sich zwei alternative Angebote vor: das School-Soccer® (ein Fußballprojekt an Berliner Schulen von Oliver Rybniker) und die hundgestützte Pädagogik, das Team Lehrer-Hund (Viola Liebich).

Unter dem Aspekt Beratung werden Beratungsangebote für die schulische Praxis (Roland Stein), die Möglichkeiten des Kooperativen Coachings (Andreas Methner) und die Besonderheiten der Beratung bei Menschen mit Migrationshintergrund (Christa Thau-Pätz) herausgegriffen.

Kann man herausforderndes Verhalten diagnostizieren? Wie erfolgt Förderdiagnostik in der integrativen Förderung (Peter Jogschies und Christian Eichfeld)?

Unter dem Aspekt des Beurteilens geht Angela Gutschke auf die Arbeit mit Soziogrammen ein und Andrea Bethge auf die Vielfältigkeit der Situationen im schulischen Kontext.

Spezielle Förderansätze stehen im Mittelpunkt des nächsten Abschnitts. Im Überblick bei Thomas Hennemann, als spezielles Programm bei Tobias Hagen, Marie-Christine Vierbuchen & Clemens Hillenbrand, im Sinne der Förderplanung bei Conny Melzer und noch einmal als spezielles Angebot bei Frederik Poppe & Nora Bernhardt.

Auch wenn die große Mehrzahl der Autorinnen und Autoren Sonderpädagogen sind, ist das vorliegende Buch nicht nur für Sonderpädagoginnen und Sonderpädagogen gedacht, sondern auch und vor allem für Regelschullehrerinnen und -lehrer, die nach Anregungen und Antworten auf ihre Fragen im täglichen Umgang mit herausforderndem Verhalten suchen. Wir danken den Mitautoren für ihre Beiträge und wünschen, dass die Verfahren und Methoden dem Leser viele Anregungen, Ideen und Inspirationen liefern.

Wir danken Frau Marie Pichert, Herrn Christian Müller sowie Herrn Marcus Schmalfuß für die Formatierung, das Korrekturlesen der Beiträge sowie für die Illustrationen. Last but not least danken wir dem Lektor des Kohlhammer Verlages Herrn Dr. Klaus-Peter Burkarth für die stete und gute Begleitung.

K. Popp & A. Methner

Literatur

Büttner, C. & Quindel, R. (2005): Gesprächsführung und Beratung. Sicherheit und Kompetenz im Therapiegespräch. Heidelberg.
Miebach, B. (2010): Soziologische Handlungstheorie. Eine Einführung. 3. Aufl., Wiesbaden.
Mühl, H. (2009): Vorwort zur deutschen Ausgabe. In: Heijkoop, J.: Herausforderndes Verhalten von Menschen mit geistiger Behinderung. Neue Wege der Begleitung und Förderung. Weinheim, München, 7–9.
Mutzeck, W. (2000): Verhaltensgestörtenpädagogik und Erziehungshilfe. Bad Heilbrunn.
Myschker, N. (2008): Verhaltensstörungen bei Kindern und Jugendlichen. Erscheinungsformen – Ursachen – Hilfreiche Maßnahmen. 6. Aufl., Stuttgart.
Nilsen, B. A. (2010): Week by Week. Plans for Documenting Children's Development. Belmont.
Stein, R. (2002): Pädagogik bei Verhaltensstörungen. Studienbrief Katholische Erwachsenenbildung Rheinland-Pfalz – Landesarbeitsgemeinschaft. Ohne Ort.
Stein, R. (2011): Pädagogik bei Verhaltensstörungen – zwischen Inklusion und Intensivangeboten. In: Zeitschrift für Heilpädagogik, 62 (9), 324–337.
Stumm, G. & Pritz, A. (2009): Wörterbuch der Psychotherapie. Wien, New York.
Theunissen, G. (2008): Positive Verhaltensunterstützung. Marburg.

# Herausfordernde Verhaltensweisen

Subjektorientierung und Kooperative Beratung

Monika A. Vernooij & Manfred Wittrock

1 Einleitung

Angesichts der kontinuierlich steigenden Anzahl von Kindern und Jugendlichen mit teilweise gravierenden Verhaltensstörungen bereits im Vorschul- und Primarstufenalter müssen sich die Vertreter einer wissenschaftlichen Pädagogik bei Verhaltensstörungen fragen:

- Woran liegt es, dass es uns nicht einmal gelungen ist, die langsame Erosion der kindlichen Psyche zahlenmäßig wenigstens auf dem Level der 80er- und 90er-Jahre des letzten Jahrhunderts zu halten?
- Wäre es nicht eigentlich unsere Aufgabe, Konzepte zu entwickeln, die den Zerstörungsprozess der Psyche bei einem zunehmend größeren Teil unserer Kinder aufhalten, ihnen effektiv-präventiv entgegenwirken könnten?
- Befassen sich die Fachvertreter eigentlich wirklich mit dem, was bei Beeinträchtigungen bzw. Störungen der emotionalen und sozialen Entwicklung wesentlich ist?

Die Beantwortung dieser Fragen ist sicher sehr komplex. Sie reicht

- vom sozialpolitischen Mainstream der Liberalisierung und Bagatellisierung von Fehlverhalten einerseits, der Kriminalisierung und/oder Medizinisierung von entwicklungsbedingten Verhaltensweisen andererseits,
- über die Ignorierung oder Negierung menschlicher Grundeigenschaften, wie Aggression,
- bis hin zur Euphemisierung (wie »originelles« bzw. »herausforderndes Verhalten«) oder Nicht-Benennung (angeblich um Stigmatisierungsprozesse zu vermeiden) von gravierenden Störungsphänomenen in der (sonder-)pädagogischen Wissenschaft.
- Auch das lange vertretene sozialpädagogische Prinzip »Elternschutz vor Kinderschutz« hat zusätzlich über viele Jahre hin professionelle Hilfen erheblich eingeschränkt.

Die immer komplexer werdenden Umwelten, in denen Kinder aufwachsen, führen zur parzellierten Betrachtung von Lebens- und Lernsituationen.
Aber auch die Verschiebung sonderpädagogischer Einstellungen und Ziele und damit verbunden eine teils ideologische Überlagerung der sonderpädagogischen Theorie und Praxis lassen manchmal den Eindruck entstehen, dass die jeweiligen individuellen Schwierigkeiten und Probleme des einzelnen Kindes in den Hinter-

grund treten und Sonderpädagogen, teilweise gezielt entspezialisiert, zu Erfüllungsgehilfen sozial- und bildungspolitischer oder medizinischer Systeme werden.
Es kann daher nicht verwundern,

- dass ursprünglich genuin pädagogisch-psychologische Problemfelder (z. B. Hyperaktivität, Aufmerksamkeitsstörungen, Lese-Rechtschreib- oder Rechenschwäche) in den Zuständigkeitsbereich der Medizin bzw. der klinischen Psychologie übergegangen sind;
- dass intensive und professionell hochwertige (sonder-)pädagogische Maßnahmen bei Kindern mit Verhaltensstörungen bestenfalls im Bereich der »Symptombehandlung« verbleiben;
- dass die Zahl der Kinder mit Entwicklungsstörungen, insbesondere im kognitiven, emotionalen und sozialen Bereich, kontinuierlich zunimmt. Laut KMK 2010 stieg die Zahl der Schüler mit Störungen in der emotionalen und sozialen Entwicklung (ESE) von 1998 bis 2006 auf mehr als das Doppelte, präzise auf 236 % (1998: 23 488/2006: 55 442);
- dass Lehrkräfte in der Schule häufig überfordert sind, nicht, weil sie ihr unterrichtliches Handwerk nicht verstehen, sondern weil sie Kinder in großer Zahl in der Klasse haben, die scheinbar
  – ohne jedes Regelverhalten,
  – ohne Einsatzbereitschaft und Ehrgeiz,
  – ohne Interesse und Motivation für den Unterrichtsstoff
  jeden noch so gut vorbereiteten Unterricht sprengen.

Hinzu kommen in den nächsten Jahren bildungspolitische Veränderungen, die bereits heute mehr oder weniger ausgeprägt in den einzelnen Bundesländern eingeleitet wurden:

- Grund- und Hauptschulen unterliegen in besonderem Maße dem demografischen Wandel, was bundesweit insbesondere im Sekundarbereich I zu anderen schulorganisatorischen Formen führen wird, z. B. zur Bildung einer »Oberschule« bei Verzahnung von Haupt- und Realschule.
- Förderschulen bzw. die bisherige sonderpädagogische Erziehung und Bildung von Kindern und Jugendlichen mit Behinderungen/Beeinträchtigungen sieht sich bildungspolitisch mit unterschiedlichen Formen der Umsetzung von Art. 24 der »Convention on the Rights of Persons with Disabilities« (CRPD), Konvention für die Rechte von Menschen mit Behinderungen« (UNO 12/2006, von Deutschland ratifiziert 3/2009) konfrontiert.

Dies bedeutet:

- Eine mehr oder weniger radikale Hinwendung zur »inklusiven Schule«;
- die Entwicklung von Strategien und Konzepten zur Verstärkung der aktiven Zusammenarbeit von Grundschulen und sonderpädagogischen Förderzentren bzw. zur Optimierung inklusiver Settings bezogen auf Kinder mit Beeinträchtigungen;

- die Weiterentwicklung zukunftsangemessener Konzepte für die sonderpädagogische Grundversorgung (z. B. Regionale Integrationskonzepte, »RIK« in Niedersachsen) und für mobile sonderpädagogische Dienste an allen Schulstufen;
- die (Weiter-)Entwicklung von Konzepten und Methoden für Kinder und Jugendliche mit »Verhaltensstörungen« in inklusiven Klassen, insbesondere bei gewaltbereiten, schulaversiven und traumabasierten Verhaltensformen.

Dabei darf von Bildungspolitikern und Fachexperten Art. 7 Abs. 2 der UN-Konvention (CPRD) nicht außer Acht gelassen werden. Ausdrücklich wird dort darauf hingewiesen, dass bei allen Maßnahmen, die Kinder mit Behinderungen betreffen, »das Wohl des Kindes« vorrangig zu berücksichtigen sei!

2 Verhaltensstörungen in Zeiten der Inklusion

Im Grundgesetz für die Bundesrepublik Deutschland (GG) heißt es in Art. 6 Abs. 2:
»Pflege und Erziehung der Kinder sind das natürliche Recht der Eltern und die ihnen zuvörderst obliegende Pflicht. Über ihre Betätigung wacht die staatliche Gemeinschaft.«
Abgesehen davon, dass die staatliche Überwachung ganz offensichtlich nicht hinreichend verlässlich zu gelingen scheint, wie zahlreiche verstörende Beispiele der letzten Jahre beweisen, kann man sich des Eindrucks nicht erwehren,

- dass ein kleiner, aber nennenswerter Teil der Eltern auf ihre Rechte pocht, ohne ihre Pflichten (in der Pflege und Erziehung ihrer Kinder) in ausreichendem Maße zu erfüllen;
- dass ein ernst zu nehmender Teil der Eltern die Bedürfnisse von Kindern im Hinblick auf eine positive Entwicklung nicht zu kennen scheint und damit diesen Bedürfnissen auch nicht entsprechen *kann*.

Dies alles ist nicht neu, alle benannten Aspekte sind in unterschiedlichen Zusammenhängen schon einmal beschrieben worden. Das Ausmaß der »Beeinträchtigungen im Verhalten« im Allgemeinen und der »Verhaltensstörungen« im Speziellen steigt allerdings stetig, wird jedoch zum Teil in gravierender Weise geleugnet bzw. bagatellisiert.
Sicher ist aber:
Kein Kind wird mit Verhaltensstörungen geboren!
Verhaltensstörungen sind das Ergebnis eines schwierigen Entwicklungsprozesses innerhalb eines komplexen Umfeldgefüges, dessen wesentlicher Teil – insbesondere in den ersten Lebensjahren – das häuslich-familiale Umfeld ist.
Wenn dieses nicht frühzeitig in Maßnahmen/Konzepte einbezogen wird, können sozial- und sonderpädagogische Maßnahmen nicht wirklich erfolgreich sein, denn nur wenige der in unterschiedlicher Weise gefährdeten Kinder entwickeln aus

eigener Kraft die notwendige Resilienz für ein sozial angemessenes Verhalten bzw. Handeln.

Die nicht erst mit der UN-Konvention für die Rechte von Menschen mit Behinderungen aufgeworfene (bildungspolitische) Frage, ob Sonderpädagogik im 21. Jahrhundert nicht ein sonderpädagogisches bzw. förderpädagogisches Handeln in integrativen bzw. inklusiven Settings sein sollte, wird in den Bundesländern zwar unterschiedlich, aber mit einem mehr oder minder klaren »Ja« beantwortet.

Als Fachwissenschaftler kann diesem »Ja« jedoch nur mit Einschränkung zugestimmt werden. Die schulorganisatorische Weiterentwicklung zu integrativen und inklusiven Formen ist sinnvoll und notwendig. Vor dem Hintergrund qualitativ hochwertiger förderpädagogischer Konzepte – in den meisten Bundesländern noch in der Entwicklung – und mit den entsprechenden (sonder-)pädagogischen Ressourcen könnte die »inklusive Schule« dem allergrößten Teil der Schüler und Schülerinnen mit Behinderungen/Beeinträchtigungen und ihren jeweiligen individuellen Förderbedarfen gerecht werden.

In einer Zeit, in der die Entwicklung von Konzepten und Modellen für eine »inklusive Schule«, d. h. für einen non-kategorialen Zugang aller Kinder zur allgemeinen Schule, also für eine gemeinsame Beschulung (»Integration«) behinderter und nicht behinderter Kinder, die (sonder-)pädagogische Diskussion bestimmt, stellt sich die Frage:

Was geschieht mit Schülern und Schülerinnen, die schwere Formen von Beeinträchtigungen im Verhalten aufweisen? Gemeint sind Kinder und Jugendliche

- mit schweren Traumatisierungen,
- verfestigten selbst- und fremdverletzenden Verhaltensmustern,
- Drogen-, Suchtabhängigkeit,
- massiv schuldistanzierte Schüler (»Straßen-Kids«),
- »entkoppelte« Jugendliche (sogenannte »Systemsprenger«).

Wer nimmt diese Schüler und Schülerinnen, für die das Jugendamt häufig händeringend eine stationäre Unterbringung sucht?

Bisher die Schule für Erziehungshilfe bzw. die Schule mit dem Förderschwerpunkt emotionale und soziale Entwicklung. In der momentanen schulischen Umbruchsituation scheint deren Bestand allerdings nicht überall gesichert.

Zu einer sonderpädagogischen Grundversorgung gehören jedoch, neben einer klaren Präferenz von Inklusion, Angebote für Kinder und Jugendliche, für die aus unterschiedlichen Gründen inklusive Settings nicht die bestmögliche Erziehung und Bildung darstellen, deren Förderung und Wohlergehen in einer Regelklasse massiv gefährdet wären.

Die seit vielen Jahren in Deutschland kontrovers geführte »Integrationsdiskussion«, aktuell als »Inklusionsdiskussion« fortgesetzt, ist nicht frei von ideologischen Prägungen. Dabei wird ein bedeutsamer Aspekt außer Acht gelassen:

Alle Bemühungen, die Heterogenität der Kinder, aller Menschen als »normal« zu begreifen, alle Bemühungen, die Gruppen der Kinder mit sonderpädagogischen Förderbedarf zu de-kategorisieren, Schulformen umzubenennen, z. B. Sonderschulen zu Förderschulen oder Hauptschulen zu Regionalschulen, um damit bestehende Etikettierungsprozesse aufzuheben, sind zum Scheitern verurteilt, solange nicht in der Gesellschaft das Prinzip der unveräußerlichen Wertschätzung eines jeden Menschen vertreten und gelebt wird oder wie es Wolfensberger (1986/2005) schon vor über 20 Jahren forderte, für die »Valorisation« der Menschen mit Impairments, Handicaps und Disabilities gearbeitet wird.

Fragwürdig erscheinen zudem die Tendenzen zur Dekategorisierung im Zusammenhang mit Behinderungen/Beeinträchtigungen sowie zur Entspezialisierung von sonderpädagogischem Lehr- und Fachpersonal. Ahrbeck (vgl. 2011, 43) bezeichnet vor diesem Hintergrund Inklusion als den (oberflächlichen) Versuch, alle Unterschiede einzuebnen!

Mit Blick auf Kinder und Jugendliche mit Verhaltensstörungen lässt sich feststellen, dass es bis heute in Deutschland kein durchgängiges, gestuftes, dem (sonder-)pädagogischen Förderbedarf der Kinder angepasstes pädagogisches System der Hilfen gibt, wie es bereits seit den 80er-Jahren des letzten Jahrhunderts in Kanada mit dem »gestuften System pädagogischer Hilfen« (»Cascade of Educational Services«, Winzer 1990, 86f.) besteht. Seit Langem werden umfängliche Diskussionen, um den »korrekten« Weg zur »besten« Hilfe für Kinder mit Beeinträchtigungen in der emotionalen und sozialen Entwicklung geführt (vgl. Hinz 2002; Schmidt & Dworschak 2011). Die verschiedenen Teilgruppen der »Kinder in Multiproblemlagen« werden aber nicht präzise expliziert und somit Kinder mit ausagierend-herausforderndem Verhalten häufig im gleichen pädagogischen Präventions- bzw. Interventionskonzept betrachtet wie Kinder mit schwerem kinderpsychiatrischen Störungsbildern. Auch werden wenig empirisch geprüfte Konzepte propagiert. Nach deren Evaluation wird die Zielgruppe wiederum recht allgemein beschrieben (Preuss-Lausitz & Textor 2006). Insofern gibt es kaum empirisch überprüfte und effektive Konzepte für die pädagogische Arbeit bei spezifischen Störungsbildern, wiewohl diese in der schulischen Praxis, sowohl in der allgemeinen als auch in den Förderschulen, dringend gebraucht würden.

Insbesondere die allgemeinen Schulen werden den »special needs« der einzelnen Kinder bisher wenig gerecht, es sei denn in sehr speziellen Projekten, die meist auch wissenschaftlich begleitet werden (Preuss-Lausitz & Textor 2006).

Vor diesem Hintergrund und dem der pädagogischen Verantwortung für das Wohl der Kinder wird deutlich, dass es keine Alternative zum Prinzip des »least restrictive environment« (Prinzip der stets geringstmöglich einschränkenden Settings, Winzer 1990) in der pädagogischen Arbeit mit Kindern »mit Beeinträchtigungen in der emotionalen und sozialen Entwicklung« gibt. Somit muss sowohl das Grundprinzip der Inklusion insbesondere im Hinblick auf die »Partizipation an gesellschaftlichen Vollzügen« (ICF; WHO 2001; UNO 2006) gelten als auch das Prinzip des individuellen Förderbedarfs, der aufgrund seiner hohen Differenziertheit und Komplexität eines gestuften Systems der Hilfen bedarf.

Zusammenfassend lässt sich für die aktuelle Situation konstatieren:

- Einerseits nimmt die Zahl der Kinder mit Störungen in der emotionalen und sozialen Entwicklung kontinuierlich zu.

- Andererseits führen notwendige schulische Reformprozesse möglicherweise dazu, dass die jeweiligen spezifischen, individuellen Probleme von Kindern mit sonderpädagogischen Förderbedarf nicht mehr differenziert wahrgenommen und die betroffenen Kinder somit auch nicht angemessen gefördert werden.

Die Überwindung dieser gegensätzlichen Tendenzen setzt eine enge Kooperation zwischen einer Schulpädagogik für wirklich alle Schulen und einer sich öffnenden Sonderpädagogik (beide verstanden als Teildisziplinen der Pädagogik) voraus.

3 Kooperative Beratung als Handlungsgrundlage

Mit Blick auf den Titel dieses Beitrages entsteht vielleicht die Frage: Was hat eine solch provokative Situationsanalyse mit der Konzeption der »Kooperativen Beratung« (vgl. Mutzeck 2008 a/b) zu tun? Dieser Ansatz enthält solche Schärfen nicht!

In der Tat erscheint das Konzept auf den ersten Blick als moderat. In Mutzecks Denken, niedergelegt und komprimiert in diesem Beratungskonzept, zeigt sich jedoch, dass er die hier dargelegten Aspekte durchaus mit bedacht hat.

Seine Ausführungen zum Menschenbild (vgl. Mutzeck 2008 b, 221 ff.) zeigen einerseits ein zutiefst humanistisches Menschenbild, das ausgehend von individuellen menschlichen Fähigkeiten allerdings zwangsläufig das Gegenteil bzw. die mangelhafte Ausprägung dieser Fähigkeiten als Möglichkeit akzeptiert.

Er verdeutlichte jedoch überzeugend die strukturelle Gleichheit der handelnden Subjekte:

»Die aufgezeigten Menschenbildannahmen gelten prinzipiell für alle Menschen. So ist der ›Störende‹, zumindest von der Struktur der potenziellen Fähigkeiten eines reflexiven Subjekts her, als ebenso kognitions-, emotions-, handlungsfähig etc. anzunehmen wie der ›Nicht-Auffällige‹. ... es gibt keinen strukturellen Widerspruch zwischen der einen und der anderen Gruppe« (Mutzeck 2008 b, 234).

Diese, seine erkenntnis- und handlungsleitenden Grundlagen werden bereits recht früh sehr deutlich. Im Jahr 1987 angefragt für einen Artikel zum Thema »Forschungsmethoden in der Pädagogik bei Verhaltensstörungen« im Handbuch der Sonderpädagogik, Band 6 (Mutzeck & Berbalk 1989, 120 ff.) entschied er sich, diesen Beitrag zusammen mit einem Koautor (Heinrich Berbalk) zu verfassen und gleichzeitig durch den Mitautor das aus seiner Sicht klassische Verständnis der empirischen Forschungsmethoden kompetent und differenziert darstellen zu lassen, bevor er selbst im zweiten Teil des Beitrages (143 ff.) eine alternative methodische Zugangsweise der »dialog-konsensualen Rekonstruktion«, vor dem theoretischen Hintergrund seiner Menschenbildannahmen und des »Forschungsprogramms Subjektive Theorien (FST)« entwickelt, was zu der Zeit noch weitgehend Neuland in einer Pädagogik bei Verhaltensstörungen war.

Sehr gradlinig finden sich in seinen nachfolgenden Veröffentlichungen stets die Grundannahmen der Humanistischen Psychologie und des Forschungsprogramms Subjektive Theorien wieder.

In der aktuellen Diskussion um eine unbedingte Umsetzung der Inklusion für alle Schüler – und somit explizit auch für Schüler mit gewaltorientierten Verhaltensmustern –, finden sich Unterschiede zwischen dem Bild eines Konzeptes von »Integration« mit dem kennzeichnenden Merkmal einer »Individuumszentrierung« und dem Bild eines Konzeptes von »Inklusion« mit dem kennzeichnenden Merkmal einer »systemischen Orientierung«. Diese Veränderung der Perspektive könnte als Gegensatz verstanden werden. Wäre dies so, käme das nicht nur in der (sonder-)pädagogischen Arbeit mit Kindern und Jugendlichen mit Beeinträchtigungen im Verhalten einer vordergründigen »Einebnung« von Problemsituationen gleich. In diesem Zusammenhang sei noch einmal auf die bereits mehrfach betonten Grundlagen der Arbeit von Mutzeck rückverwiesen. Die Unverträglichkeit einer rein systemischen Perspektive mit den Menschenbildannahmen des Beratungskonzepts sollte die Problematik einer solchen Gegensatzbildung, die hier eben nicht als Gegensatzeinheit bzw. Dichotomisierung verstanden wird, mehr als deutlich machen.

Die »Kooperative Beratung« (nach Mutzeck), entwickelte sich auf eben dieser, stets explizierten Basis, verknüpft mit dem handlungstheoretischen Ansatz, der in einem langjährigen Prozess gleichfalls optimiert wurde.

Wie bereits mehrfach angedeutet, steht im Bezugsrahmen einer Kooperativen Beratung stets die Menschenbildkonzeption an erster Stelle. Ergänzt wird dieser Bezugsrahmen durch die Konstruktion von Wirklichkeit (im Sinne einer von Carl Rogers beeinflussten Richtung des Konstruktivismus). Auf diesen beiden grundlegenden Rahmungen aufgebaut entwickelte Mutzeck seine Konzeption eines Handlungsmodells.

Dieses Handlungsmodell einer Kooperativen Beratung musste somit stringent ableitbar sein aus den zugrunde liegenden Menschenbildannahmen und es wurde exakt so vertreten. Als zentrale Determinanten im Beratungsprozess wird in diesem Ansatz beschrieben:

- die Symmetrie und die Akzeptanz,
- die Selbstexploration, das dialogische Verstehen und den Dialog-Konsens sowie
- das Vertrauen.

Insbesondere im Zusammenhang menschlichen Handelns werden diese Determinanten unter konstruktivistisch-systemischer Perspektive im Konzept expliziert (vgl. Mutzeck 2007b, 74f.).

Ausgehend von der Prämisse, dass menschliches Verhalten wesentlich auf Zielorientierung, Planung, Entscheidung und Sinnhaftigkeit basiert und damit eine Handlung darstellt, weist Mutzeck darauf hin,

- dass Zielorientierung und Sinnhaftigkeit von Außenstehenden nur durch Interpretation erschlossen werden können;

- dass diese Interpretation auf Auskunft über bewusste mentale Prozesse des Handelnden angewiesen ist;
- dass die Zusammenhänge von Zielen, Plänen und Entscheidungen immer auf einer jeweils individuell-subjektiven Konstruktion von Wirklichkeit beruhen;
- dass die ungeprüfte Interpretation eines Beobachters sich unter Umständen gravierend von der Selbstinterpretation des Handelnden unterscheidet und daher nie unmittelbar in Richtung auf eine Handlungsentscheidung wirksam werden kann.

»Im Vordergrund der Beschreibung und Erklärung von Handlungen steht somit die Innenperspektive, das Erfassen der subjektiv-individuellen Sichtweise (Konstruktion) von Wirklichkeit« (Mutzeck 2007b, 75).

Jede Handlung einer Person stellt ein kontextgebundenes Geschehen dar, wobei die jeweilige Person, systemisch betrachtet, mehreren Systemen gleichzeitig angehört. Dadurch nehmen die Kontexte an Komplexität zu, ohne die individuell-subjektive Komponente zu mindern.

»Ein Handlungsmodell auf der Grundlage des Menschen als reflexivem Subjekt in seinen systemischen Bezügen stellt keine gradlinige Ursache-Wirkung-Beziehung dar, sondern eher einen zirkulären Rückkoppelungsprozess. Handlung ist ein wechselseitiges inter- und intraaktives Geschehen« (Mutzeck 2007b, 75).

Insofern werden in allen Schritten zur Kooperativen Beratung und zu deren Handlungsmodell einerseits die personenzentrierte Grundhaltung und andererseits die Problemlösung als Struktur des Beratungsprozesses deutlich.

Sehr stimmig entwickelte er daraus ein methodisches Vorgehen, das Klarheit und Halt für alle Beteiligten bietet. Unter anderem deshalb ist das Modell einer Kooperativen Beratung so erfolgreich, nicht nur in der Sonderpädagogik, sondern in nahezu allen pädagogischen Handlungsfeldern (vgl. Mutzeck 2008a).

Auch wenn sich Mutzeck bei seinen Ausführungen wesentlich auf pädagogisch-psychologisches Personal im Zusammenhang mit Kindern mit Verhaltensstörungen bezieht, so gelten seine Ausführungen fraglos für alle handelnden Subjekte, d. h. auch für Eltern, was für die pädagogische (Zusammen-)Arbeit mit ihnen erhebliche Ressourcen und Potenziale vermuten lässt, die bisher in der professionellen Beratungsarbeit wohl zu wenig genutzt wurden.

Betrachtet man diesen eben skizzierten Entwicklungsprozess eines Beratungskonzeptes, so zeigt sich einerseits eine ausgesprochen hohe Stringenz, aber in den Anfängen auch eine etwas andere Schwerpunktsetzung hinsichtlich der Zielgruppe als in der Endfassung. In einem frühen Aufsatz legt Mutzeck die Grundzüge einer »dialogischen Methode« zur Erfassung von Problemsituationen dar. Im Mittelpunkt stehen hier das Kind und sein primäres Umfeld im Zusammenhang mit sonderpädagogisch-schulischer Erziehungshilfe.

»Abschließend und zusammenfassend wird noch einmal darauf hingewiesen, dass trotz vieler Probleme, die Eltern und Lehrer erfahrungsgemäß miteinander haben, eine Zusammenarbeit dieser beiden Gruppen dringend notwendig ist, wenn es darum geht, einen positiven schulischen und familiären Rahmen für die Erziehung der ihnen anvertrauten Kinder zu gestalten« (Mutzeck 1988, 54).

In späteren Fassungen der Kooperativen Beratung trägt er der veränderten schulpolitischen Tendenz Rechnung, indem die Gestaltung einer positiven schulischen Situation vor dem Hintergrund zunehmend integrativer Settings in den Vordergrund rückt. Das Aufgabenfeld Beratung erhält in diesem Zusammenhang eine zentrale Bedeutung, die es zweifelsohne bis heute, z. B. in den Tätigkeiten der Mobilen Dienste im Förderschwerpunkt »Emotionale und Soziale Entwicklung« hat.

»Die Sonderschullehrerinnen und -lehrer, die beratend tätig sind, stehen vor der Aufgabe, mit den Lehrkräften der Regelschulen zu arbeiten. Vor allem bei der Beratungskonstellation »Lehrkraft berät Lehrkraft« ist die bisher oft übliche vertikale Beratung meistens nicht oder nur wenig erfolgreich.« (...) Einer solchen Beratungssituation »angemessen und häufig wirkungsvoller ist eine horizontale Beratungsweise« (Mutzeck 1993, 304 f.).

4 Ausblick

Für Mutzeck war eben dies die Methode der »Kooperativen Beratung«, die er zunehmend präzisierte und zum Ausbildungscurriculum erweiterte und Generationen von Sonderpädagogen engagiert und überzeugend nahegebracht hat, im Wesentlichen als professionelle Grundlage zu einer auf Gleichwertigkeit beruhenden kollegialen Beratung, kollegialen Supervision oder zum Kooperativen Coaching (vgl. Mutzeck 2007b, 83).

Dabei müssen alle Lehrerinnen und Lehrer als Ausgangspunkt aller ihrer fachlichen Bemühungen die Grundprinzipien der »Inklusion« und der »Normalität von Heterogenität« erfahren und konkret umsetzen lernen (fachlich-thematisch, didaktisch, methodisch). In der zukünftig so bedeutsamen Zusammenarbeit von Lehrern verschiedener Schulformen bzw. unterschiedlicher Professionen werden Beratungsprozesse und damit Beratungskonzepte und ihre Umsetzung eine immer größere Rolle spielen. Hierbei könnte das Konzept der Kooperativen Beratung (nach Mutzeck 2008a) eine zielführende Hilfe sein.

Zu wenig genutzt werden hingegen die Potenziale der Kooperativen Beratung für die – möglichst frühe – Elternberatung, um auch einen positiven familiaren Rahmen für Kinder und Jugendliche mit Entwicklungs- und Verhaltensstörungen zumindest ansatzweise (mit) zu gestalten.

»Kooperation«, so Mutzeck, »ist auch eine innere Haltung, eine Einstellung zum Ratsuchenden im Sinne eines Gesprächs*partners*« (2007b, 71).

Genau diese Haltung prädestiniert die Kooperative Beratung auch für Gespräche mit Eltern – horizontal, nicht vertikal – dialogisch, nicht belehrend!

Sicher wäre es im Sinne einer Kooperativen Beratung, wenn sich die im Handlungsfeld der Sonderpädagogik professionell Tätigen auf seinen ursprünglichen Ausgangspunkt zurückbesinnen würden, indem sich ein Teil der Trainingskurse schwerpunktmäßig auf Gespräche mit Eltern/Erziehungsberechtigten konzentrierte, auch oder gerade weil Beratungssituationen mit Eltern häufig in besonderer Weise problematisch sind.

Das schrittweise klientenorientierte Vorgehen in Mutzecks Konzept,

- von der Problembeschreibung über den Perspektivenwechsel zur Situationsanalyse,
- von der Zielentwicklung über die gemeinsame Suche nach unterschiedlichen Handlungswegen zur autonomen Handlungsentscheidung,
- von der Umsetzungsplanung über begleitete Durchführungsversuche bis zur gemeinsamen Reflexion der Ergebnisse (Mutzeck 1992; 1996/2008 a; 2007 b; 2008 b),

kann Eltern in akzeptierend-unterstützender Weise zu verändertem pädagogischem Handeln führen, damit das Beziehungsgefüge innerhalb des Familiensystems verbessern und stärken, und so nicht nur die schulische, sondern auch die familiäre Situation positiver gestalten. Letztere ist in den meisten Fällen die grundlegende Voraussetzung dafür, dass Kinder und Jugendliche in die Lage versetzt werden, ihr Selbstkonzept zu verbessern und in sozialen Situationen angstfrei und annähernd angemessen agieren zu können.

Zu den aktuellen Herausforderungen für theoretisch und für praktisch arbeitende Sonderpädagogen im Bereich der Pädagogik bei Verhaltensstörungen gehören wesentlich:

- Die Entwicklung von (sonder-)pädagogischen Standards für alle Formen von Erziehungshilfe (vorschulisch, schulisch, außer- und nachschulisch), unter Beachtung der jeweiligen spezifischen Förderbedarfe des betroffenen Kindes, für dessen angemessene Förderung ein gestuftes pädagogisches System von Hilfen notwendig ist, auch und ganz besonders im schulischen Bereich. Hierbei darf die Zieldimension keine optimale »Schule für Erziehungshilfe« sein, sondern die optimale Schule für alle Kinder! Auf diesem Weg sollte aber den schwerer sozial und psychisch geschädigten Kindern die Chance gegeben werden, ein (schulisches) Setting zu erhalten, das ihren besonderen Bedürfnissen gerecht wird, solange es nötig ist.
- Die Vernetzung von Fachexperten unterschiedlicher Profession und deren kollegial-horizontale Zusammenarbeit im Sinne des kooperativen Konzeptes von Mutzeck.
- Die Entwicklung eines tragfähigen Konzeptes für die frühzeitige professionelle Zusammenarbeit mit Eltern (bitte nicht unter dem Stichwort: »Elternarbeit«!), das den von Mutzeck so erfolgreichen Weg weiterführt in ein Beratungsmodell für die horizontale Beratung von Eltern.

Am Ende des Buches »Kooperativen Beratung« findet sich die Aussage »... (fast) nichts ist unmöglich, man muss es nur wollen!« (Mutzeck 2008 a, 180).

Es ist vielleicht häufiger eine Frage des Erkennens als des Wollens. Insofern sei in Abwandlung des Zitats gesagt:

Das Konzept der Inklusion birgt, ebenso wie das Konzept der Kooperativen Beratung, viele Potenziale, man muss sie nur erkennen und mutig nutzen!

Literatur

Ahrbeck, B. (2011): Der Umgang mit Behinderung. Besonderheit und Vielfalt, Gleichheit und Differenz. Stuttgart.
Drave, W., Rumpler, F. & Wachtel, P. (Hrsg.) (2000): Empfehlungen zur sonderpädagogischen Förderung. Allgemeine Grundlagen und Förderschwerpunkte (KMK). Würzburg.
GG (Grundgesetz für die Bundesrepublik Deutschland) (2011): München.
Hinz, A. (2002): Von der Integration zur Inklusion. Terminologisches Spiel oder konzeptionelle Weiterentwicklung? In: Zeitschrift für Heilpädagogik, 53. Jg., 354–361.
KMK (Sekretariat der Ständigen Konferenz der Kultusminister der Länder in der Bundesrepublik Deutschland) (2010): Statistische Veröffentlichung der Kultusministerkonferenz. Sonderpädagogische Förderung in Schulen 1998–2008. Dokumentation Nr. 189. Bonn.
Mutzeck, W. (1988): Eine dialogische Methode. In: Goetze, H. & Neukäter, H. (Hrsg.): Disziplinkonflikte und Verhaltensstörungen in der Schule. Oldenburg (3. Aufl. 1991).
Mutzeck, W. (1992): Grundlagen und Methoden der Beratung. Studienbrief der FernUniversität Hagen.
Mutzeck, W. (1993): Kooperative Beratung. In: Neukäter, H. & Wittrock, M. (Hrsg.): Verhaltensstörungen. Erziehung – Unterricht – Beratung. Oldenburg.
Mutzeck, W. (1996): Kooperative Beratung. Grundlagen und Methoden der Beratung und Supervision im Berufsalltag. Weinheim.
Mutzeck, W. (1999): Kooperative Beratung als Ansatz und Methode. In: Dirks, U. & Hausmann, W. (Hrsg.): Reflexive Lehrerbildung. Weinheim, 231–251.
Mutzeck, W. (2007a): Pädagogisches Training als Möglichkeit der Vermittlung von Handlungskompetenzen. Darstellung am Beispiel des Studiengebietes Beratung. In: Mutzeck, W. & Popp, K. (Hrsg.): Professionalisierung von Sonderpädagogen. Weinheim, 405–419.
Mutzeck, W. (2007b): Kooperative Beratung. In: Diouani-Streek, M. & Ellinger, S. (Hrsg.): Beratungskonzepte in sonderpädagogischen Handlungsfeldern. Oberhausen, 71–89.
Mutzeck, W. (2008a): Kooperative Beratung. Grundlagen, Methoden, Training, Effektivität. 6. Aufl., Weinheim, Basel.
Mutzeck, W. (2008b): Handlungstheoretischer Ansatz. In: Vernooij, M. & Wittrock, M. (Hrsg.): Verhaltensgestört!? Perspektiven, Diagnosen, Lösungen im pädagogischen Alltag. 2. aktualisierte Aufl., Paderborn.
Mutzeck, W. & Berbalk, H. (1989): Forschungsmethoden in der Pädagogik bei Verhaltensstörungen. In: Goetze, H. & Neukäter, H. (Hrsg.): Handbuch der Sonderpädagogik. Band 6: Pädagogik bei Verhaltensstörungen. 2. Aufl. 1993, Berlin, 120–152.
Preuss-Lausitz, U. & Textor, A. (2006): Verhaltensauffällige Kinder sinnvoll integrieren – eine Alternative zur Schule für Erziehungshilfe. Bericht über eine Evaluationsstudie. In: Zeitschrift für Heilpädagogik, 57 (1), 2–9.
Schmidt, M. & Dworschak, W. (2011): Inklusion und Teilhabe – Gleichbedeutende oder unterschiedliche Leitbegriffe in der Sonder- und Heilpädagogik? In: Zeitschrift für Heilpädagogik, 62, 269–280.
UNO (2006): Übereinkommen über die Rechte von Menschen mit Behinderungen. Convention on the Rights of Persons with Disabilities (CRPD) vom 13.12.2006. Resolution 61/106 der Generalversammlung der UNO. (In Kraft getreten am 03.05.2008, in Deutschland in Kraft getreten 26.03.2009).
Vernooij, M. A. (2005): Erziehung und Bildung beeinträchtigter Kinder und Jugendlicher. Paderborn.

Vernooij, M. A. & Wittrock, M. (Hrsg.) (2008): Verhaltensgestört!? Perspektiven, Diagnosen, Lösungen im pädagogischen Alltag. 2. aktualisierte Auflage. Paderborn.

WHO (World Health Organisation) (2001): International Classification of Functioning, Disability and Health: ICF. Genf.

Winzer, M. (1990): Children with Exceptionalities. Scarborough.

Wittrock, M. (2007): Ist die Schule für Erziehungshilfe zeitgemäß? Zur schulischen Betreuung von Kindern und Jugendlichen mit Beeinträchtigungen im Verhalten bzw. in der emotionalen und sozialen Entwicklung. In: Mutzeck, W. & Popp, K. (Hrsg.): Professionalisierung von Sonderpädagogen. Weinheim, 276–283.

Wolfensberger, W. (1986/2005): Die Entwicklung in den USA und in Kanada. In: Thimm, W. (Hrsg.): Das Normalisierungsprinzip. Marburg, 168–186.

Herausfordernde Verhaltensweisen in Anbetracht weiterer Förderschwerpunkte

Gestaltungsbedingung der Erziehungshilfe unter integrativen Bedingungen

Kerstin Popp

Herausforderndes Verhalten treffen wir in allen Schultypen an, wie die Beiträge aus den unterschiedlichen sonderpädagogischen Förderschwerpunkten im ersten Kapitel zeigen. Und dennoch gibt es einen sonderpädagogischen Bereich, in dem es ausschließlich um Kinder und Jugendliche mit herausfordernden Verhaltensweisen geht: den Förderschwerpunkt emotionale und soziale Entwicklung. Der Förderschwerpunkt emotionale und soziale Entwicklung spielt in der Diskussion um Integration daher eine zentrale Rolle.

Einerseits ist es jener Bereich, in dem es scheint, dass die Kinder und Jugendlichen am einfachsten integrierbar seien. Es ist der Förderschwerpunkt, bei dem im Bundesdurchschnitt die meisten Schülerinnen und Schüler integrativ beschult werden. Seit dem Schuljahr 2003 wächst der Anteil der integrativ beschulten Schülerinnen und Schüler kontinuierlich und erreichte 2009 mit 38,2 % den höchsten Stand (vgl. KMK 2009; KMK 2010 a/b).

Andererseits besteht die Auffassung, dass »Kinder mit Verhaltensauffälligkeiten am schwierigsten zu integrieren sind« (Preuss-Lausitz & Textor 2006, 2). Auch in schulischen Projekten mit einer heterogenen Gruppenzusammensetzung stellen sie eine Herausforderung für den schulischen Alltag dar, wie der Schlussbericht zum Schulversuch »Unterricht in jahrgangsübergreifenden Lerngruppen« (JÜL) aus Berlin von Greif-Gross zeigt:

»Auch einige sehr kluge Kinder mit Förderbedarf im Bereich der sozial-emotionalen Entwicklung können in einer jahrgangsgemischten Stammgruppe ihren Platz finden, indem sie intellektuell nicht unterfordert werden und gleichzeitig ihr oft kleinkindhaftes Verhalten zeigen können, ohne zum Außenseiter zu werden. Schwierig wird es allerdings, wenn mehrere solcher Kinder sich in einer Gruppe befinden! Häufig gerät dann die Arbeitsfähigkeit der Gruppe ins Wanken, mitunter müssen dann auch Entscheidungen getroffen werden, die die Gruppe vor Einzelnen schützt. Einige JÜL-Klassen fühlten sich benachteiligt, weil ihre Gruppen als Auffangbecken für die schwierigsten Schüler ihrer Schule missbraucht wurden. – Zu viele schwierige Schüler können auch jahrgangsgemischte Gruppen überfordern …« (Greif-Gross 2006, 12).

Sind Kinder und Jugendliche mit Förderbedarf in der emotionalen und sozialen Entwicklung auch unter integrativen Bedingungen eine besondere Herausforderung?

Betrachten wir zuerst die Ausgangslage, bevor wir uns mit den Gestaltungsbedingungen befassen, um diesen scheinbaren Widerspruch besser zu verstehen.

1 Herausforderndes Verhalten und der Förderschwerpunkt emotionale und soziale Entwicklung

1.1 Das Problem mit dem Begriff

Eigentlich ist die Beschreibung der Personengruppe, mit der wir uns hier beschäftigen, bereits eine »Herausforderung«. Kein anderer sonderpädagogischer Förderschwerpunkt hat so vielfältige Begriffe für die Eigenschaften von Kindern und Jugendlichen, die betroffen sind. Herausforderndes Verhalten macht ja nur auf die Reaktionsweise aufmerksam, die diese Verhaltensweisen auslösen.

Myschker (2008) hat mehrfach darauf verwiesen, wie lang die Geschichte der Betreuung von Kindern und Jugendlichen mit Verhaltensstörungen eigentlich ist, ohne dass es eine wirkliche schulische Entsprechung gab. Die Schule für Erziehungshilfe ist eine der letzten Sonderschulen, die gegründet wurde und die es auch nicht in allen Bundesländern in gleichem Umfang und in gleicher Ausrichtung gegeben hat. Viele Jahrhunderte hat die Beschulung in anderen Einrichtungen als Sonderschulen stattgefunden, die allerdings ebenfalls meist separierend waren, aber alle von dem Grundgedanken ausgegangen sind, dass die Vermittlung von Bildung die Chance für diese Kinder und Jugendlichen ist, ein selbstbestimmtes Leben zu führen.

Selbst bei der Bestimmung des »Klientels«, des Personenkreises, um den es sich handelt, hat eine vielfältige Diskussion stattgefunden, die von Hillenbrand (2008) und Stein (2011 a) aufgearbeitet wurde. Vor allem Stein macht darauf aufmerksam, dass sich der Fokus der Begriffsbestimmung verschoben hat.

Längst sind es nicht mehr die Erziehungsschwierigkeiten im schulischen Kontext, wie sie bei Havers (1981) noch benannt wurden, die im Mittelpunkt der Aufmerksamkeit stehen. Die KMK lenkte 1994/2000 die Überlegung auf den Zusammenhang von emotionalen und sozialen Auffälligkeiten. Damit wurde die Definition von Myschker[1] um eine wesentliche Komponente erweitert: das unangepasste Sozialverhalten steht häufig auch in Zusammenhang mit fehlenden emotionalen Kompetenzen. Durch Opp (2003) wird daher auch der aus dem Amerikanischen entlehnte Begriff der Gefühls- und Verhaltensstörungen favorisiert.

Der Zusammenhang zum sozialen Normbegriff, der bekanntlich zeit- und kulturspezifisch ist, erschwert die »Normierung« des unangepassten Verhaltens.

---

1 »Verhaltensstörung ist ein von den zeit- und kulturspezifischen Erwartungen abweichendes maladaptives Verhalten, das organogen und/oder milieureaktiv bedingt ist, wegen der Mehrdimensionalität, der Häufigkeit und des Schweregrades die Entwicklungs-, Lern- und Arbeitsfähigkeit sowie das Interaktionsgeschehen in der Umwelt beeinflusst und ohne besondere pädagogisch-therapeutische Hilfe nicht oder nur unzureichend überwunden werden kann.« (Myschker 2009, 49).

Warum wurde an dieser Stelle so ausführlich auf diese Diskussion eingegangen? Zum einen, weil die in der Überschrift thematisierten Gestaltungsbedingungen der Erziehungshilfe einen Schultyp charakterisieren, der in seiner organisatorischen und strukturellen Ausgestaltung in den Bundesländern eine enorme Facettenvielfalt zeigt und zum Teil selbst von Region zu Region innerhalb eines Bundesland durch verschiedenste Organisationsformen gekennzeichnet ist. Zum anderen, weil es um die Integration von Kindern und Jugendlichen geht, die meist nur als unangepasst, herausfordernd wahrgenommen werden, was sowohl die Zuschreibung einer Eigenverschuldung als auch die Ablehnung durch die Umwelt einschließt. Wenn wir für diese Kinder und Jugendliche geeignete Formen der Beschulung finden wollen, müssen wir verstehen, welche Problemlösestrategien, welche sozialen Bedingungen, emotionalen Kompetenzen hinter diesem Verhalten stehen.

1.2 Prävalenzraten der Störungen der emotionalen und sozialen Entwicklung

Es ist sehr schwer nachvollziehbar, in welcher Größenordnung Kinder und Jugendliche mit Störungen und Auffälligkeiten in der emotionalen und sozialen Entwicklung anzutreffen sind. Welche konkreten Belege gibt es für einen Anstieg der Betroffenen, wie Pressemeldungen immer wieder suggerieren?

Eine der größten Studien, die dies belegen könnte, ist die sogenannte KiGGS-Studie – das Kinder- und Jugendgesundheitssurvey an dem 7102 Mädchen und 7376 Jungen im Alter von 3 bis 17 Jahren teilnahmen. Hier wurden Eltern nach dem auffälligen Verhalten der Kinder befragt. Betrachtet man die Ergebnisse, die zu sogenanntem auffälligen Verhalten erhoben wurden (▶ Tab. 1), zeigt sich eine sehr große Gruppe von Kindern und Jugendlichen mit auffälligem Verhalten.

Tab. 1: Störungen der emotionalen und sozialen Entwicklung nach Altersverteilung laut KiGGS (modifiziert nach Hölling et al. 2007, 786)

		Altersgruppen				
		3–6 Jahre	7–10 Jahre	11–13 Jahre	14–17 Jahre	Gesamt
Geschlecht	Jungen	6,9	11,4	11,2	7,2	9,0
	Mädchen	3,7	6,5	5,7	5,4	5,3
Migrationsstatus	Migrant	10,0	10,6	12,0	7,1	9,8
	Nicht-Migrant	4,4	8,8	7,8	6,2	6,7
Sozio-ökonomischer Status	Niedriger	11,4	15,6	13,3	9,1	12,2
	Mittler	4,0	8,1	7,8	5,8	6,4
	Höherer	1,6	4,2	3,9	4,3	3,5
	Gesamt	5,3	9,0	8,5	6,3	7,2

Es wird aber auch deutlich, dass vor allem die 7- bis 13-Jährigen, also Schülerinnen und Schüler der Klassen 2 bis 7 besonders betroffen sind.

Nicht neu ist, dass Jungen, aber auch Kinder mit Migrationshintergrund überrepräsentiert sind.

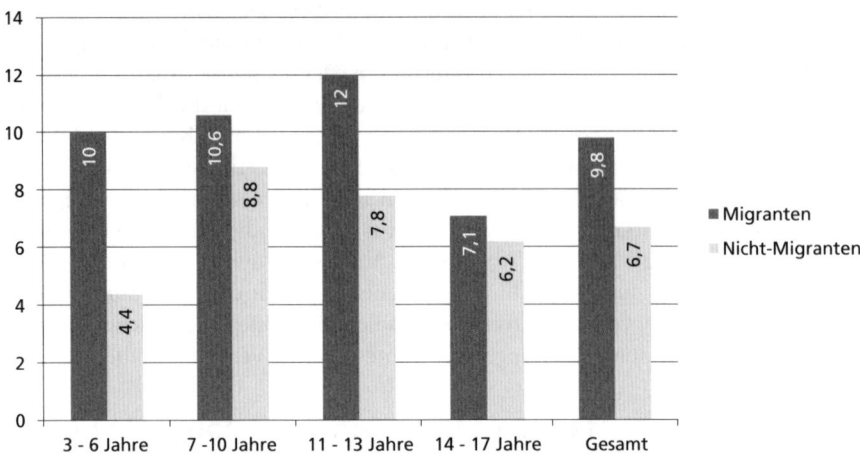

Abb. 1: Störungen der emotionalen und sozialen Entwicklung nach Altersverteilung laut KiGGS (modifiziert nach Hölling et al. 2007, 786) nach Migrationshintergrund

Ein Gleiches trifft auf den sozio-ökonomischen Status zu:

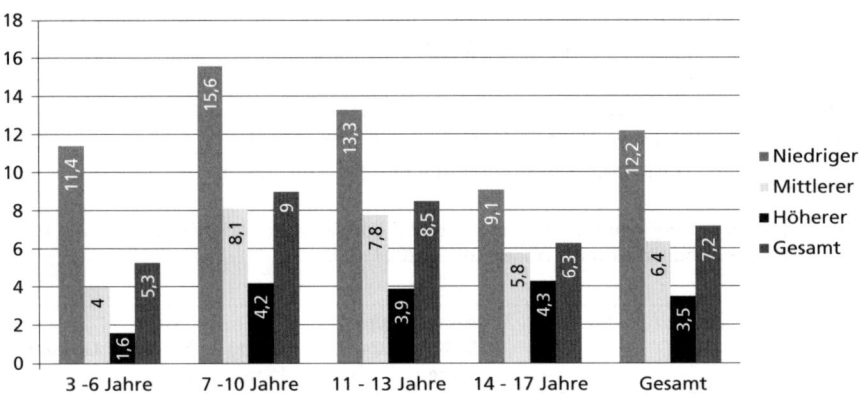

Abb. 2: Störungen der emotionalen und sozialen Entwicklung nach Altersverteilung laut KiGGS (modifiziert nach Hölling et al. 2007, 786) nach sozio-ökonomischem Status

Wenn auch die Zahl der Kinder mit 3 bis 6 Jahren unter dem Durchschnitt liegt, ist doch erschreckend, dass die Vorschüler ein Niveau haben, das dem der Schülerinnen und Schüler der 8. bis 10. Klasse ähnelt.

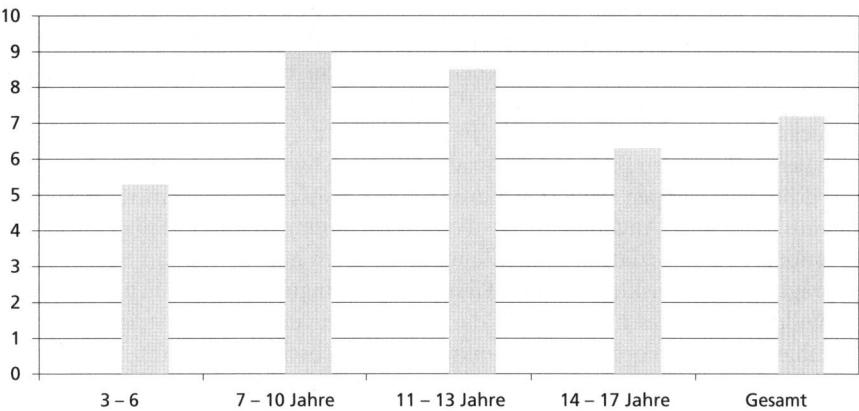

Abb. 3: Störungen der emotionalen und sozialen Entwicklung nach Altersverteilung laut KiGGS (modifiziert nach Hölling et al. 2007, 786) nach Altersgruppen

Auch im Vorschulalter liegen die Migrantenkinder sowie Kinder mit niedrigem sozio-ökonomischen Status weit über dem Gesamtdurchschnitt.

Die KiGGS-Studie hat einzelne Verhaltensmerkmale gesondert untersucht. Bezogen auf die Gesamtwerte unterscheiden sich die Angaben zu emotionalen Störungen kaum von den gezeigten Werten zum auffälligen Verhalten insgesamt. Betrachtet man jedoch die Werte zu den sogenannten externalisierenden Auffälligkeiten, sieht dies anders aus (▶ Tab. 2). Verhaltensprobleme im Bereich des sozialen Verhaltens (dissozial, deviant, wütend werden, schlagen) sind doppelt so häufig anzutreffen, betreffen fast jedes 5. Kind und werden bereits im Vorschulalter deutlich.

Tab. 2: Externalisierende Störungen unter den Störungen der emotionalen und sozialen Entwicklung nach Altersverteilung laut KiGGS (modifiziert nach Höllinget al. 2007, 789). In der Klammer jeweils die Angaben zu den Verhaltensstörungen insgesamt.

| | | Altersgruppen | | | | |
		3–6 Jahre	7–10 Jahre	11–13 Jahre	14–17 Jahre	Gesamt
Geschlecht	Jungen	18,4 (6,9)	18,7 (11,4)	18,2 (11,2)	15,7 (7,2)	17,6 (9,0)
	Mädchen	13,1 (3,7)	11,3 (6,5)	15,4 (5,7)	11,6 (5,4)	11,9 (5,3)
Migrationsstatus	Migrant	16,7 (10,0)	17,6 (10,6)	20,3 (12,0)	15,1 (7,1)	17,0 (9,8)
	Nicht-Migrant	15,6 (4,4)	14,6 (8,5)	16,1 (7,8)	13,4 (6,2)	14,4 (6,7)
Sozio-ökonomischer Status	Niedriger	21,4 (11,4)	23,7 (15,6)	21,8 (13,3)	20,1 (9,1)	21,4 (12,2)
	Mittler	14,9 (4,0)	13,4 (8,1)	15,7 (7,8)	12,3 (5,8)	13,7 (6,4)
	Höherer	11,7 (1,6)	9,5 (4,2)	13,4 (3,9)	9,9 (4,3)	10,1 (3,5)
	Gesamt	15,8 (5,3)	15,1 (9,0)	16,9 (8,5)	13,7 (6,3)	14,8 (7,2)

Bei Lehrerinnen und Lehrern wäre die Einschätzung ähnlich gewesen. Neuere Untersuchungen von Döpfner et al. (2011) haben allerdings auch gezeigt, dass deutsche Lehrerinnen und Lehrer ihre Schüler als auffälliger beurteilen als dies US-amerikanische Kollegen tun. Döpfner schlussfolgert daraus »Diese Unterschiede müssen dann spezifisch im deutschen Schulsystem oder in der Wahrnehmung deutscher Lehrer zu suchen sein« (Döpfner et al. 2011, 106). Hierbei ist zu berücksichtigen, dass Kinder und Jugendliche mit Auffälligkeiten in der emotionalen und sozialen Entwicklung in allen Förderschwerpunkten anzutreffen sind. Die größeren Gruppen stellen auch in anderen Schulformen die Lehrkräfte vor eine Herausforderung. Andererseits ist die Wahrnehmung einer Auffälligkeit in der emotionalen und sozialen Entwicklung durch einen hohen Grad an Subjektivität geprägt, was die Diskussion über Gestaltungsbedingungen zusätzlich erschwert.

Willmann verwies bereits 2007 darauf, dass wir noch immer steigende Schülerzahlen in allen Förderschwerpunkten um durchschnittlich 26 % haben (vgl. Willmann 2007, 22). Im Bereich der Beeinträchtigungen der emotionalen und sozialen Entwicklung verdreifachten sich die Schülerzahlen von 19 648 im Jahr 1992 auf 59 200 im Jahr 2009 (vgl. KMK 2009). Bei sinkenden Gesamtschülerzahlen in Deutschland ist dieser Anstieg grotesk. Der vielzitierte angebliche Werteverfall der Gesellschaft ist sicher nur zu einem geringen Teil Verursacher. Zu diskutieren wären veränderte soziale Ausgangslagen, aber auch die Bestrebung der Regelschule, frühzeitig auf Problemfälle aufmerksam zu machen.

In einem Beitrag für das Mitteilungsblatt des VDS (Landesverband Hamburg) verweist Herz auf den engen Zusammenhang zwischen Störungen der emotionalen und sozialen Entwicklung und der sozialen Lebenslage von Familien, in denen diese Kinder aufwachsen.

»Es sind insbesondere Schülerinnen und Schüler mit Verhaltensstörungen und/oder Lernbeeinträchtigungen, oft in Verbindung mit Migrationshintergrund, die die Wettbewerbsfähigkeit der Schule gefährden« (Herz 2011, 6).

Herz schlussfolgert aus den ständig steigenden Zahlen von Schülern mit Förderbedarf in der emotionalen und sozialen Entwicklung, dass dies eine Folge der Platzierung, Segregierung und Separierung ist, die durch den bloßen Appell zur Integration nicht aufgehoben wird (Herz 2011, 6), dass soziale Probleme in die Schule gedrängt werden. Dabei wird deutlich, dass es nicht die Schülerschaft mit Beeinträchtigungen der emotionalen und sozialen Entwicklung gibt. Zum einen unterscheiden sich die Auffälligkeiten in der emotionalen-sozialen Entwicklung sehr deutlich, reichen von erworbenen Verhaltensweisen über nicht erlernte Verhaltensweisen bis zu krankhaften Erscheinungsbildern. Zum anderen unterscheidet sich die Problemlage von 14- bis 16-jährigen Jugendlichen von denen 6- bis 8-jähriger Kinder. Ferner gibt es Kinder, die bereits vor Schuleintritt, wie die KIGGS-Studie zeigt, in ihrer sozialen-emotionalen Entwicklung auffällig sind und teilweise aus diesem Grund vom Schulbesuch zurückgestellt werden, aber auch Schüler, die erst später Auffälligkeiten zeigen, die z. B. aus Schwierigkeiten mit Übergängen von der Grund- zur weiterführenden Schule resultieren. Die Diskussion um die Gestaltung der schulischen Unterstützungssysteme für Kinder und Jugendlich sollte diese unterschiedliche Ausgangslage stärker berücksichtigen.

1.3 Schule für Erziehungshilfe

Erstmals festgeschrieben wurde die Schule für Erziehungshilfe in den KMK-Empfehlungen von 1972. Sie wurde wie folgt ausschließlich über das Klientel bestimmt:
»Die Schule für Verhaltensgestörte nimmt Kinder und Jugendliche auf, die sich der Erziehung in der allgemeinen Schule so nachhaltig verschließen und widersetzen, dass ihre eigene Entwicklung und die ihrer Mitschüler erheblich gestört oder gefährdet wird« (KMK 1972, 36).

Um diesen Schülern gerecht zu werden, wurde nach Beschulungsmöglichkeiten gesucht, die bereits auf die notwendige Kooperation unterschiedlicher Tätigkeitsfelder hinwies.

»Diesen Schülern ist durch besondere Erziehungsmaßnahmen, die zwischen Schule, schulpsychologischem Dienst, Erziehungsberatungsstellen und Erziehungsberechtigten abgestimmt werden müssen, zu helfen. Ggf. sind sie in Kleinklassen zusammenzufassen« (KMK 1972, 36).

Festgeschrieben wurde 1972 aber auch, dass es sich bei der Schule für Erziehungshilfe um eine Durchgangsschule handeln soll. Trotz des Durchgangsprinzips sind die Rückschulungsquoten nach wie vor sehr gering: So berichtet Neukäter (1993, 262 f.) von 1–20 % der Kinder und Jugendliche der Schule für Erziehungshilfe, die in den 70er- und 80er-Jahren in die Regelschule reintegriert werden konnten. Voigt (1998) legt in einer Studie im Raum Ostwestfalen dar, dass 73 % der Schüler der Schule für Erziehungshilfe nicht reintegriert worden sind. Dass sich daran wenig geändert hat, zeigt Vernooij auf: »Die Rückschulungsquote von Schülern der Schule für Verhaltensgestörte (Schule für Erziehungshilfe) liegt im Bundesdurchschnitt bei 10–12 %« (Vernooij 2007, 73). Das Durchgangsprinzip von Organisationsformen der Erziehungshilfe erweist sich bei der derzeitigen schulischen Praxis mehr als Einbahnstraße – von der Regel- in die Förderschule – denn als ein Umweg, der in zwei Richtungen begehbar ist.

Verbreitet war dieser Schultyp in Deutschland sehr unterschiedlich. Es gab schon immer Bundesländer, die keine speziellen Schulen hatten, andere arbeiteten hauptsächlich mit Heimschulen oder Sonderklassen.

Wie bereits dargestellt, wurde die Schule für Erziehungshilfe gegründet, um Kindern, die in ihrem Erleben und Verhalten beeinträchtigt sind, eine Möglichkeit der zeitlich begrenzten Unterrichtung zu bieten, die ihnen helfen soll, Lern-, Leistungs- und Verhaltensdefizite abzubauen. Die Besonderheiten dieses Schultyps reflektierend, fasst sie Stein in folgenden Punkten zusammen:

a) Besondere Organisationsform: geringere Klassenfrequenz (-größe)
b) Besondere Vernetzung (Heim- und Tagesgruppen, Werkstätten, Kinder- und Jugendpsychiatrie, Jugendamt)
c) Besondere pädagogische und didaktische Konzepte (vgl. Stein 2011a, 131).

Gerade diese besonderen pädagogischen und didaktischen Konzepte bleibt die Verhaltensgestörtenpädagogik leider aber meistens schuldig. Sie ist die einzige sonderpädagogische Disziplin, die keine eigene Didaktik hat. Alle Versuche, eine solche zu schaffen, haben sich nicht durchgesetzt, obwohl bis heute Elemente daraus verwendet werden (TOS: Therapeutisch orientierter Sonderunterricht; ETU: Entwicklungstherapeutischer Unterricht) (vgl. auch Hillenbrand 2011; Stein & Stein 2006). Diese Elemente könnten aber wiederum auch in der Regelschule umgesetzt werden, wenn es notwendig wäre. An der Erziehungshilfeschule wird häufig didaktisch kein anderer Unterricht als an der Regelschule gegeben. So wird das Hauptaugenmerk auf den erzieherischen Charakter gelegt: Wird nach dem didaktischen »Rüstzeug« gesucht, wird von guter Schule, von Struktur, Regeln, vom Loben, vom Annehmen der Schüler, von Öffnung für die Lebenswelt der Schüler, handlungsorientiertem Unterricht gesprochen.

»Die Ziele (der schulischen Erziehungshilfe – K.P.) orientieren sich zwar grundsätzlich an denen der jeweiligen Bezugsschule, gehen jedoch regelhaft darüber hinaus und umfassen neben edukativen auch solche der Verhaltensregulation und emotionalen Stabilisierung:

- Vermittlung von Kenntnissen und Kompetenzen gemäß Curriculum GS und HS
- Abbau von Lerndefiziten, Anschluss an Lernziele des Jahrgangs
- Aufbau angemessener/entwicklungsfördernder Verhaltensweisen
- Ganzheitliche Förderung im Sinne der Persönlichkeitsentwicklung und dem Ziel eines sozial und personal integrierten Lebens
- Behebung oder Minderung von Verhaltensstörungen und in der Folge Rückschulung
- Reduzierung von Schulunlust und Ängsten, Misstrauen, negativer Selbsteinschätzung, Aufbau von Beziehungsfähigkeit, Solidarität und Autonomie« (Ricking 2011 a, 5).

Edukative, verhaltensregulierende Momente sind neben der emotionalen Stabilisierung also Hauptakzent der Arbeit an der Schule für Erziehungshilfe, denen diese gerecht werden kann, weil in ihr in enger Kooperation mit Jugendhilfe, Kinder- und Jugendpsychiatrie u. a. Einrichtungen gearbeitet, in kleinen Klassen ohne primären Leistungsdruck unterrichtet werden kann. Gerade diese Merkmale sehen Lehrerinnen und Lehrer bei einer integrativen Unterrichtung gefährdet.

Opp charakterisierte die Schule für Erziehungshilfe wie folgt:

»Die Besonderheit der Schule für Erziehungshilfe besteht in der Verpflichtung, ihre Schüler in der Bewältigung ihres Lebensalltags zu unterstützen, entwicklungsfördernde soziale, persönliche und emotionale Fähigkeiten aufzubauen. Die Schülerinnen und Schüler dieser Schule finden hier die Möglichkeit, ihren Begabungen und Fähigkeiten entsprechende schulische Leistungen und Kompetenzen zu entwickeln und berufsqualifizierende Fähigkeiten erwerben zu können, deren Entfaltung in der allgemeinen Schule signifikant gefährdet waren« (Opp 2003, 66).

Als spezielle pädagogische Möglichkeiten verifiziert er »diagnostische Maßnahmen, Erziehungsplanung, Beratung, Unterrichtsgestaltung, pädagogisch-therapeutische Arbeit, Sozialarbeit und eine schulhausspezifische Gestaltung des Schullebens«, die sich »an den jeweiligen Kompetenzen und Problemen der Schülerschaft orientieren« (Opp 2003, 67).

Gleichzeitig ist die Ansammlung von schwierigen Schülern an einer Schule ein tatsächliches Problem, da diese sofort mit einem hohen Gewaltpotenzial verbunden ist. Positive Vorbilder fehlen in der Regel vollkommen (nehmen wir einmal die Pädagogen der Schule aus). Mit zunehmendem Alter der Schülerinnen und Schüler nimmt dagegen der Einfluss der Peergroup zu.

Der schlechte Ruf der Erziehungshilfeschule hat eine weitere stigmatisierende Wirkung und schafft damit leider eine hohe Hemmschwelle gerade für jene Eltern, die kooperationsbereit sind.

Gerade im Zuge von Inklusion und Integration müssen wir dafür Sorge tragen, dass die jetzige Schule für Erziehung nicht zu einer Restschule für soziale Problemfälle wird. Es ist notwendig, darüber nachzudenken, wie es gelingt, für Kinder aus sozialen Problemfamilien die Regelschule offenzuhalten. Neben den noch folgenden Vorschlägen zur (Um-)Gestaltung der Schule für Erziehungshilfe ist dies eine gesamtgesellschaftliche Aufgabe, die eine ganze Reihe von Problemkreisen öffnet, die hier nur angedeutet werden können: das Nachdenken über Selektion, Auslese im Schulsystem, die erzieherische Aufgabe aller Schulen und die Schaffung von Voraussetzungen dafür in diesen Schulen, Familienbildung und familienunterstützende Maßnahmen, die wirklich beim Kind ankommen.

Ein weiteres Problem, mit dem wir konfrontiert werden, ist eine zunehmende Medizinalisierung unseres Klientels. Kinder mit Förderbedarf in der emotionalen und sozialen Entwicklung werden leider immer jünger, immer früher werden sie wegen entsprechender Probleme in der Kinder- und Jugendpsychiatrie vorstellig, wie bereits gezeigt wurde. Eltern wenden sich vertrauensvoll an Mediziner, in der Hoffnung auf schnelle Heilung für ihre Kinder. Dieser Trend hat aber auch zwei negative Tendenzen:

Zum einen werden immer mehr Themen hauptsächlich rein medizinisch besetzt. So ist seit Langem ADHS (Aufmerksamkeitsdefizit- und Hyperaktivitätssyndrom) ein Thema der medizinischen Fachliteratur, pädagogische Antworten findet man vergleichsweise wenig.

Es kommen immer mehr Kinder in die Schule, denen medizinisch bescheinigt wird, dass sie unbeschulbar, nicht beschulbar oder nur in kleinen Gruppen führbar seien oder dass sie austherapiert seien. Schule kann diese Kinder aber nicht ablehnen (wir haben eine allgemeine Schulpflicht) und ist so vor eine scheinbar unlösbare Aufgabe gestellt, denn eine Einzelbeschulung ist im Schulgesetz nur als Ausnahme vorgesehen und steht sicher nicht im Geiste der Inklusion.

Zum anderen nehmen die medizinischen Antworten auf diese Kinder zu. Ich denke dabei an die Bestsellerbücher von Michael Winterhoff oder das medizinische Therapiezentrum von Michael von Aster in Berlin. Winterhoff hat in seinen Büchern sicher zu Recht auf bindungsgestörte Kinder verwiesen, die aber nur einen Teil unseres Klientels ausmachen und für die er therapeutische, aber nicht pädagogische Hilfe anmahnt. Michael von Aster therapiert und unterrichtet Kinder mit Störungen der emotionalen und sozialen Entwicklung in seinem Zentrum für schulische und psychosoziale Rehabilitation in einem Zweijahreskurs. Auch hier ist die Pädagogik nur Gast.

1.4 Zusammenfassung

In keinem anderen Bereich der Sonderpädagogik haben wir es mit einer solch vielschichtigen Ausgangslage zu tun:

a) Nach wie vor wird die Klientel unterschiedlich beschrieben. Es kristallisiert sich jedoch dabei heraus, dass nicht mehr nur soziale »Fehlleistungen«, auffälliges Verhalten beschrieben wird, sondern dass auch die sich dahinter verbergenden emotionalen und psychischen Probleme thematisiert werden. Es geht nicht mehr vordergründig nur um Erziehung, sondern um das Nachholen, das Forcieren von emotionaler und sozialer Entwicklung.
b) Gleichzeitig haben wir einen rasanten Anstieg der betroffenen Kinder und Jugendlichen zu verzeichnen, die Betreuungspersonen an die Grenzen ihrer Möglichkeiten führen.
c) Kinder rücken immer früher in den Fokus von Förderung und umgekehrt tritt immer deutlicher zutage, dass nur eine frühzeitige, präventive Förderung wirksam sein kann.
d) Die vielfältige Problematik erfordert eine vielfältige Kooperation, da immer mehr »Professionen« an der Förderung beteiligt sind.
e) Zunehmend drohen diese Kinder in nicht pädagogische Förderungen abzugleiten, die nicht immer professionellen Charakter haben.
f) Soziale Probleme werden in zunehmendem Maße Risikofaktor für die Herausbildung von Auffälligkeiten in der emotionalen und sozialen Entwicklung.
g) Die sozialen Probleme der entsprechenden Schülerinnen und Schüler bergen die Gefahr der Abschiebung eines sozial unliebsamen Schülerklientels in eine Restschule.
h) Zunehmende Integration erfordert einen professionelleren Umgang mit Integration.

2 Gestaltungsbedingungen der integrativen Erziehungshilfe

Aus der Zusammenfassung werden sowohl die Notwendigkeit, aber auch die Probleme einer integrativen Gestaltung der Erziehungshilfe deutlich. In vielen Regionen wird an deren Umsetzung gearbeitet. Bevor auf diese Umsetzung eingegangen wird, noch eine für mich eng mit der Integration verbundene Problematik, die Prävention.

2.1 Prävention von Verhaltensstörungen

Im Vorangegangen wurde auf die »Verschiebung« in der Sichtweise auf Kinder und Jugendliche mit Beeinträchtigungen in der emotionalen und sozialen Entwicklung hingewiesen.

a) Insbesondere auch die Ergebnisse der KiGGS-Studie haben gezeigt, dass Kinder aus sozial schwachen Milieus und mit Migrationshintergrund besonders gefährdet sind.
»Traumatisierung und Vernachlässigung treten im Kindesalter aber zumeist nicht isoliert, sondern in Umwelten auf, die verschiedenste psychosoziale Risikofaktoren akkumulieren. 80 % der traumatischen Ereignisse von Kindern und Jugendlichen erfolgen in ihrem unmittelbaren sozialen Umfeld ... Familien, in denen die Kinder vernachlässigt, körperlich misshandelt oder sexuell missbraucht werden, weisen sehr häufig, aber nicht immer, noch andere Risikofaktoren, wie psychische Erkrankungen der Eltern, Armut, beengte Wohnverhältnisse, soziale Isolation auf ... Leider scheinen kindliche Traumatisierungen auch das Risiko für weitere traumatische Ereignisse auf dem Lebensweg wesentlich zu erhöhen ...« (Schmid, Fegert & Petermann 2010, 48).
b) Mangelnde soziale Kompetenzen resultieren erwiesenermaßen häufig aus fehlenden emotionalen Kompetenzen (vgl. z. B. Petermann & Wiedebusch 2008).
c) Grundlagen für diese Entwicklungen werden bereits frühzeitig, häufig in der frühen Kindheit, also vor dem Schuleintritt gelegt.

Die Arbeit von Schreyer-Mehlhop & Petermann (2011) z. B. belegt erneut den direkten Zusammenhang von primärer Sozialisation und Auffälligkeiten in der Entwicklung: »Es zeigte sich, dass negatives Erziehungsverhalten der Mütter mit Verhaltensproblemen der Kinder einherging« (Schreyer-Mehlhop & Petermann 2011, 45). Weiter heißt es: »Die vorliegenden Ergebnisse unterstreichen den Stellenwert einer frühzeitigen Prävention im Bereich der elterlichen Erziehungskompetenz, da der Zusammenhang von elterlicher Erziehungskompetenz und kindlichen Verhaltensauffälligkeiten offensichtlich wird« (Schreyer-Mehlhop & Petermann 2011, 46).

Um den ständigen Anstieg der Anzahl von Kindern und Jugendlichen mit Förderbedarf in der emotionalen und sozialen Entwicklung sinnvoll zu begegnen, ist primär eine Stärkung der Prävention und nur sekundär die Verbesserung der Intervention notwendig.

In den letzten Jahren wurde eine Reihe von *Programmen* entwickelt (z. B. Hillenbrand et al. 2008; Petermann et al. 2006; Zeller 2007), die bereits im Kindergarten und Vorschulalter eingesetzt werden können und erfolgreich zu einer sichtbaren Stärkung von emotionalen und sozialen Kompetenzen und somit zur Verringerung von emotionalen und sozialen Störungen beitrugen.

»Ein Grundproblem der Sonderpädagogik war lange und ist es zum Teil heute noch, dass die Förderung im Entwicklungsverlauf zu spät einsetzt – häufig erst dann, wenn das Vollbild einer Störung bereits vorlag – und so viele Optionen verschenkt wurden, den Entwicklungsgradienten früh wirksam zu beeinflussen.

Längsschnittstudien und solche, die Entwicklungspfade von Schülern hinsichtlich wichtiger psycho-sozialer Parameter nachzeichnen, betonen die Notwendigkeit, Verzögerungen zu vermeiden und Interventionen früh wirksam werden zu lassen« (Ricking 2011a, 40).

In entsprechenden Kindergartengruppen sollten die genannten Programme vermehrt eingesetzt werden. Dabei sollte die Kooperation zu anderen Bereichen gesucht werden. So fallen die Kinder häufig durch längere Aufenthalte in der Kinder- und Jugendpsychiatrie und gehäufte familiäre Probleme auf. Die Behandlung in den entsprechenden medizinischen Einrichtungen sollte in den pädagogischen Empfehlungen zur Förderung der betroffenen Kinder in den Kindergärten münden, um ein einheitliches Vorgehen und eine kontinuierliche Förderung zu erreichen. Entsprechende Unterstützungsangebote der Jugendhilfe (der Allgemeinen Sozialen Dienste [ASD]) sollten für die Kindergärten transparent sein. Ein gegenseitiger Informationsaustausch, bei Wahrung aller Persönlichkeitsrechte der Betroffenen, könnte für beide Seiten hilfreich sein.

2.2 Dezentrale Erziehungshilfe

Integration von Kindern mit Förderbedarf in der emotionalen und sozialen Entwicklung wird in Zukunft vermehrt heißen, die Lehrerin/der Lehrer kommt zur Schülerin/zum Schüler und nicht umgekehrt. Sie sind Schülerinnen und Schüler der Schule, an der sie eingeschult wurden. Der Integrationslehrer (Sonderpädagoge) nimmt dem Regelschullehrer diese Kinder nicht ab, sondern unterstützt den Erziehungs- und Unterrichtsprozess vor Ort.

In Deutschland gibt es inzwischen eine Reihe solcher Formen, die sich in ihrer Ausprägung und Organisation unterscheiden, aber den gleichen Grundgedanken haben: wohnortnahe Unterstützung im Regelkontext.

Seit den Anfängen der Diskussion um die Integration von Kindern mit Förderbedarf in der emotionalen und sozialen Entwicklung wird auch über Mobile Dienste diskutiert. Ricking bemerkt dazu:

»Der Mobile Dienst ist somit eine Organisationsform, in der Sonderpädagogen der verschiedensten Fachrichtungen kooperativ Schüler mit einem Förderbedarf schwerpunktmäßig in der Regelschule fördern, wobei individuums- und systembezogene Ansätze berücksichtigt werden ... Einerseits bieten sie konkrete Hilfe im Falle eines Schülers mit erkanntem Förderbedarf ... Andererseits leistet der Dienst einen Beitrag zum sukzessiven Kompetenzaufbau bei den Lehrkräften und im System allgemeiner Schulen (Kompetenztransfer)« (Ricking 2011b, 13).

Seit vielen Jahren (seit 1997) erfolgreich arbeitet REBUS – die Regionalen Beratungs- und Unterstützungszentren in Hamburg.

»Die Hamburger Regionalen Beratungs- und Unterstützungsstellen (REBUS) ersetzen die vormaligen Schulen für Erziehungshilfe und sind mit derzeit 15 Einrichtungen wohnortnah und dezentral (und damit niedrigschwellig) verankert. Ihre Beratungs- und Fördertätigkeit geht weit über speziell als »emsoz« diagnostizierte Schüler(innen) hinaus und bezieht sich auf alle, die aus bestehenden Schulangeboten herauszufallen drohen oder die mit herkömmlichen Schulangeboten nicht erreicht werden können« (Behörde Für Schule 2001, 7, zit. n. Klemm & Preuss-Lausitz 2008).

Die REBUS verstehen sich auch als Erstansprechpartner für alle Probleme im schulischen Bereich. REBUS beraten, diagnostizieren, arbeiten aber auch unmittelbar und fallbezogen integrativ mit einzelnen Schülerinnen und Schülern und führen Fortbildungen für Beratungslehrkräfte durch. Alle Stellen sind der Bildungsbehörde zugeordnet, mit der Jugendhilfe wird kooperiert. Die dezentralen REBUS sind regelhaft mit Schulpsychologen, abgeordneten Lehrkräften, Sonderpädagogen, Sozialpädagogen und einer Verwaltungskraft besetzt; falls in den zugeordneten Schulen Sonder- und Sozialpädagogen vorgehalten werden, werden die lokalen REBUS entsprechend geringer ausgestattet. Die Kooperation mit den Jugendpsychiatrischen Diensten, den Erziehungsberatungsstellen, den Allgemeinen Sozialen Diensten (ASD), der Beratungsstelle Gewaltprävention, dem Suchtpräventionszentrum und den Arbeitsagenturen (Berufsberatung, berufliche Orientierung, Praktika) ist institutionalisiert.

Jede Schule (von der Grundschule bis zum Gymnasium) hat im jeweiligen Team ein Tandem als festen Ansprechpartner.

Ebenfalls seit Jahren erfolgreich arbeiten die dezentralen Erziehungshilfen in Hessen, wie z.B. die dezentrale Erziehungshilfe im Lahn-Dill-Kreis als eine mögliche Form der Erziehungshilfe in Hessen (vgl. Drolsbach & Drangmeister 2010).

Der Förderschullehrer kann auf der Grundlage seiner Ausbildung, seiner Kenntnisse über Beeinträchtigungen Zusammenhänge herstellen, Wahrnehmungsbeeinträchtigungen sehen, ihre Auswirkung auf das Denken und Verhalten des Schülers abschätzen, Interaktionen erkennen. Erst dann wird über die Durchführung der Diagnostik entschieden. Daraus resultiert das weitere Vorgehen in der Förderung des Schülers. In jedem Fall beginnt sie mit einem gemeinsamen Förderplangespräch. Entsprechend der gemeinsam festgelegten Fördermaßnahmen sind dies

- die Begleitungen durch den Förderschullehrer,
- die Förderung durch den Regelschullehrer und
- die Chance des gemeinsamen Unterrichtens oder
- des schnellen Eingreifens in unvorhergesehenen Situationen.

Damit dieses Vorgehen gelingt, müssen Integrationslehrer und Regellehrer kooperieren und im gemeinsamen Dialog das weitere Vorgehen planen. Der Integrationslehrer wird nicht nur als »Feuerwehrmann« betrachtet, der gerufen wird, wenn es brennt. Andererseits wird der Regelschullehrer als gleichwertiger Experte für Lehr- und Lernprozesse anerkannt.

Die positiven Beispiele einer dezentralen Erziehungshilfe werden durch private Einrichtungen mit einem segregierenden Beschulungsangebot kontrakariert, indem diese als erweiterte Anlaufstelle für die Unterrichtung von Kinder und Jugendlichen fungieren. Die »Umstufung« auf einen anderen Förderschwerpunkt, z.B. Förderschwerpunkt Kranke oder übergreifend, mit weit geringeren Integrationsquoten oder ein regionaler Wechsel in der Beschulung unterlaufen diese dezentralen

Angebote zusätzlich. Dezentrale Erziehungshilfeangebote können nicht als losgelöstes System verstanden werden, sondern wirken im Zusammenspiel.

2.3 Kompetenzzentren

Eine andere Form, die die klassische Form der Schule für Erziehungshilfe mit mobilen, dezentralen Formen vereinigt, sind die Kompetenzzentren (vgl. Biermann, Köster-Ehling & Michel in diesem Band), wie sie z. B. in Nordrhein-Westfalen gestaltet werden. Verankert im Schulgesetz Nordrhein-Westfalens (vgl. SchG NRW 2011), sind die Kompetenzzentren für die Bereiche Unterricht, Diagnostik, Beratung und Prävention zuständig, um ein einheitliches Gesamtkonzept zu sichern. In einem Netzwerk mit den allgemeinen Schulen wird die sonderpädagogische Förderung an den allgemeinen Schulen organisiert und der Personaleinsatz koordiniert.

Kompetenzzentren für den Förderschwerpunkt emotionale und soziale Entwicklung sind auf örtlicher und regionaler Ebene (Kommune, Kreis, Stadtteil) angesiedelt.

Bei einem so vielfältigen Aufgabenspektrum muss das Kompetenzzentrum neben den hier aufgezeigten Tätigkeitsbereichen noch einen weiteren bedienen. Es muss das »Mutterhaus« für die Kolleginnen und Kollegen bleiben. Dazu gehören neben den Leitungsfragen und Fragen der Koordination auch Angebote für Supervision und Fortbildung. Angebote für Fortbildungen schließen die jeweiligen Regelschullehrerinnen und -lehrer mit ein.

2.4 Ganztagsangebote

Im Förderschwerpunkt emotionale und soziale Entwicklung zeigt sich immer wieder das Problem, dass die betroffenen Kinder einen bedenklichen sozialen Hintergrund haben. Schulische Betreuung umfasst in der Regel nur ein Viertel des gesamten Tagesablaufs, bei einer verkürzten Beschulung ist dieser Anteil noch geringer. Der Erwerb von emotionalen und sozialen Kompetenzen ist also nur auf einen kleinen Tagesabschnitt begrenzt. Untersuchungen zeigen aber den positiven Zusammenhang zu entsprechenden Freizeitangeboten, der Verbindung von Unterricht und Praxis. Therapeutische Angebote, wie z. B. am Hedwig-von-Rittberg-Zentrum Klinik für Kinder- und Jugendpsychiatrie, Psychotherapie und Psychosomatik Berlin durch Michael von Aster, arbeiten ausschließlich mit Ganztagsbetreuungen. Selbstverständlich soll es sich dabei nicht um Ganztagsbeschulungen im Sinne von Ganztagsunterricht handeln, sondern um eine sinnvolle Verbindung von Freizeitaktivitäten und Unterricht, aber auch eine neue Strukturierung von Unterricht wäre hier denkbar. Schülerinnen und Schüler mit Förderbedarf in der emotionalen und sozialen Entwicklung würden besonders vom Ganztagsangebot, aber noch mehr von einem Ganztagsschulangebot profitieren, da

- es eine breitere Förderung emotionaler und sozialer Kompetenzen ermöglichen würde;

- damit auch eine gezielte Leistungs- und Fähigkeitsförderung möglich wäre;
- dadurch Sozialdefizite des häuslichen Umfeldes kompensiert werden könnten.

Gerade Schülerinnen und Schüler der Schule für Erziehungshilfe können ein solches Angebot aber häufig nicht wahrnehmen, wenn es noch keine dezentralen Angebote gibt.

2.5 Auszeitklassen?

Viel diskutiert wird, ob es überhaupt noch separierende Klassen geben sollte. Eine Reihe von Einrichtungen lehnen diese ab, andere führen temporäre Gruppen, so können Kinder z. B. auch befristet in den Räumen von REBUS schulersetzend betreut werden (www.fhhhamburg.de), wobei dies konkrete Förderpläne voraussetzt, die auf je drei Monate begrenzt sind und von der REBUS-Gesamtleitung genehmigt werden müssen.

Kinder mit Störungen der emotionalen und sozialen Entwicklung brauchen zum einen viel Struktur zur Orientierung, sie brauchen Zuwendung, die ihnen zu Hause nicht gegeben wird, sie brauchen Regeln und Anleitungen – all dies ist auch in der Regelschule möglich, wenn die äußeren Bedingungen und die Einstellung der Lehrer stimmen. Gerade dezentrale Einrichtungen, Fortbildungsangebote könnten hier hilfreich sein.

Nichtsdestoweniger brauchen Kinder mit Störungen der emotionalen und sozialen Entwicklung aber auch manchmal Schonräume. In den medizinischen Gutachten werden sie als nicht gruppenfähig beschrieben. Eine Einzelbeschulung oder eine Beschulung in Kleinklassen ist in der Regelschule meist nicht möglich. Außenklassen einer Schule für Erziehungshilfe, an einem Kompetenzzentrum wären hier eine Alternative, die aber auch alle negativen Merkmale segregierender Einrichtung aufweist. Die nur möglichst wohnortnahe Beschulung stünde hier im Vordergrund. Psychisch auffällige Schüler und Kinder, zum Teil auch mit einem hohen Gewaltpotenzial brauchen mehr noch als sozial unangepasste Schüler eine temporäre Möglichkeit, zu sich selbst zu finden.

Die verbliebenen temporären Gruppen sollten jedoch als zeitlich begrenzte Kleinklassen agieren.

3 Fazit

Wird die BRK (Behindertenrechtskonvention) zitiert, wird in der Regel nur auf das gemeinsame Recht auf Unterrichtung verwiesen. Seltener wird der Artikel 2 der BRK zitiert, in dem es heißt:
»Im Sinne dieses Übereinkommens schließt ›Kommunikation‹ Sprachen, Textdarstellung, Brailleschrift, taktile Kommunikation, Großdruck, leicht zugängliches

Multimedia sowie schriftliche, auditive, in einfache Sprache übersetzte, durch Vorleser zugänglich gemachte sowie ergänzende und alternative Formen, Mittel und Formate der Kommunikation, einschließlich leicht zugängliche Informations- und Kommunikationstechnologie, ein; schließt ›Sprache‹ gesprochene Sprachen sowie Gebärdensprachen und andere nicht gesprochene Sprachen ein ...« (BRK 2008, 1423).

Gibt es im Bereich der Verhaltensgestörtenpädagogik ebenfalls Gebiete, die hier benannt werden müssten? Was können Lehrer der Erziehungshilfe, was Regelschullehrer nicht können? In Zusammenhang mit dem Mobilen Dienst wurde auf einige Aspekte verwiesen.

Die vielfältigsten Strukturüberlegungen zur Gestaltung einer inklusiven Erziehungshilfe können nicht darüber hinwegtäuschen, dass sich hinter Beeinträchtigungen der emotionalen und sozialen Entwicklung nicht nur psychische und psychosomatische Beeinträchtigungen verbergen, sondern dass es auch ein breites Spektrum sozialer Probleme sind, denen sich die Gesellschaft stellen muss und ohne deren Lösung keine sinnvolle Perspektive für die betroffenen Kinder und Jugendlichen gegeben ist.

»Will Inklusion in der Bundesrepublik Deutschland nicht nur folgenlose Rhetorik sein, mit ein paar systemimmanenten Korrekturen, die ausschließlich dem selektiven Schulsystem nutzen, brauchen wir nicht nur ressortübergreifende Anstrengungen, um Lösungen für Probleme und Aufgaben zu finden, die die Möglichkeiten und Zuständigkeiten einer Institution überschreiten, sondern auch politischen Mut und Kreativität. Denn ›Armut macht dumm und Angst aggressiv!‹ (Reiser)« (Herz 2011, 10).

Literatur

BRK (Behindertenrechtskonvention) (2008): Gesetz zu dem Übereinkommen der Vereinten Nationen vom 13.12.2006 über die Rechte von Menschen mit Behinderungen. In: Bundesgesetzblatt Jg. 2008 Teil II Nr. 35, ausgegeben zu Bonn am 31.12.2008

Döpfner, M., Kinnen, C., Weber, K.N. & Plück, J. (2011): Verhaltensauffälligkeiten von Grundschulkindern. In: Zeitschrift für Entwicklungspsychologie und Pädagogische Psychologie, 43 (2), 99–107.

Drolsbach, B. & Drangmeister, H. (2010): Erziehungshilfe in der allgemeinen Schule – ein Praxisbeispiel auf dem Weg zur Inklusiven Schule. In: Inklusion braucht Professionalität. Sonderpädagogischer Kongress vom 22.–24.04.2010 in Weimar. Würzburg.

Greif-Gross, H. (2006): Schulversuch »Unterricht in jahrgangsübergreifenden Lerngruppen« (JÜL). Fünfter Zwischenbericht und Schlussbericht. Ohne Ort.

Havers, N. (1981): Erziehungsschwierigkeiten in der Schule. Weinheim.

Herz, B. (2011): Inklusion und Exklusion. In: Mitteilungen des VDS Landesverband Hamburg. Hamburg, 75.

Hillenbrand, C. (2008): Einführung in die Verhaltensgestörtenpädagogik. Stuttgart.

Hillenbrand, C. (2011): Didaktik bei Unterrichts- und Verhaltensstörungen. Stuttgart.

Hillenbrand, C., Hennemann, T., Heckler-Schell, A. & Breuer, F. (Illustrator) (2008): Lubo aus dem All! Programm zur Förderung sozial-emotionaler Kompetenzen im Vorschulalter. München.
Hölling, H., Erhart, M., Ravens-Sieberer, U. & Schlack, R. (2007): Verhaltensauffälligkeiten bei Kindern und Jugendlichen. Erste Ergebnisse aus dem Kinder- und Jugendgesundheitssurvey (KIGGS). In: Bundesgesundheitsblatt – Gesundheitsforschung – Gesundheitsschutz 5/6, 784–793.
Klemm, K. & Preuss-Lausitz, U. (2008): Gutachten zum Stand und zu den Perspektiven der sonderpädagogischen Förderung in den Schulen der Stadtgemeinde Bremen. Essen, Berlin.
KMK (Sekretariat der Ständigen Konferenz der Kultusminister der Länder in der Bundesrepublik Deutschland) (1972): Empfehlung zur Ordnung des Sonderschulwesens (KMK-Beschluss vom 16.03.1972). Ohne Ort.
KMK (Sekretariat der Ständigen Konferenz der Kultusminister der Länder in der Bundesrepublik Deutschland) (2000): Empfehlungen zum Förderschwerpunkt emotionale und soziale Entwicklung. In: Drave, W., Rumpler, F. & Wachtel, P. (Hrsg.): Empfehlungen zur sonderpädagogischen Förderung. Allgemeine Grundlagen und Förderschwerpunkte (KMK) mit Kommentaren. Würzburg, 343–365.
KMK (Sekretariat der Ständigen Konferenz der Kultusminister der Länder in der Bundesrepublik Deutschland) (2009): Sonderpädagogische Förderung in Schulen 1999 bis 2008. Ohne Ort.
KMK (Sekretariat der Ständigen Konferenz der Kultusminister der Länder in der Bundesrepublik Deutschland) (2010a): Sonderpädagogische Förderung in allgemeinen Schulen (ohne Förderschulen) 2009/2010. Ohne Ort.
KMK (Sekretariat der Ständigen Konferenz der Kultusminister der Länder in der Bundesrepublik Deutschland) (2010b): Sonderpädagogische Förderung in Förderschulen (Sonderschulen) 2009/2010. Ohne Ort.
Myschker, N. (2008): Verhaltensstörungen bei Kindern und Jugendlichen. Erscheinungsformen – Ursachen – Hilfreiche Maßnahmen. 6. Aufl., Stuttgart.
Neukäter, H. (1993): Re-Integration. In: Goetze, H. & Neukäter, H. (Hrsg.): Pädagogik bei Verhaltensstörungen. Berlin, 261–270.
Opp, G. (Hrsg.) (2003): Arbeitsbuch Schulische Erziehungshilfe. Bad Heilbrunn.
Petermann, F. & Wiedebusch, S. (2008): Emotionale Kompetenz bei Kindern. Göttingen.
Petermann, F., Natzke, H., Gerken, N. & Walter, H.-J. (2006): Verhaltenstraining für Schulanfänger. Ein Programm zur Förderung sozialer und emotionaler Kompetenzen, Göttingen.
Preuss-Lausitz, U. & Textor, A. (2006): Verhaltensauffällige Kinder sinnvoll integrieren – eine Alternative zur Schule für Erziehungshilfe. Bericht über eine Evaluationsstudie. In: Zeitschrift für Heilpädagogik, 57 (1), 2–9.
Ricking, H. (2011a): Desintegration in Zeiten der Inklusion. Neue Erkenntnisse zum Dropout und ihre Konsequenzen für die schulische Förderung benachteiligter Schüler. Oldenburg.
Ricking, H. (2011b): Inklusion im Förderschwerpunkt emotionale und soziale Entwicklung durch Mobile Dienste. In: Ricking, H. & Ockenga, F. (Hrsg.): Mobile Dienste in der schulischen Erziehungshilfe. Oldenburg, 3–18.
SchG NRW (2011): Schulgesetz für das Land Nordrhein-Westfalen (Schulgesetz NRW – SchulG) vom 15.02.2005 (GV. NRW. S. 102) zuletzt geändert durch Gesetz vom 05.04.2011 (GV. NRW. S. 205).
Schmid, M., Fegert, J. M. & Petermann, F. (2010): Traumatisierungsstörung: Pro und Contra. In: Kindheit und Entwicklung, 19 (1), 47–63.
Schreyer-Mehlhop, I. & Petermann, U. (2011): Mütterliche Erziehungspraktiken und Verhaltensauffälligkeiten von Vorschulkindern. In: Zeitschrift für Entwicklungspsychologie und Pädagogische Psychologie, 43 (1), 39–48.
Stein, R. (2011a): Grundwissen Verhaltensstörungen. Baltmannsweiler.
Stein, R. (2011b): Pädagogik bei Verhaltensstörungen – zwischen Inklusion und Intensivangeboten. In: Zeitschrift für Heilpädagogik, 62 (9), 324–337.
Stein, R. & Stein, A. (2006): Unterricht bei Verhaltensstörungen. Bad Heilbrunn.

Vernooij, M. A. (2007): Einführung in die Heil- und Sonderpädagogik. Theoretische und praktische Grundlagen der Arbeit mit beeinträchtigten Menschen. Wiebelsheim.

Voigt, U. (1998): Empirische Untersuchungen zum Rückschulungserfolg von Schülern mit Verhaltensstörungen. Hamburg.

Willmann, M. (2007): Die Schule für Erziehungshilfe/Schule mit dem Förderschwerpunkt emotionale und soziale Entwicklung: Organisationsformen, Prinzipien, Konzeptionen. In: Reiser, H., Willmann, M. & Urban, M.: Sonderpädagogische Unterstützungssysteme bei Verhaltensproblemen in der Schule. Bad Heilbrunn.

Winterhoff, M. (2009): Warum unsere Kinder Tyrannen werden. München.

Zeller, B. (2007): Förderung der sozialen Kompetenz von Kindergartenkindern: Entwicklung und Evaluation eines integrativen Trainings zur Prävention von emotionalen Auffälligkeiten, Verhaltensauffälligkeiten und Beziehungsschwierigkeiten. Saarbrücken.

Herausfordernde Verhaltensweisen im Kontext »geistiger Entwicklung«

Saskia Schuppener

1 Einführung

Das Thema »Herausforderndes Verhalten« ist stets mit der Frage nach *Grenzen* verbunden.

Es geht um Grenzen eigener Verhaltensmöglichkeiten und Verhaltensdispositionen, um Grenzerfahrungen im Umgang mit anderen, um Grenzziehungen im Rahmen vermeintlicher Normfragen und nachhaltige Versuche eines Kategorisierungsbestrebens, um Grenzen des Erträglichen, des Aushaltbaren, um Grenzen im Denken, im Fühlen und im Handeln, um Grenzen im Verstehen...

Der Begriff der Herausforderung impliziert das »Phänomen Grenze« geradezu. Er macht deutlich, dass es darum geht, eine Grenze aufgrund einer neuen Herausforderung vielleicht aufgeben oder verändern zu müssen; Grenzziehungen neu vorzunehmen oder für gänzlich falsch zu erachten: »Um etwas Neues oder die größere Wirklichkeit erleben zu können, müssen wir unsere Grenzen erweitern« (Johann Amos Comenius in Fischer 2009, 14).

Es soll in diesem Beitrag um ein Verhalten gehen, das in der Regel eine große Herausforderung darstellt, weil es sich um Verhaltensweisen handelt, die von außen betrachtet als auffällig beschrieben werden bei Personen, die aufgrund eines biografisch erhaltenen Labels »geistig behindert« ohnehin schon als »auffällig« klassifiziert sind. Es geht um Kinder, Jugendliche und Erwachsene mit einer zugeschriebenen geistigen Behinderung, die Verhaltensstrukturen zeigen, welche beispielsweise in extrovertierte und introvertierte Verhaltensformen unterteilt werden können. Darunter versteht man bei Schüler(inne)n mit dem Etikett »Förderschwerpunkt ›Geistige Entwicklung‹« sowohl verschiedenste sogenannte Verhaltensprobleme (Aggression, selbstverletzendes Verhalten, Hyperaktivität, Mutismus, Stereotypien, Rückzugsverhalten, sexualisiertes Verhalten etc.) als auch psychische Probleme (Depression, Angststörungen, Manie etc.).

Dieser »doppelt diagnostizierte und etikettierte Personenkreis«, für den man den Begriff der »Dual-Diagnosis«, deutsch Doppel-Diagnose (vgl. Theunissen 1996) kreiert hat, erfährt nach wie vor eine zu geringe Berücksichtigung im Rahmen pädagogischer Fragen und wird immer noch »stiefkindlich« behandelt (vgl. Hennicke & Meins 2005), wenngleich er in der aktuellen Praxiswirklichkeit schulisch und außerschulisch eine zunehmend starke Präsenz abbildet. So sprechen Theunissen & Schirbort (2003) von einer Prävalenzrate von 40 % an Menschen innerhalb des Personenkreises mit dem Label »geistig behindert«, die nicht nur den Umgang mit einem Etikett, sondern mit gleich zwei diskreditierenden Zuschreibungen meistern.

2 Grenzen im Verstehen

Jede Form von Verhaltensäußerung muss vor dem Hintergrund einer subjektiven Sinnhaftigkeit gesehen werden (vgl. Schuppener 2007 b). Das gilt für alle Menschen. Ich möchte mich bewusst von einem Menschenbild distanzieren, das in Form einer »Sonderanthropologie« (vgl. Speck 1998) Menschen mit zugeschriebener geistiger Behinderung als »Auch-Menschen« klassifiziert und damit einer Zwei-Gruppen-Theorie folgt. Ausgehend von einem humanistischen Menschenbild wird Verhalten insgesamt nicht nur als Sinnhaftigkeitsausdruck, sondern gleichsam auch als erworbene Kompetenz im Umgang mit individuellen Lebenslagen erachtet. Und grundlegendes Ziel jedes »kompetenten Verhaltens ist die Befriedigung originär menschlicher Bedürfnisse nach existentiell notwendiger Selbsterhaltung, Realitätskontrolle und Lebensbewältigung einerseits sowie das Streben und die Sehnsucht nach einer sinnerfüllten Verwirklichung der Grundphänomene menschlichen Lebens (Du-Bezug, Liebe, Geselligkeit, ästhetische Kulturbetätigung und Spiel) andererseits« (Theunissen 2005, 34).

Jeder Mensch hat einen Selbsterhaltungstrieb, d. h. ein Bestreben nach positiver Selbstkonzeptualisierung (vgl. Mummendey 2000; Schuppener 2005 a/b) und Selbstaktualisierung (vgl. Rogers 2003). Das Erfahren von Wertschätzung, Selbstwirksamkeit und Akzeptanz der eigenen Persönlichkeit verkörpert ein »kompetenzbegleitendes und -konstituierendes Moment, welches ›wesensbedingt‹ zum Menschsein dazugehört« (Theunissen 2005, 35). Nur durch eine derartige Wahrnehmung von Kindern, Jugendlichen und Erwachsenen mit zugeschriebener geistiger Behinderung als *subjektiv-kompetente Individuen* ist es möglich, auch einen verstehenden Zugang zu Schülern zu finden, deren Verhalten uns zunächst als fremd, als »grenzwertig« oder auch als »grenzüberschreitend« erscheint. Die Fremdheit und empfundene »Grenzbedrohung« oder »Grenzüberschreitung« eines Verhaltens bedingt allerdings zwangsläufig eine »*Behinderung in der Begegnung*« mit dem Gegenüber: Man fühlt sich irritiert, hilflos, ideenlos, provoziert, ohnmächtig… Diese Empfindungen, die dann natürlich in ähnliche Reaktionen münden, verkörpern elementare Hindernisse im Miteinander-Leben, -Lernen und -Arbeiten. Die einzige Chance liegt darin, »behinderte Begegnungen« (vgl. Buscher 2005) als Herausforderung zu betrachten, die eigenen Grenzen zu überdenken und ggf. neu zu definieren. Eine Suche nach Möglichkeiten der Enthinderung solcher Begegnungen impliziert also gleichsam eine Veränderung bzw. Erweiterung oder Aufgabe bisheriger Grenzen im Denken, Fühlen und Handeln. Ein erster Schritt einer Grenzerweiterung besteht schon darin, das als fremdartig erlebte Verhalten positiv zu konnotieren (= als Verhaltenskompetenz des Schülers unter den gegebenen Umständen zu verstehen), den subjektiven Sinn des Verhaltens zu ergründen und gemeinsam mit dem Schüler neue Grenzvereinbarungen zu treffen (vgl. Schuppener 2007 b). »Verhaltensschwierigkeiten sind immer Ausdruck von Lebensgeschichten und der daraus sich ergebenden Befindlichkeit und Einblick in lebensgeschichtliche Zusammenhänge mit einem meist langen Gewordensein« (Fischer 2009, 22). Diese Lebensgeschichten gilt es in kleinen Schritten empathisch zu entschlüsseln und dadurch Grenzen im Verstehen aufzubrechen.

3 Auswirkungen von Grenzen

»Grenzen haben ein- und ausschließenden Charakter. Sie markieren das persönliche Terrain und lassen dieses deshalb anderen gegenüber oft sehr entschieden verteidigen. Grenzüberschreitungen werden geahndet, wenn sie nicht aufgrund einer Erlaubnis oder Einladung erfolgen« (Fischer 2009, 13).

Für Kinder, Jugendliche und Erwachsene mit sogenannter Doppel-Diagnose hat dieses diagnostische »Resultat« an sich schon einen fundamentalen Grenzcharakter: Es handelt sich bei diesem Etikett um einen weiteren Stempel zur Zementierung potenzieller Andersartigkeit und resultierender Ausgrenzung. Nicht selten gilt der betreffende Personenkreis als »austherapiert« und wird umgangssprachlich als sogenannte »Restgruppe« (Feuser et al. 2002) bezeichnet. Auch haben Menschen mit »doppeltem Etikett« häufig schon verschiedenste Diagnosestempel erhalten und tiefgreifende Erfahrungen im Wechsel von Institutionen und Bezugspersonen sowie Betreuer. Zusammenfassend handelt es sich hier daher um eine Gruppe, die in hohem Maß Grenzerfahrungen in ihrem Leben gemacht hat und immer wieder den ausschließenden Charakter von Grenzen erlebt. Trotz dieser negativen Grenzerfahrungen beinhaltet eine Doppel-Diagnose vor dem Hintergrund unserer sozialrechtlichen Strukturen auch den Zugang zu Therapie-, Interventions- und Förderleistungen, die jedem Menschen mit Assistenzbedarf zustehen. Damit verkörpert dieser »Doppel-Stempel« auf der Basis des »Etikettierungs-Ressourcen-Dilemmas« (vgl. Theunissen 1996) auch die Absicherung notwendiger Unterstützung für den entsprechenden Personenkreis.

Neben den Grenzerlebnissen der Hauptpersonen selbst impliziert das Thema »Herausforderndes Verhalten und geistige Behinderung« jedoch auch Grenzerfahrungen für Pädagogen als begleitendes Gegenüber. Im Wirkungskontext Schule muss man sich als Pädagoge täglich den eigenen Grenzen in (selbst)reflexiv-offener Form stellen bzw. wird nicht selten massiv – bis zur Ohnmacht und zum Selbstzweifel – herausgefordert, sich mit diesen auseinanderzusetzen. Die Wahrnehmung von herausforderndem Verhalten und das Arbeiten mit Schülern, die herausfordernde Verhaltensweisen zeigen, haben für uns pädagogisch Professionelle verschiedene elementare Funktionen und Konsequenzen (vgl. Schuppener 2007 b).

3.1 Persönlichkeitsebene

Das Arbeiten mit Schülern mit Doppel-Diagnose hat für Lehrkräfte eine *berufsidentitätsstiftende Funktion*. Sie müssen sich dieser Herausforderung stellen und genießen damit zwangsläufig verschiedenste Zuschreibungen von Kollegen, Eltern, Außenstehenden usw.: Achtung, Respekt, Mitleid, Neid, Ablehnung. Sie werden nicht nur durch das Schülerverhalten selbst, sondern zusätzlich auch durch die Außenreaktionen mit ihren eigenen Grenzen konfrontiert. In jedem Fall haben sie die Möglichkeit, über diese Art von Herausforderung eine neue Definition von sich selbst in ihrer Berufsrolle zu finden. Damit hat das Schülerverhalten für sie selbst eine bedeutungstragende Funktion, die es selbstreflexiv in Form von Grenzveränderungen zu bearbeiten gilt.

3.2 Beziehungsebene

Aufgrund der Interaktionalität und Kontextgebundenheit, die jedes Verhalten besitzt, sind Lehrkräfte zwangsläufig in den Entwicklungszusammenhang des betreffenden Verhaltens eingebunden. Unabhängig davon, ob sie ein Verhalten ursächlich beeinflussen, verstärken, verhindern oder hemmen, entsteht eine Art *Beziehungsdynamik*. Diese Dynamik kann gänzlich unterschiedliche Richtungen haben (konstruktive und destruktive) und sie sagt indirekt immer etwas über die Übertragungsbeziehungen (Projektionen) und Grenzen aus, die zwischen Lehrkraft und Schüler wirken.

3.3 Institutionsebene

Das Arbeiten mit Schülern mit Doppel-Diagnose impliziert immer auch eine weitreichende (institutionsgebundene) *Außenwirkung*. Einrichtungen erhalten ein bestimmtes Etikett, wenn sie sich herausforderndem Verhalten widmen. Dieses Etikett kann eine positive (Bewunderung, Respekt) oder eine negative (»Rest«-Schule, »Auffangbecken«) Konnotation beinhalten und ist stets mit unterschiedlichen Konsequenzen verknüpft: gesellschaftliche Zuschreibungen und Reaktionen des Umfeldes (positiv oder negativ), multiple Konflikte (im Kollegium, mit Eltern, mit Mitschülern etc.), mögliche Bildung interdisziplinärer Teams, institutionsbezogener Erhalt von sächlichen und personellen Zusatzausstattungen, Chance zur Etablierung neuer Methoden (pädagogisch-therapeutische Ansätze), Arbeitsschwerpunkte (Schulprofilentwicklung) und Reflexionsmaßnahmen (Supervisionsgruppen) etc.

Es wird also deutlich, dass Verhaltensherausforderungen im Kontext des Förderschwerpunktes »Geistige Entwicklung« stets auch als »existenzielle Herausforderung« an die Pädagogen betrachtet werden muss (vgl. Fischer 2009). Diese existenziellen Herausforderungen rund um das Thema »Doppel-Diagnose« sind nicht selten geprägt von *Verantwortungsdiffusionen*. Im Kreislauf von Hilflosigkeit, Frustration, Ursachensuche und Änderungsversuchen findet oft eine Art »multipler Sündenbock-Zuschreibung« statt: Es werden Eltern verantwortlich gemacht, vorherige Schul- und Betreuungsverhältnisse als ungünstig deklariert, professionelle Bezugspersonen als inkompetent etikettiert, Peergroups als schädliche Einflussnahme ausgemacht, institutionelle Leitungskonzepte infrage gestellt usw. Das alles muss keinesfalls falsch sein, sondern trifft sicher bei einem hohen Prozentsatz mit diagnostischer Absicherung zu. Es ist jedoch mit geringer Entlastung verbunden, im Kontext der massiven pädagogischen Alltagsanforderungen insgesamt auf der Zuschreibungsebene und Problemübertragung durch Verantwortungsdiffusion stehen zu bleiben, da hierdurch keine Chance auf konstruktive Veränderung der Gesamtsituation besteht. *Aktive Grenzreflexionen* stellen einen ersten Schritt dar, Herausforderungen innerhalb der Lehrer-Schüler-Begegnungen direkt zu bearbeiten. Dafür ist es zudem notwendig, die Perspektive der Schüler ernst zu nehmen, sich auf diese einzulassen, *Grenzdiskussionen* gemeinsam zu führen.

Nicht selten erleben herausfordernde Schüler einzig die *ausschließende Seite von Grenzen* und werden direkt von bestimmten Situationen ausgeschlossen, bekommen Rechte entzogen und müssen auf Teilnahme- und Selbstbestimmungsmöglichkeiten verzichten (vgl. Dobslaw 2010). Ein Kreislauf an Sanktionen ist häufig vorprogrammiert. Dieser stellt jedoch meist keine langfristige Hilfe dar: weder für den Schüler, noch für die Lehrkraft. Um nicht ausschließlich beim Erhalt und der Verhärtung von Grenzen zu verharren und aus einer Verhaltenssituation innerhalb des Unterrichts eine »festgefahrene Beziehung« entstehen zu lassen, lohnt sich ein Blick auf die Innenperspektive des Schülers:

Jeder Schüler – unabhängig von Art und Intensität seines Förderbedarfes – ist ein eigenaktiver Konstrukteur seiner Wirklichkeit. Seine Wirklichkeit ist eventuell in einem hohen Maß von Erlebnissen des »Nicht-verstanden-Werdens« geprägt (vgl. Schuppener 2006; 2009). Die dialogische Vermittlung eines Gefühls des »Nicht-verstanden-Werdens« stellt für den Schüler immer einen tiefgreifenden Angriff auf sein Selbstbild dar (vgl. Jantzen & Schnittka 2001). Aus autopoetischen Motiven heraus wird der Schüler seinem Verhalten eine Kontinuität und eine Intensität verleihen, die für ihn selbst stabilisierende Funktion hat und ihm erwartbare, ähnliche externe Reaktionsmuster einbringt. Er hat also ein nachvollziehbares Interesse daran, sein herausforderndes Verhalten aufrecht zu erhalten, da es für ihn eine *identitätsstiftende Funktion* hat (vgl. Hennicke 2001). Sein Verhalten muss demzufolge immer als subjektiv notwendige soziale Reaktion verstanden werden. Auch wenn wir Außenstehende es als zutiefst grenzüberschreitend erleben, gibt das herausfordernde Verhalten dem Schüler Sicherheit und ist Ausdruck seiner Möglichkeit zur Auseinandersetzung mit der Welt. So erscheint es völlig logisch, dass es einer Art innerem Zusammenbruch gleicht, wenn man als Gegenüber dieses Verhalten nicht versteht. Resultat aufseiten des Schülers kann hier nur eine Verstärkung des Verhaltens und eine weitere inter- bzw. intraindividuelle Isolation sein. Nur so kann er den Versuch starten, Zuverlässigkeit zurückzugewinnen und der eigenen inneren Logik zu folgen: »Wird der Sinnaustausch verweigert, muss ich mir eine eigene Welt schaffen, die Sinn bewahrt, da ansonsten das Denken zusammenbricht« (Jantzen & Schnittka 2001, 41). Wenn zum fehlenden Sinnaustausch auch noch Aktionen von außen hinzukommen, das bislang unverstandene Verhalten des Schülers von außen ändern/»abtrainieren« zu wollen, erhöhen sich lediglich die Chancen für die Entwicklung einer Beziehungsstörung. Gegenteilige Positiv-Effekte sind nur durch eine Abgleichung der beiden verschiedenen subjektiven Sichtweisen und Logiken von Lehrern und Schülern durch gemeinsame Grenzreflexionen möglich.

4 Grenzreflexionen

Bei gemeinsamen Grenzreflexionen von Lehrern und Schülern geht es grundlegend um die *Auseinandersetzung mit »behinderten Begegnungen«* (vgl. Schuppener 2007b). Hierzu ist es zwingend notwendig, sich auf die subjektiven Wirklichkeitskonstruktionen der Schüler einzulassen. Dies kann natürlich nur mit bewusstem Verzicht auf einen Absolutheitsanspruch geschehen, da wir immer nur ein *relatives Wissen* über die Wirklichkeit unseres Gegenübers erlangen können (vgl. Palmowski & Heuwinkel 2000). Die Schülerbeobachtungen einer Lehrkraft und die daraus gewonnenen Rückschlüsse, Hypothesen, Interpretationen sagen häufig mehr über die Lehrkraft und ihre subjektive Weltsicht aus als über die des Schülers (vgl. Werning 1998). Es kann folglich immer nur um eine gegenseitige Annäherung und ein verstehend-dialogisches Miteinander gehen: um die Chance, »Brücken zu bauen« (vgl. Pörtner 2003) zwischen den unterschiedlichen Erlebniswelten von Schülern und Lehrern, sowie das Einlassen auf subjektive Behinderungserfahrungen der Schüler (vgl. Schuppener 2005a) und die Neuentwicklung beidseitig tragfähiger Grenzen.

Gemeinsame Grenzreflexionen können eventuell auch durch sogenannte *paradoxe Fragen* erreicht werden, die man sich stellen sollte (vgl. Hennicke 2001). Diese Fragen sollten lediglich Anlass zur jeweiligen Selbstreflexion geben und nicht im Sinne konkreter handlungspraktischer Umsetzungsmöglichkeiten verstanden und beantwortet werden:

1. *Reflexionen aus Lehrersicht*
Was kann ich als Lehrkraft tun, um aus einem momentanen Verhaltensproblem ein chronisches Problem zu machen? Wie kann ich das herausfordernde Verhalten des Schülers konsequent verstärken? Wie kann ich es verhindern, dass sich der Schüler eigenreflexiv und eigenaktiv mit seinem Verhalten auseinandersetzt?
2. *Reflexionen aus Schülersicht*
Was kann der Schüler tun, um aus seinem Verhalten ein chronisches und damit nützliches Problem zu machen? Wie kann er dazu beitragen, dass alle sein Problem mitbekommen? Wie kann er sich möglichst weitgehend als unmündig und nicht aktions-/steuerungs-/reflexionsfähig präsentieren?

Die theoretisch-hypothetische Beantwortung dieser Fragen kann auf folgende Art und Weise helfen, die differenten Schüler- und Lehrerlogiken zu bearbeiten:

1. Es können Erwartungen und Projektionen gegenüber dem Schüler und dem herausfordernden Verhalten konstruktiv-kritisch reflektiert werden. Dies ist deshalb elementar, weil gegenseitige Erwartungseffekte und Lehrer-Schüler-Übertragungsprozesse einen Einfluss auf das schulische Lern- und Leistungsverhalten der Kinder und Jugendlichen haben (vgl. Borchert 2000b).
2. Es kann eine differenzierte und bewusste Annäherung an die subjektive Selbst- und Fremdsicht des Schülers stattfinden. In direkter Kooperation mit dem Schüler können hier vorsichtige Hypothesen und Situationsanalysen für konkrete Verhaltensstrukturen entworfen werden (vgl. Schuppener 2007b).

Ziel einer gelungenen Grenzreflexion ist eine »*enthinderte Begegnung*«. Hierfür ist zwingend auch ein »Anders-Hinschauen« (vgl. Heijkoop 1998) nötig, was durch die Auseinandersetzung mit den dargelegten paradoxen Fragen erreicht werden kann. Darauf aufbauend gilt es, konkrete Möglichkeiten zur »Enthinderung« in Form von Grenzveränderungen zu schaffen.

5 Grenzveränderungen

Bei der Suche nach möglichen Grenzveränderungen im Rahmen der Herausforderungsdynamik, die durch ein besonderes Schülerverhalten entsteht, geht es zentral um die Beantwortung folgender Frage: Wie kann aus dem Verhalten des Schülers, das von uns Außenstehenden oft als »unsinniges Problemverhalten« klassifiziert und bewertet wird, ein für ihn selbst »sinnvolles Verhalten« gemacht werden (vgl. Schuppener 2007b)? Hierbei darf es keinfalls um eine »ersatzlose Eliminierung auffälliger Verhaltensweisen« gehen, sondern ausschließlich um »das Bemühen, den Zweck bzw. die Funktion herausfordernder (...) Verhaltensweisen zu verstehen« (Westling & Theunissen 2006, 299). Gemäß des Vorgehens im Rahmen der »*Positiven Verhaltensunterstützung*« (»*Positive Behavior Support*«) muss ein verstehender Zugang zu Schülern, in deren Situation wir uns nicht authentisch hineinversetzen können, über eine schrittweise Annäherung an ihre subjektiven Sichtweisen erfolgen. Hierbei müssen sogenannte »positive Verkehrsformen« (vgl. Theunissen 2005) in der Zusammenarbeit mit dem Schüler zentral berücksichtigt werden: enthierarchisiertes, gemeinsam-kooperatives Handeln; Interessen, Bedürfnisse und Wünsche der Schüler aufgreifen und unterstützen; Selbstvertrauen beim Schüler aufbauen und stärken etc. Aufbauend auf einer derartig geprägten offenen Grundhaltung kann eine Planung von Grenzveränderungen gemeinsam mit dem Schüler erfolgen, die Enthinderungen auf verschiedenen Ebenen beinhalten muss. Es kann sinnvoll sein, die verschiedenen Planungsebenen (Zeitplanung, Methodenwahl, Inhaltsstruktur, beteiligte Personen etc.) in Form einer Erstellung »*individueller Verhaltens-Menüs*« vorzunehmen. Derartige Menüs verkörpern gemeinsam erarbeitete Interaktions- und Handlungsschemata und Grenzvereinbarungen mit zwei fundamentalen Ebenen der Planung und Umsetzung:

5.1 Ebene der *kurz- und mittelfristigen Planung direkter Handlungsmöglichkeiten innerhalb und außerhalb des Unterrichts*

Im Rahmen einer kurz- und mittelfristigen Planung geht es um Grenzveränderungen auf drei verschiedenen Ebenen (vgl. Meyer 2000):

Personenorientierte Angebote: Hierunter fallen alle Veränderungen, die sich direkt an den Schüler wenden (z. B. Kommunikationsförderung, neue Reaktionen auf das Verhalten des Schülers, Aktivierung durch Bewegungsangebote, Entspannungsübungen, individuelle kreative Maßnahmen etc.). Ziel ist es hier, die Verhaltensgewohnheiten des Schülers konsequent zu erweitern und mit ihm Verhaltensalternativen zu eruieren.

Umgebungsorientierte Veränderungen: Hierdurch sollen die situativen Bedingungen verändert werden (z. B. Verstärkung der Zusammenarbeit mit den Eltern, Veränderung der materiellen und personellen Umgebung, Schaffung neuer strukturierter Lernwelten zur Verhinderung von Reizüberflutung oder -unterforderung [z. B. TEACCH – vgl. Häußler 2006], etc.). Es geht dabei um eine Veränderung der Gesamtverhaltenssituation für den Schüler mit möglichst längerfristiger Wirkung.

Auf einer gemeinsamen mittelfristigen Planungsebene kann es im Rahmen der umgebungsorientierten Interventionen auch eine Überlegung sein, beispielsweise klassenlehrerbezogene *Sprechstunden* einzuführen, in denen die Schüler einzeln die Möglichkeit bekommen, auf einer individuell-persönlichen Ebene einmal pro Woche mit der Lehrkraft einen strukturierten und klaren Austausch über ihre Empfindungen, Probleme, getroffene Grenzvereinbarungen und deren Einhaltung (siehe z. B. »Grenzverträge«) etc. vornehmen zu können. Diese Sprechstunden könnten z. B. am Ende der Woche liegen, wo man die zurückliegende Woche besprechen kann und konkrete Ziele für die nächste Woche absteckt.

Bewertungsorientierte Zugänge: Hierbei geht es um eine etwaige Veränderung der Qualität der subjektiven Bewertung des herausfordernden Verhaltens durch die Lehrkraft. Der Fokus liegt also nicht auf dem Schülerverhalten, sondern vielmehr auf der Wahrnehmung des Verhaltens als ausschließlich negatives, störendes Verhalten:

»Verhaltensstörungen lassen sich auch dadurch beseitigen, dass der Betrachter lernt, das Verhalten unter einem anderen Blickwinkel zu sehen, sich also dadurch nicht mehr gestört zu fühlen« (Meyer 2000, 53).

Die wichtigste Variable bei der Entwicklung von Verhaltens-Menüs und Grenzdiskussionen ist die Transparenz und die enthierarchisiert-dialogische Umgangsform mit dem Schüler (vgl. Pörtner 1999). Grundsätzlich geht es um die verknüpfende Planung, Durchführung und Evaluation von Veränderungen auf allen drei Veränderungsebenen. Im Bereich der personenorientierten Angebote wäre es möglich, sich kompetente Unterstützung von ausgebildeten Therapeuten zu holen, die Erfahrung in der psychotherapeutischen Arbeit mit Kindern und Jugendlichen mit dem Förderschwerpunkt »Geistige Entwicklung« haben. In kooperativer Zusammenarbeit könnten individuelle Menüs gemeinsam erstellt werden, die in regelmäßigen Abständen (oder bei akutem Bedarf) evaluiert und überarbeitet werden. In diese Menüs können ganz einzigartige Vereinbarungen einfließen, aber auch vereinzelt Elemente aus verschiedenen pädagogisch-therapeutischen Interventionskonzepten. Fruchtbar für das Einbringen in den pädagogischen Unterrichtsalltag könnten unter Umständen Elemente aus dem Bereich der *Prä-Therapie* (Pörtner 2001; Prouty, Pörtner & Van Werde 1998), der *verhaltensmodifikatorischen Interventionen* (vgl. Borchert 1996; 2000a) und der *kognitiven Verhaltenstherapie* (u. a. Freund & Amlang 2000) oder auch der *Gestalttherapie* (Besems & Van Vugt 1989; Besems & Besems-Van Vugt 2006) sein.

Eine Option besteht – auf der Basis der kognitiven Verhaltensmodifikation – im finalen Abschließen von »Grenzverträgen« mit den Schülern. Da jeder Schüler Stärken und Schwächen auf der Verhaltensebene vor dem Hintergrund der Dynamik in dieser speziellen Lerngruppe hat, bietet es sich an, zum einen einen

Verhalten-Vertrag für die gesamte Lerngruppe zu erarbeiten, zum anderen auch individuelle Grenzverträge für jeden einzelnen Schüler zu erstellen.

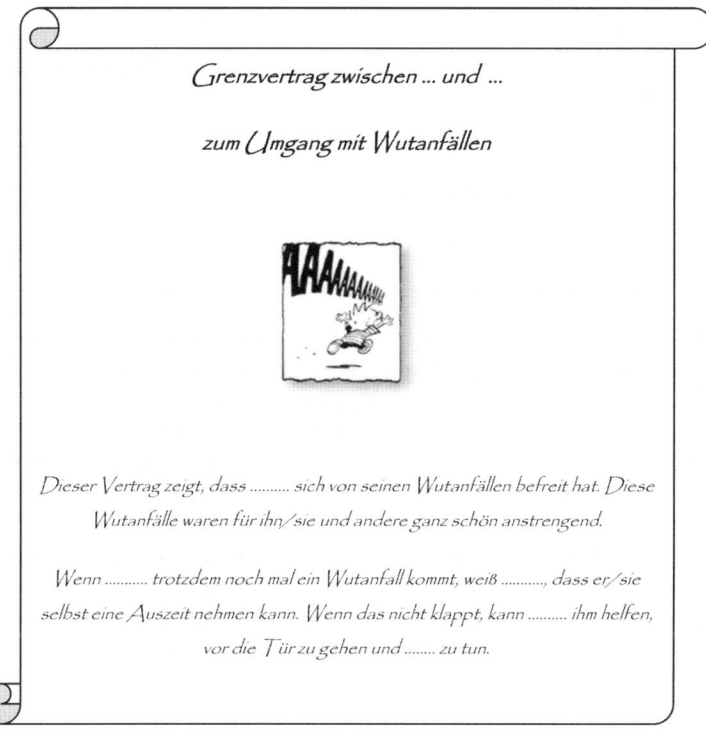

Abb. 1: Fiktives Beispiel für einen »Grenzvertrag«

5.2 Ebene der *längerfristigen Planung mit dem Schüler*

Auf der Ebene einer längerfristigen Planung ist es sinnvoll, mit *Methoden der persönlichen Zukunftsplanung* (vgl. Doose 2000; Hinz 2001; Schuppener 2005 c; Trost 2003; Emrich, Gromann & Niehoff 2006) zu arbeiten, was auch innerhalb des Konzeptes der Positiven Verhaltensunterstützung den Ausgangspunkt jeglicher Entwicklung von Verhaltensassessments verkörpert (vgl. Westling & Theunissen 2006). Im Rahmen der Zukunftsplanung geht es zentral um die Bildung und Etablierung sogenannter Unterstützerkreise (circles of support), an denen alle Personen beteiligt sind, die für eine gemeinsame längerfristige Veränderungsplanung wichtig sind (der Schüler selbst, Freunde, Familienmitglieder, Lehrer, Therapeuten, weitere Bezugspersonen des Schülers etc.). Das methodische Vorgehen der persönlichen Zukunftsplanung ist äußerst vielseitig (▶ **Tab. 1**) und bei allen Methoden steht der Schüler mit seinen individuellen Bedürfnissen und Sichtweisen im Mittelpunkt (vgl. Schuppener 2007b). Alle Planungsschritte ermöglichen demzufolge eine Berücksichtigung der Subjektivität des Schülers und dienen dazu »den anderen kennenzulernen, Ideen zu bekommen, Ziele zu definieren und diese gemeinsam Schritt für Schritt umzusetzen« (Doose 2000, 22).

Tab. 1: Übersicht über Methoden persönlicher Zukunftsplanung (aus Doose 2000, 22)

Methoden persönlicher Zukunftsplanung
• *Themenblätter* (Meine Fähigkeiten, Fragebögen, Checklisten, Liste: was machen andere Gleichaltrige, Mandala, Glücksrad etc.) • *Karten* (Dream Cards, Neue Hüte, Lebensstilkarten) • *Ordner* (Persönlicher Zukunftsplaner – Dokumentation des Planungsprozesses, Portfolio – Sammlung bester Werke) • *Treffen* (Talkrunden, Persönliche Zukunftsplanungstreffen, Unterstützerkreise, Freundeskreise) • *Problemlösetechniken* • *Moderationstechniken*

Der Entwurf eines Zukunftsplanes kann auch auf einen konkreten Teilbereich (z. B. die Verhaltensebene) spezifiziert sein und sollte hier ganz elementar individuell sinnvolle (Verhaltens-)Grenzen ausweisen sowie den Umgang mit diesen Grenzen. In einem ersten Schritt wird ein »*persönliches Profil*« des Schülers erstellt (vgl. Trost 2003). Dies kann u. a. anhand des »*diagnostischen Mosaiks*« (vgl. Boban & Hinz 2003; Hinz 2001) oder nach dem Konzept der *Rehistorisierung* (vgl. Jantzen 2006) stattfinden.

Die *Rehistorisierung* verfolgt das Ziel, »mithilfe der Erhebung von diagnostischen Daten eine von sozialer Ausgrenzung oder Reduktion auf Natur bedrohte bzw. ausgegrenzte Person wieder in den Status ihrer Menschen- und Bürgerrechte zu setzen« (Jantzen 2006, 321). Die Methodologie der Rehistorisierung teilt sich in zwei Formen:

1. *Erklären*: Beim Erklären geht es darum, die Geschichte der betreffenden Person »von unten« nachzuerzählen. Hierbei sollte eine Reichhaltigkeit an Quellen genutzt werden. Die gesammelten empirischen Daten sollten auf entwicklungspsychologischer, sozialwissenschaftlicher und kultureller Ebene geordnet und als lebensgeschichtliche Momente der Person entschlüsselt werden. Der Versuch des Erklärens mündet letztendlich in dem Versuch einer Rekonstruktion der Geschichte des Individuums.
2. *Verstehen*: Vor dem Hintergrund einer rekonstruierten persönlichen Geschichte sollte ein Akt des Verstehens einsetzen. Dieser kennzeichnet sich dadurch, dass ein »Fall von…« zu einer »Geschichte von meinesgleichen« wird, die unter Umständen auch meine eigene Geschichte hätte sein können. Der Prozess des Verstehens vollzieht sich im Bauen von Übertragungsbrücken; er zeichnet sich durch das Verlassen autoritärer Machtstrukturen und die Entwicklung einer tiefgründigen Empathie aus. Im Kern geht es um die Suche nach Gründen für die Entwicklung des anderen und um ein Eintauchen in die mögliche Erlebniswelt des Gegenübers (vgl. Schuppener 2007a).

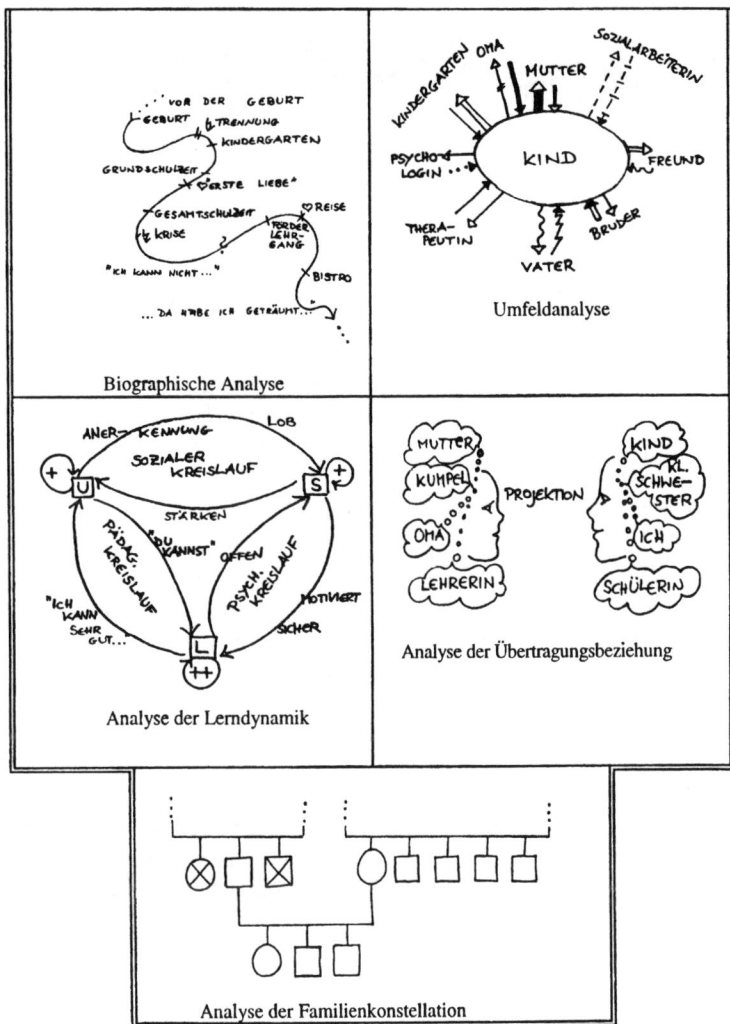

Abb. 2: Diagnostisches Mosaik (aus Hinz 2001, 129)

Beim diagnostischen Mosaik (▶ **Abb. 2**) liegt der Schwerpunkt auf der Zusammenführung differenter Perspektiven (inklusive der eigenen), die für den Schüler eine subjektive Bedeutsamkeit haben. Es soll hier nicht nur ein Bild vom Schüler aus verschiedenen Fremdperspektiven entstehen, sondern vielmehr ein Bild von ihm aus seiner Selbstperspektive, das ureigene Hoffnungen, Träume, Ängste etc. beinhaltet und dokumentiert. Vor dem Hintergrund der Erarbeitung gemeinsamer Grenzreflexionsstrukturen kann im weiteren Planungsverlauf z. B. mit dem Konzept *MAP* (*Making Action Plans* – ▶ **Abb. 3**) gearbeitet werden (Näheres hierzu u. a. in Doose 2000 oder Emrich, Gromann & Niehoff 2006 oder Doose, Emrich & Göbel 2004).

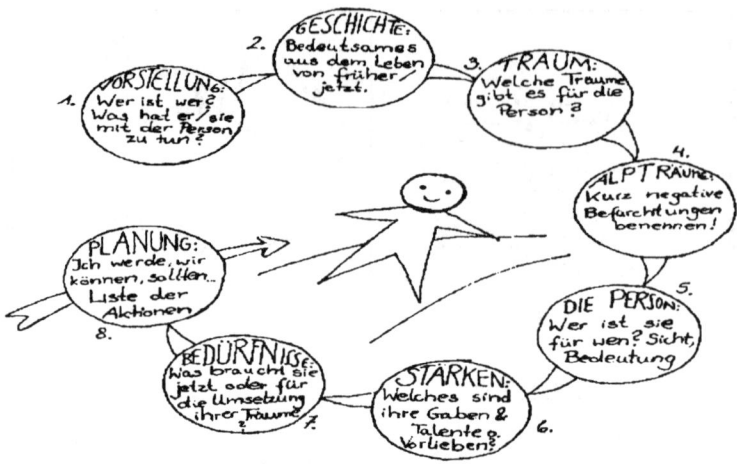

Abb. 3: MAP – Making Action Plans (aus Hinz 2001, 130)

Eine weitere Möglichkeit langfristiger Planung, die ebenfalls auf rein individuumsbezogene Angebote verzichtet, sondern vielmehr einen schulisch-sozialen Veränderungsbedarf fokussiert (vgl. Westling & Theunissen 2006), besteht in der Entwicklung von unterschiedlichen Helfer-Projekten, Schüler(innen)vertrauenssystemen, Schüler(innen)sprechstunden oder einer Mediations-AG. Eine große Chance – besonders für Schüler mit introvertierten Verhaltensweisen – liegt auch in der Etablierung *erlebnispädagogischer Angebote* (vgl. Kinne 2011). Je nach Art und Weise der Verhaltensherausforderung (eher extrovertiert oder eher introvertiert) sollte sich das Kollegium einer Schule für die Initiierung und längerfristige Begleitung von strukturierten Schüleraktivitäten einsetzen (Mentorensysteme zwischen Schülern, themenspezifische Gesprächsgruppen, »Gefühls-Talk-Runden« etc.).

6 Ausblick

Grenzveränderungen in Form von Kooperationsvereinbarungen zwischen Schülern und Lehrern sowie zwischen Schülern und Schülern können nur stattfinden, wenn eine offene vertrauensvolle Basis im Umgang miteinander gegeben ist. Hierzu gehört einerseits die grundlegende Botschaft: »Du bist o. k. so, wie Du bist!« und andererseits auch der Versuch der Gestaltung eines Rahmens der »Leichtigkeit«, der u. a. auch von Humor geprägt sein kann. »*Humor als Intervention*« (Janssens 2010, Buchtitel) kann eine tiefgreifende neue Ebene des Verstehens erlebbar werden lassen und sollte als ernst zu nehmende Umgangs- und auch Interventionsform verstanden werden, die neue Grenzperspektiven eröffnet. Auch hilft das Erkennen, dass nicht nur ich mich als Pädagoge in meinem diagnostischen und didaktischen Tun von den Verhaltensherausforderungen meiner Schüler »gestört« fühle, sondern ich oft auch die Schüler selbst durch mein Handeln »in ihrem Selbstsein-Wollen« störe (Fischer 2009, 22).

Grenzreflexionen bedingen natürlich auch immer die Bereitschaft zur Öffnung und ggf. auch Veränderung des personellen und institutionellen Umfeldes (Makrobene) sowie der Bezugs- und Interaktionspartner (Mesoebene) und können dann auch in einem letzten Schritt eine Öffnung und Veränderung beim Schüler selbst als Hauptperson (Mikroebene) bewirken. In einer Art »Kettenreaktion« können Wirkungseffekte dadurch entstehen, dass der Schüler eine andere Form von »Verstanden-Werden« empfindet und spürt, dass das Gegenüber bemüht ist, sich auf seine Innenwelt und seine subjektive Logik des Handelns und Verhaltens einzulassen (vgl. Schuppener 2007b). Dadurch erfährt er eine Form der Annahme, die sich zwangsläufig positiv auf sein Selbstverständnis auswirkt. Eine echte gemeinsame Bearbeitung von Grenzen im pädagogischen Miteinander kann neues Vertrauen im Schüler und auch im Lehrer wachsen lassen und ein wenig helfen, verzweifelte Situationen als Herausforderung zum gemeinsamen Umlernen mit dem Ziel neuer Grenzdefinitionen anzusehen.

Literatur

Besems, T. & Besems-Van Vugt, G. (2006): Abschied von Behinderung. Menschen mit vielseitigen undefinierten Potentialitäten zeigen signifikant große Entwicklungen. Forschungsergebnisse zur Gestalttherapie. In: Geistige Behinderung, 45 (4), 309–322.

Besems, T. & Van Vugt, G. (1989): Gestalttherapie mit geistig behinderten Menschen: Teil 2. In: Geistige Behinderung, 28 (1), Praxisteil (1–24).

Boban, I. & Hinz, A. (2003): Förderpläne – für integrative Erziehung überflüssig!? Aber was dann?? In: Mutzeck, W. (Hrsg.): Förderplanung. Grundlagen – Methoden – Alternativen. 2. Aufl., Weinheim, 131–144.

Borchert, J. (1996): Pädagogisch-therapeutische Interventionen bei sonderpädagogischem Förderbedarf. Göttingen.

Borchert, J. (2000a): Verhaltenstheoretische Ansätze. In: Borchert, J. (Hrsg.): Handbuch der Sonderpädagogischen Psychologie. Göttingen, 146–158.

Borchert, J. (2000b): Unterricht mit behinderten Kindern und Jugendlichen – Lehrer-Schüler-Interaktionen. In: Borchert, J. (Hrsg.): Handbuch der Sonderpädagogischen Psychologie. Göttingen, 353–380.

Buscher, M. (2005): Behinderte Begegnung oder kreative Chance. Anmerkungen zum psychiatrisch/psychotherapeutischen Angebot der Rheinischen Kliniken Viersen für Kinder und Jugendliche mit intellektuellen Behinderungen. In: K. Hennicke (Hrsg.): Seelische Gesundheit von Menschen mit geistiger Behinderung. Band 1: Bedingungen der Diagnostik und Therapie von Verhaltensauffälligkeiten. Dokumentation der Arbeitstagungen der DGSGB in Kassel 2000–2005 (9–15). Berlin.

Dobslaw, G. (2010): Teilhabeorientierung bei der Betreuung von »Menschen mit schwerwiegend herausforderndem Verhalten« – Strukturen, Prozeduren und Haltungen im Alltagstest. Vortrag auf der II. Berliner Fachtagung zur Psychosozialen Betreuung von

Substituierten am 11.06. 2010. www.dgsuchtmedizin.de/...2010/GudrunDobslawText version.pdf [10. 10. 2011].
Doose, S. (2000): »I want my dream!« Persönliche Zukunftsplanung. Neue Perspektiven und Methoden einer individuellen Hilfeplanung mit Menschen mit Behinderungen. 5., überarbeitete und erweiterte Neuauflage, Hamburg.
Doose, S., Emrich, C., Göbel, S. (2004): Käpt'n Life und seine Crew. Ein Planungsbuch zur persönlichen Zukunftsplanung. Kassel.
Emrich, C., Gromann, P. & Niehoff, U. (2006): Gut leben. Persönliche Zukunftsplanung realisieren. Marburg.
Feuser, G., Rödler, P., Berger, E. & Jantzen, W. (2002): Es gibt keinen Rest! Basale Pädagogik für Menschen mit schwersten Beeinträchtigungen. Neuwied.
Fischer, D. (2009): An der Grenze – Begleitung von Menschen mit herausforderndem Verhalten. In: Behinderte Menschen – Zeitschrift für gemeinsames Leben, Lernen und Arbeiten, 5, 10–25.
Freund, H. & Amlang, M. (2000): Kurs zur Verhaltensmodifikation bei mehrfach und autistisch behinderten Menschen. Tübingen.
Häußler, A. (2006): Der TEACCH-Ansatz zur Förderung von Menschen mit Autismus. Einführung in Theorie und Praxis. Dortmund.
Heijkoop, J. (1998): Herausforderndes Verhalten von Menschen mit geistiger Behinderung. Neue Wege in der Begleitung und Förderung. Weinheim.
Hennicke, K. (2001): Aggressive Verhaltensweisen von Menschen mit geistiger Behinderung. Wozu könnten sie nützlich sein und wie werden sie aufrechterhalten? Was müsste getan werden, damit sie weiterhin bestehen bleiben? In: G. Theunissen (Hrsg.): Verhaltensauffälligkeiten – Ausdruck von Selbstbestimmung? Wegweisende Impulse für die heilpädagogische, therapeutische und alltägliche Arbeit mit geistig behinderten Menschen. 2., erweiterte Aufl., Bad Heilbrunn, 287–304.
Hennicke, K. & Meins, W. (2005): Besonderheiten der psychiatrischen Versorgung von geistig Behinderten mit psychischen Störungen. In: Hennicke, K. (Hrsg.): Seelische Gesundheit von Menschen mit geistiger Behinderung. Band 1: Bedingungen der Diagnostik und Therapie von Verhaltensauffälligkeiten. Dokumentation der Arbeitstagungen der DGSGB in Kassel 2000–2005. Berlin, 61–68.
Hinz, A. (2001): Störendes Verhalten in der Schule – was können wir tun? In: Theunissen, G. (Hrsg.): Verhaltensauffälligkeiten – Ausdruck von Selbstbestimmung? Wegweisende Impulse für die heilpädagogische, therapeutische und alltägliche Arbeit mit geistig behinderten Menschen. 2., erweiterte Aufl., Bad Heilbrunn, 115–133.
Janssens, M. (2010): Humor als Intervention, die Betreuung verändert. Spaß mit Menschen, die mit einer geistigen Behinderung leben. Tübingen.
Jantzen, W. (2006): Rehistorisierung. In: Wüllenweber, E., Theunissen, G. & Mühl, H. (Hrsg.): Pädagogik bei geistigen Behinderungen. Ein Handbuch für Studium und Praxis. Stuttgart, 320–329.
Jantzen, W. & Schnittka, T. (2001): ›Verhaltensauffälligkeit‹ ist eine soziale Konstruktion: Über Vernunftfallen und andere Angriffe auf das Selbst. In: Theunissen, G. (Hrsg.): Verhaltensauffälligkeiten – Ausdruck von Selbstbestimmung? Wegweisende Impulse für die heilpädagogische, therapeutische und alltägliche Arbeit mit geistig behinderten Menschen. 2., erweiterte Aufl., Bad Heilbrunn, 39–62.
Kinne, T. (2011): Die Unterstützung der sozialen Kompetenzentwicklung von Schülerinnen und Schülern mit geistiger Behinderung im Kontext erlebnispädagogischer Lernarrangements. Berlin.
Meyer, H. (2000): Verhaltensorientierte Interventionen bei Schülerinnen und Schülern mit geistiger Behinderung. Konzeption und Planung. Heidelberg.
Mummendey, H. D. (2000): Psychologie der Selbstschädigung. Göttingen.
Palmowski, W. & Heuwinkel, M. (2000): Normal bin ich nicht behindert! Wirklichkeitskonstruktionen bei Menschen, die behindert werden – Unterschiede, die Welten machen. Dortmund.
Pörtner, M. (1999): Ernstnehmen – zutrauen – verstehen: personenzentrierte Haltung im Umgang mit geistig behinderten und pflegebedürftigen Menschen. 2. Aufl., Stuttgart.

Pörtner, M. (2001): Klientzentrierte Psychotherapie in Verbindung mit Prä-Therapie. In: Geistige Behinderung 40 (4), 304–312.
Pörtner, M. (2003): Brücken bauen. Menschen mit geistiger Behinderung verstehen und begleiten. Stuttgart.
Prouty, G., Pörtner, M. & Van Werde, D. (1998): Prä-Therapie. Stuttgart.
Rogers, C. R. (2003): Entwicklung der Persönlichkeit. 13. Aufl., Stuttgart.
Schuppener, S. (2005 a): Selbstkonzept und Kreativität von Menschen mit geistiger Behinderung. Bad Heilbrunn.
Schuppener, S. (2005 b): Selbstkonzepte von Menschen mit geistiger Behinderung – Empirische Befunde und Implikationen für Praxis, Theorie und Forschung. In: Heilpädagogische Forschung XXXI (4), 166–179.
Schuppener, S. (2005 c): Förderdiagnostik und Förderpläne im Kontext schulischer Integration. In: Moser, V. & Von Stechow, E. (Hrsg.): Lernstands- und Entwicklungsdiagnosen. Bad Heilbrunn, 175–190.
Schuppener, S. (2006): Menschen mit »Behinderungserfahrungen« = Menschen mit einer »behinderten Identität«? In: Klauß, T. (Hrsg.): Geistige Behinderung – Psychologische Perspektiven. Heidelberg, 163–182.
Schuppener, S. (2007 a): Geistig- und Schwermehrfachbehinderungen. In: Borchert, J. (Hrsg.): Einführung in die Sonderpädagogik. München, 111–148.
Schuppener, S. (2007 b): Schülerinnen und Schüler mit geistiger Behinderung und herausfordernden Verhaltensweisen – »behinderte Begegnungen« und Möglichkeiten der Enthinderung. In: Sonderpädagogik 37 (1), 16–28.
Schuppener, S. (2009): Muss die Identität bei Menschen mit geistiger Behinderung beschädigt sein? In: Dobslaw, G. & Klau, T. (Hrsg.): Identität, geistige Behinderung und seelische Gesundheit. Berlin, 45–57.
Speck, O. (1998): System Heilpädagogik. 4. Aufl., München.
Theunissen, G. (1996): Wider die Psychiatrisierung geistiger Behinderung. In: Geistige Behinderung, 35 (4), 307–319.
Theunissen, G. (2005): Pädagogik bei geistiger Behinderung und Verhaltensauffälligkeiten. 4. neu bearbeitete und stark veränderte Aufl., Bad Heilbrunn.
Theunissen, G. (2006): Verstehende Diagnostik. In: Wüllenweber, E., Theunissen, G. & Mühl, H. (Hrsg.): Pädagogik bei geistigen Behinderungen. Ein Handbuch für Studium und Praxis. Stuttgart, 311–319.
Theunissen, G. & Schirbort, K. (2003): Verhaltensauffälligkeiten bei Schülerinnen und Schülern mit geistiger Behinderung. In: Theunissen, G. (Hrsg.): Krisen und Verhaltensauffälligkeiten bei geistiger Behinderung und Autismus. Stuttgart, 37–65.
Trost, R. (2003): Förderplanung mit Menschen mit geistiger Behinderung. In: Irblich, D. & Stahl, B. (Hrsg.): Menschen mit geistiger Behinderung. Psychologische Grundlagen, Konzepte und Tätigkeitsfelder. Göttingen, 502–558.
Werning, R. (1998): Konstruktivismus. Eine Anregung für die Pädagogik?! In: Pädagogik, 44, 39–41.
Westling, D. & Theunissen, G. (2006): Positive Verhaltensunterstützung – Positive Behavior Supports. Ein US-amerikanisches Konzept zum Umgang mit Menschen mit geistiger Behinderung und herausfordernden Verhaltensweisen. In: Geistige Behinderung, 45 (4), 296–308.

Herausforderndes Verhalten im Kontext körperlicher und motorischer Entwicklung

Ingeborg Hedderich & Jürgen Tscheke

»So ergibt sich eine widersprüchliche Situation. Eine durch Behinderung erschwerte Entwicklung ist in besonderer Weise auf die Unterstützung der autonomen Möglichkeiten des Kindes angewiesen auf der Basis achtsamer, feinfühliger Beziehungen. Und gleichzeitig fühlen sich Eltern und Fachkräfte durch die Hilfsbedürftigkeit der Kinder eher herausgefordert, sie stärker fremdzubestimmen« (Haupt 2007, 63).

1 Begriffsbestimmungen

Unter der Bezeichnung *Kinder und Jugendliche mit Beeinträchtigung der körperlichen und motorischen Entwicklung* wird hier eine heterogene Personengruppe mit Schädigungen des Stütz- und Bewegungsapparates, anderen äußeren und inneren organischen Schädigungen sowie chronischen Erkrankungen verstanden (Hedderich 2006). Entwicklungserschwernisse erwachsen aus der Schädigung von Körperfunktionen oder -strukturen und möglichen Auswirkungen auf andere Bereiche der Persönlichkeit. Mikro- und makrosoziale Umwelteinflüsse wirken funktions-, aktivitäts- und teilhabebeeinflussend (Hansen 2006).

Die Bezeichnung *herausforderndes Verhalten* wird in der Literatur unterschiedlich verwendet. So bestimmen beispielsweise Dieckmann, Haas & Bruck den Begriff in einem engeren Sinne als »aggressive Verhaltensweisen, die sich gegen andere Personen oder Sachen richten, selbstverletzendes Verhalten, Wut- und Gefühlsausbrüche, stark störendes Lautieren, dauerndes Schreien und Klagen, Kotschmieren und extrem zwanghaftes Verhalten« (Dieckmann, Haas & Bruck 2007, 17). Theunissen (2008; 2005) wendet sich gegen eine einseitige Definition in Richtung Aggression. Er sieht im Begriff des herausfordernden Verhaltens eine Parallelbezeichnung für Verhaltensauffälligkeiten oder Verhaltensstörungen und subsumiert sowohl externalisierende (schwere Aggressionen, selbstverletzende Verhaltensweisen) als auch internalisierende Verhaltensauffälligkeiten, wie Tendenzen sozialer Defensive, Inaktivität oder Passivität, innerhalb dieses Begriffes. Letztgenannte Verhaltensweisen werden von den Interaktionspartnern häufig nicht als so bedrohlich erlebt. Sie können jedoch Lebensqualität und Teilhabe der betroffenen Person ebenso einschränken und Mitteilungscharakter in Richtung der Interaktionspartner besitzen.

Der Begriff des herausfordernden Verhaltens findet hier Verwendung, da die Herausforderung als Aufforderung, über das Verhalten nachzudenken, verstanden wird. Auf der Seite der betroffenen Person wird von subjektiver Sinnhaftigkeit und

Signalfunktion ausgegangen. Aus der Beobachterperspektive entsteht herausforderndes Verhalten auf der Basis subjektiver Interpretationen und ist abhängig von Werten, Vorstellungen und Bedürfnissen der Bezugspersonen. Die Bezeichnung geht also über eine individuumszentrierte Sichtweise hinaus und bezieht die Wahrnehmungs- und Bewertungsmuster der Beobachtenden (z. B. pädagogische Mitarbeiter) ein.

2 Erklärungsansatz: Selbstorganisation und Entwicklungsunterstützung

Um Entstehungsbedingungen und Auswirkungen herausfordernden Verhaltens zu verstehen, wird auf den systemischen Ansatz zurückgegriffen. Bergeest (2002) bezieht sich in seinem Entwurf zur »Balance von Stabilität und Instabilität« auf die *allgemeine dynamische Systemtheorie*. Struktur (Stabilität) und Chaos (Instabilität) können Eigenschaften ein und desselben Systems sein, wobei ein beständiger Wechsel zwischen beiden Zuständen charakteristisch für die dynamische Ordnung des Systems ist. Strukturen und Muster, in deren Richtung sich eine Systemdynamik entwickelt, werden als Phasenräume bzw. Attraktoren bezeichnet. Der Mensch wird als Teilsystem betrachtet, für dessen Entwicklung z. B. »Raumerfahrung, soziale Erfahrung, körperliche Lusterfahrung« (Bergeest 2002, 7) Attraktoren darstellen. Das Wirksamwerden eines neuen Attraktors führt zu einem Wechsel des Orientierungszustandes und wird als Phasenübergang bezeichnet. Aus einer entwicklungspsychologischen Perspektive sprechen Niebank, Petermann & Scheithauer (2000) von Entwicklungsübergängen. Nach einer Phase der Instabilität entsteht durch die selbstorganisierte »Schaffung von Ordnungen als individuell stabile Konstrukte der Wirklichkeit« (Bergeest 2002, 7) eine Phase der Stabilität. Bergeest postuliert erstens, dass das menschliche Bedürfnis, zu existenziellen Strukturen und damit zu Sicherheit zu gelangen, die Basis für kreatives Lernen und neue Erfahrungen darstellt. Stabilität wird im Sinne von Vorhersagbarkeit als Voraussetzung für Handlungsfähigkeit, Instabilität im Sinne von Unvorhersagbarkeit als Voraussetzung von Veränderung verstanden (vgl. Bergeest 2002, 8). Zweitens werden für Kinder und Jugendliche mit Beeinträchtigung der körperlichen und motorischen Entwicklung aufgrund somatischer, kognitiver, psychosozialer und/oder psychosexueller Erschwernisse »individuelle[...] Muster der Dynamik von Stabilität und Instabilität« (Bergeest 2002, 8) angenommen. Stabilität kann Konzentration, Entspanntheit und prosoziales Verhalten, aber auch das Wiederholen stereotyper Verhaltensweisen, Passivität und Angst bedeuten. Instabilität kann zu Neugierde, Kreativität und Fantasie, aber auch zu einer ständigen Suche nach neuen Reizen und ziellosen Aktionen führen (vgl. Bergeest 2002, 9).

Aus *systemökologischer Sicht* wird herausforderndes Verhalten als Bestandteil von Interaktionsprozessen beschrieben, die als rückbezügliche Prozesse zu kennzeichnen sind und innerhalb derer Verhaltensweisen als Störungen erscheinen können. Diese sind nicht nur durch die Verhaltensmuster der scheinbar verursachenden Person bestimmt, sondern ebenso durch die Interaktions- und Interpretationsmuster aller beteiligten Personen. Mit Theunissen (vgl. 2005, 58 f.) können herausfordernde Verhaltensweisen als Störungen der Systemrelation, also des Verhältnisses zwischen Individuum und Kontext gefasst werden. Die Wechselbeziehungen zwischen den Beteiligten werden durch Zirkularität und Eigendynamik beschrieben. Darüber hinaus sind biografische Erfahrungen (z. B. unbewältigte krisenhafte Ereignisse) zu berücksichtigen.

Das Verhalten von Kindern und Jugendlichen mit Beeinträchtigung der körperlichen und motorischen Entwicklung kann die Bezugspersonen dazu herausfordern, ihre Entwicklung von außen steuern zu wollen, Entwicklungsimpulse zu übersehen oder fehlzuinterpretieren. Dies kann dazu führen, dass Entwicklungsunlust und Erstarrung oder Aggressivität und Reizoffenheit aufseiten der Kinder zunehmen. Die beiden Dimensionen Stabilität und Instabilität sind als Pole zu verstehen, die in ihrer aufeinander bezüglichen dynamischen Balance für Entwicklung und in einer jeweiligen Überbetonung oder Dysbalance für Stagnation stehen. Vertrauen in die Entwicklung der Kinder und Jugendlichen zu haben, bedeutet, »ihnen das Ausschöpfen ihres Potenzials im ausgewogenen Wechselspiel, d. h. in der Balance von Stabilität und Instabilität« zu ermöglichen (Bergeest 2002, 9).

3 Zum Forschungsstand

Bei Kindern und Jugendlichen mit Beeinträchtigung der körperlichen und motorischen Entwicklung werden hinsichtlich herausfordernden Verhaltens keine abgrenzbaren Bilder oder Syndrome beschrieben (Leyendecker 2004). Verallgemeinerbare aktuelle empirische Ergebnisse liegen nicht vor (Hansen 2006), die Befundlage ist insgesamt widersprüchlich. Einigkeit besteht bezüglich überwiegender Gemeinsamkeiten mit nicht behinderten Vergleichsgruppen und einer großen interindividuellen Varianz (Lelgemann 2010).

Leyendecker (2004; 2005) beschreibt nach der Sichtung von Befunden der 1970er- und 1980er-Jahre einzelne Hinweise auf »vermehrte Passivität, depressiv-resignierende Verhaltensweisen, erhöhte Sensitivität, vermehrte Ängstlichkeit oder auch unausgeglichene, aggressive Impulskontrolle, gestörte Selbstbehauptungstendenzen und soziale Isolation« (Leyendecker 2004, 297). Bergeest (2002) benennt mit Tendenzen des Rückzugs, der Beschränkung, Fixierung auf Bezugspersonen und Rehabilitationsmaßnahmen sowie einem erhöhten Bedürfnis nach Rückversicherung problematische Muster. Leyendecker & Neuhoff (2004) gehen auf der Basis einer Lehrerbefragung davon aus, dass Angst bei Kindern mit Beeinträchtigung der körperlichen und motorischen Entwicklung grundsätzlich nicht häufiger vorkomme als bei Vergleichsgruppen und »... dass ein Großteil der Kinder und Jugendlichen die funktionellen Folgen ihrer Beeinträchtigung angemessen bewältigen können« (Leyendecker & Neuhoff 2004, 315 f.). Für 10,4 %

der Stichprobe werden therapiebedürftige Angststörungen konstatiert. Die befragten Pädagogen geben insbesondere Handlungsblockaden und das Verweigern der Mitarbeit als unterrichtsrelevante Auswirkungen ängstlichen Verhaltens an. Als Angstauslöser bzw. -inhalte werden u. a. unbekannte Situationen, Personen und Umgebungen, laute Geräusche, Auseinandersetzungen sowie medizinische Eingriffe und Schmerzen genannt. Die Ergebnisse der Untersuchung deuten einen Zusammenhang zwischen den Verbalisierungsfähigkeiten der Schülerinnen und Schüler und dem beobachteten ängstlichen Verhalten an: »Je geringer die zugeschriebene Verbalisierungsfähigkeit, desto größer ist das registrierte ängstliche Verhalten« (Leyendecker & Neuhoff 2004, 316). Dies führt zu der bekannten Konsequenz, dass Ängste verbaler und nonverbaler Bearbeitungsmöglichkeiten bedürfen.

Art und Schwere einer körperlichen Schädigung scheinen nur einen geringen Einfluss auf die Entstehung herausfordernden Verhaltens zu haben. Da Personen mit stärkeren Schädigungen eher mit Rücksichtnahme begegnet wird, wird hier die Tendenz zu Verhaltensauffälligkeiten als geringer beschrieben als bei Personen mit eher leichten Schädigungen, die Überforderungssituationen stärker ausgesetzt sein können (vgl. Leyendecker 2004, 299).

Reichert (vgl. 2003, 186 ff.) vergleicht von den Eltern beurteilte Verhaltensauffälligkeiten bei Kindern mit und ohne Beeinträchtigung der körperlichen und motorischen Entwicklung. Innerhalb der Kategorien externalisierendes und stereotypes Verhalten wurden zwischen den Stichproben keine signifikanten Unterschiede gefunden. Im Bereich des internalisierenden Verhaltens werden insbesondere Kinder mit cerebralen Bewegungsstörungen gegenüber der Kontrollgruppe als auffällig beschrieben. Reichert führt die auch bei Kallenbach (2000) beschriebenen defensiven und evasiven Verhaltenstendenzen auf erschwerte frühkindliche Erfahrungen im familiären Bereich sowie eine zunehmende Bereitschaft zur Selbstreflexion mit steigendem Lebensalter zurück. Er konstatiert jedoch auch: »Verhaltensauffälligkeiten finden sich weniger häufig bei jenen körperbehinderten Kindern und Jugendlichen, die über persönliche Gestaltungsräume verfügen, und deren Eltern differenzierte Kenntnisse über die Entwicklungsbesonderheiten ihrer Kinder haben...« (Kallenbach 2000, 233). Als Argument für integrative bzw. inklusive schulische Bedingungen ist der interessante Befund zu werten, dass körperlich und motorisch beeinträchtigte Kinder und Jugendliche, die in allgemeinen Schulen lernten, ein geringeres Maß an Verhaltensauffälligkeiten zeigten als jene, die Förderschulen besuchten.

Solche Verhaltensweisen, die im pädagogischen Alltag als sozial erschwerend wahrgenommen werden, können – wie oben ausgeführt – subjektiv sinnvolle Strategien darstellen bzw. biografisch erklärbar sein. Als Ursachen werden weniger somatische als vielmehr psychosoziale Faktoren angenommen. Familien erfahren durch die Konfrontation mit einer körperlichen oder motorischen Beeinträchtigung eine kontinuierliche lebensgeschichtliche Orientierung (vgl. Bergeest 2006, 152). Hansen (2006) betont allerdings, dass die Eltern-Kind-Beziehungen sich nach aktueller Befundlage zunehmend positiv gestalten. Stigmatisierende Reaktionen des Umfeldes können zu erschwerten Bedingungen führen. Das Erleben von Unterstützungsbedarf, Fremdbestimmtheit, erschwerten Kontaktbedingungen und sozialer Defensive können zu einer Fokussierung der Schädigung innerhalb der personalen Existenz führen (vgl. Bergeest 2006, 150 ff.). Die von Uhrlau (2006) zu ihrer Schulzeit retrospektiv befragten Erwachsenen betonen die Bedeutung der Visibilität einer Körperschädigung für diskriminierende Verhaltensweisen von Mitschülern und Lehrern. Eine Untersuchung von Diskriminierungstendenzen aus der Sicht der Betroffenen (Fries 2005) zeigt ein differenziertes Bild positiver und negativer Erfahrungen. Hansen (2006, 78) resümiert, »dass Menschen mit körperlichen und motorischen Beeinträchtigungen *punktuell* immer noch in einzelnen Lebensbereichen auf Vorurteile stoßen [...], dass diese insgesamt eher abgenommen haben«.

4 Differenzielle Vertrauenstheorie

Interaktionen zwischen Kindern oder Jugendlichen mit herausforderndem Verhalten und ihren Lehrern können sich in offenen oder verdeckten Konflikten äußern und sind bestimmt durch ein geringes Maß an gegenseitigem Vertrauen (Hughes & Kwok 2006). Aus der Sicht der erwachsenen Bezugspersonen formuliert Haupt (2000, 180): »Kinder mit Behinderungen irritieren Eltern und Fachkräfte durch ihr Verhalten [...]. Wir sprechen ihnen wegen ihrer Behinderung die Fähigkeit ab, sich zu entwickeln. Wir haben gerade bei ihnen kein Vertrauen in ihre Entwicklung«. Leyendecker & Neuhoff (2004) fordern Konsequenzen für die pädagogische Arbeit auf der personalen (z. B. Verbesserung sozialer Kompetenzen), sozialen (z. B. Beratung von Eltern hinsichtlich des Erziehungsverhaltens) und situationalen Ebene (Veränderung von Strukturelementen des Unterrichts). Hinsichtlich der Beachtung der *personalen* und *situationalen* Ebene im Unterricht mit körperlich und motorisch beeinträchtigten Kindern und Jugendlichen erscheint die *differenzielle Vertrauenstheorie* von Schweer (2008; 2010) als besonders hilfreich bzw. relevant. Diese wird im Folgenden erläutert.

Schweer (vgl. 2008, 552 ff.) verknüpft personale und situationale Variablen als spezifische Bedingungen für das Entstehen bzw. Nicht-Entstehen von Vertrauen in Lehrer-Schüler-Beziehungen.

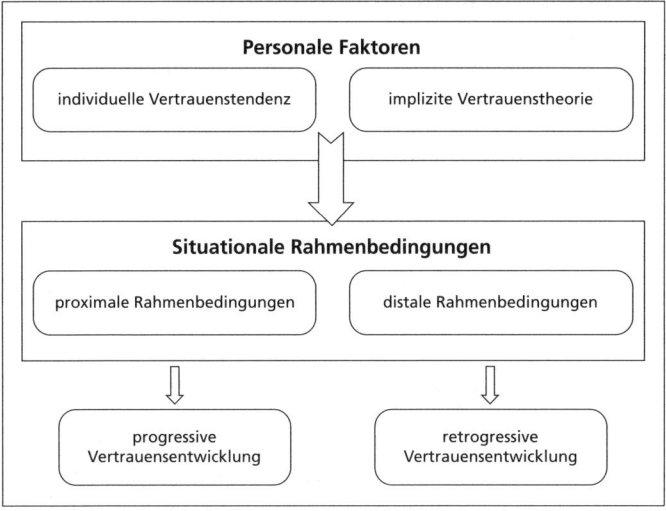

Abb. 1: Differenzielle Vertrauenstheorie (in Anlehnung an Schweer 2010, 156; 2008, 553)

4.1 Personale Faktoren

Kognitive Strukturen, die die Antizipation vertrauensorientierter Interaktionen ermöglichen, werden von Schweer (2010) als *Vertrauensschemata* bezeichnet. Diese differenzieren sich in *individuelle Vertrauenstendenz* und *implizite Vertrauenstheorien*. Der Begriff *individuelle Vertrauenstendenz* steht für die »grundlegende Überzeugung einer Person, inwieweit Vertrauen in einem bestimmten Lebensbereich realisierbar ist« (Schweer 2010, 154). Die individuelle Vertrauenstendenz differenziert sich demnach hinsichtlich verschiedener Lebensbereiche einer Person (z. B. Familie, Schule, Peers, Therapie) und ist wesentlich lebensgeschichtlich geprägt. Individuelle Erfahrungen mit entwicklungsangemessener Unterstützung der Autonomieentwicklung oder aber mit Abhängigkeit und Fremdbestimmung können bei Kindern und Jugendlichen mit Beeinträchtigung der körperlichen und motorischen Entwicklung prädeterminierend wirken. »Konkrete normative Erwartungen dahingehend, welche Attribute eine vertrauenswürdige Person auszeichnen« (Schweer 2008, 555), lassen sich als *implizite Vertrauenstheorien* fassen. Schweer (1996) berichtet folgende empirisch ermittelten Attribute, die für Erwartungen von Schülerinnen und Schülern an vertrauensinduzierende Verhaltensweisen von Lehrpersonen stehen: persönliche Zuwendung, Unterstützung, Respekt, Zugänglichkeit und Aufrichtigkeit. Es ist darauf hinzuweisen, dass diese Verhaltenserwartungen situations- und personenspezifisch gelten, also von den jeweils individuellen Wahrnehmungsstilen und biografischen Erfahrungen abhängen. Schülerinnen und Schüler mit körperlichen und motorischen Beeinträchtigungen können je nach bisherigen Erfahrungen Unterstützungsleistungen als Entwicklungsimpulse auf der Basis einer vertrauensvollen Beziehung oder als Passivität und sozialen Rückzug verstärkende Restriktionen interpretieren.

4.2 Situationale Rahmenbedingungen

Die situationalen Rahmenbedingungen werden in proximale und distale differenziert. Schweer (vgl. 2008, 553; 2010, 162) benennt folgende *proximale Rahmenbedingungen* für eine progressive bzw. retrogressive Vertrauensentwicklung:

Grad der Freiwilligkeit

Da beide Seiten in der Regel über Kontaktaufnahme bzw. -abbruch nicht frei entscheiden können, gelten Lehrer-Schüler-Beziehungen innerhalb des Kontextes Unterricht als nicht freiwillig.

Asymmetrische Beziehungsstruktur

Lehrer-Schüler-Interaktionen sind durch Asymmetrie gekennzeichnet, da aufseiten der Lehrperson ein Mehr an formalen Machtressourcen und sozialen Erfahrungen zu konstatieren ist. In diesem Zusammenhang wird von einer Paradoxie der Erziehung gesprochen, »da das pädagogische Ziel der Selbststeuerung und Selbstverantwortlichkeit des Kindes mittels eines asymmetrischen sozialen Prozesses erreicht werden soll« (Petermann & Helmsen 2008, 412). Diese Charakteristik bringt es mit sich, dass Vertrauensprozesse z. B. in Form von Reduktion von Kontrolle oder Übertragung verantwortlicher Aufgaben durch die Lehrperson initiiert werden sollten.

Dauer der Beziehung

Die Entwicklung einer vertrauensvollen Lehrer-Schüler-Beziehung bedarf grundsätzlich eines längeren Zeitraumes. Neben der Kontinuität in der pädagogischen Arbeit ist hier stets das Klassenlehrer- vor dem Fachlehrerprinzip zu favorisieren. Jedoch können sich auch in kurzfristigeren Beziehungen intensive Vertrauensverhältnisse etablieren.

Art der Kommunikation

Dieses Merkmal entspricht am ehesten dem in der Didaktik verwendeten Begriff der Sozialform. Mit diesem Kriterium erweitert Schweer (2010) den Vertrauensprozess auf die gesamte Lerngruppe. Vertrauenshemmende Faktoren (z. B. die Angst vor Bloßstellung in der Gruppe) können in größeren Sozialformen ihre Wirkung stärker entfalten. Um einen offenen Austausch in Gruppensituationen zu ermöglichen, kann es hilfreich sein, zunächst in kleinen Sozialformen zu arbeiten.

Distale Rahmenbedingungen werden von den engeren und weiteren Umfeldaspekten einer Schule bestimmt. So beeinflussen Schulform, Ausstattung, Klassengrößen, Notengebung und Stundentafel indirekt die Interaktionen im Klassenzimmer. Auch das Schulklima, das u. a. durch die Ausprägung kooperativer und reflexiver Strukturen innerhalb des Kollegiums, den Umgang mit Heterogenitätsdimensionen sowie die Führungsstile von Schulleitung und -aufsicht geprägt ist, hat indirekte Wirkung auf den mikrosystemischen Bereich. Für die Zusammenarbeit mit Schülerinnen und Schülern mit Beeinträchtigungen der körperlichen und motorischen Entwicklung ist zusätzlich die Gestaltung von Therapie und Pflege zu beachten.

5 Operationalisierung in Lehr-/Lernsituationen

Um einer Verharmlosung vorzubeugen ist zu betonen, dass sich in klinischen Symptomen manifestierende Verhaltensweisen grundsätzlich psychotherapeutischer Maßnahmen bedürfen. Präventiv und Therapie unterstützend sind pädagogische Angebote denkbar und notwendig. Zur Beschreibung der *personalen Ebene* sollten mit den Dimensionen *Innehalten, Echtheit, Einfühlung, Akzeptierung, Transparenz* und *Konsequenz* die von Bergeest (vgl. 1993, 128 f.) vorgeschlagenen Beziehungsqualitäten zu Kindern und Jugendlichen mit Beeinträchtigung der körperlichen und motorischen Entwicklung Beachtung finden. Für den unmittelbaren Kontakt benennen Leyendecker & Neuhoff (vgl. 2004, 317) mit Vermeidung schreckhafter Geräusche, Vorbereitung körperlicher Annäherung sowie Aufnahme der Kommunikation unter Blickkontakt unmittelbare alltagspraktische Konsequenzen für die pädagogische Zusammenarbeit.

Zur Konkretisierung der *situationalen* Ebene erscheint die prozessbegleitende Gestaltung kommunikativer Strukturbedingungen von Unterricht, von Schweer mit Art der Kommunikation bezeichnet, für eine progressive Vertrauensentwicklung von Bedeutung. Zur Beschreibung wird der aus dem Konzept der Themenzentrierten Interaktion (Cohn 1975) bekannte interdependente Zusammenhang zwischen den Faktoren *Struktur – Prozess – Vertrauen* genutzt (Reiser 2006; 1995). Am Beginn von Vertrauensprozessen stehen demnach Halt gebende Strukturen. Auch Schweer (2008) misst der Qualität des Anfangskontaktes besondere Bedeutung bei, wobei lediglich die individuellen Wahrnehmungsmuster der Interaktionspartner Beachtung finden. Der Abgleich der eigenen impliziten Vertrauenstheorien mit dem wahrgenommen Verhalten des Interaktionspartners erhöht bei positivem Ergebnis die Wahrscheinlichkeit einer progressiven Vertrauensentwicklung (vgl. Schweer 2008, 555). Zusätzlich wirken die proximalen Rahmenbedingungen in Form der Kommunikationsstrukturen. Kleine Sozialformen reduzieren die zunächst unter Umständen beängstigende Vielfalt möglicher Interaktionsverläufe und verleihen Stabilität. Das Wahrnehmen und Wahrgeben persönlicher Informationen und Gefühle gelingt in der Partnersituation insbesondere bei freiwilliger Auswahl besser. Dreier- oder Vierergruppen unterstützen beginnende Vertrauensprozesse. Wechselnde Gruppenangebote können die Beziehungsvielfalt erhöhen und Kontakte auch mit zurückhaltenderen Schülerinnen und Schülern ermöglichen. Nicht immer ist die Arbeit im Plenum sinnvoll und nötig; offene Austauschprozesse in der Großgruppe sind auf der Basis progressiver Vertrauensprozesse jedoch zunehmend möglich. Die erhöhte Instabilität und Vielfalt der Interaktionsverläufe schließt scheinbare Rückschritte in Form von Konflikten oder Rückzug ein, was u. a. ein Anpassen der Sozialformen erforderlich machen kann.

Die zunehmende Öffnung der Strukturen ermöglicht bei ausreichendem Vertrauen in die Interaktionspartner lebendigere Kooperationsprozesse. Zieldimension und gleichzeitig Voraussetzung dieser spiralförmigen Entwicklung ist das Vertrauen des Schülers in die eigenen Fähigkeiten. Die wichtigste Voraussetzung, die es Schülerinnen und Schülern ermöglicht, Vertrauen in die eigenen Kräfte zu entwickeln, ist das Grundvertrauen des Pädagogen in deren Eigengestaltungskräfte.

6 Perspektivwechsel: Belastungserleben der Lehrkräfte

Herausforderndes Verhalten kann Lehrkräfte in einem Ausmaß belasten, dass sie von einem Burnout betroffen werden. Da Burnout (dt. Ausbrennen) ein Begriff der Alltagssprache ist, existiert keine einheitliche wissenschaftliche Definition. Konsens besteht jedoch darin, dass es sich um einen dauerhaften, negativen, arbeitsbezogenen Seelenzustand handelt, der in erster Linie von Erschöpfung gekennzeichnet wird, begleitet von einer verringerten Effektivität, gesunkener Motivation und der Entwicklung dysfunktionaler Einstellungen und Verhaltensweisen in Arbeitsprozessen (vgl. Burisch 2006, 19; Hedderich 2009, 11). Die negative, psychische Verfassung entwickelt sich über einen längeren Zeitraum und kann den Betroffenen zunächst unbemerkt bleiben. In der umfangreichen Burnout-Literatur besteht Uneinigkeit über die Ursache des Burnouts. Insgesamt erlauben die Erklärungsmodelle jedoch den Schluss, dass Burnout relativ eng mit arbeitsbezogenem Stress im Kontext der psychosozialen oder pädagogischen Berufe und dem Ausmaß der erlebten beruflichen Zufriedenheit in Zusammenhang zu bringen ist. Angesichts der alarmierenden Fakten zu psychosomatischen Erkrankungen (z. B. Burnout) und Frühpensionierungen von Lehrkräften sind die Themen Lehrergesundheit und Gesundheitsförderung im beginnenden 21. Jahrhundert in das Zentrum der Schuldiskussion gerückt. Gesundheitsförderung untersucht die Bedingungen, unter denen Gesundheit und Wohlbefinden am Arbeitsplatz Schule gefördert werden kann (Hedderich 2011, 116 ff.). Maßnahmen der Entlastung und Unterstützung haben stets sowohl das Individuum, die Organisation und die bildungspolitischen Rahmenbedingungen in ihrer Vernetztheit zu fokussieren.

> »So können Entlastungen ein Weg zur erleichterten Feinfühligkeit und Empathie sein. Vielleicht wird es bei trotzdem anhaltenden Schwierigkeiten auch sinnvoll sein, die Beziehungserfahrungen, die man erlebt hat, gemeinsam mit einem zugewandten Menschen anzuschauen und sich selbst darin verstehen und annehmen zu lernen« (Haupt 2006, 209 f.).

Literatur

Bergeest, H. (1993): Ganzheitlicher Unterricht mit körperbehinderten Kindern. In: Bergeest, H. & Haupt, U. (Hrsg.): Sonderpädagogen helfen lernen. Pfaffenweiler, 125–144.
Bergeest, H. (2002): Die Balance von Stabilität und Instabilität – Didaktische Grundlagen des Unterrichts mit körperbehinderten Kindern. In: Boenisch, J. & Daut, V.: Didaktik des Unterrichts mit körperbehinderten Kindern. Stuttgart, 3–19.
Bergeest, H. (2006): Körperbehindertenpädagogik. Bad Heilbrunn.
Burisch, M. (2006): Das Burnout-Syndrom. Theorie der inneren Erschöpfung. Berlin.
Cohn, R. C. (1975, 1994): Von der Psychoanalyse zur Themenzentrierten Interaktion. Stuttgart.
Dieckmann, F., Haas, G. & Bruck, B. (2007): Herausforderndes Verhalten bei geistig behinderten Menschen – zum Stand der Fachdiskussion. In: Dieckmann, F. & Haas, G. (Hrsg.): Beratende und therapeutische Dienste für Menschen mit geistiger Behinderung und herausforderndem Verhalten. Stuttgart, 15–40.
Fries, A. (2005): Einstellungen und Verhalten gegenüber körperbehinderten Menschen – aus der Sicht und im Erleben der Betroffenen. Oberhausen.
Hansen, G. (2006): Beeinträchtigungen der körperlichen und motorischen Entwicklung. In: Hansen, G. & Stein, R. (Hrsg.): Kompendium Sonderpädagogik. Bad Heilbrunn, 68–81.
Haupt, U. (2000): Kinder mit Spina bifida. In: Kallenbach, K. (Hrsg.): Körperbehinderungen. Bad Heilbrunn, 173–190.
Haupt, U. (2006): Wie lernen beginnt. Grundfragen der Entwicklung und Förderung schwer behinderter Kinder. Stuttgart.
Haupt, U. (2007): Zum Problem der Fremdbestimmung in Therapie und Förderung körperbehinderter Kinder. In: Haupt, U. & Wieczorek, M. (Hrsg.): Brennpunkte der Körperbehindertenpädagogik. Stuttgart, 51–69.
Hedderich, I. (2006): Einführung in die Körperbehindertenpädagogik. München.
Hedderich, I. (2009): Burnout. Ursachen, Formen, Auswege. München.
Hedderich, I. (2011): Schulische Belastungssituationen erfolgreich bewältigen. Ein Praxishandbuch für Lehrkräfte. Bad Heilbrunn.
Hughes, J. N. & Kwok, O. (2006): Classroom engagement mediates the effect of teacher-student support on elementary students' peer acceptance: A prospective analysis. In: Journal of School Psychology, 43, 465–480.
Kallenbach, K. (2000): Infantile Cerebralparese (ICP) – frühkindliche cerebrale Bewegungsstörungen. In: Kallenbach, K. (Hrsg.): Körperbehinderungen. Bad Heilbrunn, 53–84.
Lelgemann, R. (2010): Körperbehindertenpädagogik. Didaktik und Unterricht. Stuttgart.
Leyendecker, C. (2004): Zur Frage der Verhaltensauffälligkeiten bei Kindern und Jugendlichen mit Körperbehinderungen. In: Vierteljahreszeitschrift für Heilpädagogik und ihre Nachbargebiete, 3, 291–303.
Leyendecker, C. & Neuhoff, S. (2004): Sind körperbehinderte Kinder ängstlicher als andere? Ergebnisse einer Befragung von Sonderschullehrerinnen. In: Zeitschrift für Heilpädagogik, 7, 310–318.
Leyendecker, Chr. (2005): Motorische Behinderungen. Stuttgart: Kohlhammer
Niebank, K., Petermann, F. & Scheithauer, H. (2000): Grundzüge der Entwicklungspsychopathologie. In: Petermann, F., Niebank, K. & Scheithauer, H. (Hrsg.): Risiken in der frühkindlichen Entwicklung. Göttingen, 41–64.
Petermann, F. & Helmsen, J. (2008): Aggressives Verhalten im Unterricht. In: Schweer, M. K. W. (Hrsg.): Lehrer-Schüler-Interaktion. Inhaltsfelder, Forschungsperspektiven und methodische Zugänge. Wiesbaden, 395–434.
Reichert, J. (2003): Zur kognitiven und sozial-emotionalen Entwicklung körperbehinderter Kinder. Hamburg.
Reiser, H. (1995): Ein Modell zur Reflexion von Unterricht nach der Themenzentrierten Interaktion. In: Reiser, H. & Lotz, W.: Themenzentrierte Interaktion als Pädagogik. Mainz, 125–146.

Reiser, H. (2006): Psychoanalytisch-systemische Pädagogik. Stuttgart.
Schweer, M. (1996): Vertrauen in der pädagogischen Beziehung. Bern.
Schweer, M. (2008): Vertrauen im Klassenzimmer. In: Schweer, M. (Hrsg.): Lehrer-Schüler-Interaktion. Inhaltsfelder, Forschungsperspektiven und methodische Zugänge. Wiesbaden, 547–564.
Schweer, M. (2010): Vertrauen in Erziehungs- und Bildungsprozessen. In: Schweer, M. (Hrsg.): Vertrauensforschung 2010: A State of the Art. Frankfurt a. M., 151–172.
Theunissen, G. (2005): Pädagogik bei geistiger Behinderung und Verhaltensauffälligkeiten. 4. neu bearbeitete und stark veränderte Aufl., Bad Heilbrunn
Theunissen, G. (2008): Positive Verhaltensunterstützung. Marburg.
Uhrlau, K. (2006): »Es war eine harte Schule« – Menschen mit Körperschädigungen ziehen Bilanz aus ihrer Schulzeit in der Allgemeinen Schule. Oldenburg.

Herausforderndes Verhalten im Kontext sprachlicher Entwicklung

Markus Spreer & Christian W. Glück

1 Einleitung

Die sprachliche Entwicklung von Kindern als komplexer, vielschichtiger Prozess ist nicht isoliert, sondern immer als Teil der kindlichen Gesamtentwicklung zu verstehen. Hierbei spielen vor allem Interdependenzen zu den anderen Entwicklungsbereichen wie Sensorik, Motorik, Kognition sowie dem sozial-emotionalen Funktionsbereich eine bedeutende Rolle.

Der sprachliche Ausdruck als Form der Kommunikation ist dabei stets an ein »Sich-Verhalten« gebunden. Sowohl sprachliche als auch parasprachliche und nonverbale Kommunikationsformen generieren einen Gesamtausdruck, welcher als »Eindruck« nach der Dekodierung beim Kommunikationspartner entsteht.

»Herausfordernde Verhaltensweisen« verstehen wir in diesem Kontext in Anlehnung an Theunissen (2005) als Parallelbezeichnung für Verhaltensauffälligkeiten, Verhaltensstörungen oder Problemverhalten, die als Übersetzung aus dem angloamerikanischen Sprachraum übernommen wurde (challenging behaviors) (vgl. Theunissen 2008, 17). Die Abgrenzung dieses Begriffs zu psychischen Störungen ist oft kaum möglich (vgl. Theunissen 2008, 19), wird aber vorwiegend dann wichtig, wenn diesen »herausfordernden Verhaltensweisen« im Sinne von Auffälligkeiten ein »psychiatrisch-therapeutisch relevanter Krankheitswert attestiert werden kann« (Theunissen 2005, 60). Auch die in der Folge beschriebenen Untersuchungsergebnisse lassen im Ergebnis diese Unterscheidung nicht immer zu.[1] Sie fußen weiterhin in der Gänze auf Populationen mit sprachlichem Förderbedarf, die in den entsprechenden Förder- bzw. therapeutischen Einrichtungen rekrutiert wurden.

Die Betrachtung des Zusammenhangs von Auffälligkeiten in den Entwicklungsbereichen Sprache sowie Soziabilität und Emotionalität ist aus der Perspektive der Pädagogik bisher nur in Ansätzen sichtbar (vgl. z. B. Bundschuh 2004; Dobslaff 2007).

---

1 Eine ggf. vorgenommene Unterscheidung wird explizit berichtet.

2 Zusammenhang zwischen Auffälligkeiten der Sprach- und der sozial-emotionalen Entwicklung

Assoziationen zwischen Sprachstörungen und Verhaltensauffälligkeiten sind ausreichend belegt, wenngleich entsprechende Mechanismen dafür noch unbestimmt sind (Noterdaeme 2008). Dies gilt zum einen für Kinder mit sprachlichen Beeinträchtigungen, bei denen sich auch Auffälligkeiten im Bereich des Verhaltens und der sozial-emotionalen Entwicklung (*engl.: behavioral, emotional and social difficulties – BEDS*) konstatieren lassen. Zum anderen finden sich Kinder mit Verhaltensstörungen, die ebenso sprachliche Auffälligkeiten zeigen (vgl. St. Clair et al. 2011, 187).

Die sprachliche Entwicklung und die Sozialentwicklung beeinflussen sich maßgeblich (Hellbrügge 1981). Somit lassen »herausfordernde Verhaltensweisen« im Kontext von Auffälligkeiten in der sprachlichen Entwicklung theoretisch unterschiedliche Einflussrichtungen zu: So können Schwierigkeiten und nicht altersgemäße Fähigkeiten im Entwicklungsbereich Sprache die Kommunikationsfähigkeit beeinflussen, was in der Folge auch zu Auffälligkeiten in den anderen Entwicklungsbereichen führen kann. Sprach- und Sprechstörungen können somit beispielsweise durch inadäquate Reaktionen der Umwelt oder Unsicherheiten zu Verhaltensweisen führen, die nicht nur die Situation des Kindes selbst, sondern auch die Interaktion mit anderen störend beeinflussen können (vgl. Myschker 1999, 63 f.). Neben der Primärsymptomatik im Bereich Sprache und Sprechen können Auffälligkeiten in diesem Bereich auch auf Störungen in der sozial-emotionalen Entwicklung zurückgeführt werden.

In Anlehnung an Prizant et al. (1990, zit. in Neukäter 1995) und Rutter & Lord (1987, zit. in Sallinger 2009) ist es jedoch auch möglich, dass eine oder mehrere weitere Variablen den beobachtbaren Zusammenhang zwischen Auffälligkeiten in den Bereichen Sprache und Verhalten verursachen (vgl. Neukäter 1995, 125; Sallinger 2009, 33).

Im Folgenden sollen von der Bandbreite möglicher herausfordernder Verhaltensweisen im Kontext von sprachlichen Auffälligkeiten zum einen Befunde im Bereich der Sprachentwicklungsstörungen und zum anderen im Zusammenhang mit der Redeflussstörung Stottern vorgestellt werden.

3 Sprachentwicklungsstörungen

Störungen der Sprachentwicklung sind in ihrem Erscheinungsbild variantenreich. Sie treten häufig im Rahmen anderer Primärbeeinträchtigungen wie beispielsweise bei sensorischen Beeinträchtigungen (z. B. Kinder mit Hörstörungen), bei neurologischen Schädigungen (z. B. Kinder mit einer erworbenen Aphasie), bei mentalen

Retardierungen (z. B. Kinder mit Down-Syndrom) oder bei pervasiven Störungen (Kinder mit frühkindlichem Autismus) in Erscheinung (vgl. Grimm 2003, 72). Hierbei sind die sprachlichen Symptome als sekundäre Störungen zu verstehen. Dies erlaubt eine erste Abgrenzung zwischen Sprachentwicklungsstörungen und sogenannten spezifischen Sprachentwicklungsstörungen (SSES), bei denen die Ursache nicht offenkundig ist und die beispielhaft benannten Primärbeeinträchtigungen somit ausgeschlossen werden (vgl. Grimm 2003, 72; von Suchodoletz 2001). Prävalenzraten der SSES werden mit 6 – 8 % aller Vorschulkinder angegeben (u. a. Tomblin et al. 1997; La Paro et al. 2004). Dabei sind Jungen zwei- bis dreimal häufiger betroffen als Mädchen (u. a. Tomblin et al. 1997).

Sprachentwicklungsstörungen können auf andere Entwicklungsbereiche ungünstig Einfluss nehmen. Kany & Schöler (2007) sprechen von »metastasieren«, wodurch die Gesamtentwicklung beeinträchtigt werden kann. Auch in der internationalen statistischen Klassifikation der WHO, der ICD-10 (WHO/Dilling & Freyberger 2010) werden »Störungen im Bereich der zwischenmenschlichen Beziehungen, im emotionalen und im Verhaltensbereich« (WHO/Dilling & Freyberger 2010, 281) als mögliche Sekundärstörungen von expressiven und rezeptiven Sprachstörungen benannt.

3.1 Psychosoziale Befunde bei SSES

Die konkrete Befundlage zu den sozial-emotionalen Fähigkeiten von Kindern mit Sprachentwicklungsstörungen ist sehr divergent. Einzelne markante Befunde sollen in der Folge dargestellt werden.

Fest steht, dass Kinder mit Sprachstörungen »Risikokinder ersten Ranges für die Ausbildung psychiatrischer Störungen« sind (Grimm 2003, 175). Grimm weist dabei auf die Arbeiten von Mabel L. Rice (1993), die sich mit dem Zusammenhang psychosozialer Fähigkeiten und Sprachentwicklungsstörungen beschäftigt. Ihr »Social Consequences Account« sieht die sozialen Konsequenzen sprachlicher Beeinträchtigungen im Sinne eingeschränkter Möglichkeiten der Interaktion als Ausgangspunkt einer negativen Spirale, an deren Ende »psycho-soziale Konsequenzen« stehen (vgl. Grimm 2003, 176 f.). »Negative Kommunikationserfahrungen führen häufig zu Problemen in der sozialen Interaktion, auf die möglicherweise mit diversen Verhaltensauffälligkeiten und sozial-emotionalen Schwierigkeiten reagiert wird.« (Siegmüller & Kauschke 2006, 7).

Die Auftretenshäufigkeit psychischer Begleitstörungen bei Sprachentwicklungsstörungen wird in den meisten Studien mit ca. 30 – 50 % angegeben (u. a. Cantwell & Baker 1987; Beitchman et al. 1986; vgl. auch DGKJP 2007). Dabei werden in allen Studien Aufmerksamkeitsstörungen mit oder ohne Hyperaktivität als häufigstes Problem dieser Kinder benannt. Des Weiteren sind motorische Unruhe, emotionale Störungen, Rückzugsverhalten, Ängstlichkeit und Störungen des Sozialverhaltens zu beobachten (vgl. DGKJP 2007).

Das gleichzeitige Auftreten von sprachlichen- und sozial-emotionalen Störungen wird in Untersuchungen mit Kindern und Jugendlichen mit sprachlichen Beeinträchtigungen (ohne dass diese näher bestimmt sind) seit vielen Jahrzehnten beschrieben. Nach einer Übersicht älterer vorliegender Untersuchungen zum Sozialverhalten sprachauffälliger Kinder resümiert Baumgartner bereits 1978 beispielsweise, dass diese Kinder unabhängig von der Art des sprachlichen Förderbedarfs ein problematischeres Sozialverhalten zeigen als Sprachunauffällige (Baumgartner 1978, 99 f.). Die Ausprägungsrichtungen sind dabei unterschiedlich: »Das Sozialverhalten sprachauffälliger Schüler ist durch die beiden Verhaltensdimensionen Aggression und Gehemmtheit gleichermaßen charakterisiert.« (Baumgartner 1978, 198). In aktuellen Studien werden neben externalisierenden ebenso internalisierende Verhaltensweisen, wie beispielsweise soziale Unsicherheit und emotionale Auffälligkeiten, beschrieben (vgl. Noterdaeme 2008, 40). Diese Verhaltensweisen (z. B. Ängstlichkeit, Rückzugsverhalten) sind für sprachentwicklungsgestörte Kinder sogar eher als typisch anzusehen (vgl. Dannenbauer 2004, 286).

Unterschieden bezüglich der Abhängigkeit von der Schwere der Sprachauffälligkeit wurde ebenfalls nachgegangen. Das Risiko des Auftretens assoziierter Störungen im Bereich der sozial-emotionalen Entwicklung scheint demnach mit der Schwere der sprachlichen Beeinträchtigung zu steigen. Beitchman et al. (1996) konnten zeigen, dass Kinder mit reinen Artikulationsauffälligkeiten nur eine geringfügig erhöhte Prävalenz für psychische Störungen aufweisen. Bei Kindern mit schweren Sprachentwicklungsstörungen sind diese deutlich erhöht. Dies wurde beispielsweise von Noterdaeme & Amorosa (1998) durch klinisch-psychiatrische Untersuchungen und die Verwendung eines Elternfragebogens bei 83 sechs- bis neunjährigen schwer sprachgestörten Kindern ermittelt. Auch hier wurden schwerpunktmäßig Hyperaktivitäts- und Aufmerksamkeitsstörungen sowie emotionale Störungen erfasst. Den Zusammenhang der Verhaltensauffälligkeiten zum Grad der sprachlichen Beeinträchtigung konnte auch Mayr (1990) in einer Untersuchung mit 371 Kindergartenkindern zeigen (vgl. Mayr 1990, 42). Nur geringfügige Unterschiede hinsichtlich des Sozialverhaltens wurden von Hart et al. (2004) in einer Studie mit 41 SSES-Kindern ermittelt. So zeigten Kinder mit weniger schweren expressiven oder rezeptiven sprachlichen Auffälligkeiten leicht bessere soziale Kompetenzen. Studien, die keine Korrelationen zwischen dem Ausmaß der Sprachstörung und psychischen Auffälligkeiten nachweisen, lassen sich jedoch ebenfalls finden (z. B. Von Suchodoletz & Keiner 1998, zit. in Sachse 2007).

3.2 Sozial-emotionales Verhalten bei SSES im Altersverlauf

Von Aster (2007) konnte in ihrer Untersuchung zeigen, dass bereits zweijährige sprachentwicklungsverzögerte Kinder (Late Talkers) Verhaltensauffälligkeiten in Richtung internalisierender Verhaltenszüge, jedoch keine psychiatrisch diagnostizierbare Verhaltensstörungen zeigen (vgl. Aster 2007, 66 f.). Im Rahmen der psychologischen Befunderhebung konnten bei diesen Kindern Auffälligkeiten in den Bereichen Kontaktfähigkeit, emotionale Resonanz und Zögerlichkeit festgestellt werden, wobei der Schweregrad der sprachlichen Beeinträchtigung dazu in keinem Zusammenhang stand. Diese Untersuchung macht deutlich, dass es notwendig ist, Bezugspersonen (z. B. Eltern und Erzieher) über potenzielle Konsequenzen der sprachlichen Einschränkungen der Kinder zu informieren und Interventionsstrategien bereitzustellen, um die kommunikativen Fähigkeiten der Kinder bereits frühzeitig gerade im Kontakt mit Gleichaltrigen zu stärken (vgl. Gertner, Rice & Hadey 1994, 923).

Für die Kinder, die bis zum Schuleintritt ihren sprachlichen Unterstützungsbedarf abbauen, kann eine positive Prognose hinsichtlich der Auftretenswahrscheinlichkeit von psychiatrischen Störungen angenommen werden. Dies konnten Snowling et al. (2006) ermitteln, die 71 Jugendliche im Alter von 15 bis 16 Jahren untersuchten, die bereits im Vorschulalter die Diagnose spezifische Sprachentwicklungsstörung erhielten. Bei denjenigen, die über die Schulzeit hinweg persistierend sprachlichen Förderbedarf zeigten, wurde ein Anstieg von Aufmerksamkeitsdefiziten und Schwierigkeiten im Sozialverhalten ermittelt. Auch hier ließen sich teilweise Zusammenhänge zwischen den Sprachprofilen der Kinder und der Art der psychosozialen Auffälligkeiten nachweisen (vgl. Snowling et al. 2006, 759). So fanden sich bei expressiven Störungen geringere Beeinträchtigungen als bei Kindern mit rezeptiven Sprachstörungen, die in ihrer sozial-emotionalen Entwicklung und ihren schulischen Perspektiven deutlicher beeinträchtigt waren (vgl. Noterdaeme 2008, 39).

Im Rahmen einer Longitudinalstudie bei SSES-Kindern zeigten auch Conti-Ramsden & Botting (2004), dass mehr als jeder dritte Teilnehmer (Zeitpunkt: Alter 11 Jahre) ein problematisches Sozialverhalten zeigt. Fujiki, Brinton & Todd (1996) konnten ebenfalls zeigen, dass diese Kinder mit einer SSES im Alter von 8 bis 12 Jahren über geringere soziale Fähigkeiten und weniger Beziehungen zu Gleichaltrigen verfügen als entsprechende Kontrollgruppen. Daneben waren die SSES-Kinder auch mit diesen bestehenden Kontakten weniger zufrieden. Knox & Conti-Ramsden (2003) wiesen weiterhin nach, dass spezifisch sprachentwicklungsgestörte Kinder dreimal so häufig Mobbing in der Schule ausgesetzt sind (36% der Befragten) wie die entsprechenden Kontrollkinder (12%). Es spielte dabei keine Rolle, in welchem Setting die Kinder beschult wurden. »Die Verhaltensprobleme und sozio-emotionalen Besonderheiten der Entwicklung von Kindern mit SLI (specific language impairment) hängen wechselweise zusammen mit Defiziten der sozialen Kompetenzen, die wiederum durch die Einschränkungen kommunikativer Fähigkeiten mit bedingt sind« (Dannenbauer 2004, 288).

Für die Gruppe der Kinder mit spezifischen Sprachentwicklungsstörungen konnte in einer aktuellen Studie weiterhin belegt werden, dass die sozialen Probleme der Betroffenen im Laufe der Entwicklung ansteigen, eventuelle Verhaltensauffälligkeiten und emotionale Probleme jedoch abnehmen (St. Clair et al. 2011). Die Autoren untersuchten hierzu 7-jährige Kinder bis zum Alter von 16 Jahren zu unterschiedlichen Messzeitpunkten. Ebenso finden sich allerdings gegenläufige Befunde mit einer steten Zunahme emotionaler Probleme bei gleichbleibendem Umfang sozialer Auffälligkeiten und von Verhaltensstörungen (u. a. Beitchman et al. 2001).

Bei einer zusammenfassenden Betrachtung der Untersuchungsergebnisse muss zunächst konstatiert werden, dass die Vergleichbarkeit der Ergebnisse kaum herstellbar ist. Zum einen dienten unterschiedliche Kriterien zur Einstufung sprachentwicklungsgestörter Kinder, was sich selbst noch in der Zusammenstellung der SSES-Gruppen zeigt. Weiterhin bedeuten auch unterschiedliche Erhebungsinstrumente im Bereich des sozial-emotionalen Entwicklungsstandes eine unterschiedliche Qualität an Daten, die von Ergebnissen aus Elterninterviews bis hin zu Testergebnissen standardisierter und normierter psychometrischer Testverfahren reicht. Erst in den letzten Jahren ergänzten notwendige Langzeitstudien das Bild zu sozial-emotionalen Fähigkeiten sprachentwicklungsgestörter Kinder und Jugendlicher bis ins Erwachsenenalter hinein.

Kausale Interpretationen bleiben aber nach wie vor schwierig. Zu komplex sind die Entwicklungsbedingungen jedes einzelnen Kindes.

Die Ergebnisse der Studien machen jedoch deutlich, dass diese Kinder mit sprachlichem Förderbedarf nicht nur sprachheilpädagogischer Interventionen bedürfen, sondern in einigen Fällen darüber hinaus auch Unterstützung im Bereich des Sozialverhaltens und der Emotionalität. So sollten sich auch Lehrer und Erzieher beispielsweise der möglichen Komorbiditäten von Sprachstörungen und ADHS (Aufmerksamkeitsdefizit- und Hyperaktivitätssyndrom) bewusst und bei entsprechenden Problemen im Sozialverhalten alarmiert sein (vgl. Snowling et al. 2006, 764).

4 Stottern im Kindesalter

Beeinträchtigungen der sozialen und emotionalen Entwicklung werden auch bei Kindern und Jugendlichen mit Stottern sehr häufig von den Lehrern und Therapeuten angenommen und vom persönlichen Umfeld der Betroffenen befürchtet. Personen, die stottern, weisen einen unwillentlich gestörten Sprechfluss auf, der gekennzeichnet ist durch in Quantität und Qualität von normalen Sprechunflüssigkeiten, wie sie jeder Sprecher äußert, abweichenden sogenannten stottertypischen Unflüssigkeiten. Hierzu gehören Laut- und Silbenwiederholungen (Repetitionen) und Fixierungen der Artikulatoren, die sich in hörbaren Dehnungen von Lauten (Prolongationen) und in stummen Blockierungen äußern (Natke & Alpermann 2010). Diese Symptome können offen auftreten oder aber antizipiert und umgangen werden (sogenanntes verdecktes Stottern). Das Stottern entsteht im Kindesalter ohne deutlich erkennbare Ursache und ist von neurologisch bedingten Sprechunflüssigkeiten im Zusammenhang mit degenerativen oder erworbenen Störungen zu unterscheiden.

Stottern tritt in der Erwachsenenpopulation mit etwa 1 % Prävalenz (O'Brian & Onslow 2011) auf und im Primarschulalter mit etwa 5 % bei deutlicher Neigung zum männlichen Geschlecht. Die aktuelle Forschungslage deutet ätiologisch auf eine genetisch beeinflusste Hirnfunktionsstörung im sprechmotorischen und evtl. auditorischen System hin (Neuman & Euler 2010; Sommer et al. 2002).

Zusammen mit den sprechsprachlichen Auffälligkeiten und in der Auseinandersetzung der Person mit der Sprechstörung treten die sogenannten offenen und verdeckten Begleitsymptome auf. Inwieweit diese tatsächlich rein sekundären

Charakter aufweisen, bzw. als Teil des Stottersyndroms selbst oder im Zusammenhang mit Komorbiditäten stehen, ist für einen Teil der Symptome derzeit noch eine offene Frage.

Zu den offenen Begleitsymptomen gehören die angstkorrelierten Verhaltenszeichen wie Erröten, Schwitzen, Blickabwendung und Vermeidung sozialer, also kommunikativer Situationen. Zu den verdeckten Symptomen, die durch Selbstauskunft der Betroffenen oder indirekt über die Verhaltensebene erschlossen werden können, zählen Angst-, Frustrations- und Schamgefühle sowie ungünstige Kognitionen zur kommunikativen Selbstwirksamkeit.

Diese mit dem Stottern zusammen auftretenden sozio-emotionalen Probleme sowie die Tatsache, dass das Stottern im kommunikationstheoretischen Sinne nicht nur den Sprecher, sondern auch den (nicht) stotternden Hörer betrifft sowie rückwirkend auch wieder die Interpretation seines Verhaltens durch die stotternde Person, lassen die Sprechstörung zu einer komplexen Kommunikationsstörung werden.

Im Folgenden soll in drei Perspektiven untersucht werden, welche Besonderheiten sozialer und emotionaler Entwicklung bei Kindern und Jugendlichen mit Stottern zu beobachten sind. Dabei wird im Blick auf die betroffene Person nach der Angstkomponente der Begleitsymptomatik gefragt. Es wird im Hinblick auf den kommunikativen Charakter der Störung die veränderte Interaktion mit Gleichaltrigen unter dem Stichwort »mobbing« untersucht. Und es wird für Kinder und Jugendliche, die eine Verhaltensauffälligkeit im Sinne eines Aufmerksamkeitsdefizit- und Hyperaktivitätssyndroms (ADHS) aufweisen, auf Korrelate in ihrem Sprechverhalten hingewiesen.

4.1   Stottern, Angst und Temperament

Bei Erwachsenen, die stottern, treten psychische Störungen einschließlich der Angststörung etwa dreimal häufiger auf als in der nicht stotternden Vergleichsgruppe (Iverach et al. 2009). Bei etwa 40 % der Betroffenen tritt eine soziale Angststörung auf (Blumgart, Tran & Craig 2010). Dies gilt zumindest für die Stotternden, die sich in Therapie befinden. Bei Kindern sind solch ausgeprägte Angststörungen mit eigenem Krankheitswert im Zusammenhang mit Stottern nicht zu erwarten. Dennoch zeigen sich bereits im Schulalter negative Selbstzuschreibungen bezüglich des Sprechens und eigene, negative, emotionale Reaktionen auf das Stottern (Vanryckeghem 2001).

Häufig wird stotternden Kindern und Erwachsenen auch ein ängstliches, zurückhaltendes Temperament unterstellt. Als Temperament werden die gebündelten Eigenschaften angesehen, die die individuelle Persönlichkeit ausmachen und die die Art und Weise beeinflussen, wie das Individuum mit der Umwelt interagiert. Damit wird Temperament zu einem erklärenden Faktor, warum verschiedene Personen auf die gleichen Umwelteinflüsse unterschiedlich reagieren (Goldsmith et al. 1987). Verschiedene, teils widersprüchliche Befunde sind in zahlreichen Untersuchungen hierzu gewonnen worden (Seery et al. 2007; Riley & Riley 2000; Anderson et al. 2003; Williams 2006).

In einer neueren Studie haben Eggers, Nil & Van Bergh (2010) auf der Basis eines multidimensionalen Temperamentskonstrukts knapp 60 stotternde und sich typisch entwickelte Kinder ohne weitere sprachliche oder sonstige Entwicklungsbeeinträchtigung mit einem Elternfragebogen (niederländische Version des Child's Behavior Questionnaire, urspr. Rothbarth et al. 2001) untersucht. Im Ergebnis konnten signifikante Gruppenunterschiede festgestellt werden, die als eine erhöhte Reaktivität gegenüber Reizen, ein geringeres Kontrollbewusstsein und verstärkte Frustrationsgefühle sowie erhöhtes motorisches Aktivitätsniveau sowohl in die Entstehung des Stottern generell als auch in die Wahrnehmung und Bewältigung von Stottersituationen eingreifen können. Entgegen der Alltagsvorstellung konnten keine Unterschiede hinsichtlich der Ängstlichkeit und Schüchternheit festgestellt werden.

Wenn also stotternde Erwachsene häufig von sozialen Ängsten und negativen Selbstzuschreibungen betroffen sind, so sind diese auf der Basis der referierten Befunde nicht einfach als Folgestörung zu begreifen, sondern entstehen in einem längeren Prozess der Interaktion der Betroffenen samt ihrer psycho-physischen Verfasstheit und ihrer Kognitionen mit den Einstellungen und Verhaltensweisen der Umwelt, d.h. im pädagogischen Kontext: mit den Einstellungen und Verhaltensweisen der Lehrer und Mitschüler.

4.2 Stottern, Mobbing und fehlende Unterstützung

Die Zuschreibungen und Barrieren, die in einer Gesellschaft herausgebildet werden und bestehen, machen den gesellschaftlich vermittelten Kern des Behinderungskonstrukts aus. Dabei bildet sich die Meinung der flüssig sprechenden Mitmenschen auch ohne direkten (wissentlichen) Kontakt zu stotternden Menschen vor allem über die Medien, die tradierten Annahmen zu den Ursachen des Stotterns und durch das eigene Erleben unflüssigen Sprechens. Neuere Filme (The King's Speech) nehmen sich einer vorurteilsfreien Sicht an, die sich vom Klischee des Stotterers als einer verklemmten, evtl. sogar geistig beschränkten Person absetzt. Diese Attribuierungen sind auch abhängig vom Wissen über die Störung. Nicht-Betroffene, die dem Stottern eine eher psychologische Ätiologie unterstellen, empfinden die soziale Besonderheit stotternder Menschen besonders stark (Boyle, Blood & Blood 2009).

In der direkten Begegnung mit stotternden Menschen können beim nicht stotternden Gesprächspartner durch die Verletzung kommunikationsbezogener Erwartungen (Blickkontakt, flüssiges Sprechen) und durch die evtl. vorhandenen mimischen oder grobmotorischen Mitbewegungen emotionale Reaktionen unwillkürlich ausgelöst werden, deren Interpretation dann im Rahmen der vorgefassten Meinung vorgenommen wird.

Und der stotternde Mensch antizipiert diese Gefühle – oft in sogar höherem Ausmaß, als sie bei den Gesprächspartnern tatsächlich auftreten. Dies verstärkt häufig die Tendenz zur Scham und zur Vermeidung und Tabuisierung des Stotterns – Faktoren, die wiederum die Angst vor dem Stottern und vor der sozialen Situation eher verstärken.

In dieser Bedingungslage sind stotternde Menschen und insbesondere stotternde Schulkinder gefährdet, zu stigmatisierten Außenseitern in Gruppen zu werden (Boyle, Blood & Blood 2009) und damit zu potenziellen Opfern von Hänseleien und Mobbing. Was angesichts der Tatsache, dass die weit überwiegende Mehrheit der stotternden Kinder und Jugendlichen eine allgemeine Schule besucht und keine sonderpädagogische Unterstützung erhält, hohe Anforderungen an die Lehrkräfte der allgemeinen Schulen stellt. Betroffenenberichte auch aus jüngerer Zeit zeigen, dass das Wissen über Stottern und das Handlungsrepertoire dieser Lehrkräfte offensichtlich immer noch stark eingeschränkt ist. Sie übernehmen – durchaus in »projektiver Empathie« (Benecken & Spindler 2004, 65) – das tabuisierende Verhalten und vermeiden, selbst oder sogar zusammen mit der Klasse, das Stottern zu thematisieren, um die Einstellungen der Mitschüler offenzulegen, damit zu »entdramatisieren« (Benecken & Spindler 2004, 65) und positiv zu beeinflussen.

Da soziale Auseinandersetzungen in Gruppen (Schulklassen) sich zumeist sprachlicher Mittel bedienen, sind stotternde Menschen wiederum im verbalen Schlagabtausch benachteiligt und zeigen nicht oder abgeschwächt die sozial erwarteten Abwehrreaktionen. Zusammen mit der sozial vermittelten Außenseiterrolle werden sie dadurch weit häufiger zum Opfer von Mobbing (Benecken & Spindler 2004) als andere, altersgleiche Kinder und Jugendliche und das vor allem im Altersbereich der 11- bis 13-Jährigen.

Die genannten Autoren kritisieren die verbreitete Praxis, Kinder und Jugendliche, die stottern, ohne weitere Beratung der Eltern und des schulischen Umfeldes und ohne sonderpädagogische Unterstützung in der allgemeinen Schule zu beschulen. Gerade die Situation stotternder Schülerinnen und Schüler zeigt, dass eine »stumme« Inklusion (Ahrbeck 2011) geradezu gefährlich für die psycho-soziale Integration sein kann. Wenn die Statistik der Kultusministerkonferenz (Destatis 2009) für Schüler der Sekundarstufe ausweist, dass bundesweit (!) 64 Schüler und Schülerinnen an Gymnasien und etwa 2800 weitere an Orientierungsstufen, Haupt- und Realschulen sowie an Schulen mit mehreren Bildungsgängen sonderpädagogische Unterstützung im Bereich Sprache erhalten, so bedeutet dies selbst unter der völlig überschätzenden Vorannahme, dass dies alles stotternde Kinder und Jugendliche wären, einen nur etwa 0,1%igen Anteil der rund 2,7 Mio. Schülerinnen und Schüler der Klassenstufen 5 bis 13 in der Bundesrepublik, die sonderpädagogische Unterstützung erhalten. Dies ist zu kontrastieren mit dem aus epidemiologischen Studien mit Erwachsenen (Craig et al. 2002) zu erwartenden mindestens 1%, also 27 000 stotternden Kindern und Jugendlichen an Schulen der Sekundarstufen in Deutschland.

Ganz offensichtlich besteht hier ein deutlicher Handlungsbedarf, der vom sonderpädagogischen System allein wohl nicht bewältigt werden kann. Allerdings kann und muss Sonderpädagogik hier eine Initiativ- und Koordinierungsrolle in einem integrierten System der sprachbezogenen Unterstützungsmaßnahmen einnehmen (Glück o. J.).

4.3 Stottern und ADHS

Dies gilt in ähnlicher Weise auch für andere, entwicklungs- und schulleistungsbezogene Besonderheiten, etwa für Kinder mit ADHS. Man erwartet, dass etwa 3–5 % der Schulkinder Störungen der Aufmerksamkeit und/oder Hyperaktivität und Impulsivität haben (DSM IV – APA 2000).

Prävalenzangaben zum Auftreten von ADHS unter stotternden Kindern liegen bislang nur vereinzelt vor und werden in verschiedenen Untersuchungen auf 4–26 % (Healey & Reid 2003) beziffert. Erscheint einerseits die Auftretenshäufigkeit von ADHS unter stotternden Kindern etwas erhöht, so ist andererseits zu bedenken, dass die Differenzialdiagnostik besondere Schwierigkeiten bereithält. Denn bei Kindern und Jugendlichen mit ADHS ist häufig auch das Kommunikationsverhalten auffällig und die Abgrenzung zur Stottersymptomatik im Einzelfall problematisch.

Das Kommunikationsverhalten von ADHS-Betroffenen ist gekennzeichnet von pragmatischen Besonderheiten (etwa exzessives Sprechen, Probleme beim angemessenen, dialogischen Turn-Taking durch häufiges Unterbrechen des Gesprächspartners) und auch von Sprechun-flüssigkeiten, deren Symptomatik teilweise den physiologischen Sprechunflüssigkeiten, aber auch dem Poltern und Stottern entspricht (gefüllte Pausen [»äh«], stumme Pausen, Wiederholungen, sogenannte Repairs – also Abbrüche mit Neuansetzen der Formulierung) (Engelhardt, Ferreira & Nigg 2011).

Zur Behandlung von ADHS wird häufig auf medikamentöse Therapien mit Stimulanzien zurückgegriffen, wobei stets Kombinationen mit (kognitiver) Verhaltenstherapie und besonderer pädagogischer Unterstützung eine stärkere Wirksamkeit versprechen. Derzeit kann aufgrund der schmalen Befundlage nicht abschließend beurteilt werden, wie sich die Stimulanzmedikamente auf die Sprechflüssigkeit bei stotternden Kindern und Jugendlichen auswirken. In Einzelfalldarstellungen (im Überblick: Healey & Reid 2003) wird beschrieben, dass mit dem Einsatz der Stimulanzpräparate das Auftreten von Stottern ausgelöst oder bei vorliegendem Stottern die Symptomatik verstärkt worden ist. Nach Absetzen der Präparate oder nach einer Verringerung der Dosis gehen die Symptome auch wieder zurück.

Aus der ADHS-Symptomatik ergeben sich sowohl eigene Therapie-/Förderziele in Bezug auf das oben genannte Kommunikationsverhalten als auch besondere didaktische Anforderungen in der Umsetzung der sprachbezogenen Förderung. So sind kurzphasige Interaktionsangebote mit häufiger Rückmeldung über das Verhalten, auch in der Kleingruppensituation, die über die Peers eine stärkere Verhaltenskontrolle möglich macht, für stotternde Kinder mit ADHS didaktisch günstig (Healey & Reid 2003).

5 Zusammenfassung

Auch wenn die vorstehend referierten Studien zum Teil widersprüchliche Befunde hinsichtlich der Klientel spracherwerbsgestörter und stotternder Kinder und Jugendlicher zeigen, verweisen sie doch auf die starke Verflechtung sprachlich-kommunikativer Fähigkeiten mit der sozial-emotionalen Entwicklung, aus der herausfordernde Verhaltensweisen resultieren können. Insofern wird hier an die Achtsamkeit der pädagogischen Bezugspersonen appelliert, die Herausforderung durch das Verhalten bei Kindern und Jugendlichen mit sprachlichen Beeinträchtigungen im Einzelfall zu erkennen und dann direkte, auf das Verhalten bezogene, oder auch indirekte, die sprachlich-kommunikativen Fähigkeiten betreffende Unterstützungen anzubieten. Gerade Verhaltensstörungen sprachbeeinträchtigter Kinder und Jugendlicher führen in der schulischen Praxis auch immer wieder dazu, dass der eigentliche sprachliche Förderbedarf aus dem Fokus der pädagogischen Arbeit gedrängt wird (vgl. Holler-Zittlau 1995, 56).

Literatur

Ahrbeck, B. (2011): Der Umgang mit Behinderung. Besonderheit und Vielfalt, Gleichheit und Differenz. Stuttgart.

Anderson, J., Pellowski, M., Conture, E. & Kelly, E. (2003): Temperamental characteristics of young children who stutter. Journal of Speech, Language, & Hearing Research, 46, 1221–1233.

APA (American Psychiatric Association) (2000): Diagnostic and statistical manual of mental disorders. 4. Aufl., Washington, D. C.

APA 2000: DSM IV – in dieser Reihenfolge ergibt es einen Sinn.

Baumgartner, S. (1978): Verhaltensauffälligkeiten bei Kindern an Schulen für Sprachbehinderte. München (Dissertation).

Beitchman, J. H., Brownlie, E. B., Inglis, A., Wild, J., Ferguson, B., Schachter, D., Lancee, W., Wilson, B. & Mathews, R. (1996): Seven-year follow-up of speech/language impaired and control children: Psychiatric outcome. In: Journal of Child Psychology and Psychiatry 37, 961–970.

Beitchman, J. H., Nair, R., Clegg, M., Ferguson, B. & Patel, P. G. (1986): Prevalence of psychiatric disorders in children with speech and language disorders. In: Journal of the American Academy of Child Psychiatry 25, 528–535.

Beitchman, J. H., Wilson, B., Johnson, C., Atkinson, L., Young, A., Adlaf, E., Escobar, M. & Douglas, L. (2001): Fourteen-year follow-up of speech/language-impaired and control children: Psychiatric outcome. In: Journal of the American Academy of Child and Adolescent Psychiatry 40, 75–82.

Benecken, J. & Spindler, C. (2004): Zur psychosozialen Situation stotternder Schulkinder in Allgemeinschulen. In: Die Sprachheilarbeit 49, 61–70.

Blumgart, E., Tran, Y. & Craig, A. (2010): Social anxiety disorder in adults who stutter. In: Depress. Anxiety, 27 (7), 687–692.

Boyle, M. P., Blood, G. W. & Blood, I. M. (2009): Effects of Perceived Causality on Perceptions of Persons Who Stutter. In: Journal of Fluency Disorders, 201–218.

Bundschuh, K. (2004): Sprache und Verhaltensstörungen. In: Grohnfeldt, M. (Hrsg.): Lehrbuch der Sprachheilpädagogik und Logopädie. Band 5. Bildung, Erziehung und Unterricht. Stuttgart, 356–365.

Cantwell, D. P. & Baker, L. (1987): Prevalence and type of psychiatric disorder and developmental disorders in three speech and language groups. In: Journal of Communication Disorders 20, 151–160.

Conti-Ramsden, G. & Botting, N. (2004): Social difficulties and victimization in children with SLI at 11 years of age. In: Journal of Speech, Language, and Hearing Research 47, 145–161.

Craig, A., Hancock, K., Tran, Y., Craig, M. & Peters, K. (2002): Epidemiology of stuttering in the community across the entire life span. In: Journal of Speech, Language, and Hearing Research 45 (6), 1097–1105.

Dannenbauer, F. M. (2004): Spezifische Sprachentwicklungsstörungen als pädagogische Aufgabe. In: Baumgartner, S., Dannenbauer, F. M., Homburg, G. & Maihack, V.: Standort: Sprachheilpädagogik. Dortmund.

DESTATIS (2009): Statistisches Bundesamt der Bundesrepublik Deutschland, Statistik der Kultusministerkonferenz über Schülerinnen und Schüler mit sonderpädagogischem Förderbedarf nach Schularten

DGKJP (Deutsche Gesellschaft für Kinder- und Jugendpsychiatrie und Psychotherapie) et al. (Hrsg.) (2007): Leitlinien zur Diagnostik und Therapie von psychischen Störungen im Säuglings-, Kindes- und Jugendalter. Köln.

Dobslaff, O. (2007): Sprach- und Kommunikationsprobleme bei Schülern mit Störungen im sozialen und emotionalen Handeln. In: Mutzeck, W. & Popp, K. (Hrsg.): Professionalisierung von Sonderpädagogen. Standards, Kompetenzen und Methoden. Weinheim, 129–140.

Eggers, K., Nil, L. F. de & Van Bergh, B. R. (2010): Temperament dimensions in stuttering and typically developing children. In: Journal of Fluency Disorders, 35 (4), 355–372.

Engelhardt, P. E., Ferreira, F. & Nigg, J. T. (2011): Language production strategies and disfluencies in multi-clause network descriptions: A study of adult attention-deficit/hyperactivity disorder. In: Neuropsychology 25 (4), 442–453.

Finn, P., Howard, R., & Kubala, R. (2005): Unassisted recovery from stuttering: Self-perceptions of current speech behavior, attitudes, and feelings. In: Journal of Fluency Disorders, 30 (4), 281–305.

Fujiki, M., Brinton, B. & Todd, C. M. (1996): Social Skills of Children With Specific Language Impairment. In: Language, Speech and Hearing Services in Schools 27, 195–202.

Gertner B. L., Rice M. L. & Hadley, P. A. (1994): Influence of communicative competence on peer preferences in a preschool classroom. In: Journal of Speech and Hearing Research 37, 4, 913–923.

Glück, C. W. (2012): Sprachheilpädagogik inklusiv: Sonderpädagogik zwischen sprachlicher Bildung, Sprachförderung und Sprachtherapie. In: Sonderpädagogische Förderung heute, 57 (3), 132–144.

Goldsmith, H. H., Buss, A. H., Plomin, R., Rothbart, M. K., Thomas, A., Chess, S., et al. (1987): Roundtable: What is temperament? Four approaches. In: Child Development, 58, 505–529.

Grimm, H. (2003): Störungen der Sprachentwicklung. Göttingen.

Hart, K. I., Fujiki, M., Brinton, B. & Hart, C. H. (2004): The Relationship Between Social Behavior and Severity of Language Impairment. In: Journal of Speech, Language and Hearing Research 47, 647–662.

Healey, E. C. & Reid, R. (2003): ADHD and stuttering: A tutorial. In: Journal of Fluency Disorders 28 (2), 79–93.

Hellbrügge, T. (1981): Über Zusammenhänge von Sprach- und Sozialentwicklung im Säuglingsalter. In: Nova acta Leopoldina N. F. 54, 245, 665–693.

Holler-Zittlau, I. (1995): Schule – Unterricht – soziale Wirklichkeit. Zur Notwendigkeit der Berücksichtigung veränderter Lern-, Entwicklungs- und Sozialisationsbedingungen von

SchülerInnen bei der Planung und Organisation von Lernprozessen. In: Die Sprachheilarbeit 40, 1, 56–66.
Iverach, L., Jones, M., O'Brian, S., Block, S., Lincoln, M., Harrison, E. et al. (2009): Screening for personality disorders among adults seeking speech treatment for stuttering. In: Journal of Fluency Disorders, 34 (3), 173–186.
Kany, W. & Schöler, H. (2007): Sprachdiagnostik. Leitfaden zur Sprachstandsbestimmung im Kindergarten. Berlin, Düsseldorf, Mannheim.
Knox, E. & Conti-Ramsden, G. (2003): Bullying risks of 11-year-old children with specific language impairment (SLI): Does school placement matter? In: International Journal of Language & Communication Disorders 38, 1, 1–12.
La Paro, K. M. et al. (2004): Relations Among Maternal, Child, and Demographic Factors and the Persistence of Preschool Language Impairment. In: American Journal of Speech-Language Pathology 13, 291–303.
Mayr, T. (1990): Verhaltensauffälligkeiten bei Vorschulkindern mit unterschiedlich schweren Sprech-, Sprach- und Kommunikationsstörungen – eine epidemiologische Studie. In: Heilpädagogische Forschung 16 (1), 37–44.
Myschker, N. (1999): Verhaltensstörungen bei Kindern und Jugendlichen. Stuttgart.
Natke, U. & Alpermann, A. (2010): Stottern. Erkenntnisse – Theorien – Behandlungsmethoden. 3. Aufl., Bern.
Neukäter, H. (1995): Sprachstörungen und Verhaltensauffälligkeiten. In: Grohnfeldt, M. (Hrsg.): Handbuch der Sprachtherapie. Band 8. Sprachstörungen im sonderpädagogischen Bezugssystem. Berlin.
Neumann, K. & Euler, H. (2010): Neuroimaging and Stuttering. In: Guitar, B. & McCauley, R. J. (Hrsg.): Treatment of stuttering. Established and emerging approaches. Philadelphia, PA.
Noterdaeme, M. (2008): Psychische Auffälligkeiten bei sprachentwicklungsgestörten Kindern. In: Forum für Kinder- und Jugendpsychiatrie, Psychosomatik und Psychotherapie 3, 38–49.
Noterdaeme, M. & Amorosa, H. (1998): Verhaltensauffälligkeiten bei sprachentwicklungsgestörten Kindern. In: Monatsschrift Kinderheilkunde 146, 931–937.
O'Brian, S. & Onslow, M. (2011): Clinical management of stuttering in children and adults. BMJ, 342 (jun24 1), d3742.
Rice, M. L. (1993): Social consequences of specific language impairment. In: Grimm, H. & Skowronek, H. (Hrsg.): Language acquisition problems and reading disorders: Aspects of diagnosis and intervention. Berlin, 111–128.
Riley, G. D. & Riley, J. (2000): A revised component model for diagnosing and treating children who stutter. In: Contemporary Issues in Communication Sciences and Disorders, 27, 188–199.
Rothbart, M. K., Ahadi, S. A., Hershey, K. L. & Fisher, P. (2001): Investigations of temperament at three to seven years: The Children's Behavior Questionnaire. Child Development, 72 (5), 1394–1408.
Sachse, S. (2007): Neuropsychologische und neurophysiologische Untersuchungen bei Late Talkers im Quer- und Längsschnitt (Dissertation). http://edoc.ub.uni-muenchen.de/7058/1/Sachse_Stefti.pdf [18.10.2011].
Sallinger, C. (2009): Die emotionale- und Verhaltensentwicklung bei Kindern mit verzögertem Spracherwerb. Heidelberg (unveröffentlichte Diplomarbeit).
Seery, C. H., Watkins, R. V., Mangelsdorf, S. C. & Sigheto, A. (2007): Subtyping stuttering II: Contributions from language and temperament. In: Journal of Fluency Disorders, 32 (3), 197–217.
Siegmüller, J. & Kauschke, C. (2006): Patholinguistische Therapie bei Sprachentwicklungsstörungen. München.
Snowling, M. J., Bishop, D. V. M., Stothard, S. E., Chipchase, B. & Kaplan, C. (2006): Psychosocial outcomes at 15 years of children with a preschool history of speech-language impairment. In: Journal of Child Psychology and Psychiatry 47, 8, 759–765.

Sommer, M., Koch, M. A., Paulus, W., Weiller, C. & Büchel, C. (2002): Disconnection of speech-relevant brain areas in persistent developmental stuttering. In: The Lancet (August 3), 380–383.

St. Clair, M. C., Pickles, A., Durkin, K. & Conti-Ramsden, G. (2011): A longitudinal study of behavioral, emotional and social difficulties in individuals with a history of specific language impairment (SLI). In: Journal of Communication Disorders 44, 186–199.

Theunissen, G. (2005): Pädagogik bei geistiger Behinderung und Verhaltensauffälligkeiten. 4. neu bearbeitete und stark veränderte Aufl., Bad Heilbrunn.

Theunissen, G. (2008): Positive Verhaltensunterstützung. Marburg.

Tomblin, B. J., Records, N. L., Buckwalter, P., Xuyang, Z., Smith, E. & O'Brien, M. (1997): Prevalence of specific language impairment in Kindergarten children. In: Journal of speech, language and hearing research 40, 1240–1260.

Vanryckeghem, M. (2001): The relationship between communication attitude and emotion of children who stutter. In: Journal of Fluency Disorders, 26 (1), 1–15.

Von Aster, D. (2007): Verhaltensbesonderheiten bei sprachentwicklungsverzögerten zweijährigen Kindern. München (Dissertation).

Von Suchodoletz, W. (2001): Hirnorganische Repräsentation von Sprache und Sprachentwicklungsstörungen. In: Von Suchodoletz, W. (Hrsg.): Sprachentwicklungsstörung und Gehirn. Neurobiologische Grundlagen von Sprache und Sprachentwicklungsstörungen. Stuttgart, 27–69.

WHO, Dilling, H. & Freyberger, H. J. (2010): Taschenführer zur ICD-10-Klassifikationen psychischer Störungen. Bern.

Williams, C. (2006): Teacher judgements of the language skills of children in the early years of schooling. Journal of child language, teaching, and therapy, 22 (2), 135–154.

Yairi, E. & Ambrose, N. G. (2005): Early childhood stuttering. For clinicians by clinicians. Austin, TX.

Lehreraufgaben konkret

– *Lehren*

Prävention und Integration im Anschluss an den Response-to-Intervention-Ansatz (RTI): Das Rügener Inklusionsmodell (RIM)

Bodo Hartke, Kirsten Diehl, Kathrin Mahlau & Stefan Voß

Am Institut für Sonderpädagogische Entwicklungsförderung und Rehabilitation der Universität Rostock wurde ein Konzept zur Prävention und Integration von Kindern mit Entwicklungsstörungen in den Bereichen »Lernen«, »Sprache« sowie »emotionale und soziale Entwicklung« erarbeitet. Dieses wird seit dem Schuljahresbeginn 2010/2011 auf der Insel Rügen umgesetzt. Auf Rügen lernen alle Kinder dieses Einschulungsjahrganges in einer 1. Klasse der Grundschule, kein Kind wurde in eine Sonderklasse eingeschult. Die wissenschaftliche Begleitung der Universität Rostock prüft nun, ob die Implementation des Konzeptes in Rügener Grundschulen gelingt und wie sich die Kinder unter den veränderten Lernbedingungen entwickeln. Dazu werden die Lernerfolge der Kinder der Insel Rügen, die im gemeinsamen Unterricht beschult werden, mit den Lernerfolgen der Kinder der Stadt Stralsund, die auf herkömmliche Weise unterrichtet werden, miteinander verglichen. Es soll geprüft werden, ob das inklusive Beschulungskonzept – verstanden als eine Verbindung von schulischer Prävention und Integration – ein erfolgreiches Lernen aller Kinder ermöglicht.

1 Grundlagen des Modells

Das Forschungsprojekt der Universität Rostock basiert auf dem US-amerikanischen Response-to-Intervention-Ansatz (RTI). Response-to-Intervention ist ein Rahmenkonzept, das folgende wesentlichen Komponenten umfasst:

1. Mehrebenenprävention
    RTI ist ein strukturierendes Konzept einer dynamischen mehrstufigen Förderung (meist zwei- bis vierstufig), das diagnostische Verfahren und Interventionen zugunsten von Leistungssteigerungen von Schülern und zur Vermeidung von sonderpädagogischem Förderbedarf integriert. Bei einem messbar ausbleibenden Fördererfolg werden Veränderungen der Förderung (Art und Intensität) auf der nächst höheren Förderstufe vorgenommen.

2. Evidenzbasierte Praxis
    Als Präventionskonzept zielt RTI darauf ab, durch bestbewährte Fördermaßnahmen den Lernerfolg der Kinder zu sichern, Lernlücken frühzeitig zu erkennen

und zu schließen. Es werden daher ausschließlich Lehr- und Lernmethoden, Unterrichtsmaterialien und Trainingsprogramme verwendet, die möglichst weitgehend evidenzbasiert sind, d. h., durch empirische Forschungsergebnisse wurde nachgewiesen, dass postulierte Effekte bei der Anwendung tatsächlich eintreten, bzw. der zugrunde liegende Ansatz empirisch als bewährt gilt.

3. Datengeleitete Entscheidungsfindung
Alle Entscheidungen über Förderung werden auf der Grundlage erhobener Daten getroffen. Zu Schulbeginn werden Screening-Verfahren zur Identifikation von Kindern mit Risiken verwendet und es findet eine laufende, regelmäßige Lernfortschrittsdokumentation (formative Evaluation des Unterrichts) statt. Ermittelte Risiken führen zu gezielten Hilfen, die ebenfalls formativ evaluiert werden. Formative Evaluationen geben Einblick in den Lernverlauf und ermöglichen es, frühzeitig den Lernerfolg zu beeinflussen. Als wesentliche Innovation seien hier die curriculumbasierten Messungen (CBM) erwähnt. Es handelt sich dabei um kleinschrittige Lernstandsanalysen, die über die Zeit Aufschluss darüber geben, ob eine Schülerin oder ein Schüler auf den Unterricht oder eine Intervention anspricht, das Kind also *responsiv* oder *nicht responsiv* ist. Dies zeigt sich im Anstieg der Leistungsdaten des Kindes. Die ersten Forschungsarbeiten zu den curriculumbasierten Messungen gehen auf Stanley Deno und seine Mitarbeiter in den 80er-Jahren zurück. Deno (1985) konzeptionierte diese Art des Progress Monitoring als Alternative zu bis dahin gängigen Schulleistungstests. Um Lernschwierigkeiten von Kindern besser zu verstehen sowie zur Entscheidungsfindung über Fördermaßnahmen finden kooperative Fallbesprechungen statt, in die alle Messergebnisse sowie weitere Informationen (z. B. aus Unterrichtsbeobachtungen oder Arbeitsproben) einbezogen werden.

Die RTI-Entwicklung in den USA basiert auf mehr als drei Jahrzehnten Forschungsarbeit. Die gesetzliche Grundlage für die Arbeit nach dem RTI-Ansatz wurde in den USA im Jahre 2003, durch die Unterzeichnung des »Individuals with Disabilities Education Improvement Act (IDEA)«, gelegt. Das überarbeitete Gesetz (IDEA 2004) ermöglichte Praktikern im Gegensatz zum bis dahin angewendeten Diskrepanzmodell (abwarten, bis eine signifikante Diskrepanz zwischen Intelligenzquotient und schulischer Leistung entstanden ist) eine neue, alternative Methode zur Identifikation von Kindern mit Schwierigkeiten im Lernen zu nutzen. Anders als in Deutschland liegen in den USA umfangreiche Evaluationsstudien zu Förderkonzepten vor. Es kann zudem auf zahlreiche Studien zu Verfahren der Lernfortschrittsdokumentation zurückgegriffen werden (Fuchs, Deno & Mirkin 1984; Fuchs & Fuchs 1986; Deno et al. 2001; Stecker & Fuchs 2000). In Deutschland fand der RTI-Ansatz erstmals Erwähnung durch eine Veröffentlichung von Klauer (2006) und wurde durch Arbeiten von Hartmann (2008), Walter (2008 a/b), Diehl & Hartke (2007), Diehl, Hartke & Wagner (2009), Diehl (2009 a/b), Strathmann & Klauer (2010) sowie Strathmann, Klauer & Greisbach (2010) aufgegriffen, was verdeutlicht, dass die Idee der curriculumbasierten Messungen auch in Deutschland an Bedeutung gewinnt. Das durch die Universität Rostock begleitete Projekt ist deutschlandweit der erste Versuch, ein umfassend strukturiertes Konzept gemäß dem RTI-Ansatz flächendeckend in einer Region umzusetzen.

2 Ziele des Konzepts

Mit dem Konzept verfolgte Ziele sind:

- frühzeitiges Erkennen sowohl der Notwendigkeit als auch eines Modifikationsbedarfs von stattfindenden fördernden Maßnahmen durch Screenings oder regelmäßige Lernfortschrittsmessungen,
- zeitnahe, optimale Förderung der Schulleistung und der Entwicklung von Kindern durch den Einsatz von evidenzbasierten Interventionen und
- Entgegenwirken weiterer negativer Folgen (Demotivation, negatives Selbstbild, Verhaltensauffälligkeiten) ungünstigen Unterrichts bzw. nicht passender Interventionen.

2.1 Drei-Ebenen-Prävention – als zentrales Element des Rügener Konzepts

Zeigt sich durch die mit einem Screening oder einer formativen Evaluation (meist CBMs) ermittelten Ergebnisse, dass die Förderung auf der gegenwärtigen Förderebene nicht ausreicht, erfolgt eine veränderte Förderung auf der nächst höheren Förderebene. Das am meisten verbreitete Konzept innerhalb des RTI-Ansatzes ist ein Drei-Ebenen-Präventionskonzept (▶ Abb. 1). Ein solches wird auf Rügen umgesetzt.

Abb. 1: Schematische Darstellung eines Drei-Ebenen-Präventionskonzeptes innerhalb des RTI-Ansatzes

Auf der **Förderebene 1** (evidenzbasierter Unterricht) werden alle Kinder beschult. Für zumindest 80 % aller Kinder ist erfahrungsgemäß bereits dieser exzellente Unterricht ausreichend, um erfolgreich lernen zu können. Verantwortlich ist der Grundschullehrer. Der Sonderpädagoge berät hinsichtlich spezifischer Maßnahmen, z. B. verhaltens- und/oder sprachheilpädagogisch förderlicher Unterrichtsanteile. Mit standardisierten Messverfahren oder auch Screenings werden alle Kinder zu Beginn des Schuljahres hinsichtlich ihrer Lernvoraussetzungen untersucht. Somit erhält der Lehrer erste Informationen, ob Kinder zusätzliche Hilfen im Unterricht benötigen.

Diese curriculumbasierten Messungen (CBM) dienen der Dokumentation des Lernfortschritts der Kinder und der Indikation der ggf. zeitnah einsetzenden Interventionen, falls Schulleistungs- und Entwicklungsprobleme auftreten (kein Wait-to-fail). Dies ist besonders im Eingangsbereich wichtig, denn persistierende Schulprobleme und Lernrückstände haben sich meistens schon im Anfangsbereich ergeben.

Die Ergebnisse der regelmäßigen Leistungsüberprüfungen werden auf einem Graphen abgebildet, welcher für Lehrer, Eltern und auch für die Schüler zur Reflektion der Leistungsentwicklung genutzt werden kann (▶ **Abb. 2**):

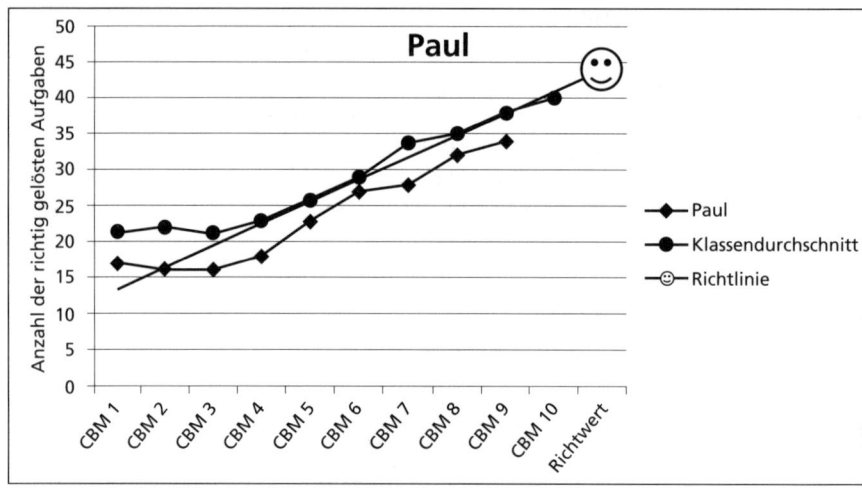

Abb. 2: Möglichkeit der grafischen Darstellung einer regelmäßigen Leistungsüberprüfung zum Silbenlesen mittels CBMs

Auf der **Förderebene 2** (fokussierte Intervention) werden die 20 % der Schüler gefördert, die bei der Eingangsdiagnostik oder später im Unterricht, bei der Bearbeitung von CBMs, durch schwache Leistungen auffallen. Die unterrichtsintegrierte Förderung auf Ebene 1 erweist sich also für diese Schüler als nicht ausreichend. Fokussierte Interventionen unterstützen und ergänzen den Regelunterricht. Hier kommen Unterrichtsmaterialien zum Einsatz, die didaktisch und methodisch zu den auf Förderebene 1 verwendeten Materialien passen, sodass die Kinder sich nicht an neue Aufgabenformate oder Visualisierungen gewöhnen müssen. Die Schüler werden genau in dem Bereich gefördert, der ihnen noch Probleme bereitet. Die jeweiligen Förderkurse werden für vier bis sechs Schüler für zehn bis zwölf Wochen geplant. Verantwortlich ist auch hier der Grundschulpädagoge. Erweist sich ein Kind auf dieser Ebene als responsiv – es reagiert also erwartungsgemäß auf die Fördermaßnahmen und zeigt angemessene Leistungen oder Entwicklungsfortschritte –, braucht es keine weiteren Fördermaßnahmen der Förderstufe 2 und nimmt wieder ausschließlich am regulären Unterricht auf Ebene 1 teil. Mit einem Schüler, der auf der 2. Ebene nicht responsiv auf die Förderung reagiert, schließt sich entweder eine modifizierte Förderung auf Ebene 2 oder eine noch intensivere Förderung auf Ebene 3 an.

Auf der **Förderebene 3** (präventive evidenzbasierte Einzelfallhilfe) diagnostiziert der Sonderpädagoge die pädagogische Situation des Kindes. In kooperativen Fallbesprechungen werden die Diagnostikergebnisse dargestellt und analysiert, Ansatzpunkte für die Förderung bestimmt und der Förderplan des Kindes wird weiter ausgearbeitet. Die präventive evidenzbasierte Einzelfallhilfe ist für Schüler vorgesehen, die trotz optimierter Bedingungen in der Klasse und im Förderunterricht keine ausreichenden Lernfortschritte zeigen. Verantwortlich für die Einzelfallhilfe ist der Sonderpädagoge in Absprache mit dem Grundschulpädagogen. In der präventiven individuellen Einzelfallhilfe wird das Kind nicht mehr vorwiegend in den Bereichen Deutsch und Mathematik gefördert, sondern es findet in Abhängigkeit vom festgestellten individuellen Förderbedarf eine mehrere Bereiche umfassende individuelle Förderung statt. Die hier verwendeten Verfahren sind so weit wie möglich evidenzbasiert und werden spezifisch evaluiert, d. h. es wird erhoben, ob und wie die Umsetzung des Förderplans beim jeweiligen Kind gewirkt hat. Die Förderung fokussiert auf Lernvoraussetzungen und -bereiche, in denen die Kinder individuelle Defizite zeigen (z. B. Vorläuferfähigkeiten, Aufmerksamkeit, Sozialverhalten, Aussprache, Wortschatz). Bei positiver Resonanz und dem Erreichen der vorgegebenen Lernziele ihrer Klassenstufe nehmen die Kinder wieder ausschließlich am Unterricht auf Ebene 1 und vermutlich an der Förderung auf Ebene 2 teil.

Innerhalb der Arbeit nach dem RTI-Ansatz findet bereits bei ersten validen Anzeichen für Entwicklungsstörungen oder Schulschwierigkeiten Förderung statt – also Förderung von Anfang an. Es wird nicht gewartet, bis »das Kind im Brunnen liegt« wie im Wait-to-fail-Ansatz (s. o. Diskrepanzmodell). Ebenso wenig erfolgt eine frühzeitige Stigmatisierung im Sinne der Zuschreibung eines individuellen Merkmals wie »Lernbehinderung« bzw. »sonderpädagogischer Förderbedarf« und damit einhergehende Segregation. Innerhalb des RTI-Konzeptes wird die Förderung in der allgemeinen Schule in Kooperation von Regelschullehrern, Spezialisten (z. B. Leseberater, LRS-Spezialisten) und Sonderschulpädagogen schrittweise intensiviert und optimiert. Scheitern präventive Hilfen, wird das Kind anschließend zieldifferent integrativ beschult. Untersuchungen haben gezeigt, dass selbst Kinder mit massiven Lernbehinderungen von diesem gestuften System der Förderung (Bless 2002; Bless & Mohr 2007; Hinz 2007) profitieren. Der RTI-Ansatz ermöglicht es somit, dass Kinder mit sehr unterschiedlichen Leistungsprofilen, gemeinsam in einer Klasse lernen können. Lehrern bietet es u. a.:

- ein reliables und valides System zur objektiven Leistungsbeurteilung der Kinder,
- eine Auswahl evidenzbasierter Fördermaßnahmen,
- eine verlässliche Basis zur Reflexion der Unterrichts- und Fördergestaltung und für Beratung sowie
- Arbeit in einem Team.

3 Materialien und Fortbildung

Ein wesentlicher Baustein des Rügener Inklusionsmodells (RIM) ist der Einsatz von Unterrichts- und Förderkonzepten, deren Wirksamkeit bereits in wissenschaftlichen Untersuchungen nachgewiesen wurde. Der den Materialien zugrunde liegende Ansatz ist empirisch basiert und Fördererfolge wurden in der Praxis nachgewiesen. So basieren die Deutschmaterialien auf dem lang erprobten Kieler Leseaufbau und die Mathematikmaterialien wurden in einem mehrjährigen, von der DFG geförderten Projekt entwickelt (Mathe 2000) und sind hoch kompatibel zu neuesten entwicklungspsychologischen Erkenntnissen über die Entwicklung mathematischer Kompetenzen bei Kindern. Es wurde ganz gezielt darauf geachtet, dass die Materialien ein inhaltliches Konzept besitzen, das allen Kindern in besonders wirksamer Weise das Erlernen des Lesens, Schreibens und Rechnens ermöglicht. In vergleichbarer Weise wurden alle weiteren Förder- und Therapiematerialien für die Bereiche »Lernen«, »Sprache« sowie »emotionale und soziale Entwicklung« ausgewählt. Ein weiterer Baustein des Rügener Inklusionsmodells ist eine umfassende Fortbildungsreihe für Schulleiter, Sonderpädagogen und Grundschullehrer. In mehr als 300 Fortbildungsstunden wurde theoretisches Grundlagenwissen aufgefrischt, die Lehrgänge für den Deutsch- und Mathematikunterricht vorgestellt und deren Anwendung erläutert sowie Maßnahmen für Förderung in den Bereichen »Lernen«, »Sprache« sowie »emotionale und soziale Entwicklung« vermittelt und erprobt.

3.1 Beispielhafte Darstellung des Förderbereichs Mathematik Klasse 1

Um eine möglichst frühzeitige Identifikation von Risiken in der Entwicklung mathematischer Konzepte und Einsichten von Schülerinnen und Schülern zu ermöglichen, setzt sich die Diagnostik in dem hier vorgestellten Konzept aus drei Komponenten zusammen, die nachfolgend beschrieben werden.

Alle Schüler nehmen an regelmäßigen Screening-Verfahren teil. Innerhalb der dritten bis fünften Schulwoche wird der erste Teil des Diagnoseverfahrens Kalkulie (Fritz, Ricken & Gerlach 2007) eingesetzt. Es prüft das Vorhandensein grundlegender pränumerischer und erster numerischer Einsichten und Konzepte. In der 21.–23., der 33.–34. und der 43.–44. Schulwoche werden wiederholt die arithmetischen Fertigkeiten aller Schüler mit dem Inventar Rechenfische (Wagner &

Hartke 2006) erfasst. Dieses ist ein komplexes Diagnostikum, das neben elementaren numerischen Kompetenzen auch Rechenkompetenzen im Bereich der Addition und Subtraktion abfragt (Knopp & Hartke 2010). Ergänzt werden diese Screening-Verfahren um eine das Schuljahr begleitende Lernfortschrittsdokumentation mittels monatlicher CBMs mit allen Kindern. Dazu liegen verschiedene Verfahren auf zwei Niveaustufen vor (▶ Tab. 1).

Tab. 1: Übersicht über im Rahmen des Rügener Inklusionsmodells eingesetzte CBMs im Bereich Mathematik

	Niveaustufe 1 Einsatz Anfang bis Mitte 1. Schuljahr	
Zahlenlesen	Einzelverfahren	Zahlenidentifikation im Zahlenraum bis 20
Arithmetische Basiskompetenzen	Gruppenverfahren	Gemischte Aufgaben, u. a. Menge-Zahl-Zuordnungen, Seriationsaufgaben, Zahlzerlegungsaufgaben
Mengenvergleich		Diskrimination zweier Zahlen im Zahlenraum bis 20
Zahlenreihe		Ergänzen des Platzhalters einer kurzen Zahlensequenz im Zahlenraum bis 20
	Niveaustufe 2 Einsatz Mitte bis Ende 1. Schuljahr	
Arithmetische Basiskompetenzen	Gruppenverfahren	Gemischte Aufgaben, u. a. Menge-Zahl-Zuordnungen, Seriationsaufgaben, Zahlzerlegungsaufgaben
Zahlzerlegung		Ergänzen von Zahlenhäusern
Addition im 20er-Raum		Additionsaufgaben unterschiedlicher Schwierigkeitsgrade
Subtraktion im 20er-Raum		Subtraktionsaufgaben unterschiedlicher Schwierigkeitsgrade

Auf Grundlage der Screenings und curriculumbasierter Messungen werden Risikokinder ermittelt, deren Ergebnisse auf Schwierigkeiten beim Erlernen des Rechnens hinweisen (Leistungen entsprechend einem PR < 25). Diese Kinder nehmen als Zielgruppe der Förderstufe 2 an einer differenzierten, qualitativ ausgerichteten Diagnostik teil, um Einblick zu erhalten, welche Einsichten und Kompetenzen bei ihnen schon vorhandenen sind bzw. noch ausgebildet werden müssen. Dazu wurde eine Erprobungsversion des Verfahrens Kompetenz-Erfassung in Kita und Schule (KEKS) für den Bereich Mathematik eingesetzt (vgl. Landesinstitut für Lehrerbildung und Schulentwicklung [LIQ] 2011). Die Subtests der KEKS-Aufgaben sind so konstruiert, dass die erzielten Rohwerte Hinweise darüber geben, auf welcher Niveaustufe des »Modells der mathematischen Kompetenzentwicklung« von Fritz, Ricken & Gerlach (2007, 7 ff.) sich ein Kind befindet. Entsprechend ist es möglich, Informationen zur weiteren Förderarbeit abzuleiten.

Zusätzlich werden die CBMs auf Förderebene 2 und 3 wöchentlich eingesetzt, um ein schnelles Feedback zum Erfolg der Förderung zu gewährleisten.

Um den Bedürfnissen möglichst aller Kinder nachzukommen und eine erfolgreiche Beschulung dieser Kinder zu gewährleisten, werden besondere Anforderungen an den Kernunterricht Mathematik (Förderebene 1) gestellt: Er muss methodisch-didaktisch qualitativ hochwertig gestaltet sein und die individuellen Probleme der Kinder berücksichtigen (primäre Prävention). Ein wesentlicher Aspekt hierbei stellt die unterrichtsintegrierte Differenzierung dar. Als Unterrichtsmaterial wird im Rügener Inklusionsmodell das Zahlenbuch (Wittmann & Müller, 2004) verwendet, das für Förderzwecke ein umfangreiches Zusatzmaterial und verschiedene Hilfsmittel (u. a. Wendeplättchen, Zahlenkarten etc.) bereithält.

Auf der Förderebene 2 sollen mit den Kindern, die Schwierigkeiten im Rechnen aufweisen, wesentliche Einsichten wie Zahlen- und Mengenvorstellungen, das Verständnis für den Zahlenstrahl, der Kardinalität von Zahlen sowie für deren Zerlegbarkeit in Teilmengen (Teil-Ganzes-Beziehung) systematisch in Kleingruppen erarbeitet werden. Ziel ist es, die Schüler zu einem Verständnis von numerischen Beziehungen zwischen Zahlen (relationaler Zahlbegriff) zu führen, wodurch die Entwicklung effektiver Rechenstrategien ermöglicht wird. Zusätzlich zu den Materialien des Zahlenbuchs wird hier das Förderprogramm Kalkulie (Gerlach et al. 2007 a/b/c) eingesetzt, das oben genannte Aspekte fokussiert.

Auf Förderebene 3 wird die Förderarbeit im Sinne von Einzelfallhilfen intensiviert fortgesetzt. Hier findet zusätzlich das Förderprogramm »Mengen, zählen, Zahlen« (Krajewski, Nieding & Schneider, 2007) Anwendung. Abhängig von den festgestellten Förderschwerpunkten eines Kindes kann die Förderung auf Stufe 3 auch weitere Bereiche, z. B. sprachliche oder kognitive Aspekte, umfassen.

3.2 Beispielhafte Darstellung des Förderbereichs emotionale soziale Entwicklung

Auf der Förderstufe 1 werden gerade noch »leichte« Verhaltensauffälligkeiten durch unterrichtsintegrierte Maßnahmen abgebaut. Hier trägt die Grundschullehrkraft eine besondere Verantwortung und wird deshalb über Handlungsmöglichkeiten zur Förderung verhaltensauffälliger Kinder informiert. Entscheidend ist in diesem Zusammenhang nicht nur die Steigerung der Fähigkeit, bei auftretenden Schwierigkeiten adäquat zu reagieren, sondern auch der Ausbau der Fähigkeit, durch eine geschickte Klassenführung Unterrichtsstörungen und Zeiten, in denen Schüler unaufmerksam und mit sozialen Konflikten beschäftigt sind, vorzubeugen.

Kognitive Theorien über Verhaltenssteuerung und lerntheoretische Aussagen sprechen dafür, in Klassen klare Strukturen zu schaffen, d. h. Regeln aufzustellen und deutlich über deren Sinn und Konsequenzen bei Regelverstößen zu informieren. Erkenntnisse der Humanistischen Psychologie fundieren ein Lehrerverhalten und eine Gesprächsführung, die auf die emotionalen und sozialen Bedürfnisse der Kinder eingehen und beispielsweise Möglichkeiten der Konfliktmoderation im Sinne »niederlagenloser Konfliktbewältigung« ermöglichen.

Innerhalb der hier konzipierten, mehrere Ebenen umfassenden Prävention von emotionalen und sozialen Entwicklungs- und Verhaltensauffälligkeiten kommt einer exzellenten Klassenführung große Bedeutung zu. Sie lässt sich orientiert an den genannten Erklärungs- und Handlungsansätzen inhaltlich klar beschreiben: Die Lehrkraft antizipiert die wahrscheinlich in der Klasse vorkommenden kritischen Situationen und verfügt über Handlungsmöglichkeiten, um mit diesen umzugehen. Zudem geht sie davon aus, dass das Arbeits- und Sozialverhalten und das Lernen des Kindes miteinander verknüpft sind (Hennemann & Hillenbrand 2010), sie also durch die Förderung des Verhaltens auch das Lernen des Kindes fördert. Als besonders wirkungsvoll im Hinblick auf die Verminderung von Unterrichtsstörungen und die Steigerung der aktiven Lernzeit von Kindern erwiesen sich neben beispielsweise den Handlungsstrategien von Kounin (2006, 148) die von Hartke & Vrban (2010) aufgezeigten Handlungsmöglichkeiten.

Neben der Verbesserung der Klassenführung und der Reaktionen in schwierigen Erziehungssituationen sind soziale Trainings gut evaluierte Methoden primärer Prävention gegenüber Verhaltensauffälligkeiten von Kindern. In mehreren Sitzungen werden innerhalb solcher Programme soziale Situationen aus dem Leben von Kindern thematisiert, deren soziale Selbst- und Fremdwahrnehmung und die Regulation von Emotionen trainiert und Handlungsmöglichkeiten z. B. bei Konflikten erörtert und in Rollenspielen ausprobiert. Beispiele für positiv evaluierte soziale Trainings mit Kindern in der Schuleingangsphase sind z. B. »Friedenstifter-Training« (Gasteiger-Klicpera & Klein 2006), »Fit & Stark fürs Leben 1. & 2. Klasse« (Burow, Aßhauer & Hanewinkel 1998), »Lubo aus dem All« (Hillenbrand, Hennemann & Hens 2010) und »Verhaltenstraining für Schulanfänger 1. & 2. Klasse« (Petermann et al. 2006). Innerhalb der Förderstufe 1 soll eines der genannten Trainingsprogramme durchgeführt werden. Im RIM wird »Lubo aus dem All« in allen ersten Klassen eingesetzt.

Zur Förderung von Kindern, die trotz einer guten Klassenführung ein auffälliges Verhalten zeigen, werden die von Hartke & Vrban (2010) erarbeiteten Planungshilfen zur schulischen Prävention verwendet (Förderebene 2). Ähnlich wie Unterrichtsmaterialien der Vorbereitung und Nachbereitung einer Unterrichtseinheit dienen, sollen die bei Hartke & Vrban dargestellten diagnostischen Materialien und erzieherischen Handlungsmöglichkeiten die Vorbereitung, Durchführung und Auswertung von erzieherischen Handlungen unterstützen. Des Weiteren soll insbesondere die Erfassung der Lernausgangslage in fächerübergreifenden, verhaltens- und entwicklungsbezogenen Bereichen und damit die erzieherische Zielfindung sowie die Handlungsplanung und die Einschätzung der Wirksamkeit des eigenen Handelns unterstützt werden. Die Passung zwischen Lernausgangslage und erzieherischen Handlungen soll verbessert und die aktive Lernzeit von »Problemschülern« gesteigert werden.

Effekte des Einsatzes der Planungshilfen wurden in einer umfangreichen empirischen Untersuchung evaluiert. Die Studie zeigt, dass das »Gesamtpaket Planungshilfen I bis VIII« die Lehrkräfte in ihrem Lehrerhandeln besonders bei der Minderung externalisierender Auffälligkeiten unterstützt (Hartke, Diehl & Vrban 2008).Es wird erwartet, dass die bisher ermittelten Effekte bei der Verwendung der Planungshilfen I bis VIII innerhalb des Rügener Inklusionsmodells beständig auftreten und in Verbindung mit einer exzellenten Klassenführung (Förderebene 1) sowie exzellentem Unterricht und Förderunterricht zu einer günstigen schulischen Entwicklung bei emotional-sozial gefährdeten Kindern führen, deren Kompetenzen und Selbstbild sowie Selbstwertgefühl sich innerhalb dieser Rahmenbedingungen vermutlich gut entwickeln werden.

Weist ein Kind trotz der Unterstützung mithilfe der auf den Förderebenen 1 und 2 realisierten Handlungen mittelfristig dennoch deutliche Verhaltensauffälligkeiten auf, wird seine pädagogische Situation durch eine sonderpädagogische Diagnostik genauer beschrieben. Hierauf baut die Förderung auf der Förderebene 3 auf. Während innerhalb der Förderstufe 2 für diagnostische Zwecke ausschließlich der Fragebogen SEVE und damit verbundene Planungsblätter als Hilfe zur Zielfindung und Handlungsplanung verwendet werden, werden innerhalb der Förderebene 3 weitere diagnostische Verfahren eingesetzt (z. B. die Child Behavior Checklist). Mittels gängiger diagnostischer Verfahren gilt es die Verhaltensproblematik des Kindes noch genauer zu beschreiben, theoretisch zu reflektieren und neue Ansatzpunkte für die Förderung zu erlangen. Hierzu wird die Methode der Kooperativen Fallberatung genutzt (Mutzeck 2008; Hartke 2011). Als Monitoring-Verfahren der Förderung bei Verhaltensauffälligkeiten werden auf der Förderstufe 2 und 3 das Münchener Aufmerksamkeitsinventar (MAI) und der Fragebogen SEVE eingesetzt. In die Einzelfallhilfe werden manualisierte und evaluierte Förderkonzepte einbezogen.

4 Ausblick

Die Umsetzung des RTI-Konzeptes befindet sich noch in seiner Erprobungsphase. Es bleibt abzuwarten, wie die Ergebnisse nach zwei Schuljahren ausfallen. Sollte sich das Konzept für die Schüler auf Rügen als erfolgreich erweisen, wäre das Rügener Modell (Rügener Inklusionsmodell – RIM) ein gelungener Schritt in Richtung Inklusion, in dem sich Elemente der Integrationspädagogik, einer entwicklungsorientierten Grundschul- und Förderpädagogik sowie der empirischen Sonderpädagogik konstruktiv miteinander verbinden.

Literatur

Bless, G. (2002): Zur Wirksamkeit der Integration. Forschungsüberblick, praktische Umsetzung einer integrativen Schulform, Untersuchungen zum Lernfortschritt. Bern.
Bless, G. & Mohr, K. (2007): Die Effekte von Sonderunterricht und gemeinsamen Unterrichts auf die Entwicklung von Kindern mit Lernbehinderungen. In: Walter, J. & Wember, F. B. (Hrsg.): Sonderpädagogik des Lernens. Göttingen, 375–382.
Burow, F., Aßhauer, M. & Hanewinkel, R. (1998): Fit und stark fürs Leben. 1. & 2. Schuljahr. Leipzig.
Deno, S. L. (1985): Curriculum-based measurement: The emerging alternative. In: Exceptional Children, 52, 219–232.

Deno, S. L., Fuchs, L. S., Marston, D. B. & Shin, J. (2001): Using curriculum-based measurement to develop growth standard for students with learning disabilities. In: School Psychology Review, 30, 507–524.
Diehl, K. (2009 a): Schriftspracherwerb und Lernfortschrittsdokumentation. Saarbrücken.
Diehl, K. (2009 b): Das Inventar zur Erfassung der Lesekompetenzen von Erstklässlern (IEL-1) – theoretische Grundlagen sowie empirische Befunde zur Validität. In: Die Sprachheilarbeit. Fachzeitschrift für Sprachheilpädagogik und Sprachtherapie, 54, 87–107.
Diehl, K. & Hartke, B. (2007): Curriculumnahe Lernfortschrittsmessungen. In: Sonderpädagogik, 37, 195–211.
Diehl, K., Hartke, B. & Wagner, E. (2009): Curriculum-Based Measurement & Leerlingonderwijsvolgsysteem – Konzepte zur theoriegeleiteten Lernfortschrittsmessung im Anfangsunterricht Deutsch & Mathematik. In: Zeitschrift für Heilpädagogik, 60, 122–130.
Fritz, A., Ricken, G & Gerlach, M. (2007): Kalkulie. Handreichung zur Durchführung einer Diagnose. Berlin.
Fuchs, L. S. & Fuchs, D. (1986): Effects of systematic formative evaluation: A meta-analysis. In: Exceptional Children, 53, 199–208.
Fuchs, L. S., Deno, S. L. & Mirkin, P. K. (1984): The effects of frequent curriculum-based measurement and evaluation on student achievement, pedagogy, and student awareness of learning. In: American Education Research Journal, 21, 449–460.
Gasteiger-Klicpera, B. & Klein, G. (2006): Das Friedenstifter-Training. Grundschulprogramm zur Gewaltprävention. München.
Gerlach, M., Fritz, A., Ricken, G. & Schmidt, S. (2007 a): Kalkulie. Trainingsprogramm Baustein 1. Berlin.
Gerlach, M., Fritz, A., Ricken, G. & Schmidt, S. (2007 b): Kalkulie. Trainingsprogramm Baustein 2. Berlin.
Gerlach, M., Fritz, A., Ricken, G. & Schmidt, S. (2007 c): Kalkulie. Trainingsprogramm Baustein 3. Berlin.
Hartke, B. (2011): Fortbildungseinheit: Training in Kooperativer Beratung und Kooperativer Fallberatung. In: Mahlau, K., Diehl, K., Voss, S. & Hartke, B. (Hrsg.): Lernen nachhaltig fördern Klasse 1. Fortbildungseinheiten zur Gestaltung einer präventiven und integrativen Grundschule – Stand 15.03.2011. Rostock, 427–438.
Hartke, B. & Vrban, R. (2010): Schwierige Schüler – Was kann ich tun? 49 Handlungsmöglichkeiten im Umgang mit Verhaltensauffälligkeiten. Persen.
Hartke, B., Diehl, K. & Vrban, R. (2008): Planungshilfen zur schulischen Prävention. Früherkennung und Intervention bei Lern- und Verhaltensproblemen. In: Borchert, J., Hartke, B. & Jogschies, P. (Hrsg.): Frühe Förderung entwicklungsauffälliger Kinder und Jugendlicher. Stuttgart, 218–234.
Hartmann, E. (2008): Konzeption und Diagnostik von schriftsprachlichen Lernstörungen im Responsiveness-to-Intervention-Modell: eine kritische Würdigung. In: VHN 77, 123–137.
Hennemann, T. & Hillenbrand, C. (2010): Klassenführung – Classroom management. In: Hartke, B., Koch, K. & Diehl, K. (Hrsg.): Förderung in der schulischen Eingangsstufe. Stuttgart, 249–276.
Hillenbrand, C., Hennemann, T. & Hens, S. (2010): Lubo aus dem All! Programm zur Förderung emotional-sozialer Kompetenzen in der Schuleingangsphase. München.
Hinz, A. (2007): Grenzen von Integration und Inklusion – woran scheitern integrative Prozesse? In: zweiwochendienst-Magazin, 11, 22–23.
Klauer, K. J. (2006). Erfassung des Lernfortschritts durch curriculumbasierte Messung. Heilpädagogische Forschung, 32, 16–26.
Knopp, E. & Hartke, B. (2010): Das Inventar Rechenfische – Anwendung, Reliabilität und Validität eines Verfahrens zur Erfassung des Leistungsstandes von Erstklässlern in Mathematik. In: Empirische Sonderpädagogik, 2, 5–25.
Krajewski, K., Nieding, G. & Schneider, W. (2007): Mengen, zählen, Zahlen: Die Welt der Mathematik verstehen. Berlin.
Landesinstitut für Lehrerbildung und Schulentwicklung (L/Q) (2011): Kompetenz-Erfassung in Kita und Schule. http://li-hamburg.de/keks/

Mutzeck, W. (2008): Kooperative Beratung. Grundlagen, Methoden, Training, Effektivität. 6. Aufl., Weinheim, Basel.
Petermann, F., Gerken, N., Natzke, H. & Walter, H. J. (2002). Verhaltenstraining für Schulanfänger. Ein Programm zur Primärprävention von aggressivem und unaufmerksamem Verhalten bei Kindern in den ersten beiden Grundschulklassen. Paderborn.
Stecker, P. M. & Fuchs, L. S. (2000): Effecting superior achievement using curriculum-based measurement: The importance of individual progress monitoring. In: Learning Disability Research and Practice, 15, 128–134.
Strathmann, A. & Klauer, K. J. (2010): Lernverlaufsdiagnostik: Ein Ansatz zur längerfristigen Lernfortschrittsmessung. In: Zeitschrift für Entwicklungspsychologie und Pädagogische Psychologie, 42, 111–122.
Strathmann, A., Klauer, K. J. & Greisbach, M. (2010): Lernverlaufsdiagnostik. Dargestellt am Beispiel der Rechtschreibkompetenz in der Grundschule. In: Empirische Sonderpädagogik, 2, 64–77.
Wagner, E. & Hartke, B. (2006): Rechenfische. Versuchsversion. Rostock.
Walter, J. (2008 a): Adaptiver Unterricht erneut betrachtet: Über die Notwendigkeit systematischer formativer Evaluation von Lehr- und Lernprozessen und die daraus resultierende Diagnostik und Neudefinition von Lernstörungen nach dem RTI-Paradigma. In: Zeitschrift für Heilpädagogik, 59, 202–215.
Walter, J. (2008 b): Curriculumbasiertes Messen (CBM) als lernprozessbegleitende Diagnostik: Erste deutschsprachige Ergebnisse zur Validität, Reliabilität und Veränderungssensibilität eines robusten Indikators zur Lernfortschrittsmessung beim Lesen. In: Heilpädagogische Forschung, 34, 62–79.
Wittmann, E. C. & Müller, G. N. (2004): Das Zahlenbuch 1. Leipzig.

Die Herausforderungen sind mannigfach

Zu den Rand- und Rahmenbedingungen einer erschwerten Pädagogik

Walter Schledde & Jörg Schlee

Die Anzeichen, dass die Zahl der Jugendlichen zunimmt, die in Schulen und anderen Bildungseinrichtungen ihren Lehrkräften und Ausbildern das berufliche Leben erschweren, sind nicht mehr zu übersehen. Unaufmerksamkeit, Widerworte, Häme, heftige Aggressionen oder auch Teilnahmslosigkeit und Absentismus sind schon lange nicht mehr auf bestimmte Schularten begrenzt, sondern lassen sich inzwischen auch an solchen Schulen finden, in denen die Lehrkräfte früher kaum mit Störungen zu kämpfen hatten. Die Arbeit mit diesen Jugendlichen beinhaltet eine Reihe von unterschiedlichen Herausforderungen, auf die wir im Folgenden näher eingehen möchten.

1   Lehrer und Erzieher erfahren Hilflosigkeit

Zunächst einmal fordern diese Jugendlichen ihre Lehrer und Erzieher dadurch heraus, dass sie auf traditionelle Kommunikationsformen nicht in der Weise reagieren, wie diese es von ihnen erwarten. Sie scheinen sich wenig um geläufige Regeln und Umgangsformen zu scheren. In vielen Situationen erweisen sie sich als nicht einmal ansprechbar und bringen dadurch ihre Lehrkräfte und Erzieher an den Rand der Rat- und Hilflosigkeit. Diese Jugendlichen halten sich gewissermaßen nicht an die üblichen Geschäftsgrundlagen und entziehen somit allen gut gemeinten Vorschlägen und Maßnahmen das Fundament. Ihre Lehrer und Erzieher kommen dadurch an die Grenzen ihrer Wirksamkeit. Sie fühlen sich missachtet und vorgeführt. Nicht selten münden Auseinandersetzungen in einen Machtkampf, bei dem beide Seiten befürchten müssen, ihr Gesicht zu verlieren.

Wenn derartige Konfrontationen vereinzelt und vorübergehend bleiben, lassen sie sich von den Kontrahenten psychisch meist so verarbeiten, dass sie keine bleibenden Beeinträchtigungen nach sich ziehen. Wenn sie sich jedoch häufen, dann können sich sowohl bei den Jugendlichen als auch bei ihren Lehrern und Erziehern ungünstige Erwartungshaltungen und Überzeugungen entwickeln. Die Jugendlichen fühlen sich dann meist darin bestätigt, Lehrkräfte als Gegner zu begreifen. Für Lehrer und Erzieher ergibt sich das Risiko, entweder in die Resignation oder in den Zynismus abzurutschen, fast immer jedoch in die Erschöpfung. Das gilt umso mehr, je weniger in einem Kollegium Offenheit und Vertrauen anzutreffen sind. Denn wenn Lehrkräfte befürchten müssen, sich bei Kollegen und/oder bei der Schulleitung wegen ihrer Schwierigkeiten eine Blöße zu geben, kann das dazu führen, dass sie sich persönlich als Versager empfinden und beginnen, an ihren pädagogischen Kompetenzen zu zweifeln. In diesem Fall werden bei ihnen Fragen nach der Sinnhaftigkeit und der Berechtigung der beruflichen Existenz herausgefordert.

In vielen Fällen ergeben sich die Schwierigkeiten mit den »herausfordernden« Jugendlichen auch deshalb, weil sich ihre Positionen schwer oder gar nicht erkennen lassen. So geben die Jugendlichen zwar drastisch zu erkennen, dass sie fast alle Ideen, Vorschläge, Regeln und Prinzipien ihrer Lehrkräfte *ablehnen*. Hingegen bleibt zumeist diffus, *wofür sie ihrerseits eintreten* und an welchen Maßstäben sie sich orientieren wollen. In nicht wenigen Fällen ergibt sich der Eindruck, dass diese Jugendlichen nicht einmal einen Zugang zu sich selbst gefunden haben. Es scheint ihnen schwerzufallen, ihre inneren Beweggründe zu erkennen oder gar zu formulieren. Dies wiederum erschwert es, die Auseinandersetzungen mit ihnen sachlich-argumentativ zu führen, wodurch sich das Risiko erhöht, dass die Konfrontationen mit ihnen – gewollt oder ungewollt – immer häufiger durch gegenseitige Vorwürfe, Kränkungen und Verletzungen belastet werden.

2 Was ist zu tun?

Wenn man sich nun vor diesem Hintergrund fragt, was angesichts der oft verfahrenen Situationen unternommen werden könnte/sollte, dann muss man sich zunächst einmal klar machen, dass durch ein Verbot oder gar durch eine Unterdrückung des »herausfordernden« Verhaltens die Problematik nicht gelöst werden kann. Zwar ließen sich vermutlich durch starken Druck und Restriktionen bei den Jugendlichen angepasste Verhaltensweisen erreichen, doch entstünden diese wahrscheinlich nur abgepresst und vordergründig. Sie würden nicht freiwillig ausgeführt werden und nicht auf entsprechenden Haltungen und Überzeugungen basieren können. Man kann also kaum erwarten, dass die Jugendlichen allein schon deshalb auf Dauer erwünschte Verhaltensweisen zeigen, weil man bei ihnen konsequent auf die Unterlassung von unerwünschtem Verhalten bestanden hat. Das Einschränken und Verbieten kann nur dann – wenn überhaupt – einen pädagogischen Sinn machen, wenn die Jugendlichen zugleich massiv günstige Möglichkeiten erhalten, die erwünschten Verhaltensweisen und die sie fundierenden Haltungen eigenständig und einsichtsvoll zu erlernen.

Uns ist klar, dass eine derartige These am Schreibtisch sehr viel leichter gefolgert als im pädagogischen Alltag ausgeführt und umgesetzt werden kann. Diesen Umstand halten wir für eine weitere, nun nicht mehr persönliche, sondern generelle Herausforderung. Denn wenn »herausfordernde« Jugendliche durch Lernprozesse neue Verhaltensweisen erwerben und durch geeignete Haltungen und Überzeugungen unterfüttern können sollen, dann geht es nicht um ein *Neu-*, sondern um ein *Umlernen*. Denn sie haben ihre bisherigen Verhaltens- und Sichtweisen ja nicht durch genetische Informationen erworben. Vielmehr können diese zu einem erheblichen Anteil auch als das Resultat – unterlassenen – pädagogischen Handelns verstanden werden. Das Ver- und Umlernen von bereits erworbenen Verhaltensmustern und Sichtweisen ist sowohl für die Lernenden als auch für ihre Lehrkräfte eine ausgesprochen schwierige und anspruchsvolle Aufgabe und entspricht daher einer pädagogischen Herausforderung.

Um diese anzunehmen, muss zunächst einmal das Ziel der pädagogischen Arbeit geklärt werden, um allen Beteiligten eine Orientierungssicherheit zu geben. Erst danach lässt sich die Frage nach den geeigneten pädagogischen Vorgehensweisen in Angriff nehmen. Wir werden aus Platzgründen eine ausführliche Zielklärungsdebatte vermeiden. Stattdessen möchten wir für die pädagogische Arbeit mit den sogenannten herausfordernden Jugendlichen eine Zuleide vorschlagen, die wir einerseits den Ausführungen von Ruth Cohn (1975) zur Themenzentrierten Interaktion und andererseits der Psychologie des reflexiven Subjekts von Norbert Groeben et al. (1988) entnommen haben. Im Sinne von Ruth Cohn kommt es darauf an, die Jugendlichen zur Entwicklung von Chair(wo)manship anzuregen. Damit ist gemeint, dass die Jugendlichen befähigt und gewillt werden sollen, für sich selbst, ihr Wohlergehen sowie für ihr Denken und Handeln die Verantwortung zu übernehmen. Dabei sollen sie zugleich in der Lage und gewillt sein, die Interessen sowie das Wohl und Wehe ihrer Mitmenschen angemessen zu berücksichtigen. Außerdem sollten sie in der Lage und gewillt sein, den Anforderungen der jeweiligen Aufgaben und Anliegen gerecht zu werden. Und nicht zuletzt sollten sie in der Lage und gewillt sein, die raum-zeitlichen Rand- und Rahmenbedingungen ihres Denkens und Handelns angemessen zu berücksichtigen oder verantwortbar zu verändern.

3 Was »herausfordernde« Jugendliche brauchen

Aus den Menschenbildannahmen der Psychologie des reflexiven Subjekts (Groeben et al. 1988) einerseits und der Themenzentrierten Interaktion (Cohn 1975) andererseits lässt sich ableiten, dass die pädagogische Arbeit mit den »herausfordernden« Jugendlichen so zu gestalten ist, dass sie in ihrem Rationalitäts-, Kommunikations-, Reflexivitäts- und Autonomiepotenzial unterstützt und gestärkt werden. Sie sollen dadurch befähigt werden, immer häufiger und in immer größerem Ausmaß rational, kommunikativ, reflexiv und autonom handeln zu können. Soweit wir es überblicken, sind diese Zielvorstellungen mit dem Auftrag der Schule, wie er in den Schulgesetzen der verschiedenen Bundesländer beschrieben wird, sehr gut in Einklang zu bringen. In diese Zielvorstellung ist eingeschlossen – ohne dies hier im Einzelnen näher ausführen zu können –, dass die Jugendlichen auch in die Lage und Bereitschaft versetzt werden sollen, sich in ihrem

Handeln an dem sogenannten Selbstanwendungsprinzip zu orientieren. Sie bekommen dadurch eine Richtschnur für ein verantwortliches Handeln.

Sucht man nun nach geeigneten Methoden und Maßnahmen, mit deren Hilfe sich das Umlernen der »herausfordernden« Jugendlichen im Sinne der eben skizzierten Zielvorstellung anregen und unterstützen lässt, dann muss man ganz nüchtern feststellen, dass es für diese pädagogisch anspruchsvolle Arbeit keine spezifischen Vorgehensweisen gibt. Nicht einmal solche Lehrkräfte, die ein Studium der »Verhaltensgestörtenpädagogik« bzw. der »Pädagogik bei Beeinträchtigungen in der emotionalen und sozialen Entwicklung« erfolgreich absolviert haben, kennen Konzepte, die allein für diese Jugendlichen, nicht aber auch für andere geeignet sind. Es scheint so zu sein, dass es für »herausfordernde« Jugendliche keine speziell konzipierbare Pädagogik gibt. Das liegt unseres Erachtens daran, dass für die eben erläuterte Zielrichtung die *Einstellungen und Haltungen* der Lehrer und Erzieher zu den Jugendlichen für den pädagogischen Erfolg viel bedeutsamer sind, als die korrekte Durchführung der einen oder anderen Maßnahme.

In Ergänzung zu dieser Vermutung vertreten wir hier die – vielleicht herausfordernde – These, dass »herausfordernde« Jugendliche gar keine besondere oder spezielle Pädagogik brauchen. Denn wenn man für »herausfordernde« Jugendliche günstige (Um-)Lernsituationen gestalten möchte, dann benötigen sie – nur (!) – jene Bedingungen, die alle anderen Menschen – zumindest in unserer Kultur – für ein erfolgreiches und produktives Lernen ebenfalls benötigen, allerdings wegen früherer Defizite in einem ziemlich großen Ausmaß sowohl in Konsequenz als auch in Kontinuität.

»Herausfordernde« Jugendliche (sowie alle anderen Schülerinnen und Schüler auch)

- können besser lernen, wenn sie hierfür den Sinn und die Bedeutung erkennen können.
- brauchen psychische Sicherheit und Vertrauen zu den Lehrkräften sowie zu den Mitschülern.
- wünschen sich Respekt und Wertschätzung gegenüber ihrer Person. Sie möchten gehört und beachtet werden.
- brauchen Transparenz hinsichtlich der Situation, der Abläufe sowie der sie prägenden Absichten. Anders können sie nicht einsichtig werden.
- brauchen Verbindlichkeit und Verlässlichkeit, tragfähige Beziehungen in der Lern- und Arbeitsgruppe.
- wollen nicht nur Anordnungen ausführen müssen, sondern möchten auch Einfluss nehmen und Selbstwirksamkeit erleben können.
- wünschen sich nicht Pille-Palle, sondern Ernsthaftigkeit, die das Miteinander-Lachen und -Freuen einschließt.
- brauchen – last but not least – in all diesen Bedingungen Kontinuität und Beständigkeit (vgl. Schlee 1999).

4 Wie soll das bloß klappen?

Versucht man nun, sich die unter diesen Aspekten als geeignet und stimmig erscheinenden pädagogischen Methoden und zwischenmenschlichen Umgangsweisen konkret vorzustellen (beispielsweise: höfliches Ansprechen, Rücksichtnahme, Einführen von Regeln, Bemühen um Absprachen, nach dem persönlichen Befinden erkundigen, ausreden lassen, in Ruhe etwas erklären, nach Begründungen fragen, Bitten äußern, kritische Nachfragen stellen usw.), dann muss man nüchtern feststellen, dass es vermutlich genau solche sind, die bei den »herausfordernden« Jugendlichen bislang offensichtlich wenig oder gar keinen Erfolg hatten. Denn ihre »Herausforderungen« ergeben sich ja gerade daraus, dass sie auf höfliche Fragen oder Ansprachen, auf Vorschläge und Bitten, auf Hinweise und Aufträge, auf Verabredungen und Ermahnung eben gerade *nicht* so eingehen und reagieren, wie man es von Personen erwarten kann, die sich in gegenseitigem Respekt begegnen. Und damit stehen wir wieder mitten in der eingangs geschilderten ungelösten Problematik. Die Situation erscheint hoffnungslos zu sein.

Wir möchten deshalb durch einige Überlegungen dazu beitragen, die Perspektive der Hoffnungslosigkeit zu überwinden. Und zwar ist es so, dass *alle* Maßnahmen und Handlungen – nicht nur die pädagogischen – immer *nur* unter bestimmten Rand- und Rahmenbedingungen Erfolg haben können. Wenn geeignete Rand- und Rahmenbedingungen als Voraussetzungen fehlen, dann kann für nahezu alle Maßnahmen und Handlungen die Gelingenswahrscheinlichkeit gegen null gehen. Umgekehrt ist es so, dass geeignete Randbedingungen das Gelingen von Maßnahmen und Handlungen zwar nicht garantieren, aber doch sehr viel wahrscheinlicher werden lassen. Da diese Regel auch für pädagogisches Handeln gilt, möchten wir einige Rand- und Rahmenbedingungen darstellen, die für das Gelingen pädagogischen Handelns – auch und gerade bei »herausfordernden« Jugendlichen – von erheblicher Bedeutung sind.

Um es auf den Punkt zu bringen: »Herausfordernde« Jugendliche benötigen keine exquisite Pädagogik, sondern sie brauchen für ein erfolgreiches (Um-)Lernen solche Bedingungen, die für alle anderen Menschen auch gelten. Allerdings nicht in kleinen Portionen, sondern massiv, konsequent und beständig. Dies ist unter den gegenwärtigen Schulbedingungen ein gewaltiger Anspruch. Damit Lehrkräfte ihn einlösen können, brauchen sie ihrerseits unterstützende Rand- und Rahmenbedingungen.

5 Nicht immer alle auf einmal!

In diesem Zusammenhang erweist sich zunächst einmal die Anzahl der Jugendlichen als eine (Rahmen-)Bedingung, die für ihre Ansprechbarkeit eine entscheidende Rolle spielt. Wenn man »herausfordernde« Jugendliche als Einzelperson anspricht, dann reagieren sie mit großer Wahrscheinlichkeit »vernünftiger« als bei einer Ansprache in Gruppen. Als Einzelperson haben sie größere Chancen, sich persönlich gemeint zu fühlen und eine entsprechende Bewusstheit und Verantwortung zu empfinden. Als Gruppenmitglied können sie sich hingegen hinter den anderen verstecken oder glauben gar, vor ihnen keine abweichende Meinung vertreten zu können. Dieses Phänomen gilt im Übrigen für viele andere Menschen auch. Als Einzelperson können sie freundlich und liebenswürdig erscheinen, zu mehreren können sie aus einer Gruppe einen *Haufen* oder eine *Horde* entstehen lassen.

Lehrer und Erzieher ihrerseits haben im Einzelgespräch sehr viel bessere Möglichkeiten, sich auf ihr Gegenüber einzustellen. Unter dieser Bedingung können sie den »herausfordernden« Jugendlichen sehr viel leichter zuhören und damit eine überaus wichtige pädagogische Maßnahme praktizieren, deren Bedeutung und Nutzen in der alltäglichen Praxis oft übersehen wird oder die aus zeitlich-organisatorischen Gründen nicht umgesetzt werden kann. Durch einfühlsames Zuhören können Lehrkräfte lernen, die »herausfordernden« Jugendlichen immer besser zu verstehen. Dabei ist *Verstehen* nicht mit *Billigen* gleichzusetzen. Jedoch können sich durch ein verständnisvolles Zuhören sowohl die Beziehung zum Gegenüber positiv verändern als auch neue Perspektiven für Handlungsmöglichkeiten eröffnen.

Zuhören, insbesondere einfühlsames Zuhören, hat nichts mit Passivität zu tun, sondern erweist sich in sehr vielen Situationen als eine höchst nützliche und wirksame *Intervention*, die in Theorie und Praxis der herkömmlichen Pädagogik viel zu wenig Beachtung findet. In der Auseinandersetzung mit »herausfordernden« Jugendlichen lassen sich durch ein empathisches Zuhören vor allem zwei Dinge erreichen:

Zum einen kann dadurch den Jugendlichen geholfen werden, auch einen Zugang zu sich selbst zu finden. Oben hatten wir unsere Vermutung ausgesprochen, dass sich etliche »herausfordernde« Verhaltensweisen und Haltungen bei ihnen auf ein diffuses Unbehagen zurückführen lassen. Sie spüren sich »irgendwie« unter Druck und unverstanden, können aber dafür oft nicht die angemessenen Worte finden. In vielen Fällen hatten sie weder in ihren Familien, bei ihren Peers noch in der Schule ausreichende Möglichkeiten, sich der psychischen Vorgänge in ihnen bewusst zu werden und entsprechend zu artikulieren. Meist hat sich niemand dafür interessiert. Durch ein verständnisvolles Zuhören können »herausfordernde« Jugendliche jedoch lernen, sich sprachlich auszudrücken und dadurch eine größere Klarheit über ihre wunden Punkte und die damit verbundenen eigenen Wünsche, Annahmen und Sichtweisen zu gewinnen. Sie müssen dann nicht mehr unter unbegriffenen inneren Prämissen handeln, sondern können durch die gewonnene Klarheit bessere Entscheidungen treffen.

Zum anderen verändert sich durch ein Gespräch, in dem das anteilnehmende (nicht: billigende) Zuhören im Vordergrund steht, fast immer die gegenseitige Beziehung der Gesprächspartner in eine positive Richtung. Positive Beziehungen sind aber die unbedingt erforderliche Grundlage für alle weiteren pädagogischen Maßnahmen. Einzelgespräche enthalten also – insbesondere wenn sie häufiger geführt werden – erhebliche Chancen, schwierige pädagogische Situationen zur Zufriedenheit von Jugendlichen und Lehrkräften zu verändern. Albert Fischer (2008) hat das eindrucksvoll mit den empirischen Ergebnissen eines Modellversuchs unter Beweis gestellt. Das wiederum bedeutet nun nicht, dass die pädagogische Arbeit mit herausfordernden Jugendlichen gänzlich auf eine Einzelbetreuung umgestellt werden muss. Das wäre ein völliges Missverständnis. Es bedeutet nur, dass Lehrkräfte die Möglichkeit haben müssen, die Anzahl der zu unterrichtenden Jugendlichen viel häufiger und viel flexibler zu variieren.

6 Person geht vor Stoff

Indem wir die Bedeutung persönlicher Gespräche und Beziehungen für das Gelingen von pädagogischen Maßnahmen betonen, wollen wir damit zugleich hervorheben, dass gerade auch in der Arbeit mit »herausfordernden« Jugendlichen – zumindest zunächst – die Person und nicht die Leistung im Unterrichtsstoff im Zentrum der Aufmerksamkeit stehen muss. Zwar müssen Lehrer und Erzieher unseres Erachtens grundsätzlich beide Zielrichtungen anstreben: Einerseits Personorientierung – andererseits Leistungsorientierung. Doch sind diese beiden Ziele nicht in einem Entweder-oder-Verhältnis, sondern in einem Sowohl-als-auch-Verhältnis zu sehen. Bedauerlicherweise befürchten nämlich manche Pädagogen, sie würden eine Laissez-faire- oder Kuschelpädagogik praktizieren, wenn sie sich um Verständnis und Wertschätzung der Jugendlichen bemühen. Solche Annahmen basieren auf einem Missverständnis. Denn Respekt und Achtung vor der Person, Bemühen um Verstehen und persönlichen Bezug, Sorge um Vertrauen, Herstellen von Transparenz bedeuten nicht, dass man in einer Friede-Freude-Eierkuchenatmosphäre unter viel Eiapopeia mit allem einverstanden ist. Ganz im Gegenteil: Ein personenschätzendes Vorgehen ist die allerbeste Grundlage für anspruchsvolle Leistungen und hohe Leistungsanforderungen. Person- und Leistungsorientierung widersprechen sich also nicht, sondern brauchen einander, wobei sich die Personorientierung als Fundament und Ausgangspunkt verstehen sollte und deshalb zunächst die Priorität haben muss.

Grundsätzlich hören wir zu dieser Feststellung nur selten Widerspruch. Die meisten Lehrer und Erzieher werden ihr vermutlich zustimmen. Nicht zuletzt aus eigenen Erfahrungen heraus. Wenn das so ist, dann lässt sich für das Gelingen der Einzelgespräche und Klein(st)gruppenarbeit sowie für die Kommunikation im Klassenverband eine weitere wichtige Rand- und Rahmenbedingung erkennen: Lehrkräfte brauchen für ihre Arbeit ein *zweifaches Expertentum*. Wenn sie ihren Schüler in den Unterrichtsfächern die entsprechenden Kenntnisse und Fertigkeiten vermitteln wollen/sollen, dann brauchen sie ein Sach- und Fachexpertentum. Wenn es aber darum geht, den Schülern eine gute Lern- und Arbeitsatmosphäre zu schaffen, sie in ihrem Selbstkonzept zu stärken, sie Einsicht entwickeln zu lassen, ihnen Unsicherheit und Ängste zu nehmen, sie die Akzeptanz ihrer Person spüren zu lassen, sie zu einem konstruktiven Miteinander und inneren Klärungsprozessen zu befähigen, dann brauchen Lehrkräfte noch weitere Kompetenzen. In diesem Fall müssen sie *Experten für Kommunikations- und Beziehungsgestaltung* sein. Obwohl dieses Expertentum die Grundlage für erfolgreiche Lernprozesse darstellt – insbesondere, wenn es um »schwierige« oder »herausfordernde« Schüler geht –, wird es nicht ausreichend in der Lehrerbildung vermittelt. Im Grunde ist es so, dass es sogar sträflich vernachlässigt wird, nicht nur weil vielen Dozenten und Fachleitern auf diesem Gebiet ebenfalls die erforderlichen Kompetenzen fehlen, sondern vor allem deswegen, weil es keine entsprechenden Lehrveranstaltungen und Prüfungen gibt. Wir halten es für herausfordernd, dass Lehramtsstudenten und Referendare für die Bewältigung ihrer beruflichen Aufgaben nicht ausreichend qualifiziert werden. Sie können zwar über alle Themen und Probleme diskutieren, können jedoch nicht auf systematische Weise solche Kommunikations- und Handlungskompetenzen erwerben, mit deren Hilfe sie ein anregendes und vertrauensvolles Lernklima schaffen, Schüler zur Selbstreflexivität befähigen und/oder schwierige Situationen in vertrauensvolle überführen können.

7 Zeit für entlastende Geduld und fordernde Beharrlichkeit

Eine weitere Rand- und Rahmenbedingung, die für das Gelingen pädagogischer Maßnahmen von Bedeutung ist, stellen die zur Verfügung stehenden *Zeitressourcen* dar. Pädagogische Bemühungen brauchen, wenn sie erfolgreich werden sollen, Kontinuität und Beständigkeit. Insbesondere, wenn es um die Entwicklung von Haltungen und Überzeugungen geht. Diese lassen sich nämlich nur in Lern- und Arbeitssituationen konstruktiv verändern, die einerseits durch Geduld und Beharrlichkeit, andererseits durch Vertrauen und Glaubwürdigkeit gekennzeichnet sind. Beides lässt sich nicht in einem Instant-Verfahren verwirklichen. Das gilt ganz besonders für die pädagogische Arbeit mit herausfordernden Jugendlichen, da diese früher mit Erwachsenen häufig keine guten Erfahrungen gemacht haben. Lehrkräfte müssen also schon allein von den Rahmenbedingungen her die Möglichkeit bekommen, ihren Umgang mit den »herausfordernden« Jugendlichen geduldig und in Kontinuität zu gestalten. Mit einigen wenigen »Förderstunden« ist es nicht getan.

8 Die Jugendlichen unter geeigneten Strukturen in den Austausch bringen

Im Anschluss an das Bemühen um einfühlsame Einzelgespräche können Lehrkräfte beginnen, die Jugendlichen in kleinen Gruppen *auf strukturierte Art und Weise* ebenfalls miteinander ins Gespräch und in den Austausch zu bringen. Dabei geht es darum, dass sie auch unter ihren Peers die Erfahrung machen können, dass ihnen zugehört und auf sie eingegangen wird. Die Strukturierung der jeweiligen Gesprächs- und Zuhörsituationen ergibt sich aus dem Einsatz geeigneter Materialien (z. B. Ansichtskarten oder andere Visualisierungen, Gesprächsregeln, vorgegebene Satzanfänge, Interaktionsübungen) sowie durch die Vergabe von klaren Aufgaben. Die hierfür erforderlichen Kenntnisse und Fertigkeiten können bei vielen Lehrern und Erziehern leider nicht erwartet werden, da sie in starkem Maße von der Randbedingung Lehrer(fort)bildung abhängig sind. Wie oben bereits erwähnt, ist es nämlich so, dass Lehramtsstudenten und Referendare in ihrer Lehrerausbildung nicht das erforderliche Rüstzeug für ein Expertentum zur Kommunikations- und Beziehungsgestaltung erwerben können. Zwar können nahezu alle von ihnen in ihren Prüfungen die theoretischen Grundlagen der zwischenmenschlichen Kommunikation korrekt aufsagen. Leider befähigt deren Kenntnis noch nicht zu einem entsprechenden Handeln. Erst recht nicht unter erschwerten Bedingungen, wie es in der Arbeit mit »herausfordernden« Jugendlichen der Fall ist. Um vom Kennen zum Können kommen zu können, bedarf es weiterer und vor allem anderer Elemente in der Lehrerbildung. Aber einmal angenommen, es gelänge den Lehrkräften immer häufiger, in strukturierten Situationen oder Aufgabenstellungen »herausfordernde« Jugendliche in den gegenseitigen Austausch zu bringen, dann könnten diese lernen, im Sinne der Themenzentrierten Interaktion von Ruth Cohn für sich selbst und für die Gruppenmitglieder Zuständigkeit und Verantwortung zu übernehmen. Außerdem ist – wie unsere Erfahrungen zeigen – zu erwarten, dass sich ihr oft rüder und hämischer Umgangston auf Dauer zugunsten einer respektvollen Gesprächsführung reduziert.

Wir möchte nochmals betonen, dass das Bemühen der Lehrkräfte um eine wertschätzende Beziehung zu den Jugendlichen nicht gleichbedeutend damit ist, dass sie diese immer gewähren lassen und ihre »herausfordernden« Verhaltensweisen mehr oder weniger tolerieren. Gruppen und Klassen brauchen Regeln und Prinzipien, die für Orientierung und Halt sorgen. Das gilt für die Arbeit mit »herausfordernden« Jugendlichen ganz besonders. Allerdings müssen diese Regeln und Prinzipien für alle gelten, somit auch und gerade für die Lehrkräfte. Diese können vor den Jugendlichen nur dann als glaubwürdig und nicht als willkürlich erscheinen, wenn auch sie sich an die geltenden Regeln und damit an das Selbstanwendungsprinzip halten. Je konsequenter sie sich selbst an diesem Prinzip ausrichten, desto überzeugender können sie dies auch von den Jugendlichen einfordern. Im Übrigen halten wir es für günstig, bei den geforderten Prinzipien und Regeln nicht nur Einschränkungen und Verbote zu formulieren, sondern stattdessen stärker auf die Einhaltung *erwünschter* Verhaltensweisen zu achten. Die

Gesprächsregeln der Themenzentrierten Interaktion von Ruth Cohn sind hierfür ein sehr gutes Beispiel, weshalb wir sie allen Lehrkräften und Jugendlichen sehr zur Beherzigung empfehlen möchten.

9 Lehrkräfte brauchen Supervision

Nun sind wir nicht so blauäugig und naiv, einfach anzunehmen, dass sich die von uns vorgeschlagenen Vorgehensweisen bei »herausfordernden« Jugendlichen ganz leicht umsetzen lassen. Selbst wenn die Lehrkräfte ein zusätzliches und intensives Training für die Kommunikations- und Beziehungsgestaltung erfahren haben, wird es immer wieder Schwierigkeiten, unvorhergesehene Überraschungen und Störungen, aggressive Kontroversen, Ratlosigkeit geben. In diesen Fällen dürfen die Lehrkräfte nicht die Nerven verlieren und in alte Verhaltensweisen, etwa Drohungen, Spott oder Missachtung, zurückfallen. Das ist ein sehr hoher Anspruch, insbesondere wenn sie sich auf der Beziehungsebene angegriffen fühlen. Damit sie diesen Anspruch – mit der Zeit immer besser – erfüllen können, muss ihnen als *Unterstützung* regelmäßige Supervision angeboten werden. In etlichen anderen Berufssparten, in denen der Umgang mit Menschen im Vordergrund steht, ist es inzwischen eine Selbstverständlichkeit geworden, die Kompetenzen und die Professionalität der Mitarbeiter durch Supervision zu stützen oder gar zu verbessern. Allen Fachleuten ist schon seit längerer Zeit klar, dass auch Lehrkräfte diese Form des Beistandes brauchen. Diese Einsicht ist inzwischen auch in die entsprechenden Behörden vorgedrungen, die sich allerdings wegen der zu erwartenden Kosten scheuen, konkrete Konsequenzen aus dieser Einsicht zu ziehen. Jedoch gibt es auch wirkungsvolle und bewährte kollegiale Supervisionsverfahren (Mutzeck 1996; Schlee 2004), für deren Implementierung die Kosten vergleichsweise sehr gering sind. In welcher Form auch immer, als weitere Rand- und Rahmenbedingung ist für alle Lehrkräfte, insbesondere aber für solche, die mit »herausfordernden« Jugendlichen arbeiten, regelmäßige Supervision anzubieten.

10 Dort lernen, wo es überzeugende Anforderungen gibt

Eine ganz entscheidende Randbedingung stellen die Lernorte mit ihren jeweiligen Gegebenheiten dar. Lehrer und Erzieher müssen daher die Möglichkeit erhalten, ihre Arbeit mit den »herausfordernden« Jugendlichen auch außerhalb der Schule an ganz andersgearteten, teilweise auch recht ungewöhnlichen Orten durchzuführen. Denn in einem regulären Schulgebäude sind die Aufgaben und Erwartungshaltungen von Lehrkräften und Jugendlichen von vornherein schon so verteilt, dass ihre unterschiedlichen Positionen betont werden. Unter diesen Bedingungen liegt es nahe, dass sich Lehrkräfte und Jugendliche als Opponenten empfinden und damit von Anfang an für die gemeinsame Arbeit eine ungünstige Startbedingung haben: Schüler sehen die Lehrkräfte oft als ihre Gegner. Diese wiederum denken nicht selten, sie müssten jene »bezwingen«. Ganz anders kann es jedoch aussehen, wenn Jugendliche gemeinsam mit ihren Lehrkräften außerschulische »herausfordernde« Situationen bewältigen müssen. Dann kommen die Aufgabenstellungen nicht mehr von den Lehrern, sondern sie ergeben sich aus der Logik von Abläufen und Situationen oder aus der Logik von Materialien. Nun können Aufgaben und Anforderungen von den Jugendlichen nicht mehr als Zumutungen ihrer Lehrer empfunden werden. Vielmehr werden sie durch eine Sach- oder Problemlage gefordert. Unter diesen Bedingungen lassen sich die Lehrer und Erzieher eher als Begleiter, Helfer oder sogar als »Peer« erleben. An außerschulischen Lernorten oder bei ungewöhnlichen Aufgaben können Lehrkräfte gewissermaßen die Autorität an sachliche Notwendigkeiten abgeben, wodurch sie dann einen ganz anderen Zugang zu den Jugendlichen (und diese zu ihnen) gewinnen können. Nicht zuletzt können Lehrkräfte an außerschulischen Lernorten viel stärker dem Grundsatz »Non scholae, sed vitae discimus« gerecht werden, der auch den Jugendlichen – zwar nicht lateinisch – überzeugender zu vermitteln ist.

Derartige außerschulische Vorhaben können einen ganz unterschiedlichen Charakter haben. Sie können von einem Zeltlager mit Selbstverpflegung über die selbstorganisierte Fahrt mit einem Flussschiff oder Kurzpraktika in Betrieben und sozialen Einrichtungen bis hin zur Aufführung eines Musicals reichen. Es wäre auch denkbar, ein Projekt auf einem Autoschrottplatz durchzuführen. Edith Aschenbrenner hat Jugendliche einen Bauwagen reparieren und anschließend verkaufen lassen. Außerdem haben auf ihre Anregung hin Jugendliche einen Film über sich selbst gedreht. Man könnte es auch mit dem Verkauf von selbst angebautem Gemüse, mit der Organisation einer Modenschau für Gleichaltrige oder mit einer Passantenbefragung versuchen. Der Fantasie sollten keine Grenzen gesetzt werden. Wer den Jugendlichen zuhören kann, dem wird es nicht an Ideen mangeln.

In diesem Zusammenhang müssen Lehrer und Erzieher von »herausfordernden« Jugendlichen die Möglichkeit zu einem *regelmäßigen fachlichen Austausch* erhalten. Schon in den 60er-Jahren des vorigen Jahrhunderts hat Peter Fürstenau (1969) in einem damals viel beachteten, heute noch aktuellen Beitrag für Lehrer gefordert, dass sie einen systematischen Ort zum kollegialen Austausch brauchen, wenn sie ihre Professionalität erhalten können sollen. Damit ist noch etwas anderes als Supervision gemeint, in der es hauptsächlich um individuell-persönliche Fragen geht. Bei dem Fachaustausch geht es um die Bearbeitung allgemein interessierender Themen, einschließlich qualifizierender Workshops.

11 Nicht der letzte Idiot sein müssen

In jüngster Zeit hat die Konferenz der Kultusminister (KMK) wieder einmal einstimmig beschlossen, dass das Abitur höher zu bewerten sei als die meisten Berufsabschlüsse. Insgesamt soll die Bewertung der unterschiedlichen Abschlüsse bzw. Ausbildungsgänge auf einer achtstufigen Skala vorgenommen werden, wobei die Anzahl der Lehrjahre ein wichtiges Kriterium darstellt. Die von der Kultusministerkonferenz vorgenommene Einteilung mag ihre Berechtigung haben. Bedauerlich finden wir es jedoch, dass häufig das Ansehen der Lehrkräfte von solch einer Bewertungseinteilung abhängig gemacht wird. Das bedeutet nämlich konkret, dass Lehrkräfte von »herausfordernden« Jugendlichen in vielen Fällen nicht in *dem* Ausmaß die Wertschätzung ihrer Arbeit erfahren wie solche Kollegen, die Abiturienten oder Fachhochschüler unterrichten. Da viele der von ihnen betreuten Jugendlichen später – wenn überhaupt – berufliche Tätigkeiten ausführen werden, die auf der Bewertungsskala der KMK weit am unteren Ende liegen, wird häufig implizit gefolgert, die pädagogische Arbeit und der Unterricht mit ihnen sei ebenfalls nicht als anspruchsvoll einzustufen. Dabei müssen Lehrkräfte von »herausfordernden« Jugendlichen mit ihrer ganzen Person hinter ihrer Aufgabe stehen. Sie werden existenziell viel stärker gefordert als manch andere Lehrer. Keinesfalls möchten wir nun Lehrkräfte mit unterschiedlichen Aufgaben in eine Bewertungskonkurrenz bringen. Unser Anliegen ist es jedoch, darauf hinzuweisen, dass auch Lehrkräfte von »herausfordernden« Jugendlichen ihrerseits den Respekt und die Wertschätzung von Kollegen und Schulleitung, aber auch von der Schulaufsicht und der Öffentlichkeit als eine wichtige Rahmenbedingung ihrer Tätigkeit benötigen. Es darf nicht sein, dass man sie und ihren beruflichen Einsatz in die pädagogische Schmuddelecke abschiebt. Im Gegenteil, sie brauchen neben den aufgeführten günstigen materiellen Randbedingungen auch eine ideelle Unterstützung. Und zwar dadurch, dass ihr hohes berufliches und persönliches Engagement für die Jugendlichen angemessen wahrgenommen und gewürdigt wird.

12 Zuletzt: Eine bedenkliche Bilanz

Wir haben versucht, einige Gesichtspunkte darzustellen, die zum Gelingen der pädagogischen Arbeit mit »herausfordernden« Jugendlichen beitragen (können). Dabei unterscheiden wir Aspekte, die in der unmittelbaren Interaktion mit den Jugendlichen von Bedeutung sind, von solchen, die wir als Rand- und Rahmenbedingungen pädagogischer Arbeit begreifen und die ebenfalls für ein Gelingen pädagogischer Bemühungen ausschlaggebend sind. Wenn nun Leser feststellen sollten, dass wir weder beim einen noch beim anderen interessante Neuigkeiten, sondern vielmehr längst Bekanntes beschrieben haben, dann liegen sie mit dieser

Einschätzung genau richtig. Allerdings wird damit auf eine weitere *Herausforderung* verwiesen. Denn unseres Erachtens werden Lehrern und Erziehern von »herausfordernden« Jugendlichen die dringend erforderlichen Rand- und Rahmenbedingungen weitgehend vorenthalten. Wir bilanzieren:

- Lehrer brauchen ein zweifaches Expertentum. Was ihre Sach- und Fachkompetenzen betrifft, so werden sie gut ausgebildet. Bei dem Expertentum für Kommunikations- und Beziehungsgestaltung, das für die Arbeit an Einstellungen und Haltungen von zentraler Bedeutung ist, gibt es für sie jedoch keine systematischen Qualifizierungsmöglichkeiten. Es taucht in Ausbildungs- und Prüfungsordnungen nicht oder nur sehr eingeschränkt auf.
- Pädagogische Arbeit braucht – insbesondere bei »herausfordernden« Jugendlichen – Zeit und Geduld. Nur dann können sich konstruktive Beziehungen aufbauen. Der Stoffdruck einerseits und die Organisationsstrukturen von Schulen andererseits billigen Lehrkräften die notwendige Zeit nicht zu und erschweren dadurch eine kontinuierliche, vertrauensbildende Arbeit.
- Lehren und Lernen ereignen sich nicht im luftleeren Raum, sondern in einem konkreten Schulgebäude. Es ist wahr, dass »herausfordernde« Jugendliche oft sorglos mit Material und Mobiliar umgehen. In Einzelfällen zeigen sie sogar Vandalismus. Es ist aber auch wahr, dass Lehrkräfte und Jugendliche oft in Räumen arbeiten und lernen müssen, die lieblos gestaltet sind, manchmal bereits verwahrlost erscheinen.
- Es macht einen erheblichen Unterschied, ob Lehrkräfte mit ihren Schülern einzeln, in kleinen Gruppen oder im großen Klassenverband arbeiten müssen. Nicht alle Sozialformen sind für unterschiedliche Ziele gleich geeignet. Bislang können Lehrkräfte nicht in dem Ausmaß flexibel die Schülerzahl bzw. die Sozialform variieren, wie es die pädagogischen Ziele erfordern würden. Insbesondere können unter den gegenwärtigen Bedingungen die dringend erforderlichen Einzelgespräche nicht durchgeführt werden.
- Viele Lehrkräfte spüren den Stoffdruck in ihrem Nacken. Nur daran werden sie gemessen. Wenn es ihnen gelingt, »herausfordernde« Jugendliche emotional und sozial zu stärken, ist das kein Anlass für besondere Anerkennung. Wertschätzende Umgangsformen werden nicht selten als Kuschelpädagogik diffamiert.
- Die Arbeit mit »herausfordernden« Jugendlichen ist überaus anstrengend und fordert die ganze Person. Auf Dauer kann man das nur mit psychischer Unterstutzung durchhalten. Die erforderliche Supervision mussen sich Lehrer selbst besorgen, weshalb sie in aller Regel unterbleibt.
- Um das pädagogische Expertentum der Lehrkräfte aufrechtzuerhalten, brauchen diese den regelmäßigen fachlichen Austausch unter Kollegen. Dafür gibt es bislang keinen systematischen Ort.
- »Herausfordernde« Jugendliche brauchen andere Lernorte und andere Lernaufgaben. Projekte, Exkursionen und viel anderes Erforderliches scheitern meist an bürokratischen Vorschriften und materiellen Ressourcen.
- Lehrer und Erzieher von »herausfordernden« Jugendlichen brauchen die Würdigung ihrer Arbeit und eine Anerkennung ihrer Person. Stattdessen erfahren sie eher Mitleid, abfällige Bemerkungen oder Desinteresse. Sie bekommen oft den

Eindruck, mit solchen Schülern arbeiten zu müssen, mit denen andere Lehrkräfte nicht mehr arbeiten können oder wollen.

Mit anderen Worten: Wir kommen zu dem Ergebnis, dass Lehrkräften für eine wirksame Arbeit mit »herausfordernden« Jugendlichen *die geeigneten Rahmenbedingungen in hohem Maße fehlen*. Daher münden ihre beruflichen Bemühungen nicht selten in einer Sisyphostätigkeit. Es ergeben sich dadurch nicht nur kurzfristig viele Vergeblichkeiten, es sind auch längerfristig unangenehme Konsequenzen mit kaum kalkulierbaren Folgekosten zu erwarten. Dabei denken wir nicht nur an solche Jugendlichen, die wir hier als »herausfordernd« bezeichnet haben, sondern generell an alle Schülerinnen und Schüler. Denn die von uns beschriebenen Gelingensbedingungen pädagogischen Handelns gelten unseres Erachtens für alle Schülerinnen und Schüler. Zumal – wie eingangs angemerkt – die Zahl der »schwierigen«, »verhaltensgestörten«, »herausfordernden« Schülerinnen und Schüler unbestreitbar zunimmt. Daher können und sollten sie auch unter dem Aspekt der Prävention beachtet und umgesetzt werden. Dies wird nach unseren Beobachtungen jedoch nicht im erforderlichen Ausmaß realisiert.

Es kommt aber noch viel schlimmer: Statt in der Schulentwicklungsforschung über pädagogische Zusammenhänge und Notwendigkeiten nachzudenken, werden Lehrkräften und Schulleitern Maßnahmen vorgeschlagen, deren Nutzen und Wirksamkeit bislang nicht empirisch überzeugend nachgewiesen werden konnte. Durch die Setzung von Standards, »smarte« Zielformulierungen, eine permanente Qualitätsentwicklung, die Fortschreibung von Schulprogrammen und eine gegenseitige Konkurrenz soll in den Schulen die Arbeit für Lehrkräfte und Schüler angeblich erfolgreicher werden. Derartige Vorstellungen wurden aus der Wirtschaft kritiklos auf schulische Bedingungen übertragen. Ihre Logik entspricht aber nicht der Psycho-Logik von Personen und deren Interaktionen. Daher lenken sie von der Beschäftigung mit dem Menschen und seinen Lernbedingungen, dem eigentlichen Gegenstand der schulischen Arbeit, ab. Sie verhindern somit die Bearbeitung von zentralen Fragen: Unter welchen (Menschenbild-)Annahmen einerseits und unter welchen (Rahmen-)Bedingungen andererseits können Menschen gut arbeiten und lernen, konstruktiv miteinander kommunizieren und kooperieren sowie Haltungen und Einstellungen erwerben, die nicht nur das eigene Interesse in den Vordergrund stellen, sondern in Fürsorge und Solidarität auch das Wohlergehen der anderen und ihrer Umwelt mit bedenken.

In der Literatur und in Vorträgen wird unter Berufung auf den ehemaligen amerikanischen Präsidenten Eisenhower Schulleitern und Lehrkräften immer wieder nahegelegt, erstens das Wichtige vom Dringlichen unterscheiden zu können, um dann zweitens das Wichtige nicht dem Dringlichen zu opfern. Genau das Letztere geschieht unseres Erachtens, nach Eindruck vieler Kolleginnen und Kollegen mit Billigung von »oben« in vielen Schulen. Den Menschen sowie seine Lern- und Entwicklungsmöglichkeiten wieder in den Mittelpunkt zu stellen, halten wir daher für sowohl wichtig als auch dringlich. Dies in der gegenwärtigen pädagogischen Landschaft und offiziellen Schulpolitik zu erreichen, darin sehen wir die eigentlichen Herausforderungen.

Literatur

Cohn, R. C. (1975): Von der Psychoanalyse zur themenzentrierten Interaktion. Stuttgart.

Fischer, A. (2008): Coaching in berufsbildenden Schulen. Bericht zu einem Modellversuch: Implementierung eines Coaching-Systems zur Verbesserung von Klassenklima, Schülerleistung und Lehrerzufriedenheit. Berlin.

Fürstenau, P. (1969): Neuere Entwicklung der Bürokratieforschung und das Schulwesen. Ein organisationssoziologischer Beitrag. In: C.-L. Furck (Hrsg.): Zur Theorie der Schule, Weinheim: Beltz, S. 47–66.

Groeben, N., Wahl, D., Schlee, J. & Scheele, B. (1988): Forschungsprogramm Subjektive Theorien. Eine Einführung in die Psychologie des reflexiven Subjekts. Tübingen.

Mutzeck, W. (1996): Kooperative Beratung. Grundlagen und Methoden der Beratung und Supervision im Berufsalltag. Weinheim.

Schlee, J. (1999): Prinzipien, Regeln und Techniken für konstruktives Arbeiten und Lernen in Gruppen. In: Landesinstitut für Schule und Weiterbildung (Hrsg.): Beraten lernen. Personenzentrierte Gesprächs- und Arbeitsformen im Studienseminar. Bönen.

Schlee, J. (2004): Kollegiale Beratung und Supervision für pädagogische Berufe. Hilfe zur Selbsthilfe. Ein Arbeitsbuch. Stuttgart.

Lernumgebungen erfolgreich gestalten

Diethelm Wahl

1 Von der Osterhasenpädagogik zum aktiven Lernen

Trotz aller didaktisch-methodischen Neuansätze wie Freiarbeit, Stationenlernen, wechselseitigem Lehren und Lernen (WELL), Projektarbeit und selbstorganisiertem Lernen (SOL) gibt es in unseren Schulen nach wie vor eine vorherrschende Form des Unterrichtens: Es ist das fragend-entwickelnde Unterrichtsgespräch. Man bezeichnet diese Vorgehensweise ironisch als »Osterhasenpädagogik«, weil die Lehrperson ihr wertvolles Wissen versteckt und die Schülerinnen und Schüler es suchen müssen, was an österliche Bräuche erinnert. Anstatt das erforderliche Wissen verständlich und gut geordnet zu präsentieren (das gilt als abzulehnender Frontalunterricht), wird das Wissen ›erarbeitet‹. Dazu stellt die Lehrperson zahlreiche Fragen, auf welche die Schülerinnen und Schüler antworten sollen (das gilt als zu befürwortender, positiver Lernprozess, obwohl ebenfalls frontal gesteuert). Nur wenige dieser Fragen, meist beim Einstieg, werden im Vorbereitungsprozess geplant (vgl. Haas 1998; 2005). Die restlichen Fragen entstehen spontan während der Lehrer-Schüler-Interaktion. Wenn ein großer Teil des Unterrichts durch die ›Osterhasenpädagogik‹ charakterisiert ist, dann hat dies recht ungünstige Auswirkungen auf das Lernen, wie beispielsweise der bekannte PISA-Forscher Klieme (2002) durch seine Analysen nachweist: Der logisch stringente Charakter der Wissensvermittlung geht verloren. Problemlöseprozesse werden verhindert oder abgebrochen. Bei der Schnelligkeit der menschlichen Interaktion bleibt wenig Zeit zum Nachdenken. Stattdessen operieren die Lernenden auf der Ebene der Reproduktion von Wissenselementen oder mit schlichtem Raten. Der fragend-entwickelnde Unterricht ist unauslöschlich in den subjektiven Theorien der Lehrerinnen und Lehrer verankert, weil diese in der Regel 13 Jahre lang so unterrichtet wurden. Er ist die dominierende Methode in der eigenen Biografie. Offenbar sitzt die ›Osterhasenpädagogik‹ so tief und so fest, dass alternative Konzepte es schwer haben, sich dagegen zu behaupten.

Demgegenüber verkündet die aktuelle Lernpsychologie, dass Lernen ein aktiver, selbstgesteuerter Prozess ist (vgl. beispielsweise Konrad 2008; Wahl 2006). Im Mittelpunkt erfolgreicher Lernprozesse soll die individuelle Auseinandersetzung mit den Inhalten stehen. Hierfür sind kollektive Lernprozesse wenig geeignet. Lernen muss jede Person selbst. Diesen Prozess kann ihr kein didaktisch noch so geschickt aufbereiteter Unterricht abnehmen! Wenn dies stimmt, dann darf im

Mittelpunkt des Unterrichts nicht mehr das Lernen in einem gemeinsamen Lerntempo und auch nicht mehr das gemeinsame Problemlösen stehen. Vielmehr muss das aktive, selbstgesteuerte Lernen eindeutig die Vorherrschaft haben! Ein derart radikales Umdenken braucht gute Gründe. Deshalb ist kritisch zu fragen, welche Argumente die aktuelle Lernpsychologie für diesen Paradigmenwechsel in der Unterrichtsgestaltung vorlegen kann.

2 Extreme Lerntempo-Unterschiede

Beginnen wir mit einer ganz äußerlichen Beobachtung: Schon seit vielen Jahren ist bekannt, dass Schülerinnen und Schüler der gleichen Jahrgangsstufe und der gleichen Schulart große Lerntempo-Unterschiede aufweisen. Mit »Lerntempo« ist gemeint, wie lange eine Person benötigt, um ein bestimmtes Lernziel zu erreichen. Fragt man erfahrene Lehrerinnen und Lehrer, so schätzen diese die Lerntempo-Unterschiede in den eigenen Klassen maximal auf den Faktor 2, d. h. sie sind der Ansicht, die langsamsten Lernenden würden etwa die doppelte Zeit im Vergleich zu den schnellsten benötigen, beispielsweise bei einer Hausaufgabe, bei der Vorbereitung auf eine Klassenarbeit oder beim Verstehen eines Sachverhaltes während des Unterrichts. In Wahrheit sind die Lerntempo-Unterschiede jedoch größer. Bloom (1973) beziffert die Lerntempo-Unterschiede in der Primarschule mit dem Faktor 5. Das bedeutet, dass die langsamsten Kinder die bis zu fünffache Zeit benötigen, um zum gleichen Lernergebnis zu kommen wie die schnellsten. In den weiterführenden Schulen (Sekundarstufe I und II) reduzieren sich die Lerntempo-Unterschiede ein wenig, weil ja nach Lernerfolg ausgelesen wird. In der Erwachsenenbildung erhöhen sie sich dann wieder, vor allem in heterogenen Teilnehmergruppen. So haben wir beispielsweise im »Kontaktstudium Erwachsenenbildung der Pädagogischen Hochschule Weingarten« Teilnehmende zwischen 25 und 55 Jahren. Wie die Begleitforschung ergab, zeigten sich hierbei Lerntempo-Unterschiede bis zum Faktor 9. Die bei Kindern, Jugendlichen und Erwachsenen beobachtbaren Lerntempo-Unterschiede verbieten es, den Großteil der Unterrichtszeit in kollektiven Lernphasen zu verbringen. Kollektiv bedeutet, dass alle Lernenden im gleichen Lerntempo zu lernen haben. Bei den enormen Lerntempo-Unterschieden ist es jedoch so, dass jedes von der Lehrperson vorgegebene Lerntempo nur für einen kleinen Teil der Lernenden angemessen ist, während die Mehrzahl unter dem für die einen zu schnellen bzw. für die anderen zu langsamen Lerntempo leidet. Das Lerntempo ist jedoch nur ein äußeres Zeichen für die einzigartigen, in jedem Kind völlig unterschiedlich verlaufenden Lernprozesse. Deshalb stellt sich die Frage, was denn die wesentlichen Ursachen für den Lernerfolg sind. Ist es die Begabung, sind es Motivation und Interesse oder sind gar unterschiedliche Hirnstrukturen für die Einzigartigkeit von Lernprozessen verantwortlich?

3 Begabung ist zweitrangig, Motivation nachgeordnet, der Matthäus-Effekt einsamer Spitzenreiter

In den subjektiven Theorien von Lehrpersonen wie Eltern spielen, was die Erklärung schulischer Leistungen angeht, zwei psychologische Größen die Hauptrolle: Die Begabung und die Motivation. Wer in einem Fach gut ist, der besitzt die dafür erforderliche Begabung und wenn nicht, dann strengt er sich wenigstens besonders an. Wer bisher dieser Meinung war, der muss nach den Ergebnissen der letzten zwanzig Jahre empirischer Unterrichtsforschung umdenken (vgl. beispielsweise Köller & Baumert 2002). Die wichtigste Größe für den schulischen Lernerfolg sind mit weitem Vorsprung die bereichsspezifischen Vorkenntnisse. Damit ist gemeint, was eine Schülerin oder ein Schüler für die zu behandelnde Lehrplaneinheit an Lernvoraussetzungen mitbringen. Die »Begabung« kommt erst an zweiter Stelle und nimmt dabei eine schillernde Rolle ein. Die Motivation scheint für den Lernerfolg von nachgeordneter Bedeutung. Diese Reihenfolge ist statistisch bestens belegt. Als Maßstab werden Korrelationskoeffizienten genommen, das sind Zahlen, die angeben, wie eng zwei Faktoren zusammenhängen. Ist die Maßzahl r = 1,0, dann spricht man von einem vollständigen Zusammenhang. Ist die Maßzahl r = 0,0, dann gibt es gar keinen Zusammenhang. Die höchste Maßzahl für den Zusammenhang mit schulischen Leistungen liefern die bereichsspezifischen Vorkenntnisse. Sie kommen auf Werte von bis zu 0,7, was vergleichsweise hoch ist. Keine andere Variable erreicht annähernd diese Bedeutung. Deshalb benutzt man seit Klauer (1993) gerne die Metapher »Matthäus-Effekt«. Diese bezieht sich auf die Bibelstelle Matthäus 13 Vers 12: »Denn wer da hat, dem wird gegeben.« Damit ist gemeint, dass gute Vorkenntnisse den Erwerb neuen Wissens begünstigen. Das Bibelzitat geht jedoch noch weiter: »Wer aber nicht hat, von dem wird auch genommen werden, was er hat.« Im übertragenen Sinne ist damit gemeint, dass die Gefahr einer unzureichenden Vernetzung des neuen Wissens mit den vorhandenen Vorkenntnissen dann groß ist, wenn letztere lückenhaft oder schlecht organisiert sind. In diesem Fall sind Vergessensprozesse besonders wahrscheinlich. Und wo bleibt die Begabung? Die Korrelationen zwischen Intelligenz und Lernerfolg liegen meist bei r = 0,5, das ist ein mittlerer Zusammenhang. Aber Vorsicht: Diese Zahl ist nicht konstant. Sie gilt nur für den Fall, dass eine Person über ein bestimmtes Lehrplanthema noch nicht viel weiß. Sind Schülerinnen und Schüler jedoch mittendrin in einer Thematik, haben sie also schon wichtige Kenntnisse gesammelt, dann sinkt die Bedeutung der Intelligenz ab auf Werte zwischen r = 0,3 und r = 0,0. Das bedeutet, dass die Intelligenz gegen Ende eines Lernprozesses, nämlich dann, wenn spezielle Kenntnisse oder Kompetenzen gefragt sind, eine geringe bis gar keine Rolle mehr spielt. Die Motivation erreicht überraschenderweise insgesamt nur sehr bescheidene Werte. Die Überzeugung, den Anforderungen eines Faches gewachsen zu sein, Fähigkeitskonzept oder Selbstkonzept genannt, hängt mit dem Lernerfolg r = 0,2 und 0,3 zusammen. Auch das Interesse an einem Fach oder einem Unterrichtsthema liegt mit r = 0,2 in diesem Bereich. Vorkenntnisse, auch als

»Expertise« in einem bestimmten Themenbereich bezeichnet, sind also die wichtigste Größe für den Lernprozess. Diese Vorkenntnis-Strukturen wiederum sind einzigartig, also von Person zu Person verschieden. Sie entstehen ab dem ersten Lebenstag und werden im Gedächtnis in Form untereinander vernetzter Begriffe gespeichert. Dieses semantische Netzwerk wird täglich um neue Gedächtniseinträge erweitert und so gibt es auf diesem Planeten sicherlich keine zwei Gehirne, die eine identische Gedächtnisstruktur aufweisen. Die Einzigartigkeit dessen, was wir wissen und was wir können, stellt die wesentliche Ursache für die oben geschilderten Lerntempo-Unterschiede dar. Im Forschungsprogramm Subjektive Theorien konnte gezeigt werden, dass die mentalen Strukturen von Person zu Person hochgradig unterschiedlich sind (vgl. beispielsweise Wahl 1991 oder Rosen 2011). Auch die Ergebnisse der Neurowissenschaft, die in der Öffentlichkeit derzeit eine große Beachtung finden, weisen in die gleiche Richtung. Bei der Geburt ist nur ein relativ geringer Teil der Zellen des Großhirns untereinander vernetzt. Durch Lernprozesse schreitet die Vernetzung voran bzw. ändert sich die Stärke der Verbindungen zwischen den Gehirnzellen. So entstehen hochkomplexe und zugleich völlig einzigartige biologische Strukturen. Diese sind die physiologische Entsprechung zu den einzigartigen Gedächtnisinhalten. Entsprechend der biografisch durchlaufenen Lernprozesse bilden sich Lernstrategien heraus. Hier hat es sich als wenig aussichtsreich erwiesen, Menschen nach »Lerntypen« zu klassifizieren. Vielmehr ist die Annahme weitaus plausibler, dass die eingesetzten Lernstrategien von Person zu Person sowie von Situation zu Situation recht unterschiedlich sein können Es wäre geradezu ein Wunder, wenn die metakognitiven Aktivitäten beim Lernen bei allen Lernenden ähnlich wären und wenn alle Lernenden ihren Lernprozess in vergleichbarer Weise planen (›forethought phase‹), überwachen (›performance phase‹) und evaluieren (›selfreflection phase‹) würden. Aus allen diesen Überlegungen resultiert eine zentrale Botschaft: Lernen ist ein hochgradig einzigartiger Prozess. Kollektive Lernphasen sind hierfür ungeeignet. Was man benötigt, das sind innovative Formen des Lehrens und Lernens.

4 Schmackhafte Sandwiches als Konsequenz, versehen mit Advance Organizers, WELL und kognitiven Landkarten

Wie kann man den Widerspruch auflösen, dass einerseits jede Person im eigenen Tempo lernen sollte, jedoch andererseits bis zu 32 Schülerinnen und Schüler in einer Klasse sitzen? Als Lösung für dieses echte Dilemma haben wir das Sandwich-Prinzip entwickelt. (Wer Genaueres zum Sandwich-Prinzip nachlesen möchte, dem sei Kapitel 5 in meinem Buch »Lernumgebungen erfolgreich gestalten« [2006] empfohlen). Seit dem IV. Earl of Sandwich übersetzt man »Sandwich« mit »einschieben« oder »dazwischenklemmen«. Das Sandwich-Prinzip schreibt vor, zwischen möglichst kurze und informative kollektive Lernphasen – die Dauer dieser Lernphasen liegt ganz grob zwischen 10 und 20 Minuten und orientiert sich am Aufmerksamkeitsverlauf (vgl. Gerbig-Calcagni 2009) – möglichst umfangreiche Phasen des aktiven und selbstgesteuerten Lernens einzuschieben. Die kollektiven Lernphasen dienen dabei der thematischen Orientierung. Die Lehrpersonen führen mit vernetzenden thematischen Übersichten in die Lehrplaneinheit ein (die kryptische Fachbezeichnung heißt »Advance Organizer«, zu übersetzen mit: eine im Voraus gegebene inhaltliche Strukturierung) und vermitteln jene Informationen, die sich die Lernenden nicht selbst erarbeiten können. In den eingeschobenen aktiven Lernphasen arbeiten sich die Lernenden in die Thematik ein, z. B. in der Form des »wechselseitigen Lehrens und Lernens (WELL)« (vgl. Huber 2004; 2007; Wahl 2006) und sie ordnen das aufgenommene Wissen mit kognitiven Landkarten. Alle diese Formen sind gut erprobt und empirisch untersucht.

Zahlreiche Studien zur Effektivität von »Advance Organizers« erbrachten die folgenden Ergebnisse (vgl. Wahl 2006):

- Größerer Lernerfolg in der sofortigen Leistung, im Behalten und im Transfer
- Höhere Motivation: Interesse wird geweckt
- Bessere Orientierung vor allem dann, wenn kooperativ bzw. selbstgesteuert gelernt wird
- Besonders wichtig, wenn die Vorkenntnisse gering und die Lernkompetenz niedrig ist
- Besonders wichtig, wenn die Sachverhalte schwer verständlich sind
- Die Konstruktion eines Advance Organizers hat Auswirkungen auf seine Effektivität: Problemstellung, Mehrfachcodierung und entwickelnde Präsentation sind wichtig.

Im Habilitationsprojekt von Anne Huber (2000 bis 2006) erbrachte die Erprobung des »wechselseitigen Lehrens und Lernens« an ca. 300 Schülerinnen und Schülern der Realschule (Sekundarstufe I, Klassen 7 und 8, Fach Biologie, Erprobung Partnerpuzzle über 12 Wochen) die folgenden Ergebnisse:

- Größerer Lernerfolg im Vergleich zum üblichen, lehrerzentrierten Unterricht
- Höhere intrinsische Motivation
- Höheres Kompetenzerleben
- Die Vorgabe von Lernstrategien ist wichtig: Es ergeben sich positive Auswirkungen auf Lernleistung, intrinsische Motivation und Kompetenzerleben, d. h. in das wechselseitige Lernen müssen Lernstrategien »eingebaut« sein wie z. B. Lese- und Notiertechniken, kognitive Landkarten, gegenseitiges Fragenstellen usw.

Seit über zehn Jahren erproben wir das Sandwich-Prinzip im schulischen Unterricht (Primarschulen, Sekundarstufen I und II), in Hochschulen (Seminare, Vorlesungen) und in der Erwachsenenbildung (Volkshochschule, betriebliche Weiterbildung). Die bisherigen Erfahrungen gehen alle in eine Richtung: Insgesamt berichten

Lernende wie Lehrende über vielfältige positive Auswirkungen. Diese können wie folgt zusammengefasst werden:

1 Hohe Aufmerksamkeit. Durch die Abstimmung der zeitlichen Länge der verschiedenen Phasen des Sandwiches auf die Möglichkeiten der Schülerinnen und Schüler fällt es jenen leichter, ihre Konzentration auf die Inhalte bzw. auf die subjektive Auseinandersetzung damit zu lenken. Beobachtet man einzelne Lernende durch Fremdbeobachter während des gesamten Lernprozesses, so kann man feststellen, dass die zur Verfügung stehende Lernzeit sowohl in den Vermittlungsphasen als auch in den »Einschüben« in hohem Maße genutzt wird.
2 Guter Lernerfolg. Der ständige Wechsel von Vermittlungsphasen und Phasen der subjektiven Auseinandersetzung hat zur Folge, dass Prozesse des Vergessens verringert werden. Das ständige Bemühen der Lernenden, die vermittelten Inhalte in Bezug zu den eigenen subjektiven Gedächtnisinhalten zu setzen, führt zu einer tiefen Verarbeitung. In gleicher Zeit werden deshalb in aller Regel bessere Lernleistungen als mit herkömmlichen Lernumgebungen erzielt.
3 Positives Lernklima. Die zeitliche Begrenzung vor allem der kollektiven Vermittlungsphasen verbunden mit der Chance, in jeder zweiten Phase im eigenen Tempo arbeiten zu können, vermindert Störungen im Lernprozess. Dies ist vor allem im schulischen Unterricht deutlich beobachtbar, aber auch in Seminaren und Vorlesungen spürbar. Durch das aktive und häufig auch kooperative Arbeiten werden schwierige Lernende besser integriert.
4 Entlastete Lehrende. Lehrpersonen, die längere Zeit mit dem Sandwich-Prinzip arbeiten, erleben es als erholsam, immer wieder die Mittelpunktsrolle verlassen zu können. Zwar berichten sie über einen anfänglich erhöhten Vorbereitungsaufwand, den die andersartige Planung mit sich bringt. Jedoch verspüren sie insgesamt einen geringeren Kräfteverschleiß.

5 Erfolgreiche Lernumgebungen

Lernen wird heute als ein aktiver, kumulativer, konstruktiver und selbstorganisierter Prozess verstanden, bei dem der systematische Aufbau von Wissens- und Könnensstrukturen die zentrale Rolle spielt. Wegen der Einzigartigkeit der einzelnen Lernenden in Vorwissen, Intelligenz, Lernstrategien und Motivation ist kollektives Lernen nicht erfolgversprechend. Es ist dennoch unverzichtbar, weil die Lernenden eine thematische Orientierung benötigen. Diese sollen sie auch erhalten, aber eben nicht in dem zeitlichen Umfang, wie er bisher im Unterricht üblich war. Im Mittelpunkt sollen vielmehr möglichst aktive Formen des Lernens stehen, wie etwa das »wechselseitige Lehren und Lernen«. Die dominierenden Phasen des aktiven, selbstgesteuerten, konstruktiven Lernens werden zwischen die von der Lehrperson gestalteten, Orientierung gebenden Phasen des kollektiven Lernens »geklemmt«. So entsteht Unterricht in einer sandwichartigen Form, in der einerseits das Fachwissen der Lehrperson wichtig ist, andererseits aber die Lernenden auch über längere Abschnitte im individuellen Lerntempo lernen können.

Literatur

Bloom, B. S. (1973): Individuelle Unterschiede in der Schulleistung: ein überholtes Problem? In: Edelstein, W. & Hopf, D. (Hrsg.): Bedingungen des Bildungsprozesses. Stuttgart, 251–270.
Gerbig-Calcagni, I. (2009): Wie aufmerksam sind Studierende in Vorlesungen und wie viel können sie behalten? Weingarten (Dissertation).
Haas, A. (1998): Unterrichtsplanung im Alltag. Eine empirische Untersuchung zum Planungshandeln von Hauptschul-, Realschul- und Gymnasiallehrern. Regensburg.
Haas, A. (2005): Unterrichtsplanung im Alltag von Lehrerinnen und Lehrern. In: Huber, A. A. (Hrsg.): Vom Wissen zum Handeln – Ansätze zur Überwindung der Theorie-Praxis-Kluft in Schule und Erwachsenenbildung. Tübingen, 5–19.
Huber, A. A. (2004) (Hrsg.): Kooperatives Lernen – kein Problem! Effektive Methoden der Partner- und Gruppenarbeit. Leipzig.
Huber, A. A. (2007): Wechselseitiges Lehren und Lernen (WELL) als spezielle Form kooperativen Lernens. Berlin.
Klauer, K. J. (1993): Trainingsforschung: Ansätze, Theorien, Ergebnisse. In: Klauer, K. J. (Hrsg.): Kognitives Training. Göttingen, 15–63.
Klieme, E. (2002): Kreatives Problemlösen im Mathematik- und Naturwissenschaftsunterricht. In: Pädagogisches Handeln, 6, 229–236.
Köller, O. & Baumert, J. (2002): Entwicklung schulischer Leistungen. In: Oerter, R. & Montada, L. (Hrsg.): Entwicklungspsychologie. Weinheim.
Konrad, K. (2008): Erfolgreich selbstgesteuert lernen. Bad Heilbrunn.
Rosen, S. (2011): Lehrhandeln in der Pflegeausbildung kompetent gestalten. Weingarten (Dissertation).
Wahl, D. (1991): Handeln unter Druck. Der weite Weg vom Wissen zum Handeln bei Lehrern, Hochschullehrern und Erwachsenenbildnern. Weinheim.
Wahl, D. (2006): Lernumgebungen erfolgreich gestalten. Lehr- und Lernmethoden für Erwachsenenbildung, Hochschuldidaktik und Unterricht. Bad Heilbrunn.

Lehreraufgaben konkret

– *Erziehen*

SchoolSoccer®

Ein Projekt[1] für Schülerinnen und Schüler der Berliner Schulen

Oliver Rybniker

»*Das Konzept der Inklusion birgt [...] viele Potenziale, man muss sie nur erkennen und mutig nutzen!*« (Vernooij & Wittrock in diesem Band)

Bei der Umsetzung inklusiver Bildungskonzepte ist mit erheblichen Herausforderungen zu rechnen – die Erziehung bleibt aber letztlich in ihrem, der Aufklärung verhafteten Selbstverständnis eine »offene Sache«, die uns nicht aus unserer Verantwortung entbindet, Perspektiven für Kinder und Jugendliche anzubieten, die sich aktiv mit ihrer Lebensrealität und einer daraus zu entfaltenden Zukunftsperspektive auseinandersetzen. Im Zuge der aktuellen Debatte rücken damit zwangsläufig um Integration bemühte Projekte sozialpädagogischer Arbeit in den Fokus. Das hier beschriebene Projekt SchoolSoccer® greift die Faszination des Fußballsports auf und verfolgt das Ziel, die darin enthaltenen Potenziale für Bildung und Erziehung junger Menschen aufzugreifen und in der Institution Schule zu etablieren. Der Aufsatz thematisiert Möglichkeiten der Übertragbarkeit des praxiserprobten Projektmodells »Straßenfußball für Toleranz« im Spannungsfeld aktueller Fragen der Gestaltung von Schulleben und Unterricht unter schwierigen Bedingungen. Vor dem Hintergrund einer auf Inklusion ausgerichteten Strukturreform in der Schulorganisation und dem Bestehen einer sich in ihrem herausfordernden Verhalten als schwierig zu integrierenden Schülerklientel werden die Perspektiven und Entwicklungspotenziale des Projektes aufgezeigt.

---

1 Projektentwicklung: EPAS e. V. Berlin in Kooperation mit dem Institut für Förderpädagogik der Universität Leipzig. EPAS – Erlebnis-Praxis-Arbeit-Schule e. V. – setzt sich als gemeinnütziger Verein seit 2005 für bessere Bildungschancen von Kindern und Jugendlichen ein. Weitere Informationen und Projektdokumentationen unter: www.epas-berlin.de.

1 Inklusion – eine gesellschaftliche Herausforderung

Will man die Potenziale einer offenen Unterrichts- und Projektgestaltung wenigstens für Teile einer herausfordernden Schülerschaft als Angebot zu einer »modernen« Persönlichkeits- und Kompetenzentwicklung nutzen, so bedarf es an dieser Stelle einer kritischen Betrachtung der Phänomene, die als »Wandel der Zeit« unter soziologischen Gesichtspunkten aktuell auf das (sonder-)pädagogische Betätigungsfeld erschwerend einwirken. Aktuelle Statistiken über die Erfolgsquote sonderpädagogischer Förderung verweisen auf eine eher ernüchternde Bilanz (vgl. Vernooij & Wittrock in diesem Band). »Die immer komplexer werdenden Umwelten, in denen Kinder aufwachsen, führen zur parzellierten Betrachtung von Lebens- und Lernsituationen« (Vernooij & Wittrock in diesem Band) und führen zwangsläufig in eine perspektivische Falle, die durch eine Abwälzung aktueller struktureller und gesellschaftlicher Problemlagen auf die Individuen beschreibbar ist. Aktuell lässt sich diese Entwicklung in der schwierigen Gestaltung der Elternarbeit nachvollziehen, wo es immer schwieriger zu werden scheint, Eltern als Unterstützer und Partner der pädagogischen Arbeit ›mit ins Boot zu holen‹. Die Folge sind lediglich Schuldzuweisungen an die Eltern, die in einer verkürzten Sichtweise als bewusst Handelnde für die Probleme der Schüler verantwortlich gemacht werden (vgl. Popp 2007, 421). »Wenn es auch nicht von der Hand zu weisen ist, dass der Umgang der Eltern mit ihren Kindern, die entsprechenden häuslichen Erziehungssituationen für so manche Verhaltensauffälligkeit mitverursachend waren, verkennen viele hierbei, dass dies Prozesse sind, die von den Eltern nicht bewusst herbeigeführt werden« (Popp 2007, 421). Sie resultieren aus einer gesamtgesellschaftlichen Veränderung[2]. »Eine fundierte Kind-Umfeld-Analyse verlangt deshalb auch Kenntnisse über das familiale Umfeld des Kindes, der sozialen Situation und deren Auswirkungen« (Popp 2007, 429). Das Erleben gesellschaftlicher Anerkennung, Respekt, Inklusion und gesellschaftliche Teilhabe (vgl. Von Kardorff 2010, 91) verweisen auf die Notwendigkeit einer systemischen Betrachtung, um Prozesse (abweichenden) Verhaltens verstehen zu können. »Vor diesem Hintergrund kann eine soziologische Perspektive [...] jenseits der individuellen Hilfen den Blick auf notwendige strukturelle Bedingungen lenken, um dem Ziel gesellschaftlicher Teilhabe und Inklusion näher zu kommen« (Von Kardorff 2010, 91). Das System Schule ist hier von einer besonderen Ambivalenz zwischen bildungspolitischen Forderungen und sehr heterogenen Bedingungsfeldern betroffen. Eine Tendenz der Verallgemeinerung und der Betonung von Sachzwängen ist

---

2 Mit Blick auf den aktuellen soziologischen Diskurs in Bezug auf das Entstehen einer »*Zweiten Moderne*« ergibt sich eine doppelte Veränderungsstruktur, die die Individuen bei zunehmender Abhängigkeit institutioneller Vorgaben zwingt, eigenständig Entscheidungen zu treffen und ihren biografischen Lebenslauf aktiv zu gestalten. Der Pessimismus gegenüber den postulierten Gestaltungsmöglichkeiten der Individuen innerhalb eines zunehmend entgrenzten Raumes nimmt zu und weicht einer Perspektive, die die Belastungen und Irritationserfahrungen der Eltern ins Blickfeld rückt.

zwar populär, erscheint jedoch durch die Ausklammerung jeglicher Subjektivität auf Fragen seiner Funktionalität verengt.

2 Konzeptionelle Offenheit der Unterrichtsformen

Projekte in der Schule lassen sich erfolgreich realisieren, wenn sie zieloffen und methodisch flexibel gestaltet und umgesetzt werden können. Das erfordert Mut und Optimismus. Es ist bedeutsam, Projekte an den besonderen Bedingungen der involvierten Institutionen (Förderzentrum, Regelschule etc.) und an den jeweiligen Ressourcen (Schulklima, Kollegium, Schülerschaft etc.) auszurichten. Partizipationsangebote für Schüler sind graduell zu differenzieren und gemeinsam zu entwickeln. Die Umsetzung bleibt dabei pragmatisch experimentell. Ein Angebot verschiedener Sozialformen und -räume für Reflexions- und Planungsphasen erscheint sinnvoll. Leitkriterien können unter thematischen, methodischen und strukturellen Gesichtspunkten wie folgt beschrieben werden:

1. Offene Unterrichtsangebote setzen nicht zuletzt an der Lebenswirklichkeit bzw. bedeutsamen Lebensinhalten der Kinder und Jugendlichen an. Die Bedeutung eines solchen Zugangs wird explizit im alltagsästhetischen Ansatz (vgl. Bröcher 1997) hervorgehoben. Projektarbeit kann durch eine entsprechende ästhetische Auseinandersetzung und Thematisierung bedeutsamer Inhalte Anerkennung und Respekt erzeugen, was gerade benachteiligten Kindern und Jugendlichen häufig verwehrt bleibt. Die Anbahnung und Ausgestaltung einer vertrauensvollen Lehrer-Schüler-Beziehung kann hier ansetzen.
2. Wenn für das erzieherische Handeln die Beziehung als grundlegend angesehen werden kann (vgl. Hillenbrand 2006; Ahrbeck 2010), so bieten sich in offenen Unterrichtssituationen verschiedene Zugänge an, die in eine stabile Lehrer-Schüler-Beziehung auf mehreren Ebenen münden können. Diese soziale Dimension kann darüber hinaus auf eine positive Kompetenzentwicklung innerhalb der Peergroup ausgedehnt werden, indem Kinder und Jugendliche selbst in die Förderung miteinbezogen werden (vgl. Hillenbrand 2006; Mutzeck 2000; 2008; Opp & Teichmann 2008). Bestehende Potenziale können erkannt, reflektiert, erweitert und in lernhaltige Gruppenprozesse überführt werden.
3. In der Öffnung der pädagogischen Angebotsstruktur liegt das Potenzial, konstruierte Schonräume auf einer experimentellen Ebene aufzulösen und die Schüler schrittweise mit neuen Anforderungen zu konfrontieren (vgl. Stein 2010). Die Schüler erfahren im außerschulischen bzw. klassenübergreifenden Kontext Wertschätzung und Anerkennung, was zu einem positiv veränderten Selbstkonzept führt.

3 Das Projektformat »Straßenfußball für Toleranz«

Projektentwicklung im schulischen Bereich setzt daher induktiv am Bedingungsfeld an und beinhaltet Phasen der Reflexion und Modifikation. Modell für das hier zu entwickelnde Projektformat ist das 2006 vorgestellte und mittlerweile bundesweit angewandte Konzept »Straßenfußball für Toleranz« des gemeinnützigen Vereins KICKFAIR e.V. (vgl. Biester et al. 2009, 16). Thematisch, methodisch und strukturell birgt es Potenziale in sich, die einem auf Inklusion ausgerichteten Schulprojekt nach den bisher dargestellten Kriterien gerecht werden.

3.1 Fußball als Bildungsansatz

Basierend auf einem allgemeinen und globalen Handlungskompetenzbegriff ist die Persönlichkeitsentwicklung und Handlungsfähigkeit junger Menschen in ihrem individuellen gesellschaftlichen Kontext primäres Ziel des Bildungsansatzes (vgl. Biester et al. 2009, 24 ff.). Durch den projekt- bzw. prozessorientierten Ansatz des Projektes »Straßenfußball für Toleranz« sollen Lernprozesse in unmittelbaren Lebens- und Erfahrungszusammenhängen (vgl. Biester et al. 2009) initiiert werden. Folgende Kriterien werden hierbei als zentral für den Bildungsansatz angesehen (vgl. Biester et al. 2009, 67 ff.):

- Ansatz an der Lebenswelt der Jugendlichen
- Jugendliche handeln als Projektumsetzer
- Inszenierung erfahrungs- und handlungsorientierter Lernprozesse
- Schaffung von Ernstsituationen
- Jugendliche als Beitragende zur kommunalen Entwicklung

Unter Berufung auf einen umfassenden Lernbegriff, der auf die Nutzung informeller[3] Lernprozesse in kommunalen Räumen abhebt, versteht sich das Projekt als alternatives Lern-Setting im Kontrast zum formellen LernSetting der Schule. »Die Freiwilligkeit der Teilnahme, Offenheit und Diskursivität, frei gewählte Verantwortungsbereiche, die Möglichkeit gemeinsamen Handelns in der Gleichaltrigengruppe sowie die Unterstützung durch erwachsene Bezugspersonen« (Biester et al. 2009, 40) gelten als wichtige Rahmenbedingungen.

---

3 »Lernen, das im Alltag, am Arbeitsplatz, im Familienkreis oder in der Freizeit stattfindet. Es ist (in Bezug auf Lernziele, Lernzeit oder Lernförderung) nicht strukturiert und führt üblicherweise nicht zur Zertifizierung. Informelles Lernen kann zielgerichtet sein, ist jedoch in den meisten Fällen nicht intentional (oder ›inzidentiell‹/beiläufig)« (Kommission der Europäischen Gemeinschaften 2001, 33).

3.2 Spielweise des Straßenfußballs

Regelwerk und Ausrichtung der Spiele des SchoolSoccer® orientieren sich an der Spielkultur des Straßenfußballs[4]. Ausrichtungsstätten sind in der Regel Kleinfelder von bis zu 150 m² Spielfläche. Das Spielfeld ist durch eine feste Begrenzung eingefasst, sodass durch die Möglichkeit des Spiels über Banden eine bedeutend dynamischere Variante des Fußballs gespielt werden kann.

Gespielt wird in kleinen, geschlechtlich gemischten Teams von bis zu sechs Spielern. Das Regelwerk setzt sich aus Grundregeln und veränderbaren »Agreements« zum Fairplay zusammen. Neben den erzielten Toren werden ebenso Punkte für die Einhaltung der Fairplay-Regeln vergeben. Die Schiedsrichter werden durch Teamer ersetzt, deren Aufgabe es ist, die Mannschaften auf die Spiele vorzubereiten, den Spielverlauf zu beobachten und die Spieler bei der Auswertung und Punktevergabe in einer sogenannten Dialogzone zu unterstützen. Kinder und Jugendliche haben die Möglichkeit, innerhalb des Projektes als Spieler und als Mediatoren zu agieren.

3.3 Lernziele

Die Philosophie des pädagogischen Konzeptes »Straßenfußball für Toleranz« betont seine Ausrichtung auf die Förderung von Fairness, Toleranz und Weltoffenheit. Lernziele sind u. a. der konstruktive Umgang mit Konflikten, die gemeinsame Entwicklung und Akzeptanz von Regeln und die Förderung und Entwicklung von Selbstvertrauen und persönlichen Stärken. Das zum Teil offene Regelwerk verlangt nach einer Kultur der Diskussion und Auseinandersetzung mit gewaltfreien Mitteln. Das Projekt will so einen innovativen Beitrag zur Förderung der sozialen Integration von jungen Menschen in ihren jeweiligen Sozialräumen und Lebenszusammenhängen leisten. Der auf Selbstorganisation ausgelegte Prozesscharakter führt zu nachhaltigen Lerneffekten, da das soziale Miteinander im Spiel bzw. in den Dialog- und Planungsphasen als bedeutsam erlebt wird. Eine langfristige Bindung der Jugendlichen an das Projekt ist angestrebt. Durch die regionale Vernetzung gemeinsamer Aktionen und Turnierveranstaltungen werden Anreize geschaffen, sich zivilgesellschaftlich zu engagieren.

3.4 SchoolSoccer® – Straßenfußball in der Schule

EPAS e. V. ist Initiator des Projektes und unterstützt die Umsetzung durch Organisation, Beratung und Evaluation. Die Finanzierung wird durch Spenden gewährleistet. Die Anlage (Fußball-Kleinfeld von ca. 8 × 12 m) wurde im Jahr 2009 von Berufsschülern der Berliner Hans-Böckler-Schule, einem Oberstufenzentrum für Konstruktionsbautechnik, unter Anleitung von Lehrkräften geplant und gebaut. Nach Fertigstellung wurde die Anlage der Schule an der Windmühle,

---

4 Der Straßenfußball (engl. *street soccer*) ist eine Alternative zum Fußballspiel, kann aber auch als eine eigene Sportart angesehen werden.

einem Förderzentrum für emotionale und soziale Entwicklung in Berlin-Neukölln übergeben. Schüler beider Schulen bauten die Anlage im Dezember 2009 gemeinsam auf und nahmen sie »spielerisch« in Betrieb. Die Anlage wurde in den Schulalltag integriert. Die Projektidee entwickelten Lehrkräfte der Schule.

Projektstruktur

Die dreigliedrige Projektstruktur orientiert sich an dem dargestellten Projektformat »Straßenfußball für Toleranz« und seinen Betätigungsfeldern »Spielen, Teamen, Organisieren«. Das Anforderungsprofil wächst mit jeder Projektphase. Dennoch ist die Struktur nicht programmatisch linear, sondern als zirkulärer Entwicklungs- und Umsetzungsprozess zu begreifen.

Projektphase 1 – Implementierung der Spielweise

Die Implementierung der Methode im Schulalltag, an den am Projekt teilnehmenden Schulen, kann in verschiedenen Situationen erfolgen. Möglichkeiten der Erprobung und Umsetzung bestehen im Sportunterricht, in den Pausen, bei der Nachmittagsgestaltung auf dem Schulgelände oder an Projekttagen. Darüber hinaus werden regelmäßig Turniere nach dem beschriebenen Fairplay-Gedanken veranstaltet. Die Regelarbeit wird von Pädagogen übernommen. Sie bereiten die Schüler auf die Spielweise vor und unterstützen die Schüler bei der Formulierung, Aushandlung und Bewertung der »Fairplay-Agreements«.

Projektphase 2 – Mediation und Teamer-Ausbildung

Nach der Auswertung der 1. Projektphase, durch einen strukturierten Informations- und Erfahrungsaustausch, werden Ideen für Partizipationsmöglichkeiten für Schüler entwickelt und in Trainings und Workshops geübt. Grundlage bilden verschiedene Unterrichts- und Trainingsmedien aus dem Katalog von Veröffentlichungen von KICKFAIR e. V., die sich am Handlungsfeld Mediation orientieren.

Projektphase 3 – Organisieren und Durchführung in Eigenverantwortung

Die Durchführung regelmäßiger Netzwerktreffen und Workshops mit Teamern und anderen interessierten Schülern soll diese befähigen, organisatorische Aufgaben (mit) zu übernehmen. Die Veranstaltung von Turnieren an Grundschulen oder an anderer Stelle im öffentlichen Raum durch Schüler in Eigenverantwortung soll angebahnt, erprobt und etabliert werden. Hierzu gehört auch zukünftig die Pflege einer eigenen Internetplattform unter *www.schoolsoccer.info*.

Ergänzende Projektbausteine

Eine möglichst umfangreiche und breit gefächerte Partizipation ist für das Projekt SchoolSoccer® in seiner Intention, eine heterogene Schülerschaft zu integrieren, handlungsleitendes Prinzip. Der gesamte Bau der Anlage ist durch die Arbeit von Jugendlichen in Schulwerkstätten des OSZ (Oberstufenzentrums) realisiert worden. Aus dieser Kooperationsbeziehung ergibt sich die Möglichkeit, Wartungsarbeiten und eine geplante Erweiterung des Spielfeldes durch die Konstruktion weiterer Bauteile mit der Beteiligung von Schülern umzusetzen.

An gleicher Stelle wird die Fertigung eines Pokals ermöglicht. Schüler entwerfen zeichnerisch bzw. plastisch Modelle eines Pokals, der aus einer oder mehrerer Figuren bestehend das Thema Fußball und Fairplay veranschaulicht. Eines der Modelle soll durch eine ausgewählte Schülergruppe in einem Workshop in den Metallwerkstätten gebaut werden.

Die Banden der Anlage bieten eine Fläche für verschiedene ästhetische Gestaltungsmöglichkeiten. In einem Graffiti-Workshop wurden bereits zwei Bandenteile von Schülern der Schule an der Windmühle gemeinsam mit einem professionellen Künstler gestaltet. Dieses Angebot wird ebenfalls anderen Schülergruppen offeriert.

Etablierung

Die Methode des Fairplays wurde den Schülern[5] der Schule an der Windmühle im Rahmen von Unterrichtsprojekten und AGs vermittelt. Gleichzeitig ist die Anlage fester Bestandteil der Pausengestaltung, die fast alle Schüler der 7. bis 10. Jahrgangsstufe mit einbezieht. Durch die Integration der Methode in den Schulalltag senkte sich die Anzahl der Konflikte an der Schule. Treten Konflikte auf, sind diese unmittelbar auf Spielsituationen bezogen, können leichter transparent gemacht und geschlichtet werden. Das Spiel dient als Medium der Etablierung einer Konfliktkultur (vgl. Käppler et al. 2006). Zur verstärkten Identifikation mit dem Objekt führte die Durchführung eines Graffiti-Projektes mit einer Schülergruppe zur Bandengestaltung. 2010 veranstaltete die Schule an der Windmühle das erste erfolgreiche Turnier mit fünf Mannschaften aus vier Schulen unterschiedlichen Typs. Die Teams waren in jeder Hinsicht heterogen: geschlechtlich gemischt, zwischen 12 und 17 Jahre alt, mit und ohne Förderbedarf. Im Juni 2011 wurde das zweite Turnier ausgerichtet. Es nahmen acht Mannschaften aus vier Schulen teil. Die teilnehmenden Schüler besuchten zum überwiegenden Teil die 7. Jahrgangsstufe an zwei Sekundarschulen bzw. zwei Förderzentren. Neben der Ehrung der Sieger wurde ein Fairplay-Preis vergeben. Die SchoolSoccer®-Anlage ist eine etablierte Ausrichtungsstätte von Fußballspielen und -turnieren für Schülerinnen und Schüler verschiedener Schulen, die sich zukünftig innerhalb eines Netzwerkes organisieren sollen. Wesentliche Ziele der Implementierungsphase können somit als erreicht angesehen werden. Diese sind bezüglich des Erziehungsauftrages und des inklusiven Gedankens einzuordnen und anhand bisheriger Erfahrungen zu reflektieren, um weitere Entwicklungsschritte beschreiben zu können. Das Evaluationsvorhaben wird abschließend erläutert und in den Gesamtzusammenhang gestellt.

---

5 Bei der gesamten Schülerschaft besteht Förderbedarf im Bereich emotionale und soziale Entwicklung. Gemessen an Vielfältigkeit und Qualität der Störungsbilder handelt es sich um eine äußerst heterogene Klientel.

4 SchoolSoccer® im Kontext des Erziehungsauftrages

Durch die tägliche Nutzung der Anlage während der Pausen und im Sportunterricht bietet sich ein Forum, das einen festen Rahmen für gemeinschaftliches Spiel in einem räumlich klar strukturierten Feld ermöglicht. Soziales und emotionales Lernen, das Üben von Handlungsritualen (Shakehands etc.) und das Austragen kleiner Konflikte werden als Lernfelder in das Schulleben auch außerhalb der Unterrichtssequenzen integrierbar. Die Schüler knüpfen über den Klassenverband hinaus Kontakte zu Mitschülern und erweitern ihr soziales Handlungsfeld. Hier entsteht ein inhaltlich und sozial bedeutsames Betätigungsfeld für die Schüler, das den Pädagogen die Möglichkeit gibt, in einer für die Schüler bedeutsamen Weise Fachunterricht zu gestalten bzw. positive und kompetenzerweiternde Gruppenprozesse zu fördern. Hierin liegen vor allem für die anspruchsvolle Unterrichtsgestaltung mit schwierigen Schülern Potenziale, da das Fußballspiel mit all seinen Facetten auf mehreren Ebenen begeistern und zur Mitarbeit anregen und motivieren kann. Für Regelschulen bietet sich auf der 2. und 3. Projektebene die Chance, positive Akzente für die gesamte Schulkultur, die Atmosphäre und das Schulklima zu setzen. Thematisch bieten sich über den medial weltweit verbreiteten und mit Begeisterung verfolgten Fußballsport zahlreiche fächerübergreifende Unterrichtsangebote an. Besonders die bestehenden Ambivalenzen im Fußballsport, der Widersprüchlichkeit von Werten, Normen und Verhaltensmustern seiner Akteure und Anhänger bieten reichlich Stoff für eine intensive, aus sich heraus motivierende Projektarbeit in der Schule.

5 SchoolSoccer® im Kontext des inklusiven Gedankens

Bezogen auf das inklusive Axiom wertschätzender Anerkennung aller Mitglieder einer Gemeinschaft in der Schule, liegt das Potenzial des Projektes zunächst in seiner Akzentuierung der auf Toleranz ausgelegten Spielform. Sie bietet quasi eine Schutzfunktion, indem nicht allein das sportliche Können dominiert. Die Qualität wird damit nicht ausschließlich anhand der quantitativ messbaren Torausbeute (»Der Erfolg heiligt die Mittel«) sondern (auch) an der Art und Weise des gemeinsamen Zusammenspiels gemessen (»Der Weg ist das Ziel«). Mit dieser auf Sozialität ausgelegten Inszenierung des Sports besteht die Chance, einer gewissen Vielfältigkeit der beteiligten Persönlichkeiten und ihrer Kompetenzen Rechnung zu tragen. Über das Medium Fußball lernen sich Schüler bei Turnieren und Projekten in wertschätzender Weise anhand selbst definierter Normen und Regeln kennen. Hoher Aufforderungscharakter, Zielgerichtetheit und Mitbestimmungs- bzw. Mitgestaltungsmöglichkeiten korrelieren in hohem Maß und bieten individuelle Möglichkeiten persönlicher Entfaltung sowie die Erfahrung sozialer Anerkennung.

6   Sicherung bisheriger Ergebnisse

Aus den bislang gesammelten Erfahrungen werden hier einige Ergebnisse exemplarisch vorgestellt. Die Aussagen der an einem Turnier beteiligten Pädagogen wurden durch einen Fragebogen ermittelt: Die Idee der Spielweise (Fairplay) und die Atmosphäre wurden allgemein als bedeutsam erlebt. Auf die unspezifische Frage, was den Beteiligten am besten gefallen habe, wurden folgende Antworten gegeben:

- Fairplay-Idee
- Die Schüler sind friedlich miteinander umgegangen
- Faire Spiele, Ablaufplan
- Die angenehme, entspannte Atmosphäre

Im Rahmen der Vereinbarung der Agreements wurde zum Erwerb von sozialen Kompetenzen als günstig angesehen, dass:

- die Schüler erfolgreich unklare, unerwartete Situationen bewältigen konnten
- Schüler die Regeln über Fairplay-Regeln bestimmen
- Schüler/Teams Regeln aufstellen
- hinterher gemeinsam besprochen wird, wie die Regeln eingehalten wurden
- die Schüler eigene Regeln aufstellen und umsetzen

Allgemein kann festgestellt werden, dass das Interesse am Fußballspiel bei allen teilnehmenden Schülern bislang zu einer engagierten Teilnahme an den Veranstaltungen führte. Die Spiele verliefen ausgesprochen fair. Es gab keine körperlichen Fouls. Die wenigen verbalen Auseinandersetzungen richteten sich in der Regel gegen Spieler aus dem eigenen Team.

Bei dem Bestreben, die 2. und 3. Projektphase in einem Netzwerk kooperierender Schulen umzusetzen, zeichnen sich Schwierigkeiten ab. Hier werden die Potenziale eines an das Projekt gekoppelten positiven Effektes für die Gestaltung von Unterricht und Schulleben zwar formuliert, jedoch nicht in eigener Initiative aufgegriffen und umgesetzt. Dies steht im Widerspruch zu den positiven Rückmeldungen der Turnierverläufe (vgl. Evaluation). Es zeichnet sich ab, dass die an den Schulen tätigen Schulsozialarbeiter zu koordinierenden Ansprechpartnern avancieren und sich momentan um eine Implementierung bemühen.

Eine Evaluation nach systemischen Kriterien soll Erkenntnisse aus verschiedenen Blickwinkeln über individuelle Erfahrungen und ihre Bewertung durch die

Teilnehmer liefern. So ist die Befragung von Schülern, Lehrern und Schulsozialarbeitern geplant. Mit den ermittelten Daten soll eine differenzierte und auf die jeweilige Schülergruppe in ihrem besonderen Bedingungsfeld hin abgestimmte Weiterführung des Projektes gelingen. Vor dem Hintergrund der geplanten Mediatoren- bzw. Teamer-Ausbildung erscheint es wichtig, sich regelmäßig ein Bild der bestehenden institutionellen und individuellen Ressourcen machen zu können. Trainings zur Verhaltensmodifikation bzw. zur Erweiterung sozialer Kompetenzen gelingen durch ihre Zielgerichtetheit in Abhängigkeit einer fundierten Problemanalyse bzw. Diagnostik (vgl. Stein 2011). Für das komplexe, sozial ausgesprochen dynamische Projekt SchoolSoccer® besteht unter den gegebenen Voraussetzungen die Prämisse, weitere Planungs- und Entwicklungsschritte in reflexiver und kooperativer Weise durchzuführen. Handlungstheoretische Projektarbeit, die die Integration verschiedener Lebensperspektiven und Deutungsangebote durch eine reflexive, auf die Rekonstruktion und Thematisierung subjektiver Sichtweisen hin ausgerichtete Konzeption berücksichtigt, läuft so nicht Gefahr, bloße Beschäftigungstherapie zu sein. Die Inszenierung des Sports übernimmt hierbei eine milieuübergreifend identifikatorische Funktion in prekären Zeiten, in denen existenzsichernde Erwerbsarbeit seltener und Teilhabechancen im öffentlichen Raum für viele Kinder und Jugendliche kleiner werden.

7   Ausblick

Das bisher Ausgeführte verweist auf die Notwendigkeit, sich mit der Komplexität pädagogischer Vorhaben, unter den gegebenen Voraussetzungen, aktiv auseinanderzusetzen. Gesellschaftliche, organisatorische und methodische Aspekte lassen sich, bezogen auf eine effektive, inklusive Projektarbeit, im Kontext der Integration verhaltensschwieriger Schüler nicht mehr isoliert betrachten. Der von Mutzeck (2000; 2007; 2008) in verschiedenen Facetten diskutierte Ansatz einer handlungstheoretischen Planung und Gestaltung des Schullebens erhält aktuell durch seine Universalität Bedeutung. Das Handlungskonzept, das die Entwicklung von Werten, Normen und Beziehung an ein Menschenbild knüpft, das die Sinnhaftigkeit von Bildung und Erziehung an humanen Bedürfnissen[6] ausrichtet, lässt menschliches Verhalten durch eine Verbindung subjektiver Sichtweisen und äußeren Kontexten in ihrem Wirkungszusammenhang (vgl. Mutzeck 2000) verstehbar werden. Nur so lassen sich geeignete Handlungs- und Gestaltungsräume erkennen und nutzen. Damit besteht die Notwendigkeit, das Schulleben insgesamt pädagogisch zu gestalten. Schüler sind in ihrer Rolle als Experten mit in die Gestaltung

---

6 Die humanpsychologische Lehre Maslows bezieht sich auf Grundbedürfnisse, die sich in *existenzielle Bedürfnisse* und auf höherer Ebene in ein *Bedürfnis des Seins* differenzieren lassen. Mutzeck (2008) ergänzt im Übergang zwischen diesen Ebenen zwei Bedürfniskategorien, die sinnhaftes Tun an die individuellen Fähigkeiten in einem spezifischen Lebenskontext möglich machen.

und Planung einzubeziehen. In ihrer methodischen Offenheit und Flexibilität erlaubt die Projektstruktur des SchoolSoccers® die Berücksichtigung von individuellen und gemeinschaftlichen Bedürfnissen. Strukturelle Ressourcen[7] aus verschiedenen Professionen sind vorhanden. Eine effektive Zusammenarbeit ist möglich, wenn Kenntnis über die jeweiligen Gestaltungsmöglichkeiten und Kompetenzen, im Sinne einer additiven Ergänzung (vgl. Hillenbrand 2011) der an der Projektarbeit Beteiligten, besteht. Mut, eine grundsätzlich optimistische Haltung und Empathiefähigkeit professionell Handelnder kann hier als eine Schlüsselqualifikation angesehen werden.

Literatur

Ahrbeck, B. (2010): Innenwelt: Störung der Person und ihrer Beziehungen. In: Ahrbeck, B. & Willmann, M. (Hrsg.): Pädagogik bei Verhaltensstörungen. Stuttgart, 138–147.
Biester, S., Föll, J., Ramirez, L. F., & Ress, C. (2009): Fußball, Lernen und Bildung. Ostfildern.
Bröcher, J. (1997): Lebenswelt und Didaktik. Unterricht mit verhaltensauffälligen Jugendlichen auf der Basis ihrer (alltags-)ästhetischen Produktionen. Heidelberg.
Hillenbrand, C. (2003): Didaktik bei Unterrichts- und Verhaltensstörungen. 2. Aufl., München.
Hillenbrand, C. (2006): Einführung in die Pädagogik bei Verhaltensstörungen. 3. Aufl., München.
Hillenbrand, C. (2011): Jugendhilfe in einem inklusiven Bildungssystem: Kriterien und Beispiele effektiver Kooperation. In: Popp, K., Melzer, C. & Methner, A. (Hrsg.): Die Kooperative Beratung. Eine praktische Reflexion, Weinheim, 267–279.
Käppler, C., Grüner, T., Höfler, S. & Hilt, F. (2006): Schule und Konflikt-KULTUR®. In: Steinhausen, H.-C. (Hrsg.): Schule und psychische Störungen. Stuttgart, 311–328.
Kommission der Europäischen Gemeinschaften (2001): Einen europäischen Raum des lebenslangen Lernens schaffen. Brüssel.
Mutzeck, W. (2000): Verhaltensgestörtenpädagogik und Erziehungshilfe. Bad Heilbrunn.
Mutzeck, W. (2007): Pädagogisches Training als Möglichkeit der Vermittlung von Handlungskompetenzen am Beispiel des Studiengebietes Beratung. In: Mutzek, W./(Popp, K. (Hrsg.): Professionalisierung von Sonderpädagogen. Standards, Kompetenzen und Methoden. Weinheim und Basel: Beltz, S. 405–419
Mutzeck, W. (2008): Methodenbuch Kooperative Beratung. Weinheim.
Mutzeck, W., Pallasch, W. & Popp, K. (2007): Integration von verhaltensauffälligen Schülern. 6. Aufl., Weinheim.
Opp, G. & Teichmann, J. (2008): Grundlegende Gedanken zum Thema Positive Peerkultur. In: Opp, G. & Teichmann, J. (Hrsg.): Positive Peerkultur. Best Practices in Deutschland. Bad Heilbrunn, 15–29.

---

7 Die Herausforderung, den Bedürfnissen verhaltensauffälliger Schüler gerecht werden zu müssen, führt aktuell zu einer Intensivierung des Kooperationsbestrebens mit Maßnahmen der Jugendhilfe, speziell mit Akteuren der Schulsozialarbeit. Erfahrungen aus der sonderpädagogischen Praxis der Erziehung verhaltensschwieriger Kinder und Jugendlicher können hier eine Schlüsselposition im Sinne einer Scharnierstelle einnehmen und im Experimentierfeld der schulischen Projektarbeit durch innovative Einflüsse eine Funktion erfüllen.

Popp, K. (2007): Elternarbeit – Arbeit mit den Eltern. Ein unterschätztes Thema in der sonderpädagogischen Arbeit und in der Ausbildung von Sonderpädagogen. In: Mutzeck, W. & Popp, K. (Hrsg.): Professionalisierung von Sonderpädagogen. Standards, Kompetenzen und Methoden. 2. Aufl., Weinheim, Basel, 420–430.

Stein, R. (2010): Interventionsansätze und Handlungskonzepte. Unterricht. In: Ahrbeck, B. & Willmann, M. (Hrsg.): Pädagogik bei Verhaltensstörungen. Stuttgart, 258–268.

Stein, R. (2011): Pädagogik bei Verhaltensstörungen – zwischen Inklusion und Intensivangeboten. In: Zeitschrift für Heilpädagogik, 62 (9), 324–337.

Vernooij, M. & Wittrock, M. (2011): Subjektorientierung und Kooperative Beratung im Arbeitsfeld einer Pädagogik bei Verhaltensstörungen heute. Ort.

Von Kardorff, E. (2010): Erklärungsansätze und theoretische Perspektiven. Soziologie. In: Ahrbeck, B. & Willmann, M. (Hrsg.): Pädagogik bei Verhaltensstörungen. Stuttgart, 86–94.

Wie man durch hundegestützte Pädagogik erzieherische Ziele erreicht

Kooperative Verhaltens-Modifikation mit Hund – zur Regulation von externalisierenden Verhaltensweisen

Viola Liebich

1   Einleitende Worte – Problemstellung

Die Bedeutung des Themas »Verhaltensregulation durch spezifische Maßnahmen« ist im pädagogischen Kontext wichtiger denn je. Gegenüber »früheren Zeiten« besteht heute ein steigender Bedarf an Unterstützungsmaßnahmen. Maßnahmen zur Verhaltensregulation sind daher eine wichtige Aufgabe des Lehrers und werden in der KMK-Empfehlung (1991) als Bestandteil gängiger Schulpraxis gefordert.

»Therapieresistent« und »unerreichbar« werden verhaltensauffällige Kinder oft genannt, die viele Angebote und Institutionen erfolglos – aber nicht spurlos – hinter sich gebracht haben. Eine tragfähige Beziehung zu diesen Kindern aufzubauen, ist immanent wichtig und oft schier unmöglich.

»Wege entstehen beim Gehen.« (Franz Kafka)

Auch ich musste feststellen, dass Maßnahmen zur Verhaltensregulation unabdingbar für das Gelingen von Unterricht sind. So probierte ich vieles, immer in der Hoffnung, den richtigen Zugang zu jedem Kind zu finden. Schließlich bin ich gemeinsam mit den Schülern auf einen Weg gestoßen, der im vorliegenden Beitrag näher beschrieben werden soll.

Im Zuge des Themas Haustiere brachte ich meinen Hund mit in die Schule. Die Kinder waren begeistert, dass der Hund »ohne Worte« hören konnte und lernten mit Eifer alles »rund um den Hund«, um am Ende der Einheit ihr erlerntes Wissen mit dem »Realgegenstand« zu vertiefen.

In Gesprächen über die Klassensituation und die Auswirkungen von spezifischen Verhaltensweisen einiger Kinder waren die Kinder der Meinung, dass es ihnen auch leichter fallen würde, wenn sie (wie der Hund) ohne Worte dabei unterstützt werden würden, sich besser zu regulieren. Auf die Frage: »Meint ihr wirklich, dass ihr ohne Worte genauso gut wie der Hund hören könntet?« antworteten alle Kinder ausnahmslos mit »Ja!«. Der Ehrgeiz hatte sie gepackt, dieses Ziel anzugehen. Es wurde besprochen, wie das Vorhaben geplant werden kann, welche Wünsche, Bedingungen und Ideen alle Beteiligten einbringen und wie die Verhaltensauswertung bzw. die »Belohnung« für das Einhalten der vereinbarten Ziele aussehen könnte. Für die Kinder war der größte Wunsch: »Der Hund soll wiederkommen!«. Die regelmäßige Anwesenheit des Hundes sollte als positiver Verstärker, sozusagen der »Verdienst« für die Anstrengungen, Schritte zum Ziel selbst zu beschreiten, fungieren. Damit hatten die Schüler die Intervention und die Motivationsquelle, Zeit mit dem Hund zu verbringen, selbst gewählt. Ich war ihr »Begleiter« beim Beschreiten des Weges und eine helfende Hand, die die Kinder führte. So entstand die gemeinsame Idee, die mit der Planung (▶ **Kap. 3.4.2**) und Umsetzung der KVM-H (Kooperative Verhaltens-Modifikation – mit Hund) (▶ **Kap. 3.4.3**) verwirklicht wurde.

Ein Schwerpunkt meiner Arbeit ist zu verdeutlichen, inwieweit die mit den Schülern erarbeitete Intervention (KVM-H) zur *»Verhaltensregulation von externalisierenden Verhaltensweisen«*, im Speziellen die spezifische daraus hervorgegangene nonverbale Kommunikation, auf das problematische Verhalten der Schüler wirkt.

Die Wirkung hundegestützter Interventionen wurde bereits in einigen Projekten und Untersuchungen herausgehoben. Ergebnisse, in denen ein strukturiertes Verhaltenstraining in Verbindung mit einer nonverbalen Form der Verhaltensregulation mithilfe des Hundes favorisiert wird, gibt es bis dato allerdings nicht. Über einen Zeitraum von drei Monaten wurde die Intervention erprobt und evaluiert. Im Anschluss daran wurde die Intervention mit weiteren drei Klassen durchgeführt. An der Auswertung der Ergebnisse bezüglich der Wirksamkeit wird gerade gearbeitet.

2 Theoretische Grundlagen

»Der Mensch fühlt das mächtige Bedürfnis, unabhängig und autonom zu sein, [...] gleichzeitig aber wirkt in ihm der ebenso starke konkurrierende Wunsch, Mitglied einer Gruppe zu sein, geliebt und akzeptiert zu werden, sich zu fügen und anzupassen« (Krech & Crutchfield 1971, zit. n. Kirsten & Vopel 2000, 191).

Das so wichtige Gefühl des Angenommen- und Wertvollseins ist eines, das Kinder mit dem Förderschwerpunkt sozial-emotionale Entwicklung (vgl. Mutzeck 2000, 24) nur selten haben. Daraus resultiert ein geringes Selbstwertgefühl (Näheres in: Krause, Wiesmann & Hannich 2004, 123) und ein unzureichendes Maß an Selbstachtung. Daraus entstehende Interaktionsprobleme mit anderen Menschen können dazu beitragen, dass ihre Verhaltensauffälligkeiten aufrechterhalten oder sogar verstärkt werden (Trautmann et. al. 2001, 263). Zumeist verlagern die betreffenden Kinder das als störend empfundene Verhalten nach außen (externalisierende Störungen), nur selten wird das »abweichende« Verhalten in die Innenwelt einer Person (internalisierende Störungen) verlagert (vgl. Mutzeck 2000, 34 f.).

Um Schüler mit Verhaltensauffälligkeiten in ihrem Selbstwertgefühl zu stärken, müssen sie mündig gemacht werden. Sie können an problematischen Verhaltensweisen nur etwas verändern, wenn sie an den Methoden der Veränderung Mitspracherecht haben und diese wirklich umsetzen wollen. Dafür müssen ihre

Ideen berücksichtigt werden, wie es mit dem Modell der Kooperativen Verhaltens-Modifikation (KVM) verwirklicht werden kann.

2.1 Kooperative Verhaltens-Modifikation (KVM)

Das Modell der Kooperativen Verhaltens-Modifikation (KVM) von Redlich & Schley (1978) versucht, die sozialen Beziehungen und das Verhalten in der Lerngruppe zu verbessern.

Grundlagen der Kooperativen Verhaltens-Modifikation

Zu den grundlegenden Prinzipien der Verhaltens-Modifikation gehören die Lerntheorien der klassischen Konditionierung und der operanten Konditionierung, sowie das Lernen am Modell (vgl. Mutzeck 2000, 236 ff.). Das Adjektiv »kooperativ« verdeutlicht die Weiterentwicklung des klassischen Modells der Verhaltensmodifikation.

Erziehung und Unterricht gelten hierbei »als unablässige Folge von Problemlösungsprozessen« (Schley 1989, 546), die »den Lehrer als pädagogischen Problemlöser« (Schley 1989, 547) in seinen Kompetenzen herausfordert. Aufgrund der Komplexität der auftretenden Probleme erscheint die Hilfe und Beratung zur Problemlösung unabdingbar notwendig. Es ist sinnvoll und oft von größerer Effektivität, wenn man die betreffenden Kinder in die Planung und Durchführung einer Verhaltensmodifikation soweit wie möglich mit einbezieht (vgl. Mutzeck 2000, 254).

Um effektive Interventionen mit den Schülern zu entwickeln, müssen sie systemisch entwickelt werden, denn weder lassen sich einzelne Probleme aus dem Zusammenhang herausnehmen, noch durch einzelne Faktoren begründen (vgl. Schley 1989, 550). Notwendig ist ein Denken in netzartigen Strukturen (vgl. Dörner 1983, 23).

Schritte und Ziele der Kooperativen Verhaltens-Modifikation

Die KVM untergliedert sich in drei Hauptphasen mit kooperativem Charakter. Zunächst wird das Problem von den Beteiligten definiert und umrissen (Diagnose). Danach werden neben der Sammlung von Lösungen auch Ziele festgelegt und Vereinbarungen getroffen (Planung). Die kooperative Intervention umfasst die Umsetzung der Absprachen und die Einübung der Verhaltensweisen (Intervention) durch die Schüler und den Lehrer (Fesler 2006, 59).

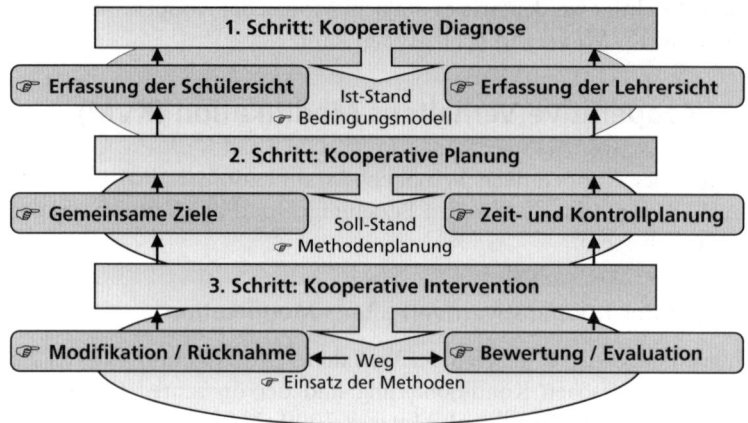

Abb. 1: Schritte der Kooperativen Verhaltens-Modifikation (nach Redlich & Schley 1978)

Die KVM zielt darauf ab, Interaktionen zwischen Lehrern und Schülern zu verändern. Dabei legt nicht der Lehrer allein fest, was »erwünscht« ist. Das tun alle Beteiligten gemeinsam im Sinne eines Konsenses. Die Schüler sind für die Veränderung ihrer Verhaltensweisen mitverantwortlich und wichtig; sozusagen eine kooperative Übereinkunft über Ziele, Methoden und Umsetzung der Interventionen. Dazu gehört auch die kooperative Bewertung (Selbstbewertung) des Interventionserfolges aller vor und nach der Intervention.

Für die Erreichung der gesetzten Ziele ist es ebenso wichtig, dass die lehrende Person über eine positive *Form der Gesprächsführung* (▶ **Abb. 2**) den Interventionsprozess anleitet.

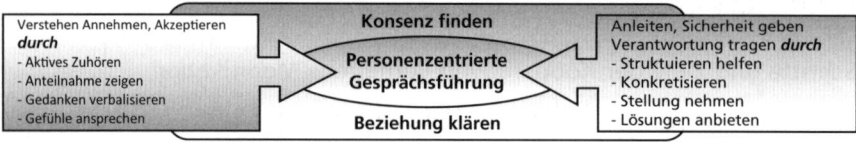

Abb. 2: Formen positiver/personzentrierter Gesprächsführung (nach Mutzeck 2005, 81 f.)

Dazu bedarf es einer umfassenden systemischen Sicht auf die Schüler und eines bestimmten *Menschenbildes*, was den Umgang mit ihnen in besonderer Weise beeinflusst.

> »Nimmst du jemanden, wie er ist, wird er bleiben, wie er ist, aber gehst du mit ihm um, als ob er wäre, was er sein könnte, wird er zu dem werden, was er sein könnte.« (Goethe)

Demnach ist jedes Kind, egal mit welchen Voraussetzungen es in die Schule kommt, imstande, durch einen entsprechend wertschätzenden Umgang und das Vertrauen des Pädagogen in dessen potenziell vorhandene Fähigkeiten und Kompetenzen, zu werden und zu wachsen.

Die mit den Kindern erarbeitete Intervention orientiert sich stark am humanistischen Menschenbild (vgl. Rogers 1978, in: Sander 1999, 46). Die grundlegenden Fähigkeiten des Denkens, Wollens, Entscheidens, Fühlens, Sprechens und Handelns werden jedem Kind als potenziell vorhanden zuerkannt (vgl. Mutzeck 2005, 49 f.). Weiterführende Gedanken dazu sind u. a. in Mutzeck (2005; 1988), in Buddrus et al. (1995), in Rogers (1994) u. v. m. nachzulesen.

2.2 Hunde-(/Tier-)gestützte Pädagogik

Seit 1969 gibt es Publikationen, in denen tiergestützte Interventionen und die Einsatzmöglichkeiten von Tieren als Kotherapeuten untersucht werden. Das Buch des amerikanischen Kinderpsychotherapeuten Boris M. Levinson stieß erste Experimente, Versuchsreihen und Dokumentationen über die heilsame Wirkung der Tiere an (Näheres dazu in: Agsten 2009, 21). Seit 1990 gibt es den IAHAIO (Internationaler Dachverband für die Erforschung der Mensch-Tier-Beziehung), der weltweit den Austausch wissenschaftlicher Erkenntnisse fördert (Röger-Lakenbrink, in: Agsten 2009, 22).

In Deutschland ist die Arbeit mit Tieren erst in den letzen zwei Jahrzehnten in den Blick der Wissenschaft gerückt. Im Jahre 2000 ist eine wachsende Anzahl von Vereinen, Verbänden und Institutionen entstanden, die sich mit der Ausbildung von Therapiehunden beschäftigen. Eine einheitliche Basis der Inhalte der Ausbildung ist allerdings bis heute nicht entstanden (Röger-Lakenbrink 2007, 16, in: Agsten 2009, 23). Die hundegestützte Pädagogik in der Schule begann mit den Berichten von Bernd Retzlaf und seiner Labradorhündin 2002 (Näheres dazu u. a. in: Agsten 2009, 31 f.).

Julia Volk stellte mit ihrer Forschungsgruppe zum Thema »Einsatz von Schulhunden in Deutschland« einen kontinuierlichen Anstieg der Schulhunde fest (Volk 2007, 30). Es gibt aber nur wenige Schulhunde in Deutschland, die pädagogische Helfer an Schulen mit dem Förderschwerpunkt sozial-emotionale Entwicklung sind (vgl. Agsten 2009, 124).

Begrifflichkeiten und Ziele der hundegestützten Pädagogik

Hundegestützte Pädagogik im Speziellen zielt auf einen bestimmten Entwicklungs- und Lernfortschritt von Schülern. Es werden hundegestützte Aktivitäten ausgeführt, um Erziehungs-, Motivations- und/oder Lernziele zu erreichen. Das Tier ist dabei Teil des pädagogischen Konzepts und agiert als Kopädagoge. Hundegestützte Pädagogik hat präzise festgelegte Ziele und die durch Aktivitäten erzielten Effekte müssen dokumentiert werden. Dabei soll der Hund als ein Mittel eingesetzt werden, nicht aber als das einzige. Er fungiert auf natürliche Art als Botschafter zwischen Zielgruppe und Pädagoge. Er kann Spielgefährte und Vermittler von Regeln zugleich sein.

Untersuchungen von Britta Ortbauer bezüglich der sozialen Integration von Kindern in Schulklassen haben ergeben, dass schon die regelmäßige Anwesenheit eines Hundes im Klassenverband erstaunliche Veränderungen bewirkt: Schüler gehen lieber zur Schule, Außenseiter werden aus ihrer Isolation geholt, Auffälligkeiten reduzieren sich und positive Sozialkontakte werden gefördert (vgl. Ortbauer 2001, 38 f.). Unbedingte Voraussetzung für eine effektive und tiergerechte, hundegestützte Intervention ist eine verantwortungsvolle Hundehaltung. Zudem müssen bestimmte Bedingungen erfüllt sein (vgl. ▸ Kap. 3.4.2), denn: »Das Verhalten eines Tieres ist immer so gut, wie das Verhalten des Besitzers an seiner Seite.« (Otterstedt 2001, 92).

Hundegestützte Pädagogik bei Kindern mit Verhaltensauffälligkeiten

Ein Kennzeichen verhaltensauffälliger Kinder ist, dass sie aufgrund ihrer Erfahrungen für Schule und Unterricht oft nicht mehr zugänglich sind. So erleben sie nur selten, dass liebevolles Verhalten positive Reaktionen hervorruft. Dies ist aber die Voraussetzung, um soziale Beziehungen zu knüpfen und aufrecht zu erhalten. Unter Berücksichtigung der Tatsache, dass Menschen als soziale Wesen auf soziale Bindungen angewiesen sind (vgl. Fengler & Jansen 1999, 191), wird offensichtlich, in welcher Situation sich diese Kinder befinden. Auf eine der wichtigsten Bedingungen für die psychische Gesundheit des Menschen – die zwischenmenschliche Beziehung – können sie oft nicht zurückgreifen (vgl. Tausch & Tausch 1991, 13).

Zunächst muss demnach ein Weg gefunden werden, der die Bereitschaft und das Interesse weckt. Es stellt sich zum einen die Frage: »Wer bringt, wenn es ihm schlecht geht, die Kraft auf, sein Verhalten von Grund auf zu ändern?« (Kursztrich 1992, 72). Zum anderen können gerade diese Kinder Hilfen oft nicht annehmen (vgl. Fengler & Jansen 1999, 210). Im Hinblick auf die pädagogische Erreichbarkeit verhaltensauffälliger Kinder kann der Hund als Vermittler fungieren, um die so notwendige Beziehung zwischen Kind und Pädagogen zu ermöglichen und zu vertiefen.

In der Interaktion mit dem Tier ergeben sich Gelegenheiten, Empathie zu spüren. Es hat sich gezeigt, dass selbst »dissoziale« Kinder sich auf »Beziehungen« mit Hunden einlassen, die Sensibilität und emotionale Wärme ermöglichen (vgl. Vanek-Gullner 2007, 8). Allein der Körperkontakt mit dem Hund beruhigt. Studien belegen, dass sich beim Streicheln des Hundes der Blutdruck senkt und die Herzfrequenz erhöht wird (vgl. Greifenhagen 1991, 48). Zur Ruhe kommen ist für verhaltensauffällige Kinder von zentraler Bedeutung, da sie meist zu wenig Zugang zu ihren Bedürfnissen, vor allem dem nach Zuneigung, haben (vgl. Vanek-Gullner 2007, 10). Auch auf die Stimmung, im Besonderen die Freude, hat ein Hund Einfluss. Es wurde bestätigt, dass Hunde eine gedrückte Atmosphäre durchbrechen können, indem sie die Aufmerksamkeit auf sich ziehen. Insbesondere das gemeinsame Spiel berührt Kinderherzen und beschert Glücksgefühle (vgl. Claus 2000, 15).

Empirische Untersuchungen belegen, dass Hunde neue Wege eröffnen, sicherer mit sozialen Anforderungen umzugehen. Im Speziellen verbessert sich durch den regelmäßigen Umgang mit einem Hund die soziale Kontaktfähigkeit (Ortbauer 2001, 64 f.).

Der Umgang mit Aggressionen wird hierbei von Vanek-Gullner (2007, 12 f.) thematisiert.

Je seltener Hundebesuche stattfinden, desto eher kommt der »Wert des Besonderen« dem Erfolg des Projektes zugute (vgl. Vanek-Gullner 2007, 19). Jedoch ist nicht jeder Hund für den Einsatz in der Schule geeignet, da er bestimmte Voraussetzungen (▶ **Kap. 3.4.2**) erfüllen muss. Zudem erfordert die Arbeit mit dem Hund im Praxisfeld Schule eine genaue Konzeptausarbeitung (▶ **Kap. 3.4.2**) und Evaluation (▶ **Kap. 3.4.4**).

3 Das Verhaltenstraining mit Hund

3.1 Fragestellungen

Aus der in der Einleitung genannten Problemstellung gehen folgende Fragestellungen hervor:

> 1 Welche Wirkung hat die erarbeitete Intervention mit Hund (Verhaltenstraining) auf die Kinder mit externalisierenden Verhaltensweisen über den Zeitraum von drei Monaten?
> 2 Welche Wirkung hat die damit einhergehende nonverbale Kommunikation auf das Erleben des Unterrichts?
>   a Ist es möglich, durch die nonverbale Kommunikationsstruktur zur Verhaltensregulation, eine Veränderung externalisierender Verhaltensweisen zu erreichen?
>   b Welche Auswirkungen haben mögliche Veränderungen auf das Klassenklima/die Klassensituation?
>   c Welche Bedingungen, während des Interventionsprozesses, werden von den Kindern bzw. den Pädagogen, als entscheidend für eine Veränderung angesehen?

3.2 Ablauf der Datenerhebung, Erhebungsinstrumente und Auswertungsmethoden

Bei der Erhebung der Daten kamen qualitative und quantitative Verfahren zum Einsatz (Näheres in: Liebich 2010, 13). Qualitative Verfahren wurden angewandt, um die subjektiven Anteile der einzelnen Interaktionspartner zu erfassen. Mit quantitativen Verfahren wurden die externalisierenden Verhaltensweisen spezifiziert und in ihrer Häufigkeit und Ausprägung erfasst.

Die Datenerhebung erfolgt in drei Phasen: (1) Ist-Stand-Analyse, (2) kooperative Planung und Erprobung der Intervention (KVM-H) und (3) Bewertung der Intervention. Daraus ergibt sich eine spezielle Phasenabfolge (A1 – B – A2) (Liebich

2010, 13). In diesem Rahmen wird »nur« die Wirkung der Intervention an sich beschrieben. Dies ist der Tatsache geschuldet, dass die KVM-H und ihre Nachhaltigkeit bis zum heutigen Tag in einer Langzeituntersuchung evaluiert werden.

3.3 Stichprobe – Die Klasse 2

In der Klasse lernen, im Zeitraum KVM-H, sieben Jungen im Alter von 7 bis 10 Jahren (Näheres in: Liebich 2010, 13 f.). Mit der Umsetzung des Schulkonzeptes (Klassenleiterprinzip) ist es möglich, den Unterricht fächerübergreifend zu gestalten und im Zuge dessen die Stunden variabel zu legen.

3.4 Kooperative Verhaltens-Modifikation mithilfe des Hundes (KVM-H)

Angebahnt wurde die KVM-H durch die Begegnung mit dem Realgegenstand (Hund) im Zuge des Sachunterrichtes. Die Kinder waren begeistert davon, dass der Hund von ihnen nonverbal reguliert werden kann. Die Pädagogen der Klasse bemerkten schnell, dass das Tier den Kindern gut tut und als »positiver Erzieher« sozusagen als »Lehrer auf vier Pfoten« schneller und unvoreingenommener von den Kindern akzeptiert wird, als es einem anderen Lehrer je gelingen kann.

Die Kinder waren davon überzeugt, dass sie es auch besser schaffen würden, sich zu regulieren, wenn sie »ohne Worte« auf Fehler hingewiesen werden würden. Die Idee der Intervention war demnach die der Kinder. Sie erforderte eine gemeinsame Planung des Trainings (KVM-H) und eine besondere, am Hund orientierte, nonverbale Kommunikation, die allerdings aus ethischen Gründen nicht eins zu eins der Kommunikation mit dem Hund gleichgesetzt werden kann, aber sich sehr stark daran (und damit am Wunsch der Kinder) orientiert.

Kooperative Diagnose des Problems (vor der Intervention)

Das Thema »Klassengemeinschaft« und Möglichkeiten des angemessenen Umgangs miteinander wurden durch den Einsatz des Hundes angebahnt. Über intensive Gespräche und den gemeinsamen Austausch wurde herausgestellt, dass spezifische Verhaltensweisen von Schülern die Unterrichtsprozesse derart negativ beeinflussten, dass das Unterrichten und das Zusammenleben im Klassengefüge nicht zufriedenstellend vonstatten gingen. Am störendsten empfanden alle Kinder der Klasse die ständigen Zwischenrufe, die Nebentätigkeiten, das Umherlaufen im Raum, die körperlichen Auseinandersetzungen und das Verweigern von Aufgaben einiger Schüler.

Einschätzung der Klassensituation durch die Schüler

Insgesamt wurden die externalisierenden Verhaltensweisen während der Diagnose-Phase (A1) von den Schülern und Lehrern beobachtet und eingeschätzt (Liebich 2010, 15 f.).

Es zeigte sich, dass die Schüler die als störend empfundenen Verhaltensweisen kontinuierlich oft einsetzten. Dies geht auch aus dem Fragebogen zur Klassensituation (Liebich 2010, 44) hervor. Die Schüler fühlten sich in ihrer Klassengemeinschaft nur selten wohl. Sie waren unzufrieden und wünschten sich eine Verbesserung der Situation. Dafür spricht auch, dass alle motiviert waren, an einer Veränderung mitzuarbeiten (Liebich 2010, 15 f.). Um die Verhaltensweisen der einzelnen Schüler zu konkretisieren, wurden diese durch die Pädagogen und durch sich selbst eingeschätzt.

Einschätzung des Schülerverhaltens durch die Pädagogen

Mit einem Schülerverhaltens-Screening (SVS) (Fingerle & Mutzeck 1997, in: Mutzeck 2000, 136 f.) und in individuellen Gesprächen haben die Pädagogen der Klasse die Verhaltensweisen der einzelnen Schüler eingeschätzt. Deutlich wurde, dass alle Kinder der Stichprobe im Bereich externalisierende Störungen von allen Pädagogen, unabhängig voneinander, als auffällig eingeschätzt wurden (Liebich 2010, 16 f.). Um die Belastung der Pädagogen durch die Problemsituation und deren Motivation, an einer Veränderung mitzuwirken, zu ermitteln, wurden diese Aspekte mit einem Skalenwert von 1 bis 10 erfragt. Mit den ermittelten Skalenwerten zwischen 8 und 6 empfanden alle Pädagogen die Situation in der Klasse belastend. Ihre Motivation, am Problem mit den Schülern intensiv zu arbeiten, schätzten alle auf der vorgegebenen Intensitätsskala (1–10) mit einem Wert von neun bis zehn als sehr motiviert ein. Zudem herrschte Sicherheit darüber, dass jeder seinen Teil dazu leisten muss (Liebich 2010, 17).

Problematische Verhaltensweisen aus Sicht der einzelnen Schüler (Verhaltensziele)

Mit den Schülern mit spezifischen externalisierenden Verhaltensweisen wurde nochmals ein individuelles Gespräch geführt, in dem erörtert wurde, was das einzelne Kind selbst am meisten stört und woran es demnach arbeiten möchte. Die Schüler räumten ein, dass ihnen bewusst sei, dass sie oft unangepasst reagieren. Sie konkretisierten ihre Ziele und schätzten ein, wie oft sie diese derzeit einhalten können (Näheres in: Liebich 2010, 18).

Planungsphase der Intervention

Angebahnt wurde die Intervention durch die intensive Auseinandersetzung der Kinder mit dem Tier. Sie lernten mit dem Hund umzugehen und sein Verhalten zu deuten. Der Nachweis des »Expertenwissens« in diesem Bereich, war die Voraussetzung für die Teilnahme am Hundetraining (Liebich 2010, 37 f.).

Rahmenbedingungen für das Durchführen der KVM mit Hund (KVM-H)

Als Grundlage für die Planung der Intervention mit Hund wurden zunächst Rahmenbedingungen für die KVM-H transparent gemacht. Die Einverständniserklärung der Eltern, der Pädagogen und des Direktors und der gemeinsam verfasste Vertrag bestimmten die »Teilnahmebedingungen«. In einer Gesamtkonferenz wurde ergänzend durch alle Beteiligten (Elternvertreter, Schülervertreter, Kollegium, Schulleitung etc.) einstimmig beschlossen, dass der Hund eingesetzt werden darf.

Für die Schüler bedeutet eine bewusste Missachtung der vertraglich festgelegten Regeln, die sie selbst aufgestellt haben, dass sie nicht genügend Verantwortung für den Umgang mit dem Tier bewiesen haben. Dies zieht automatisch den kompletten oder teilweisen Ausschluss vom Hundetag nach sich, was durch das Drei-Pädagogen-System verwirklicht werden kann. Diese harte Konsequenz wird im Zusammenhang mit den Regeln verdeutlicht. Der Hund und der individuelle Umgang mit dem Tier fungieren als Aktivitätsverstärker bzw. Motivationshilfe.

Zudem sollte der Hund über folgende Qualifikationen verfügen:

- sicherer Grundgehorsam,
- ein Wesenstest, der den Hund als »ungefährlich« im Umgang mit Kindern attestiert,
- hohe Belastbarkeit des Hundes (Lärm, Regulation etc.),
- frühzeitiger Kontakt des Tieres zu Menschenmengen und
- eine hohe Toleranzschwelle des Hundes (vor allem gegenüber wenig zurückhaltenden Kindern).

Auch die Gesundheit des Hundes muss regelmäßig abgeklärt werden. Dazu gehören vor allem ein aktueller Impfstatus und die regelmäßige Entwurmung. Es erweist sich auch als notwendig, eine fundierte Hundehalterhaftpflicht abzuschließen. Aber nicht nur der Hund, sondern auch sein Ausbilder sollte sein Handwerk verstehen, damit eine gewinnbringende Arbeit im Praxisfeld Schule stattfinden kann (vgl. Vanek-Gullner 2007, 29). Er benötigt Kenntnisse über sein Tier und theoretisch (Bereich Pädagogik/Psychologie) wie auch praktisch fundiertes Wissen.

Erstellung des Trainings-(Interventions-)Planes

Bei der Umsetzung der KVM-H sollte versucht werden das Intervall für die nonverbale Verhaltensregulation im Unterricht einzuhalten (zwei Wochen). Aus organisatorischen Gründen konnte dieses nicht immer taggenau eingehalten werden. Es ergab sich aber nie eine Abweichung von mehr als zwei Tagen. Dies ist der intensiven Kooperation der Pädagogen untereinander zu verdanken, die mir immer den Rücken für die Hundetrainingstage freihalten und stets Mehraufwand in Kauf nehmen.

Das Verhaltenstraining mit Hund

Tab. 1: Zeit- und Interventionsplan der KVM-H

Termine	Schwerpunkt	Themen	Verhaltensregulation
1. Einheit	Erste Begegnung mit dem Hund, Kennenlernen + Abbau von Berührungsängsten »Hundeexpertenabzeichen«	Laut- und Körpersprache des Hundes, Hundeerziehung und Kommandos + Wiederholung der Regeln (Umgang mit dem Hund)	=> nur über die Anwesenheit des Tieres => Einbezug der Ideen der Kinder
	Planung der Intervention – Entwurf des Tokenplanes		
	- Kinder erarbeiten die nonverbale Kommunikation ▶ Tab. 2 + Aktivitätsverstärker ▶ Tab. 3 - Namensvorschläge (ohne Worte), Handzeichen mit Hund, Be cool mit Hund, Kommandos für Kids => Abstimmung => Mehrzahl entscheidet »**Kommandos für Kids**«		
2. Einheit Baseline A1 (Ist-Stand)	Annäherung an den Hund > Ist-Stand-Analyse und Heranführung der Kinder an die KVM-H	Aufhängen des Tokenplanes > Erprobung/Einübung der Kommandos > Individualzeit	> nonverbale Regulation im Unterricht > Ziele > 2 Wochen Erprobung
3. Einheit (Training) Intervention	Positive Verstärkung der Kinder durch Einlösen der Token > Trainingstag } Qualitätszeit mit Hund ▶ Tab. 3	Selbstwertförderung	> nonverbale Regulation im Unterricht (2 Wochen)
4. Einheit (Training) Intervention	Positive Verstärkung der Kinder durch Einlösen der Token > Trainingstag } Qualitätszeit mit Hund ▶ Tab. 3	Gefühle	> nonverbale Regulation im Unterricht (2 Wochen)
5. Einheit (Training) Intervention	Positive Verstärkung der Kinder durch Einlösen der Token> Trainingstag } Qualitätszeit mit Hund ▶ Tab. 3	Interaktion und Kooperation miteinander	> nonverbale Regulation im Unterricht (2 Wochen)

Termine	Schwerpunkt	Themen	Verhaltensregulation
6. Einheit (Training) Intervention	Positive Verstärkung der Kinder durch Einlösen der Token > Trainingstag } Qualitätszeit mit Hund ▶ Tab. 3	Konfliktlösung	> nonverbale Regulation im Unterricht (2 Wochen)
7. Einheit Baseline A (Ist-Stand)	Abschlussbewertung aus Lehrer- und Schülersicht – Beantwortung der Fragestellungen – Auswertung	**Befindlichkeiten der Beteiligten** Was hat das Hundetraining gebracht? Hat sich etwas verändert? Wurden die Ziele erreicht?	Welche Bedingungen sind wichtig? > Fortführung der Intervention

Kooperative Entwicklung der Intervention

Aus dem Ziel der Kinder, mit einer Form der nonverbalen Kommunikation »genauso gut« wie der Hund »ohne Worte« hören zu können, entstanden spezielle Handzeichen für die Verhaltensregulation im Unterricht. Die Schüler überlegten gemeinsam mit dem Pädagogenteam, welche Zeichen sie für sinnvoll erachten. Anschließend wurde darüber abgestimmt. An der nonverbalen Kommunikation zur Regulation des Hundes orientiert, entstanden folgende sechs »Kommandos für Kids«:

Tab. 2: Nonverbale Kommunikation »Kommandos für Kids«

Handzeichen	Erklärung/Bedeutung	Handzeichen	Erklärung/Bedeutung
Ich freu mich. LOB	**Ich freue mich über dich** Daumen hoch und nach rechts und links bewegen (wurde vereinbart als direkte positive Verstärkung, immer, wenn dem Kind in Bezug auf seine Ziele etwas gut gelingt) > abgeleitet von Freude beim Hund: mit gehobenem Schwanz wackeln	Es ist ZU LAUT!	**Du bist (ihr seid) zu laut!** Namen des Kindes (oder „Kids" – für alle) nennen > beide Ohren mit den Händen zuhalten (wurde vereinbart, um Zwischenrufe (Gespräche) zu regulieren) > abgeleitet davon, dass der Hund die Ohren anlegt, wenn es zu laut ist)
Setz dich. SITZ!	**Setz dich bitte /an den Platz)!** Zeigefinger der rechten Hand zeigt nach oben in Richtung des Kindes (wurde vereinbart, um das Umherlaufen im Raum zu regulieren) > der Hund setzt sich auf dasselbe Handzeichen	Es reicht. AUS!	**Leg das weg! Lass das! Es reicht!** Hände übereinander legen und die Verschränkung der Hände durch Auseinanderziehen auflösen (wurde vereinbart um Provokationen und Nebentätigkeiten zu regulieren) > der Hund macht „Aus"
Komm HIER her.	**Komm bitte her!** Zeigefinger nach unten in Richtung des Kindes (wurde vereinbart, um Kinder „zu rufen" oder ohne Diskussionen zu bitten, mit nach draußen zu kommen etc.) > der Hund kommt auch auf dieses Zeichen heran	Lass mich. BLEIB!	**Lass mich in Ruhe! Bleib! Fass mich nicht an!** Offene Hand dem Kind entgegengestreckt (wurde vereinbart, um Auseinandersetzungen zu regulieren) > der Hund bleibt am Platz, den man ihm zuweist, wenn man das Zeichen zeigt

Muss verhaltensregulatorisch eingegriffen werden, wird der Name des betreffenden Kindes (oder, wenn es mehrere betrifft, das Wort »Kids«) genannt und die entsprechende Geste gemacht.

Im Anschluss daran wurde von den Kindern (mit den Pädagogen) beraten, welche Möglichkeiten der »Belohnung« in Aussicht gestellt werden, wenn es die Kinder schaffen sich »ohne Worte« zu regulieren. Dabei wurden vier Aktivitäten mit Hund favorisiert, die am Hundetag als Token für gute Verhaltensregulation eingelöst werden dürfen.

An den Tagen der nonverbalen Verhaltensregulation können sich die Schüler individuelle Zeit mit Hund verdienen. Gekoppelt an das Bewertungssystem sammeln die Schüler täglich Verhaltenspunkte. Für jede Stunde (+ Pause) können sie sich einen Punkt verdienen. Vom ganzen Punkt aus findet eine Abstufung statt: Wenn das Kind sich nicht den geltenden Klassenregeln entsprechend (Leise sein!; Mitarbeiten!; Zuhören!; Melden!; Zusammenhalten!) verhält: Bei leichten Verstößen gibt es halbe Punkte, bei großen Schwierigkeiten einen Strich und bei aggressiven Ausbrüchen einen roten Punkt (vgl. Liebich 2010, 23).

Um eine Individualzeitkarte zu verdienen, dürfen sie höchstens zwei halbe Punkte am Tag haben. Welche Individualzeit sie wollen, wählen sie selbst aus.

Tab. 3: Individualzeit und Bedeutung (der Belohnungskarten)

Individualität	Bedeutung (der Belohnungskarten)
	Kuschelzeit mit Hund > das Kind darf (ca.) 2 Min. allein mit dem Hund kuscheln
	Kommandos und Leckerlies > das Kind darf mit dem Hund Kommandos üben und bekommt Leckerlies für ihn
	Führen an der Leine > das Kind führt den Hund allein beim Spaziergang (bzw. führt an der langen Leine die ganze Klasse)
	Spielzeit mit dem Hund > das Kind erhält beim Spaziergang ein Spielzeug, mit dem es mit dem Hund spielen darf (3-mal werfen)

Ein wöchentlich gewählter Planverantwortlicher teilt die Karten aus. Diese werden am Tokenplan befestigt und dürften am Hundetrainingstag eingelöst werden (Liebich 2010, 40). Bei Erkrankung eines Kindes besteht die Möglichkeit, sich durch zwei Tage vorbildhaftes Verhalten eine Extrazeit mit dem Hund zu verdienen. Aufgrund der begrenzten Anzahl möglicher Token ist sichergestellt, dass jeder Schüler am Hundetag alle Karten einlösen kann. Zudem wird der besondere Wert der Individualzeit mit Hund dadurch deutlich.

In regelmäßigen Abständen werden demnach Hundetrainingstage organisiert. Diese Tage haben eine festgelegte Struktur. So können die Kinder abschätzen, was auf sie zukommt.

Der Hundetrainingstag wird in sechs Phasen unterteilt:

Tab. 4: Ablaufplan des Hundetrainingstages

Phase	Inhalte
1 Einstieg (ca. 8:00–8:20 Uhr)	• Begrüßung durch den Hund => Lehrer geht mit dem Hund herum und lässt den Hund bei jedem »Pfötchen« geben (individuelle Begrüßung) Fahrplan für den Hundetag (Tafel) > Transparenz • gemeinsame Einschätzung der Verhaltensentwicklung (Belobigungen) – ein Schüler darf dem Hund das Futter reichen, eins stellt frisches Wasser bereit
2 Kommandos (ca. 8:20–9:00 Uhr)	• Kommandos werden wiederholt => jedes Kind darf die Kommandos ausführen (Ohren zuhalten nicht > Sonderkommando > laut sein tun wir dem Hund nicht an) • dient der Wiederholung und emotionalen Verknüpfung der Bedeutung der nonverbalen im laufenden Unterricht • steigert das Selbstbewusstsein der Kinder
3 Sozial- emotionales Lernen (ca. 9:15–10:30 Uhr)	• in Anwesenheit des Hundes sollen die Schüler lernen, angemessener miteinander umzugehen Einführung/Theorie (ca. 9:15–9:30 Uhr) + Praktische Übung (ca. 9:45–10:30 Uhr) • angeleitetes sozial-emotionales Lernen (je eine Sequenz) in den Bereichen: (1) Selbstwertförderung, (2) Gefühle, (3) Interaktion/Kooperation und (4) Konfliktlösung
4 Praxiseinheit im Freien (ca. 10:30–11:35 Uhr)	Kinder lösen wahlweise drinnen oder draußen ihre gesammelten Token (▶ Tab. 3) ein (Kuscheln/Kommandos kann auch vorher eingelöst werden) • jedes Kind hat den Hund eine gewisse Zeit ganz für sich • beim gemeinsamen Spaziergang halten sich alle Kinder »an einem Strang« fest (lange Hundeleine) • die Führung wechselt unter denen, die sich das Führen verdient haben (die Kinder führen damit nicht nur den Hund, sondern auch ihre gesamte Klasse)
5 Reflexion/ Auswertung (ca. 12:00–12:30 Uhr)	• Kinder schätzen ihre Fortschritte (Ziele => Einschätzskala) in den letzten zwei Wochen selbst ein > sie nehmen sich Ziele für die folgende Einheit vor • Kinder äußern Wünsche, Änderungsvorschläge, Verbesserungen der Vorgehensweise – das Auswertungsgespräch wird dokumentiert bzw. Kinder werden über den Prozess hinweg (Fragebögen) interviewt > Aussagen werden anschließend in Protokollen festgehalten
6 Abschluss	• Kinder, die zusammengepackt haben, dürfen sich einzeln vom Hund verabschieden

Die Schüler reagierten sehr gut auf die geplante Intervention, sodass in der Erprobungsphase der Intervention keine Veränderungen an der Konzeption vorgenommen werden mussten. Auf die Ergebnisse der KVM-H wird anschließend genauer eingegangen.

Dokumentation der Ergebnisse

Über den Untersuchungszeitraum von 12 Wochen wurde das Verhalten der Kinder beobachtet und dokumentiert. Dies hat zur Folge, dass eine große Datenmenge erfasst wurde. Die Ergebnisdokumentation kann in diesem Artikel nur auf das Wesentliche beschränkt werden. Ausgehend von der Ist-Stand-Erhebung werden eventuelle Veränderung der Klassensituation und der Schülerverhaltensweisen aus Sicht aller Beteiligten zusammenfassend dargestellt.

Einschätzung der Klassensituation durch die Schüler

Zusammenfassend ist eine deutliche Verbesserung der Klassensituation (vgl. ▶ Kap. 3.4.1) durch die KVM-H zu verzeichnen. Die Schüler fühlten sich nach der Intervention meistens wohl in ihrer Klasse und ein Schüler fühlte sich sogar sehr wohl. Zudem können die Kinder mit der Intervention überwiegend ohne Zwischenrufe in Ruhe arbeiten, ihr Interesse am Unterricht ist gewachsen, die Störungen durch Arbeitsverweigerung haben sich minimiert und die Schüler laufen nur noch selten während des Unterrichts durch den Klassenraum (Liebich 2010, 23 f.).

Einschätzung des Schülerverhaltens durch die Pädagogen

Der Vergleich mit der Ist-Stand-Analyse (A1) zeigt, dass es jeder Schüler der Stichprobe geschafft hat, seine externalisierenden Verhaltensweisen mit Erfolg zu regulieren. Alle Schüler waren vor der Intervention, in Bezug auf ihr externalisierendes Verhalten, im auffälligen Bereich anzusiedeln.

Betrachtet man die ermittelten Werte des SVS nach der Intervention, kann festgestellt werden, dass alle Kinder nun im Übergangsbereich zu einer Auffälligkeit liegen (Liebich 2010, 25).

Um die Gesamtbelastung der Pädagogen durch die Problemsituation zum Zeitpunkt der Abschlussbewertung zu ermitteln, schätzten sie diese auf einer Skala (1 – 10) mit Werten von 3 bis 2 als wenig bis nicht belastend ein (Liebich 2010, 25 f.).

Problematische Verhaltensweisen aus Sicht der Schüler (Verhaltensziele)

Mit dem Einsatz des Hundes und der spezifischen Form der Verhaltensregulation konnte bei allen kontinuierlich eine starke Stabilisierung ihres Verhaltens in Richtung des Zielverhaltens festgestellt werden. Die Schüler zeigten das Problemverhalten bereits kurz nach Einsetzen der Intervention weniger, was die Effektstärke der Intervention bestätigt. Da sie sich ihre eigenen Ziele gesetzt hatten, wollten sie auch wirklich daran arbeiten.

An jedem Hundetag wurden die Schüler gefragt, wie oft sie ihr Ziel mittlerweile einhalten können. Auf einer 10er-Skala (☺10 immer – ☹0/1 nie) haben sie ihre Befindlichkeiten geäußert. Alle Schüler sind ihrem Ziel sehr nah gekommen. Sie sind von ihrer Verhaltensregulation her immer sicherer geworden und konnten sich besser steuern (Liebich 2010, 26 f.).

(Abschluss) Bewertung der Intervention – Beantwortung der Fragestellungen

In diesem Kapitel werden zunächst die eingangs aufgeworfenen Fragestellungen kurz beantwortet. Die Antworten werden im Anschluss (▶ **Kap. 4**) näher beschrieben und interpretiert.

> 1   Welche Wirkung hat die erarbeitete Intervention mit Hund auf die Kinder mit externalisierenden Verhaltensweisen über den Zeitraum von drei Monaten?

Die Intervention hatte bei allen Kindern der Stichprobe eine sehr positive Wirkung, was an der Annäherung der Kinder an ihren Zielzustand deutlich wird. Die Komponenten Handlungsbereitschaft, Motivation, Aufmerksamkeit, Impulskontrolle, Lernfreude, Regelbewusstsein, Reflexionsfähigkeit, Kommunikation, Einfühlungsvermögen, Selbstbewusstsein und Selbstkontrolle konnten gefördert und signifikant verbessert werden. Im Zuge dessen ist die Problembelastung der Pädagogen wie auch der Schüler zurückgegangen.

> 2   Welche Wirkung hat die nonverbale Kommunikation/Regulation auf das Erleben des Unterrichts?

Basis der Intervention ist die nonverbale Form der Verhaltensregulation, die letztendlich mit dem Verhaltenstraining zu einer Verbesserung der Klassensituation und des Lernklimas beigetragen hat. Der Hund ist durch seine Körpersprache ein ehrlicher und offener »Kommunikationspartner«. Ohne rationale oder versteckte Absichten wird er von den Kindern akzeptiert und wertgeschätzt. Eine daran orientierte nonverbale, ungezwungene und positive Kommunikation baut Misstrauen, Scheu und Berührungsängste ab und Vertrauen, Zutrauen und Sicherheit auf. Sie ist somit weniger wertend und wird leichter von den Kindern angenommen. Ein Handzeichen sagt alles, ohne den Beziehungsaspekt oder einen Appell in der Botschaft zu vereinen. Zudem kommunizieren Menschen ebenfalls überwiegend nonverbal, weswegen sie die nonverbale Kommunikation deutlicher verstehen. Das Unterrichtsgeschehen wurde somit von dieser Form der Verhaltensregulation sehr positiv beeinflusst. Alle Pädagogen der Klasse und auch die Schüler erlebten den Unterricht inhaltlich und sozial-emotional gewinnbringender.

> a Ist es möglich, durch die nonverbale Kommunikationsstruktur zur Verhaltensregulation eine Veränderung externalisierender Verhaltensweisen zu erreichen?

Die veränderte Kommunikation war ausschlaggebend für den Erfolg der Intervention. Die spezifischen externalisierenden Verhaltensweisen konnten dadurch signifikant minimiert werden (▶ Kap. 3.4.3).

> b Welche Auswirkungen haben mögliche Veränderungen (Effekte) auf das Klassenklima/die Klassensituation?

Das Hauptaugenmerk liegt bei der Beantwortung dieser Frage natürlich auf den externalisierenden Verhaltensweisen, die einen erheblichen Einfluss auf die Lernatmosphäre haben. Bezüglich der beschriebenen Verhaltensweisen haben es die Schüler geschafft, ihr Verhalten besser zu regulieren, was zu einem positiven Klassenklima geführt hat.

Aus der Tatsache heraus, dass die zweite Klasse ein gemeinsames Ziel hatte, entstanden positivere Beziehungen untereinander und ein Zusammengehörigkeitsgefühl. Aspekte des sozialen Lernens wurden zudem bewusst eingebaut (vgl. ▶ Tab. 4/Phase 3), da die Autorin schnell bemerkt hat, dass die Kinder offener und sensibler für Kooperation und Konfliktlösungen sind, wenn der Hund der Klasse beiwohnt. Zusammengehörigkeitsgefühl, Gesprächsbereitschaft, Kommunikation, Kooperation, Konfliktlösungsfähigkeit, gemeinsames Interesse und gegenseitiges Einfühlungsvermögen sind die Komponenten, die sich positiv auf die Gesamtsituation ausgewirkt haben.

> c Welche Bedingungen während des Interventionsprozesses werden von den Kindern bzw. den Pädagogen als entscheidend für eine Veränderung angesehen?

Es ist natürlich zu fragen, warum sich die Schüler schon während kürzester Zeit im Interventionsprozess so sehr verändert haben und welche inneren Motive dazu beigetragen haben könnten, das als störend empfundene Verhalten zu minimieren. Im direkten Zusammenhang damit sehe ich ein Wirkgefüge aus geschaffenen Bedingungen, der intensiven Beteiligung der Schüler, dem Hund als positiven Verstärker und der besonderen Form der nonverbalen Kommunikation.

Für die Kinder hat die KVM-H erst durch das Tier eine besondere Bedeutung bekommen. Der Hund wurde daher von den Schülern als Hauptbedingung für das Gelingen angesehen. Durch die Zuneigung und das Interesse am Hund waren sie gewillt, sich im Umgang mit ihm Mühe zu geben. Der Hund hatte für sie einen hohen Aufforderungscharakter, sodass die Kinder immer wieder aufs Neue zum Kommunizieren, Kooperieren, Arbeiten und Lernen motiviert wurden.

4 Interpretation und Diskussion

Da Interventionen grundsätzlich anhand ihrer Umsetzung zu beurteilen sind, werden die Ergebnisse im Folgenden bezüglich des positiv veränderten Schülerverhaltens diskutiert. Entsprechend dem Vorgehen in der Ergebnisdarstellung steht auch hier die Betrachtung der Entwicklungen durch die KVM-H im Vordergrund.

Zuerst werden die Gelingensbedingungen diskutiert, welche die Autorin als eine Voraussetzung für den Erfolg der Intervention heraushebt. Danach werden die spezifischen Effekte der Intervention genauer beschrieben.

Durch das Bemühen, eine dynamische und annähernd *symmetrische Beziehung* auf der Grundlage eines *humanistischen Menschenbildes* zu den Schülern aufzubauen, entstand eine Intervention, von der alle profitierten. Besondere Bedeutung, in Bezug auf die Wirkung der Intervention, ist neben der *bestärkenden Kommunikation* und der intensiven kooperativen Diagnose (▶ **Kap. 3.4.1**) der ausführlichen Interventionsplanung (▶ **Kap. 3.4.2**) zuzumessen. Die *Kooperation* hat dazu beigetragen, dass die Handlungssicherheit der Schüler und der Autorin, in Bezug auf die Umsetzung der KVM-H, zugenommen hat.

Schüler und Lehrer sind sich oft nicht bewusst, wie maßgeblich ihr Verhalten und ihr Handeln bezüglich der Reaktionen des anderen sind. Sind sie in problematischen Situationen nicht in der Lage, mit dem Interaktionspartner zu metakommunizieren, führt dies zu Kommunikations- und Interaktionsproblemen. Diese *Metakommunikation* wird durch die Methode der KVM-H, im Rahmen der intensiven Kooperation, initiiert. Eine *positive Kommunikation* und die hohe *Wertschätzung der Anstrengungen der Schüler* gehören hierbei zur Grundlage des Gelingens der Intervention. Der bewusste Einsatz einer nicht wertenden Kommunikation (nonverbale Regulation) kann Schritt für Schritt dazu beitragen, spontane, emotionale und intuitive Reaktionen, die der Abwehr oder Zurückweisung dienen, durch selbstreflexives Verhalten zu ersetzen. Die Anleitung zur *Selbstreflexion* hilft dabei, problematisches Verhalten in seinem Kontext gezielt wahrzunehmen und entsprechend zu entschlüsseln. Allein durch bewusstes Wahrnehmen des eigenen Handels kann bewirkt werden, dass sich Einstellungen und Sichtweisen gegenüber einer Sache ändern und sich ein Verhalten dementsprechend reguliert. Ergänzend dazu spielt die *Transparenz der Vorgehensweise*, die *Kontinuität* und die *Konsequenz* bei der Umsetzung eine entscheidende Rolle. Das erfordert von demjenigen, der die KVM-H durchführt, Disziplin und ein hohes Maß an Selbstreflexion. Dazu gehört, jedes angemessene Schülerverhalten wertzuschätzen und jedes »Fehlverhalten« zu regulieren. Nur so kann den Kindern auf den richtigen Weg geholfen werden, gehen müssen sie ihn selbst.

Im folgenden Abschnitt werden die spezifischen Effekte der Interventionen genauer beschrieben, diskutiert und interpretiert.

Bereits kurz nach dem Einsatz der nonverbalen Verhaltensregulation im Unterricht zeigt sich bei allen Schülern eine starke Veränderung ihres »Problemverhaltens«.

Die bloße Anwesenheit des Hundes fördert eine *Steigerung der Eigeninitiative* der Kinder. In Anwesenheit des Hundes haben sie ihre eigenen Ideen, Möglichkeiten und Wege gefunden, wie sie mit ihren Verhaltensproblematiken besser umgehen können (▶ **Kap. 3.4.2**). So gelingt es dem Hund als »Freund der Kinder«, ohne Vorurteile eine *positive Atmosphäre* zu schaffen und damit den Veränderungswillen der Schüler zu steigern. Es findet eine gemeinsame Kommunikation und eine *bessere Zusammenarbeit* statt, da die Schüler ein miteinander verbindendes Interesse und eine Motivation haben: Zeit mit dem Hund verbringen.

Endenburg bestätigt, dass Hunde »in der Klasse eine wichtige Funktion als Mittler zwischen-menschlicher Kontakte« haben (Olbrich & Otterstedt 2003, 124), was ganz deutlich zu spüren ist.

Die *Motivation* der Schüler steigert sich in jedem Augenblick, in dem es um ein Vorhaben mit dem Hund geht. Des Weiteren fungiert der Hund als Medium, um die *Einhaltung der vereinbarten Regeln* auf einer ganz neuen Ebene anzusiedeln. Im Zentrum steht nicht, dass es anderen Kindern oder dem Lehrer mit dem Schülerverhalten gut geht, sondern, dass Regeln eingehalten werden müssen, damit es dem Hund gut geht. Mit dieser Herangehensweise fällt es den Kindern leichter, das Interesse und die Motivation für regelkonformes Verhalten aufzubringen, weil ihnen das Wohlbefinden des Tieres wichtig ist. Im Zuge dessen regulierten sie sich zunehmend gegenseitig. Für ein Kind ist es leichter, soziale Regeln zu erlernen, wenn sie nicht nur als abstrakte Forderung einer Autorität auftreten, sondern wenn sie sich im Umgang mit dem Tier als praktisch und nützlich erweisen. Dieses *Regelverständnis* geht auch in den laufenden Unterricht über, da die gesamte Verhaltensregulation an der des Hundes orientiert ist. Mit jeder Geste und jedem Handzeichen werden die Kinder an den Hund als positiven Verstärker erinnert. Zudem ist die Verhaltensregulation auf das betreffende Kind gerichtet, deutlich in ihrer Aussagekraft und für jeden gleich, wodurch sich kein Kind benachteiligt fühlen muss. Die Schüler sind nicht mehr so schnell entmutigt und reizbar, da nonverbale Hilfen keine Wertung des Verhaltens beinhalten. Sie verstehen die Handzeichen deutlicher und reagieren besser darauf, als auf verbale Impulse. Ein Wirkfaktor dafür kann sein, dass die Intervention (KVM-H) von den Schülern selbst für sie konzipiert wurde. Durch den Einsatz der vereinbarten Handzeichen wird zudem die *Reflexionsfähigkeit* der Schüler gefördert. Wird dem Schüler ein nonverbales Zeichen gezeigt (»Lass das!«), muss dieser erst überlegen, was er gerade falsch macht und wie er es besser machen könnte. Auch die *Konzentrations- und Aufmerksamkeitsspanne* kann durch die nonverbale Regulation verbessert werden. Aufgrund weniger Störungen herrscht mehr Ruhe. Die gemeinsame »Sache« bietet zudem eine Fülle an Gesprächsstoff (Identifikation mit dem Thema), der die *Kommunikation* untereinander erleichtert und die Kontaktaufnahme zu anderen verbessert. Zudem wird die Kommunikation von den Kindern selbst initiiert, was sich sogar auf die *Gesprächsbereitschaft* von eher ruhigen Schülern auswirkt.

Durch den Umgang mit dem Tier, im Besonderen durch individuelle Kuschelzeiten, werden die Kinder allgemein ruhiger und entspannter. Körperliche Nähe, Berührungen und allgemein die positive Beziehung zum Hund können bei verhaltensauffälligen Kindern für Ruhepausen sorgen, in denen diese Zeit haben, sich mit ihrem Verhalten bewusster auseinanderzusetzen.

Durch die Ausprägung einer Sensibilität für die Körpersprache des Hundes, da dieser seine Bedürfnisse nicht verbal äußern kann, werden die Kinder automatisch sensibler für die Körpersprache des Menschen, was ihr *Einfühlungsvermögen* und das Vertrauen zueinander fördert.

In Bezug auf die Regulation des Hundes, die zu jedem Hundetrainingstag gehört (vgl. ▶ Tab. 4/Phase 2), lernen die Schüler, sicher vor dem Hund aufzutreten, da dieser die Kommandos nur dann richtig verstehen kann, wenn die Körpersprache des Kindes dem Hund klare und deutliche »Befehle« vermittelt. Das hat jedes Kind schnell beherrscht, sodass es mit der Kommandoarbeit möglich ist, jedem Kind seine *Selbstwirksamkeit* zu verdeutlichen. Wenn ein Kind nicht gleich Erfolg hat, gelingt es spätestens beim dritten Versuch, da es automatisch seine Körpersprache verändert und seine Durchsetzungsfähigkeit herausgefordert wird. Diese Könnenserfahrungen in Bezug auf die Regulation des Hundes stärken das sichere Auftreten und das *Selbstbewusstsein* der Kinder. Ihr Bedürfnis nach Anerkennung, Achtung und Aufmerksamkeit wird bei Individualzeiten mit dem Hund und bei der Regulation des Hundes befriedigt. Sie lernen im Umgang mit dem Hund ihre Belange ihm gegenüber deutlich auszudrücken, damit dieser sie verstehen kann. Dabei wird auch die besondere *Bedeutung des Lobens* deutlich. Wenn der Hund sich den Kommandos der Kinder entsprechend verhält, wird er von diesen dafür belohnt, was bei dem Hund Freude auslöst.

Dieser Zusammenhang ist auch auf jede Lehrer-Schüler-Interaktion übertragbar. Das Kind spürt, dass ein normkonformes Verhalten in der Regel belohnt wird und dadurch ein Wohlgefühl entstehen kann. Das nonverbale Lob während des Unterrichts ist zudem ein ganz persönliches, was nur zwischen Lehrer und Kind ausgetauscht wird. Die Unterstützung mit verbalen Impulsen beeinflusst die Qualität des Lobes auf inhaltlicher Ebene. Durch die Token bekommen die Schüler das Lob quasi in die Hand, was zukunftsweisend ist, da sie ein Ziel vor Augen haben, das bei schrittweiser Annäherung mit Freude verbunden ist.

Auch *Verantwortung* zu übernehmen ist in diesem Zusammenhang eine Komponente mit großer Bedeutung. Indem den Schülern Vertrauen (Individualzeit mit Hund) entgegengebracht wird, fühlen sie sich wichtig, sie werden gebraucht und ihr Handeln ist für den Hund von Bedeutung.

Das Verhalten der Schüler wird während des Interventionsprozesses immer wieder thematisiert. Wenn Streitigkeiten im Raum stehen, wird den Kindern verdeutlicht, dass der Hund sich bei Ärger unwohl fühlt und darauf gestresst und unausgeglichen reagiert. Sie verstehen es, wenn der Hund so reagiert, da schlechte Gefühle auch bei ihnen in Verbindung mit Streit aufkommen. So steigert sich die *Selbstkontrolle* der Kinder, besonders in Anwesenheit des Hundes. An jedem Hundetag haben sie (bis auf wenige Ausnahmen) nur ganze Verhaltenspunkte, was für sich spricht.

4.1 Konsequenzen, Empfehlungen und Veränderungsvorschläge

Der Erfolg der eingesetzten Interventionen hat deutlich gezeigt, dass es sinnvoll ist, die hundegestützte Pädagogik an Schulen zu etablieren, da konkrete Konzeptionen, in diesem Fall die KVM-H, ertragreiche Veränderungen bringen können und sich dadurch als äußerst effektiv erweisen.

Beim intensiven Literaturstudium und in der Auseinandersetzung mit dem Thema ist aber auch deutlich geworden, dass die hundegestützte Arbeit genau durchdacht und vor allem für die Schüler transparent geplant, durchgeführt und evaluiert werden muss. Die Autorin ist davon überzeugt, dass es nicht damit getan ist, einen Hund mit in die Klasse zu bringen.

Zudem ist eine intensive Auseinandersetzung mit einer Problematik nur möglich, wenn man ein gut funktionierendes Pädagogenteam hinter sich stehen hat. Effektive Interventionen erfordern Teamarbeit und die Einhaltung bestimmter Rahmenbedingungen, ohne die eine nachhaltige Wirkung nicht erzielt werden kann. Eine dieser Bedingungen ist eine symmetrische Kooperation, die vor allem bei der KVM-H mit verhaltensauffälligen Kindern, die sehr wohl in der Lage sind zu entscheiden, was ihnen helfen kann, wichtig ist. Durch eine systematische Selbst- und Fremdreflexion wird Offenheit und Handlungssicherheit angebahnt. Der Lehrer sollte in diesem kooperativen Interventionsprozess Begleiter und Experte für seine Methode sein, die tatsächliche Veränderung einer Problemsituation sollte in der Verantwortung des Schülers liegen.

Handlungskompetenzen bezüglich eines Problemverhaltens sind allerdings keine »Selbstläufer«, sie müssen in beiderseitigem Expertentum aufgebaut, unterstützt und begleitend reflektiert werden, wenn sie ihren Nutzen, den Transfer in den Unterricht, wirklich entfalten sollen. Für die Qualität des Interventionsergebnisses ist eine intensive Ist-Stand-Analyse, eine strukturierte Vor- und Nachbereitung wie auch gezielte Beobachtung und Befragung vonnöten. Interventionsarbeit braucht demnach Zeit und Raum für individuelle Beziehungsarbeit und kooperativen Austausch.

Im Hinblick auf die Weiterführung der Intervention wurde eine Möglichkeit gefunden, wie die Transparenz der Vorgehensweise für Schüler, die neu zur Klasse hinzukommen, erreicht werden kann. Hier bietet sich an, Kinder als Experten »auszubilden«, die das Trainingsprogramm vorstellen.

Als Empfehlungen für das Gelingen der KVM-H in einem anderen Kontext können folgende Gedanken der Autorin zusammenfassend aufgeführt werden:

- Die KVM-H muss je nach Stichprobe variiert werden und an die Ziele und Voraussetzungen der jeweiligen Lerngruppe und des Lehrers angepasst werden.
- Ein Teil der Intervention sollte im Unterricht durchführbar sein und somit zur Unterrichtszeit gehören, wo das störende Verhalten auch vorherrschend ist.
- Der Lehrer muss versuchen, in Kooperation mit den Schülern angemessene und erreichbare Ziele zu entwickeln (kleinschrittig) und in die Unterrichtspraxis zu transferieren.

- Je gezielter und intensiver die Planung der Intervention vonstatten geht, desto wirksamer wird die Realisierbarkeit der Intervention. Wichtig ist, dass die Intervention zur bevorzugten Arbeitsweise des Lehrers und der vorherrschenden Unterrichtsmethodik passt.

Die gemeinsame Planung der Umsetzung ist das zentrale »Geheimnis«. Diese erhöht die Wahrscheinlichkeit, ein Vorhaben tatsächlich in die Tat umzusetzen, getreu dem Spruch »Der eine wartet, bis sich alles wandelt, der andere packt es an und handelt«. Das bedeutet, dass ohne Engagement, Motivation und Bereitschaft zum Risiko keine Veränderung bewirkt werden kann.

5 Zusammenfassung

Im Zuge der Rückbesinnung auf den Interventionsprozess und seine Ergebnisse wird die KVM-H zusammenfassend als sehr effektiv, wirksam und damit gewinnbringend eingeschätzt. Sie kann demnach gerade im Umgang mit Kindern mit herausfordernden Verhaltensweisen sehr gute Erfolge in Bezug auf deren Verhaltensregulation erzielen.

Lehrer benötigen im Berufsalltag eine kooperative Zusammenarbeit mit Schülern, um dem Stillstand der eigenen Berufspraxis zu entgehen. Kooperation und gleichberechtigtes Wirken an einer Sache sind somit Grundvoraussetzungen schulischer Entwicklungsarbeit.

Im Zuge der KVM-H ist resümierend deutlich geworden, dass auch die Autorin, die erlebt hat, dass eine solche kooperative Zusammenarbeit gelingen kann, ihre Ansichten und Handlungsweisen den Kindern gegenüber dadurch verändert hat. Es entstand ein noch intensiveres Vertrauen in die Ressourcen der Kinder und darauf, dass sie selbst wissen, was sie für Veränderungen benötigen. Hierbei erwies sich das Team »Lehrer-Hund« als äußerst ertragreiche Symbiose.

Hunde sind als Helfer bei einer solchen Intervention etwas ganz Besonderes für die Kinder, da sie ihnen Geltung schenken, sie willkommen heißen und freundlich mit ihnen umgehen. Genau das sind die Kennzeichen einer von Achtung und Wärme geprägten Haltung, die selbst engagierten Pädagogen bei massiv auffälligen Kindern manchmal schwerfällt. Hunde dagegen haben keine Probleme, Schulverweigerer immer wieder freundlich zu begrüßen oder psychisch kranke Kinder herzlich willkommen zu heißen. Darüber hinaus erfahren die Kinder, jemanden zu haben, der sie nicht für ihr Verhalten sanktioniert oder verurteilt.

Hunde verhalten sich immer so, wie es ihrem momentanen Empfinden entspricht. Es gibt daher keine Diskrepanz zwischen Wort und Tat, wie es häufig bei Erwachsenen der Fall ist. Die Schüler verstehen durch die Authentizität der Hunde, dass bestimmte Verhaltensweisen oder Situationen beim Hund zu bestimmten Reaktionen führen. Dies sensibilisiert sie für ihr eigenes Verhalten.

Eventuell werden sich einige Leser fragen, was die erarbeitete Konzeption für andere Pädagogen bringen soll, da die vorgefundenen Bedingungen (Anzahl der Schüler, Klassenleiterprinzip, Drei-Pädagogen-System) und die geschaffenen Rahmenbedingungen (vgl. ▶ **Kap. 3.4.2**), in Verbindung mit Zeit und Freiräumen für sozial-emotionales Lernen, kaum ein Pädagoge so in seiner Schule vorfinden wird. Das ist vielleicht so, aber inwieweit man bereit ist, bestimmte Bedingungen zu schaffen, liegt an jedem selbst. Jede Intervention ist zum Scheitern verurteilt, wenn die Lehrpersönlichkeit, deren Menschenbild, deren Kommunikation und deren Ausstrahlung, überhaupt nicht mit der Person, die die Intervention als effektiv erwiesen hat, übereinstimmt. So muss man auch die theoretischen Grundlagen einer Konzeption als sinnvoll erachten, damit diese gewinnbringend funktionieren kann. Eine Intervention eins zu eins umzusetzen ist daher nie möglich, sich daraus das Beste für sich zu nehmen und es annähernd so umzusetzen schon. Es ist also immer die Persönlichkeit der Lehrperson, die eine Intervention zum Funktionieren oder zum Scheitern bringt.

Betrachtet man diese Sichtweise, kann viel aus der erarbeiteten Konzeption mitgenommen werden. Sei es das Überdenken seiner Kommunikation, sei es der Aspekt, Verhaltensauffälligkeiten nonverbal zu regulieren, sei es die Motivation, den eigenen Hund so auszubilden, dass er ebenfalls »Lehrender« im Praxisfeld Schule werden kann, sei es die Methode der KVM-H, die die Ideen und Sichtweisen der Kinder in besonderem Maß berücksichtigt, auszuprobieren oder seien es Ideen für die Strukturierung eines Konzepts zum sozial-emotionalen Lernen. Das liegt an jedem selbst.

Tiere allein als Heilmittel zur Verbesserung der schulischen Situation anzupreisen, wäre allerdings vermessen. Hinter jedem Tier steht ein Halter, der bestimmte Qualifikationen vorweisen muss. Nur Mensch und Tier im Team können durch eine strukturierte Intervention Erfolge erzielen.

Weiterführende Informationen zum Verhaltenstraining mit Hund (Kooperative Verhaltens-Modifikation – mit Hund) und die vollständige Darstellung der Forschungsergebnisse/Verfahren/Erhebungsinstrumente etc. können auf Nachfrage am Lehrstuhl für Verhaltensgestörtenpädagogik der Universität Leipzig angefordert werden. Die Autorin bietet außerdem Workshops, Seminare und ggf. Hospitationen im Praxisfeld Schule an.

Literatur

Agsten, L. (2009): HuPäSch. Hunde in die Schulen – und alles wird gut!? Multifaktorielles Wirkmodell der hundegestützten Pädagogik in der Schule. Norderstedt.
Bach, H. (1993): Verhaltensstörungen und ihr Umfeld. In: Goetze, H. & Neukäter, H. (Hrsg.): Pädagogik bei Verhaltensstörungen. Berlin.
Borchert, J. (2000): Handbuch der sonderpädagogischen Psychologie. Göttingen.

Buddrus, V., Pallasch, W., Sielert, U. & Winschermann, M. (Hrsg.) (1995): Humanistische Pädagogik. Schriften zur Beratung und Therapie im Raum der Schule und Erziehung. Bad Heilbrunn.
Caswell, C. & Neill, S. (2003): Körpersprache im Unterricht. Techniken nonverbaler Kommunikation in Schule und Weiterbildung. Münster.
Claus, A. (2000): Tierbesuch und Tierhaltung im Krankenhaus. München.
Dörner, D. et al. (Hrsg.) (1983): Lohhausen. Vom Umgang mit Umbestimmtheit und Komplexität. Bern: Huber.
Eisert, H. G. & Barkey, P. (1972): Verhaltensmodifikation in der Schule. Frankfurt a. M.
Fengler, J. & Jansen, G. (1999): Handbuch der Heilpädagogischen Psychologie. 3. Aufl., Stuttgart.
Fesler, M. (2006): Unterrichtsstörungen – Präventions- und Interventionskonzepte im Spiegel der Schulwirklichkeit. Norderstedt.
Fiebertshäuser, B. & Prengel, A. (1997): Handbuch Qualitative Forschungsmethoden in der Erziehungswissenschaft. Weinheim, München.
Fingerle, M. & Mutzeck, W. (1997): Screening für Verhaltensauffälligkeiten im Unterricht. In: Mutzeck, W. (2000): Verhaltensgestörtenpädagogik und Erziehungshilfe. Bad Heilbrunn.
Flagmeyer, D., Dietze-Münnich, U. & Strietzel, A. (2002): Schule als Studienfeld. Die ersten schulpraktischen Studien vorbereiten. Leipzig.
Gerthold, M. (2004): Entwicklung von Kindern mit externalisierenden und internalisierenden Störungen von der frühen Kindheit bis zum jungen Erwachsenenalter. Weinheim, Basel.
Greifenhagen, S. (1991): Tiere als Therapie. München.
Guttmann, G. et al. (1983): Einfluss der Heimtierhaltung auf die nonverbale Kommunikation und die soziale Kompetenz bei Kindern. Wien.
Heidemann, R. (2003): Körpersprache im Unterricht. Ein Ratgeber für Lehrende. 7. Aufl., Wiebelsheim.
Julius, H., Schlosser, R. W. & Goetze, H. (2000): Kontrollierte Einzelfallstudien. Eine Alternative für die sonderpädagogische und klinische Forschung. Göttingen.
Kern, H. J. (1997): Einzelfallforschung. Eine Einführung für Studierende und Praktiker. Weinheim, Basel.
Kirsten, R. E./Vopel, K. W. (2000): Kommunikation und Kooperation. Ein gruppendynamisches Trainingsprogramm. Salzhausen: iskopress.
KMK: Sekretariat der Ständigen Konferenz der Kultusminister der Länder der Bundesrepublik Deutschland (1991): Zum Unterricht für Schüler und Schülerinnen mit sonderpädagogischem Fördrebedarf. (Von der Amtschefkonferenz zustimmend zur Kenntnis genommen am 24. 5. 1991). Bonn.
Krause, C., Wiesmann, U. & Hannich, H.-J. (2004): Subjektive Befindlichkeit und Selbstwertgefühl von Grundschulkindern. Lengerich.
Kursztrich, I. (1992): Dreimal täglich streicheln. Die verblüffende Heilkraft der Tierliebe. Frankfurt a. M.
Liebich, V. (2010): Kooperative Verhaltens-Modifikation mit Hund – zur Regulation von externalisierenden Verhaltensweisen. Ohne Ort (Examensarbeit zur 2. Staatsprüfung für das Lehramt an Förderschulen).
Mutzeck, W. (2000): Verhaltensgestortenpadagogik und Erziehungshilfe. Bad Heilbrunn.
Mutzeck, W. (2005): Kooperative Beratung. Grundlagen und Methoden der Beratung und Supervision im Berufsalltag. 5. Aufl., Weinheim, Basel.
Mutzeck, W. & Popp, K. (Hrsg.) (2007): Professionalisierung von Sonderpädagogen. Standards, Kompetenzen und Methoden. Weinheim, Basel.
Mutzeck, W., Schlee, J. & Wahl, D. (2002): Psychologie der Veränderung. Subjektive Theorien als Zentrum nachhaltiger Modifikationsprozesse. Weinheim, Basel.
Myschker, N. (2005): Verhaltensstörungen bei Kindern und Jugendlichen. Erscheinungsformen – Ursachen – Hilfreiche Maßnahmen. Stuttgart.
Neubauer, W. F., Gampe, H., Knapp, R. & Wichterich, H. (2000): Aggression – Kooperation – Schulentwicklung. 5. Aufl., Neuwied.

Neveling, A. (2002): Theorie und Praxis der Kollegialen Handlungsplanung (KoHaPla). In: Mutzeck, W., Schlee, J. & Wahl, D. (2002): Psychologie der Veränderung. Subjektive Theorien als Zentrum nachhaltiger Modifikationsprozesse. Weinheim, Basel.

Olbrich, E. & Otterstedt, C. (2003): Menschen brauchen Tiere. Grundlagen und Praxis der tiergestützten Pädagogik und Therapie. Stuttgart.

Ortbauer, B. (2001): Auswirkungen von Hunden auf die soziale Integration von Kindern in Schulklassen. Wien.

Otterstedt, C. (2001): Tiere als therapeutische Begleiter. Stuttgart.

Prothmann, A. (2007): Tiergestützte Kinderpsychotherapie. Frankfurt a. M.

Redlich, A. & Schley, W. (1978): Kooperative Verhaltensmodifikation im Unterricht. München.

Rogers, C. R. (1994): Die nicht-direktive Beratung. Frankfurt/M.: Fischer.

Sander, K. (1999): Personenzentrierte Beratung. Ein Arbeitsbuch für Ausbildung und Praxis. Weinheim: Beltz Juventa.

Schley, W. (1989): Gemeinsam statt einsam. Kooperation von Lehrerinnen und Lehrern. IfL aktuell, Nr. 6.

Schulz von Thun, F. (2006): Miteinander reden. Band 1, Störungen und Klärungen. Allgemeine Psychologie der Kommunikation. Reinbek bei Hamburg.

Tausch, R./Tausch, A.-M. (1991[10]): Erziehungspsychologie. Göttingen: Hogrefe.

Teutsch, G. (1991): Kinder und Tiere. Von der Erziehung zum mitgeschöpflichen Verhalten. München.

Trautmann-Villalba, P./Gerhold, M./Polowczyk, M./Dinter-Jörg, M./Laucht, M./Esser, G./ Schmidt, M. (2001): Mutter-Kind-Interaktion und externalisierende Störungen bei Kindern im Grundschulalter. In: Zeitschrift für Kinder- und Jugendpsychiatrie und Psychotherapie 29/2001; S. 263–273, S. 132.

Vanek-Gullner, A. (2007): Lehrer auf vier Pfoten. Theorie und Praxis der hundegestützten Pädagogik. Wien.

Vernooij, M. A. & Schneider, S. (2008): Handbuch der tiergestützten Intervention. Wiebelsheim.

Volk, J. (2007): Der Einsatz von Schulhunden in Deutschland. www.schulhundweb.de/wiki/index.php/Einsatz_von_Schulhunden_in_Deutschland [18. 12. 2010].

Lehreraufgaben konkret

– Beraten

Universitäre Angebote sonderpädagogischer Beratung für die schulische Praxis[1]

Roland Stein

1 Einleitung

Im Zuge zunehmender Bemühungen um eine integrierte Beschulung von Kindern und Jugendlichen mit Förderbedarf, besonders jedoch als Folge des dynamischen Prozesses, inklusive schulische Strukturen voranzubringen, verändern sich die Anforderungs- und Aufgabenprofile von Lehrerinnen und Lehrern für Sonderpädagogik. Unzweifelhaft wird dabei der Beratung eine der zentralen Positionen zukommen. Allerdings ist Beratung schon im Rahmen der Diskussion sonderpädagogischer Professionalität seit den 1990er-Jahren, neben diagnostischen und therapeutischen Aufgaben, eine besondere Rolle zugeschrieben worden (vgl. Vernooij 1997, 55 ff.; 1998, 184 f.; 2000, 31; 1997; Benkmann 2000). Ihre Bedeutung dürfte jedoch nun nochmals verstärkt in den Vordergrund treten.

Beratung hat in der sonderpädagogisch-schulischen Praxis verschiedenste Akzente: neben aktiver Beratung für verschiedene Personen auch das Beraten-Werden durch andere (und die Offenheit hierfür), dabei keineswegs nur durch Professionelle, sondern etwa auch durch Eltern oder die Schüler selbst – und die Ausrichtung der Beratung auf unterschiedlichste Kontaktpartner. Im Hinblick auf inklusive Beschulung werden dies zunehmend allgemeine (Regelschul-)Lehrer sein, auch ganze Kollegien und die Schulleitungen (was die entsprechende Bereitschaft dieser zum Beraten-Werden voraussetzt), aber ebenso sonderpädagogische Kollegen (etwa mit Qualifikation für andere sonder-pädagogische Fachrichtungen), Eltern, Schüler sowie weitere Professionelle wie Sozialpädagogen, Erzieher, Psychologen, Mediziner usw. Auf Basis von Faktorenanalysen (vgl. Stein 2004) lässt sich bei der Erhebung von Aufgaben aus der Sicht von Lehrern für Sonderpädagogik zeigen, dass Beratung kein »Generalfaktor« ist: In dieser Untersuchung unter Beteiligung mehrerer Hundert Sonderpädagogen konstituierten Beratungsaufgaben empirisch eben nicht einen Gesamtkomplex, sondern flossen in unterschiedliche, klientelbezogene Aufgabenkomplexe ein: Beratung von Schülern, Beratung von und mit Kollegen sowie auch, im Hinblick auf andere Professionelle, Beratung von und mit Eltern. Dies könnte dadurch begründet sein, dass sich die Beratungsaufgaben bei Blick auf unterschiedliche Zielgruppen erheblich unterscheiden.

---

[1] Der Verfasser dankt den ehemaligen und gegenwärtigen Mitarbeiterinnen und Mitarbeitern im SBfE-Team Würzburg herzlich für die sehr gute Zusammenarbeit: Birte Hoffmann (jetzt Universität Flensburg), Felix Wagner, Philipp Abelein sowie Alexandra Stein. Die Sonderpädagogische Beratungsstelle für Erziehungshilfe (SBfE) dankt der Abteilung Förderschulen der Regierung von Unterfranken, namentlich Herrn Hartmut Lüft und Frau Judith Steinhübel, für Kooperation und Unterstützung.

Was ist aber überhaupt unter Beratung zu verstehen, noch dazu spezifischer unter pädagogischer Beratung? Dazu kann in diesem Beitrag keine wirkliche theoretische Grundlegung erfolgen. Es sollte aber nicht unerwähnt bleiben, dass genau diese eher noch aussteht – eine Grundlegung, aus der heraus sich sonderpädagogische Beratung von anderen Formen professioneller Beratung und auch von anderen Professionen, soweit es möglich und sinnvoll ist, abgrenzt und emanzipiert. Vonnöten ist die Entwicklung einer (sonder-)pädagogischen Beratung »jenseits« der Anwendung von spezifischen Konzepten, die stark aus der Psychotherapie kommen. Hierzu gibt es eine Diskussion, die aber noch sehr am Anfang steht: Kleber (vgl. 1983; 1989) macht auf den »horizontalen« Charakter sonderpädagogischer Beratung aufmerksam; Mutzeck (vgl. 1996) entwickelt mit der Kooperativen Beratung ein genuin für pädagogische Arbeit relevantes, schon lange sehr namhaftes und verbreitetes Konzept; Hechler (2010) diskutiert kritisch und selbstbewusst die Notwendigkeit einer pädagogischen Beratung.

Die Entwicklung könnte zur Diskussion und konzeptionellen Entwicklung (sonder-)pädagogischer Beratung ausgehend von »heimischen« Konzepten führen: etwa aus einer Theorie der Bildung oder aus einer Theorie der Erziehung heraus. Dabei ist allerdings zu bedenken und zu reflektieren, dass sich ein von hier aus entwickeltes Beratungskonzept wiederum wohl stark auf die Beratung von Pädagogen für Kinder und Jugendliche beziehen würde, weniger aber auf die professionelle Beratung und Supervision im Hinblick auf die Klientel »Experten«.

Diouani-Streek (2007) unterscheidet grundlegend zwischen Expertenberatung, kollegialer Beratung und Supervision sowie pädagogischer Klientenberatung. Letztere bestimmt sie mit Nestmann & Sieckendiek (2001, 140) als »eine Form der helfenden Interaktion zwischen zwei oder mehreren Beteiligten, bei der Berater(innen) ratsuchende Klient(inn)en darin unterstützen, in Bezug auf eine Frage oder ein Problem an Orientierung, Klarheit, Wissen, an Bearbeitungs- und Bewältigungskompetenzen zu gewinnen« (zit. n. Diouani-Streek 2007, 18).

Ihre Bestimmung von Beratung allgemein ist wie folgt orientiert: »Beratung als pädagogischer Handlungstyp kann … als aufeinander bezogenes Handeln (Interaktion) von Klient(en) und Berater im Medium der Sprache (Kommunikation) verstanden werden, das darauf zielt, die Handlungskompetenz des Klienten durch das Zur-Verfügung-Stellen von Wissen und die Erschließung von Ressourcen zu (re-)aktivieren und zu erweitern. Ziel ist die Aktivierung von Selbsthilfepotenzialen durch die Bereitstellung eines Raums zu systematischer Reflexion und Selbstreflexion« (Diouani-Streek 2007, 19). Beratung habe damit einen lernprozessinitiierenden und bildenden Charakter, wobei zugleich die Autonomie des Klienten respektiert werde.

Pädagogische Beratung ist also dann gegeben, wenn eine Pädagogin oder ein Pädagoge eine andere Person oder eine Gruppe von Personen dabei unterstützt, sich angesichts aktueller Schwierigkeiten und Probleme zu orientieren oder eine Entscheidung zu fällen. Der Ausübung der Beratungstätigkeit liegen wissenschaftliche Konzepte zugrunde. Beratung versteht sich in der Regel als Hilfe zur Selbsthilfe.

Nachdem pädagogische Beratung häufig Anleihen bei Konzepten aus der Psychotherapie macht, stellt sich die Frage der Abgrenzung. »Beratung dient der Arbeit an konkreten, umschriebenen Sachverhalten, Schwierigkeiten und Problemen. Damit kommt ihr ein eher geringer Tiefgang im Hinblick auf die Entwicklung ganzer Personen und die Funktion ganzer Systeme zu. Erwartungen richten sich auf weniger tiefgreifende Veränderungen und auf schnellere Effekte. Auf diesem Wege erreicht Beratung grundsätzlich breitere Kreise und ist flexibler einsetzbar als Psychotherapie. Sie orientiert sich an eher alltäglichen Kommunikations- und Arbeitsformen. Basis der Arbeit ist zumeist (aber nicht immer) die völlige Freiwilligkeit der Teilnahme und das aktive Aufsuchen der Beratung. – Beraterische Kompetenzen bestehen darin, Probleme zu erkennen und erkennbar werden zu lassen sowie Methoden des Umgehens mit oder des Lösens von Problemen zu beherrschen« (Stein 2005, 113). Psychotherapie und Beratung unterscheiden sich formal durch die Ausbildung, durch die Frequenz und Langfristigkeit der Sitzungen. Inhaltlich geht es in der Psychotherapie stärker um Heilungsaspekte, den Bezug auf die Behandlung recht eindeutiger Störungen und die Reduzierung subjektiven Leidens. Im Vordergrund stehen intrapsychische Prozesse und Problematiken. Beratung ist deutlich stärker an Alltag und Alltagsproblemen orientiert und versucht diesbezüglich konkrete Hilfen zu entwickeln. Soweit beim Klienten Störungen offenkundig werden, wäre eher eine Therapie indiziert. Allerdings ist die Abgrenzung sowohl in konzeptioneller Hinsicht als auch im Hinblick auf praktische Tätigkeit nicht immer einfach – so wird etwa aus der klientenzentrierten Perspektive kaum ein Unterschied zwischen Beratung und Therapie gemacht.

Supervision ist als Beratung von Professionellen bzw. für sie ein Teilbereich oder Sonderfall von Beratung – die Beratung und Begleitung pädagogischer Fachkräfte. »Unter Supervision wird allgemein die professionelle Begleitung bei der Reflexion beruflichen Handelns sowie von Arbeitsbeziehungen verstanden« (Bolen & Luif 2000, 680). Diese erfolgt für Einzelpersonen, innerhalb einer Gruppe von Personen oder auch für gesamte Personengruppen auf Basis wissenschaftlicher Konzepte (vgl. Spieß 1997).

Für die nachfolgenden Darstellungen sollte noch der Begriff des Coachings angesprochen werden, der in jüngerer Zeit zunehmende Verbreitung erfährt. Rieger (2000, 112) bestimmt »Coaching« wie folgt: »Coaching ist eine Beratungsfunktion ... und meint im Prinzip das gleiche wie Supervision. Der Begriff Coaching ist in der Wirtschaft allgemein akzeptierter und nicht durch soziale Berufsfelder bzw. ausschließlich psychologische Konnotationen vorbelastet. Eine Begriffsherkunft aus dem Spitzensport ist bei Managern offenbar beliebter: der Coach als Partner für fachliche und emotionale Themen ... Coaching erfolgt als Einzel-Coaching oder Gruppen-Coaching (Team-Coaching). Unter Einbindung eines Coachs wird das eigene berufliche Handeln reflektiert und dadurch weiterentwickelt. Coaching ist eine professionelle Begleitung von Personen, die in ihrer Arbeit ›persönlich involviert sind, wie z. B. Führungskräfte und Kundenbetreuer‹. Durch Coaching betrachten sie ihre Arbeitssituation differenzierter, um aus der neu gewonnenen Distanz das eigene Handlungsrepertoire zu erweitern. Der Lerneffekt resultiert aus dem Unterschied zwischen Innen- und Außensicht«.

Ergänzend wird in diesem Beitrag deutlich werden, dass es auch einen – bisher kaum diskutierten – Bezug zwischen Beratung einerseits sowie Fort- und Weiterbildung andererseits gibt.

Wenn einleitend die These vertreten wurde, dass der Stellenwert sonderpädagogischer Beratung erhebliche Steigerung erfahren wird, so sollte man andererseits die Bedeutung von Beratung aber wohl auch nicht »überziehen«, denn sie steht nach wie vor neben anderen wichtigen Aufgaben von Sonderpädagogen: (durchaus immer noch) unterrichten, erziehen, spezifisch, auch funktionsbezogen, fördern sowie auch diagnostizieren. Dies sollte nicht vergessen werden.

2 Entwicklung einer universitären Beratungsstelle an einem sonderpädagogischen Lehrstuhl

Angesichts der zu erwartenden deutlich erhöhten Bedeutung von Beratung wurden seit 2007 am Lehrstuhl für Sonderpädagogik V des Würzburger Instituts für Sonderpädagogik die Möglichkeiten einer universitären Beratungsstelle ausgelotet, um Beratung stärker in der sonderpädagogischen Lehrerbildung zu verankern. Zunächst ging es um zwei »Möglichkeitsstränge«:

Eine Möglichkeit wurde im Angebot von Beratung als »Hilfe zur Erziehung« im sozialpädagogischen Sinne des SGB VIII gesehen, insbesondere für Erziehungsberechtigte, aber auch für Kinder. Vorsondierungen zeigten, dass die örtlichen Jugendämter ein solches universitäres Angebot eher als Bedrohung des bestehenden Marktes zu sehen schienen, auch wenn Vorabuntersuchungen im Rahmen der Forschungsaktivitäten des Lehrstuhls hier einen großen, zu wenig abgedeckten Bedarf gezeigt hatten (vgl. Dörnbrack 2008).

Nach diesen Vorsondierungen wurde die zweite Option realisiert: Beratungsangebote im Hinblick auf Erziehungsschwierigkeiten für Lehrkräfte aller Schulen sowie für schulische Teams. Im Herbst 2009 wurde die entsprechend ausgerichtete »Sonderpädagogische Beratungsstelle für Erziehungshilfe« (SBfE) als eine dem Lehrstuhl angegliederte Einrichtung offiziell gegründet. Zugleich wurde eine Kooperationsvereinbarung mit der Abteilung Förderschulen der Regierung von Unterfranken als der lokal ansässigen Schulbehörde geschlossen.

Die angesprochene stärkere Verankerung von Beratung in die Lehrerbildung war keineswegs einziger Zweck der Etablierung dieser Beratungsstelle. Folgende Ziele standen und stehen im Vordergrund:

- Qualifizierung der Studierenden, insbesondere auch durch Praxismöglichkeiten der Beratung und eine dem entsprechende Intensivierung der Beratungsausbildung
- Bereicherung der Lehre durch die Beratungskontakte
- Transport universitärer Kompetenz in die Praxis hinein

- Etablierung universitärer Serviceangebote für Praxisinstitutionen, insbesondere für direkte Kooperationspartner in der Praxis
- Intensivierung der Theorie-Praxis-Vernetzung
- Ermöglichung von Forschung zu verschiedensten Aspekten sonderpädagogischer Beratung

Die Beratungsangebote sollten konzeptionell eklektisch ausgerichtet sein – insofern, als im Team des Lehrstuhls unterschiedliche Beratungs- und Therapiequalifikationen verfügbar sind – insbesondere klientenzentrierte, lösungsorientierte und gestaltorientierte Ansätze. Dieses Spektrum sollte durch Anwerbung von Honorarkräften gezielt erweitert werden. Daraus sollte sich die Möglichkeit ergeben, je nach Problemstellung auf verschiedene Konzepte zugreifen zu können und zugleich deren differenzielle Indikation im Rahmen der angebahnten Forschungsaktivitäten zu sonderpädagogischer Beratung zu untersuchen.

3 Angebotsfelder

Die SBfE bietet ein »Drei-Säulen-Angebot« für Lehrerinnen und Lehrer, Schulen sowie andere Partner:

- Individuelle Beratung für Lehrkräfte an allgemeinen sowie an Förderschulen und Förderzentren ermöglicht eine persönliche berufsbezogene Beratung im inhaltlichen Kontext von Erziehungshilfe und Verhaltensstörungen. Hierzu hat die SBfE interessierten Lehrkräften in ihrer Startphase zusätzlich ein offenes Beratungsangebot bereitgestellt.
- Organisationsentwicklung: Im Rahmen dieser zweiten Säule unterstützt und begleitet die SBfE Schulen im Kontext von Fragestellungen aus dem Bereich Erziehungshilfe im Sinne von Schul- und Unterrichtsentwicklungsprozessen.
- Fort- und Weiterbildung (allgemeine Angebote; spezifische, bedarfsorientierte Angebote): Die SBfE bietet Schulen und/oder Lehrkräften die Möglichkeit, sowohl individuell für Schulen zugeschnittene als auch allgemeine Fortbildungen zu verschiedenen Themen der Erziehungshilfe und Pädagogik bei Verhaltensstörungen sowie zu verschiedenen Beratungskonzepten bzw. Techniken der Gesprächsführung buchen zu können. Seit Herbst 2011 gibt es hierzu auch grundsätzliche, thematisch gebundene Angebote auf einer Plattform bayerischer Lehrerfortbildung.

Angesichts des Zieles, Beratung für Lehrkräfte und Schulen zu etablieren, erstaunt möglicherweise die dritte Säule. Diese wurde mit aufgenommen, da zu erwarten war, dass bestimmte Beratungsbedarfe immer wieder sehr ähnlich auftreten und sich hierzu dann Fortbildungen anbieten würden: etwa den Umgang mit Aggressionen und Gewalt oder auch mit Aufmerksamkeits- und Hyperaktivitätsstörungen im Unterricht.

4 Aktivitäten und Partner

Auch universitäre Beratung bedarf der Zu-Beratenden. Grundsätzlich können die Angebote der SBfE nur kostenpflichtig gewährt werden, da es sich um Sonderleistungen eines Lehrstuhls handelt, der in die üblichen Aufgaben von Forschung und Lehre eingebunden ist, also die Beratungsangebote zusätzlich bereitstellt. Diesbezüglich gab es seitens verschiedener Außenbeobachter in der Aufbauphase der Beratungsstelle einige Skepsis. Als die SBfE nach einem Jahr Planungsarbeit jedoch in die aktive Arbeit eintrat, fanden sich rasch erste Kooperationspartner. Es handelte sich zunächst jedoch nicht um einzelne Lehrer, die Beratung suchten, sondern um Einrichtungen. Auch lässt sich beobachten, dass sich private Schulen und andere Organisationen offenkundig leichter tun, kostenpflichtige Beratungs- und Fortbildungsaufträge zu vergeben, während staatliche Schulen hier für sich kaum Möglichkeiten sehen. Da die lokale Schulbehörde jedoch die Aktivitäten der universitären Beratungsstelle unterstützt, wurden auch staatliche Schulen in gewissem Umfang in die Angebote mit aufgenommen.

Bisherige größere Kooperationsprojekte waren und sind die folgenden:

- Mit einer privaten Berufsschule zur sonderpädagogischen Förderung wurde ein Auftragspaket vereinbart und durchgeführt, das aus individuellen Beratungsangeboten, Unterrichts-Coachings sowie Fortbildungen bestand. Ein Fortsetzungsangebot ist in Planung.
- Mit einer staatlichen Grundschule wurde ein bereits bestehendes Streitschlichterprojekt fortgeführt und weiterentwickelt. Es bestand aus der Begleitung der Tätigkeit ausgebildeter Streitschlichter sowie der Fortführung einer neuen entsprechenden Ausbildungsgruppe, einem Informationsangebot zum Thema Streitschlichtung für das Lehrerkollegium sowie einer Präsentation für die Eltern im Rahmen eines Schulfests.
- Gemeinsam mit dem Leitungskollegium einer Schule zur Erziehungshilfe wurde ein Konzept der Organisationsentwicklung hin zu einem inklusiv orientierten »Zentrum für Erziehungshilfe« entwickelt, ergänzt durch die Moderation einer Klausurtagung des gesamten Lehrerkollegiums zum Thema »Störungen im Gruppengeschehen«. Dieser Schulentwicklungsprozess soll durch die SBfE weiter begleitet werden.
- Die SBfE war beteiligt an der Entwicklung einer »Rehabilitationspädagogischen Zusatzqualifikation« für die Ausbilderinnen und Ausbilder eines Berufsbildungswerks. Im Rahmen der konkreten Umsetzung dieser Konzeption wurde die SBfE mit drei Aufgaben betraut: erstens verschiedenen Fortbildungsbausteinen, zweitens der bedarfsorientierten Durchführung von individuellen Be-

ratungen und Praxis-Coachings sowie drittens der Evaluation der gesamten, dreijährigen Maßnahme mit Empfehlungen für deren Weiterentwicklung.

Eine zunächst etablierte offene Beratungssprechstunde für Lehrerinnen und Lehrer wurde nach Anlaufen vieler Maßnahmen zunächst wieder eingestellt, da sie kaum Zuspruch fand.

Mit dem Zentrum für Lehrerbildung (ZfL) der Universität Würzburg wurde eine Kooperation angebahnt: Während das Zentrum die Angebote der Beratungsstelle bekannt macht, bietet diese gezielte problembereichsorientierte Weiterbildungsangebote im Rahmen des jährlichen Angebots des ZfL. Auch hierüber soll wiederum die »Schwelle« für Individualberatungen verringert werden. Eine der wesentlichen Zielgruppen in den nächsten Jahren werden Lehrkräfte an weiterführenden Schulen sein.

Für die gezielte Ermittlung von Fortbildungsbedarf wurde der »Fragebogen zur Erfassung des Fortbildungsbedarfs von Lehrern hinsichtlich des Umgangs mit Verhaltensstörungen« (FEFLUV) entwickelt. Während eine Erstversion quantitativ orientiert war, wurde auf Basis der Erfahrungen bei der Durchführung, Auswertung und Analyse eine zweite, stärker qualitativ orientierte Version entwickelt, die sich an acht Kompetenzbereichen von Lehrern orientiert und hierzu deren subjektive Relevanz sowie den eingeschätzten Fortbildungsbedarf erheben soll.

5   Einbindung der Beratungsstelle in die Lehre – und umgekehrt

Ziel ist nach Aufbau von Praxiskontakten und der Bearbeitung erster Aufträge mittlerweile auch die verstärkte Einbindung der Studierenden, deren Ausbildung die Aktivitäten der SBfE ja zugute kommen sollten. Dies geschieht vor allem über folgende Maßnahmen:

- »Studenten beraten Studenten«: Ausgehend von Seminaren zur lösungsorientierten Beratung und einer »Beratungs-AG« wurde ein Angebot entwickelt, in dem Studierende Studierende zu ausgewählten persönlichen Problemfeldern beraten. Dies wird begleitet durch Dozenten als professionelle »Coaches«.
- In Projektseminaren werden gemeinsam mit Studierenden Fortbildungen sowie auch Präsentationen zu bestimmten Themen für Lehrer und Schulen vorbereitet.
- Sukzessive wird ein System von Qualifikationsarbeiten in das Gesamtprojekt mit eingebunden, z. B. zur Beratung im Hinblick auf bestimmte Problemfelder wie Aggressivität, schulmeidendes Verhalten, Ängstlichkeit, ADHS usw.
- Studierende sind als »Ko-Kotrainer« beteiligt an Coachings und Fortbildungen in den Einrichtungen. Sie erhalten hierfür Bescheinigungen.

- Studierende sind als Begleiter in weitere Maßnahmen eingebunden; ein Beispiel ist die Einbeziehung einer kleinen Studierendengruppe in das Streitschlichterprojekt an einer Grundschule.
- Im Sommer 2011 startete ein Zertifikat »Beratung im Bereich emotionale und soziale Entwicklung«. Zu drei inhaltlich unterschiedlichen Bereichen soll eine bestimmte Zahl und Auswahl von Seminaren gesammelt werden. Auf Basis eines Portfolios wird die Absolvierung dieser Grundlegung von Beratungswissen und -kompetenzen zertifiziert.

6 Schwierigkeiten, Hindernisse, Grenzen

Der Start der Würzburger Beratungsstelle hat sich sehr dynamisch gestaltet, und das durchaus personell begrenzte Team kann nicht über den Mangel an Aufträgen klagen. Nichtsdestoweniger lassen sich verschiedene Schwierigkeiten beschreiben – und auch besondere Beobachtungen aus dieser ersten Entwicklungsphase. Eine Auswahl solcher Aspekte soll hier kurz diskutiert werden:

Wie wohl überall lässt sich eine Art »Beratungsdschungel« für den Kontext Erziehungshilfe vor Ort beobachten: Neben Schulpsychologen, Beratungslehrern, Schulsozialarbeitern und Sozialpädagogen sind auch ganze spezifische Institutionen, etwa Erziehungsberatungsstellen, im Bereich Lehrerberatung aktiv. Hinzu kommen spezifische Lehrer für Sonderpädagogik sowie sonderpädagogische Kompetenzteams, die seitens der Schulbehörde für solche Zwecke eingesetzt werden. Die Abstimmung und Abgrenzung gestaltet sich in diesem »Dschungel« alles andere als einfach. Das Hinzukommen einer neuen »aktiven Einheit« löst keineswegs nur Entlastungshoffnungen, sondern auch Befürchtungen und Ängste aus. Die universitäre Beratungsstelle sieht ihre Aufgabe darin, möglichst gut zu kommunizieren, sich zu vernetzen, in erkannten Lücken zu agieren und sich immer wieder als »Multiplikator« von Beratung zu verstehen, dort, wo andere in der Praxis aktiv sind.

Einerseits tritt ein hoher Bedarf an Beratung und Fortbildung sowie deutliches Interesse vonseiten verschiedenster Schulen zutage – andererseits allerdings auch, gerade für die staatlichen Schulen, ein massives Finanzierungsproblem.

Eine Beratungsstelle benötigt Räume. Diese konnte die Universität nur sehr schleppend bereitstellen. So musste die Startphase »aufsuchend« sowie in freundlicherweise seitens einer Schule zur Verfügung gestellten Räumlichkeiten bewältigt werden.

Sehr deutlich wird eine erhebliche Reserviertheit der Lehrerinnen und Lehrer gegenüber individueller Beratung. Während anonymisierte Erhebungen zeigen, dass ein ganz deutlicher Bedarf besteht, wird die konkrete Beratung kaum in Anspruch genommen. Ganz anders verhält es sich allerdings bei den Unterrichts-Coachings, die im Grunde noch intensiver sind als individuelle Beratung: Hier geht eine Gruppe, bestehend aus einem professionellen Coach sowie ein bis zwei

Studierenden, in den Unterricht und dokumentiert diesen mit Videoaufnahmen, die dann in zwei Arbeitsphasen zunächst durch das SBfE-Team, dann gemeinsam mit der beobachteten Lehrperson analysiert werden. Die Lehrperson erhält ein gezieltes Feedback zu ihrem unterrichtsbezogenen Verhalten. Diese Angebote wurden sehr gern angenommen und das vereinbarte Volumen mehr als ausgeschöpft. Diese Diskrepanz der Akzeptanz von individueller Beratung einerseits, »Coachings« andererseits wurde im Team und im Rahmen der Leipziger Fachtagung 2011 »Herausfordernde Schülerinnen und Schüler ...« diskutiert. Möglicherweise erweckt, wie es auch eingangs im Rahmen der Erörterung von Rieger (vgl. 2000) deutlich wurde, der Begriff des »Coaching« weniger Reserven bei den Angesprochenen; möglicherweise kann ein »Coaching« eher angenommen werden als eine »Beratung«, mit der zugleich ein Beratungs-Bedarf eingestanden wird.

Auch im Vergleich mit den Fortbildungsangeboten, der dritten Angebotssäule, ist der Zuspruch zu individueller Beratung bisher eher verhalten. Dies entsprach nicht den Intentionen, denn es handelt sich ja – eben – um eine Beratungsstelle, keine Fortbildungseinrichtung. Die Fortbildungen sollten das Angebot eher gezielt ergänzen und individuellen Beratungsbedarf durch eine Art »Pauschalberatung« entlasten. Die Bestrebungen gehen auch aus dieser Perspektive dahin, eher Anfragen zu den ersten beiden Säulen entgegenzukommen und das Volumen im Fortbildungsbereich zurückzufahren. Auf der anderen Seite zeigt sich allerdings, dass ein individueller Beratungs- und Coaching-Bedarf in Kontexten der Erziehungshilfe über die Gruppe der Lehrer hinaus besteht – so etwa bei Ausbildern in der beruflichen Rehabilitation.

7 Fazit und Ausblick: Sonderpädagogische Beratung?

Die Arbeit der Würzburger Beratungsstelle für Erziehungshilfe versteht sich auch als ein Praxisbeitrag zur Weiterentwicklung sonderpädagogischer Beratung, der zugleich in die Theoriebildung wirken soll. Das Gesamtkonzept soll weiterentwickelt werden, bei stärkerer Einbindung von Individualberatung, Gruppenberatung und weiterbildungsorientierter Beratung. Dabei wird es auch um die differenzierte Auseinandersetzung mit unterschiedlichen Beratungskonzepten, ihren Sichtweisen von Beratung, den durch sie transportierten Arbeitsweisen und -konzepten und ihrer möglichen spezifischen Indikation gehen (vgl. etwa Diouani-Streek & Ellinger 2007). Ein besonders spannendes Arbeitsfeld wird im Rahmen des dynamischen Inklusionsprozesses die Organisationsberatung sein – im Sinne der beratenden universitären Begleitung von Förder- sowie allgemeinen Schulen, um den veränderten Anforderungen im Bereich Erziehungshilfe gerecht zu werden sowie auch, um sich, soweit sinnvoll und realisierbar, zu stärker inklusiven Einrichtungen weiterzuentwickeln.

Literatur

Benkmann, R. (2000): Probleme und Perspektiven sonderpädagogischer Förderung von Kindern und Jugendlichen mit gravierenden Lernschwierigkeiten am Beispiel von Entwicklungen im neuen Bundesland Thüringen. In: Zeitschrift für Heilpädagogik 51 (1), 4–12.
Bolen, I. & Luif, I. (2000): Supervision. In: Stumm, G. & Pritz, A. (Hrsg.): Wörterbuch der Psychotherapie. Frankfurt a. M., 680–681.
Diouani-Streek, M. (2007): Pädagogischer Handlungstyp Beratung. In: Diouani-Streek, M. & Ellinger, S. (Hrsg.): Beratungskonzepte in sonderpädagogischen Handlungsfeldern. Oberhausen, 15–32.
Diouani-Streek, M. & Ellinger, S. (Hrsg.) (2007): Beratungskonzepte in sonderpädagogischen Handlungsfeldern. Oberhausen.
Dörnbrack, K. (2008): Erziehungsberatung im Kontext von Verhaltensstörungen – Möglichkeiten und Voraussetzungen des Aufbaus einer Beratungsstelle im universitären Rahmen. Würzburg (unveröffentlichte Diplomarbeit).
Hechler, O. (2010): Pädagogische Beratung. Stuttgart.
Kleber, E. W. (1983): Pädagogische Beratung. Weinheim.
Kleber, E. W. (1989): Beratung in der Schule (und ihre Probleme). In: Goetze, H. & Neukäter, H. (Hrsg.): Pädagogik bei Verhaltensstörungen. Handbuch der Sonderpädagogik, Bd. 6. Berlin, 390–419.
Mutzeck, W. (1996): Kooperative Beratung. Grundlagen und Methoden der Beratung und Supervision im Berufsalltag. Weinheim.
Reiser, H. (1997): Das Lehramt an Sonderschulen und seine Ausbildung in Zukunft. In: Wittrock, M. (Hrsg.): Sonderpädagogischer Förderbedarf und sonderpädagogische Förderung in der Zukunft. Beiträge zur zukünftigen Entwicklung des sonderpädagogischen Förderbedarfs, der sonderpädagogischen Arbeit und universitären Ausbildung. Neuwied, 62–68.
Reiser, H. (1998): Sonderpädagogik als Service-Leistung? Perspektiven der sonderpädagogischen Berufsrolle. Zur Professionalisierung der Hilfsschul- bzw. Sonderschullehrerin. In: Zeitschrift für Heilpädagogik 49 (2), 46–54.
Rieger, H. (2000): Coaching. In: Stumm, G. & Pritz, A. (Hrsg.): Wörterbuch der Psychotherapie. Frankfurt a. M., 112–113.
Spieß, W. (1997): Supervision. In: Hansen, G. & Stein, R. (Hrsg.): Sonderpädagogik konkret. 2. Aufl., Bad Heilbrunn, 206–209.
Stein R. (2004): Zum Selbstkonzept im Lebensbereich Beruf bei Lehrern für Sonderpädagogik. Hamburg.
Stein, R. (2005): Einführung in die pädagogische Gestaltarbeit. Baltmannsweiler.
Vernooij, M. A. (1997): Das Lehramt für Sonderpädagogik und seine universitäre Ausbildung in der Zukunft. In: Wittrock, M. (Hrsg.): Sonderpädagogischer Förderbedarf und sonderpädagogische Förderung in der Zukunft. Beiträge zur zukünftigen Entwicklung des sonderpädagogischen Förderbedarfs, der sonderpädagogischen Arbeit und universitären Ausbildung. Neuwied, 43–61.
Vernooij, M. A. (1998): Aspekte von Schulkultur aus sonderpädagogischer Sicht. Herausforderung für die Ausbildung von Sonderpädagogen. In: Behindertenpädagogik in Bayern 41 (3), 179–189.
Vernooij, M. A. (2000): Veränderte sonderpädagogische Aufgabenfelder aus wissenschaftlicher Sicht. In: Sonderpädagogik in Rheinland-Pfalz 30 (1), 19–34.

Kooperatives Coaching

Andreas Methner

Wie ein Kind in der Süßwarenabteilung eines großen Supermarkts muss sich ein Coaching-Interessierter fühlen, der auf der Suche nach einem für sich passenden Konzept ist – egal welche Rolle er im Coaching-Prozess einnehmen möchte. Business-Coaching, Lebens-Coaching, Studien-Coaching oder Dance-Coaching: Das ist nur ein kleiner Einblick in die enorme, teils unübersichtliche Angebotspalette. Der Begriff »Coaching« stellt keine geschützte Professionsbezeichnung dar, sodass sich scheinbar fast alles mit Coaching kombinieren lässt und sich gegenwärtig als ein allein über den Markt regulierendes Dienstleistungsangebot darstellt (vgl. Fietze 2011, 24). Der inflationäre Gebrauch des Begriffs machte Coaching zu einem »Containerbegriff«, der eine einheitliche begriffliche Fassung kaum noch erlaubt (vgl. Pallasch & Petersen 2005, 13). Bei genauerer Betrachtung dieser Vielfalt zeigt sich, dass Coaching meist im wirtschaftlichen Setting und insbesondere im Kontext einer Begleitung und Unterstützung von Personen mit Führungs-/Steuerungsfunktionen zum Einsatz kommt. So fokussiert der Deutsche Bundesverband Coaching e. V. sich auf Business-Coaching und Leadership (vgl. Homepage des Vereines). Auch im pädagogischen Bereich findet der Begriff vermehrt Anwendung (vgl. Mutzeck 2008 a, 86), jedoch ist auch an dieser Stelle einerseits eine Eingrenzung auf bestimmte Personengruppen und anderseits auf bestimmte pädagogische Bereiche zu verzeichnen. Beispielsweise Eltern-Coaching (Juul 2011), Coaching von Schülern im Förderschwerpunkt emotionale und soziale Entwicklung (Gülden & Rybniker 2011), Lehrer-Coaching (Arnold 2011) auf der einen sowie Übergangs-Coaching (vgl. Wiethoff 2011) oder Coaching im Kontext von Reintegrationsmaßnahmen (vgl. Mutzeck 2008 b, 87) auf der anderen Seite. Folglich kommt auch im Bildungsbereich »Coaching« in Mode, jedoch werden nur selten Konzeptions-, Struktur-, Prozess- und Ergebnisqualität offengelegt.

Anders als es zu vermuten wäre, soll dabei keine zusätzliche Aufgabe von Lehrkräften etabliert werden, denn als eine spezielle Form der Beratung eröffnet das Coaching weitere Chancen für den pädagogischen Alltag und kann somit den Umgang mit herausfordernden Verhaltensweisen bzw. problematisch erlebten Situationen erleichtern. Zum einen wird im Coaching die Autonomie des Schülers stärker fokussiert. Die Lehrkraft tritt als Unterstützer auf, die Umsetzung des vereinbarten Weges liegt jedoch in der Verantwortung des Schülers, was eine Erleichterung im schulischen Förderprozess darstellt. Zum anderen kann die geschlossene Coaching-Vereinbarung, in der Ziele und Wege festgehalten werden, als Förderplan fungieren. Dies hat den Vorteil, dass der Plan realistischer wird, da der Schüler als Experte für sich und sein Thema selbst Ziele und Maßnahmen festlegt und dadurch die Umsetzungswahrscheinlichkeit erhöht wird (vgl. Popp,

Melzer & Methner 2011 a, 73 f.). Coaching stellt damit auch eine Möglichkeit der Förderplanarbeit dar. Das Produkt des Coachings, die Coaching-Vereinbarung, ähnelt dem Förderplan, nur der Prozess zum Produkt divergiert (▶ Kap. 2). Damit kann das Kooperative Coaching gleichzeitig den individuellen Förderprozess unterstützen. Informationsfunktion, die Präventions-, die Bewältigungs- und die Entwicklungshilfe werden gleichzeitig in das Anforderungsprofil integriert.

Um der begrifflichen Verworrenheit um den Begriff des Coaching zu begegnen, wird im ersten Teil dieses Beitrags näher auf den Begriff eingegangen. Aufbauend auf einer Definition werden empirische Wirkfaktoren benannt, die als Ausgangspunkt für eine weitere Spezifizierung des Begriffes dienen. Im Anschluss wird kurz auf den Stellenwert des Coachings im schulischen Kontext eingegangen, bevor die Methode des Kooperativen Coachings selbst vorgestellt wird.

1 Begriffliche Fassungsversuche

Den meisten Coaching-Ansätzen ist gemein, dass diese als spezielle Form der Beratung angesehen werden (vgl. Pallasch & Petersen 2005; Wiethoff 2011). Auch das vorgestellte Kooperative Coaching ordnet sich diesem Verständnis unter und wird in Anlehnung an die Beratungsdefinition von Mutzeck (2008 b, 9) wie folgt definiert:

Coaching ist eine spezifische Interaktions- und Kommunikationsform zwischen einem Coaching-Nehmer und einem Coach. Coaching wird strukturiert, planvoll, fachkundig und methodisch geschult durchgeführt. Es beruht auf einer beidseitigen Verbindlichkeit, Verantwortung und auf einem arbeitsfördernden Vertrauensverhältnis. Coaching ist freiwillig.

Durch dieses Verständnis können zahlreiche Elemente der Beratung auf das Coaching transferiert werden (vgl. Greif 2011). In den meisten professionellen Beratungskonzepten im schulischen Bereich finden die in Therapieschulen übergreifenden Wirkfaktoren, wie sie von Grawe, Donati & Bernauer (1994) in Metaanalysen empirisch nachgewiesen wurden, direkte Anwendung (vgl. Diouani-Streek & Ellinger 2007). Greif (2011, 133) zeigt, dass diese Wirkfaktoren auf Coaching ebenfalls übertragbar sind und stellt diese zusammenfassend dar:

1. »Problemaktualisierung (Vergegenwärtigung der Probleme und der erlebten Emotionen),
2. Ressourcenaktivierung (Erkennen und Nutzen eigener Stärken und Fähigkeiten sowie der Unterstützung durch die Umgebung auf der Basis einer vertrauensvollen Beziehung zwischen Therapeuten und Klient),
3. motivationale Klärung (Bewusstmachung der Auswirkungen des Verhaltens und Erlebens auf die bewussten und unbewussten Ziele des Klienten und seines Umfeldes sowie kontinuierliche Reflexion der Beziehung zwischen den Zielen) und

4. Problembewältigung (handlungsorientierte Problembewältigung, Umsetzung konkreter Maßnahmen und Unterstützung bei der Zielerreichung).«

Auch weitere Ergebnisse aus empirischen Untersuchungen zum Coaching, die meist außerhalb des schulischen Bereichs gewonnen wurden, bestätigen die Übertragbarkeit von Beratungs-Know-how auf das Coaching. Dabei scheint es, dass zwischen dem Coaching von Erwachsenen und dem Coaching von Jugendlichen kaum Unterschiede zwischen den Wirkfaktoren liegen. Nachfolgend eine Zusammenfassung möglicher Wirkfaktoren nach Wiethoff (2011):

- Beziehungsqualität zwischen Coach und Coaching-Nehmer (u. a. Vertrauen, Akzeptanz, Wertschätzung und Sympathie)
- Kompetenzen im Bereich der Gesprächsführung und Methodenvielfalt des Coachs
- Klare, transparente Ziele
- Problempräzision, d. h. Analyse des Ist-Zustandes
- Zugänglichkeit und Verfügbarkeit des Coachs
- Autonomie des Coaching-Nehmers und Freiwilligkeit des Arbeitsbündnisses
- Qualifikation im thematischen Coaching-Gebiet, d. h. Fachwissen auf dem jeweiligen Gebiet
- Konkretheit einerseits im Vorgehen und anderseits bei der Benennung von Lösungsmöglichkeiten (Wiethoff 2011, 28–34).

Als wesentlicher Unterschied zwischen erwachsenen und jugendlichen Coaching-Nehmern wird von Wiethoff (2011, 34) benannt, dass Jugendliche »ganz klar Ratschläge vom Berater erwarten«. Dieser Umstand überrascht wenig, da horizontale Beratungskonzepte im schulischen Alltag nur selten Anwendung finden und Jugendliche so kaum Erfahrungen sammeln können.

Das Aufzeigen dieser Wirkfaktoren lässt erstens die Prozessqualität von Coaching erkennen. Wenn diese Faktoren berücksichtigt werden, wird die Wahrscheinlichkeit eines zufriedenen Coaching-Nehmers (und Coachs) erhöht. Zweitens legt es nahe, dass Coaching auf ein horizontal angelegtes Beratungskonzept aufbauen muss, da dieses die Autonomie des Coaching-Nehmers unterstützt und fördert. Coach bedeutet ursprünglich ›Kutsche‹ oder ›Kutscher‹. »Das Bild der Kutsche vermittelt einen wesentlichen Kern von Coaching: Die Kutsche ist ein Hilfsmittel, ein Beförderungsmittel, um sich auf den Weg zu machen und ein Ziel zu erreichen. ... Der Benutzer bedient sich dieses Hilfsmittels, entscheidet aber selbst über die Richtung bzw. das Reiseziel« (Fischer-Epe 2006, 16 ff.). Drittens werden weitere Aspekte eines Coaching-Prozesses zur Realisierung dieser Wirkfaktoren offensichtlich. Viertens werden mögliche Differenzierungspunkte aufgezeigt und fünftens werden schließlich Unterschiede zur Beratung offensichtlich. Betrachten wir die einzelnen bisher nicht berücksichtigten Aspekte einmal näher:

a) Horizontales Beratungskonzept

Vergleichbar zur Beratung lässt sich auch das Coaching in eine Experten- und Prozessberatung differenzieren (vgl. König & Volmer 2005, 159; Lippmann 2006, 18). Im Experten-Coaching wird der Coach vom Coaching-Nehmer mit dem Ziel aufgesucht, vorhandene Informationsdefizite abzubauen. Charakteristisch für diese Form des Coachings ist, dass das Problem in die Hände des Coachs gelegt wird, der auf Grundlage seiner Expertenstellung die Lösungsvorschläge erarbeitet (vgl. Katzenbach & Olde 2007, 194). In der schulischen Landschaft findet diese Form häufiger Anwendung. So wird das Ziel des Coachings bereits im Vorfeld des Prozesses festgelegt, z. B. Sicherstellung der beruflichen Eingliederung, Reintegration in die allgemeine Schule. Coaching soll in diesem Fall beitragen, dieses Ziel zu erreichen, wobei die Interessen und Ziele des Coaching-Nehmers unberücksichtigt bleiben. Dem steht die Prozessberatung gegenüber, in der die Person des Coaching-Nehmers im Fokus steht. Die Bearbeitung des vorhandenen Problems wird nicht in die Hände des Coachs gelegt, sondern verbleibt beim Coaching-Nehmer. Die Erarbeitung von Lösungs- und Handlungsalternativen erfolgt gemeinschaftlich zwischen Coaching-Nehmer und Coach (vgl. Katzenbach & Olde 2007, 195). Im weiteren Verlauf der Arbeit wird diese Form als professionelles Coaching bezeichnet, da einerseits nicht die Fachexpertise des Coachs, sondern die beraterischen Kompetenzen im Mittelpunkt stehen. Andererseits kann nur durch diese Form der genannte Wirkfaktor – die Autonomie des Coaching-Nehmers – berücksichtigt werden. Der Coaching-Nehmer ist Experte für sich und seine Situation und legt für sich selbst Ziel und Wege fest. Der Coach begleitet und unterstützt diesen Entscheidungs- und Aushandlungsprozess. Coaching als spezielle Form der Beratung kann folglich diesem Anspruch nur genügen, wenn es auf ein horizontales Beratungskonzept (z. B. die Kooperative Beratung von Mutzeck, 2008 b) aufbaut.

b) Weitere Aspekte des Coaching-Prozesses

Durch die oben genannten Wirkfaktoren und die eingangs stehende Definition ergeben sich weitere wesentliche Aspekte des Coaching-Prozesses:

1.1 Verbindlichkeit

Mit einer beidseitigen Verbindlichkeit ist weniger die legislative Fundierung eines Coaching-Prozesses gemeint, die einen Anlass (z. B. Reintegration) bilden kann, sondern vielmehr die Kongruenz zwischen Gesagtem/Geschriebenem und Handlungen einer Person. Zum einen bezieht sich die Aussage darauf, dass Darlegungen der Coaching-Konzeption (Metatheorie, methodisches Vorgehen etc.) in der Praxis umgesetzt werden, d. h. sie sollten für den Coach und den Coaching-Nehmer eine verlässliche Orientierung darstellen. Veränderungen sollten demzufolge zwischen dem Coaching-Nehmer und dem Coach abgesprochen werden. Zum anderen sind verbale und/oder schriftliche Äußerungen, z. B. bei Terminabsprachen oder der Schweigepflicht, ebenfalls unabdingbare Voraussetzung einer beidseitigen Verbindlichkeit (vgl. Mutzeck 2008 a, 44).

1.2 Verantwortung

Für das Gelingen eines von allen Beteiligten als erfolgreich eingeschätzten Coaching-Prozesses tragen alle Beteiligten die Verantwortung. Der Coach ist verantwortlich für sein eigenes Handeln, die methodische Durchführung des Coachings, für die Einhaltung von verbindlichen Absprachen etc., der Coaching-Nehmer für sein Handeln, für die Darstellung seiner Sichtweise, für die Einhaltung von verbindlichen Absprachen etc. Damit der Coaching-Prozess von allen Beteiligten als erfolgreich eingeschätzt wird, sollte er zielführend sein und liegt in der Verantwortung aller Beteiligten. Das heißt, die Coaching-Sitzungen und das Coaching-Thema werden von allen ernst genommen und mitgetragen. Das Coaching darf nicht »als Spiel missbraucht werden, um Sanktionen zu umgehen bzw. um zu manipulieren oder Machtspiele zu spielen« (vgl. Schnebel 2007, 150). Damit Coaching gelingen kann, ist eine Kooperation zwischen dem Berater und dem Coaching-Nehmer erforderlich. Wird diese von einem der Beteiligten verweigert, kann eine Zielführung und Lösungsfindung schnell misslingen (vgl. Schnebel 2007, 150).

1.3 Vertrauen

Die Vertrauensbasis zwischen dem Coaching-Nehmer und dem Coach ist für Coaching-Prozesse von elementarer Bedeutung. »Vertrauen ist [...] eine generalisierte Erwartung, dass der andere es ehrlich meint, dass man sich auf ihn verlassen kann, dass es zutrifft und hinreichend begründet und auch mir dienlich ist, was er bewusst oder unbewusst darstellt« (Speck 1997, 185 f.). Vertrauen entsteht nicht nebenbei, sondern ist ein wechselseitiger Prozess, der kognitive und emotionale Anteile beinhaltet. Ohne als Coach dem Coaching-Nehmer Vertrauen entgegenzubringen, wird auch der Coach kein Vertrauen vom Coaching-Nehmer zurückbekommen. Basiselemente eines vertrauensvollen Verhältnisses sind Offenheit, Sicherheit und ein angemessenes Nähe-Distanz-Verhältnis (vgl. Mutzeck 2008 b, 73 ff.). Aufbauend auf der Grundhaltung des Beraters, die unmittelbar aus dem Gegenstandsverständnis (der Metatheorie der Beratung) resultiert, können Aussagen über konkrete Handlungen benannt werden. Es muss jedoch festgehalten werden, dass »keine funktionierenden Rituale und Regeln existieren, die das Beratungs-Setting sichern« (Overbeck & Kunz 2007, 234).

Die Grundhaltung eines Beraters, die von Rogers (1995) formuliert wurde und ebenfalls zur Grundhaltungen des Coachs werden, gilt allgemein als förderlich zur Herstellung einer vertrauensvollen Beziehung (vgl. Breitenbach 2007, 34 f.; Schnebel 2007, 136; Mutzeck 2008 b, 97). Sie ist gekennzeichnet durch: ein einfühlendes Verstehen (Empathie), unbedingte Wertschätzung (Akzeptanz) sowie Echtheit (Kongruenz) und findet ihre Anwendung in einer Vielzahl von Beratungskonzeptionen im schulischen/pädagogischen Handlungsrahmen (vgl. Pallasch & Kölln 2002; Schlee 2004; Mutzeck 2008 b) und sollte demzufolge ebenfalls im Coaching von elementarer Bedeutung sein. Durch empirische Fundierungen konnte die vertrauensaufbauende Wirkung dieser Grundhaltung bestätigt werden, was auch die bisherige Forschung zum Coaching belegt. Gleichzeitig wird sie vermehrt als allgemeine Grundhaltung des Lehrers betrachtet (vgl. Tausch 2007).

1.4 Freiwilligkeit

In den meisten Beratungskonzeptionen wird die Freiwilligkeit der ratsuchenden Person betont (vgl. Mutzeck 2008 b; Schlee 2004; Ellinger 2010). In der Schule ist die Freiwilligkeit der Coaching-Nehmer nicht immer gegeben, da Schüler zum Gespräch zitiert oder zum Beratungslehrer geschickt, die Eltern zum Gespräch aufgefordert, die Referendare zum Vor- und Nachbereitungsgespräch gebeten werden oder die Schulaufsicht wünscht sich im Anschluss an einen Unterrichtsbesuch ein Gespräch. Die geforderten Ratsuchenden erleben diese Situationen oft als Zwang und sehen sich selbst nicht in der Rolle des Ratsuchenden (vgl. Heidenreich, Melzer & Methner 2011). Gleichzeitig sind es für den Berater unangenehme Situationen, in denen er mit seinem beraterischen Geschick die Beteiligten zu einem grundsätzlichen Einverständnis mit der Beratungssituation bringen muss. In gleichem Maße sollte er akzeptieren, wenn das Einverständnis ausbleibt. Denn es ist fraglich, inwiefern Ziele der Beratung und Maßnahmen zur Überwindung der Ist-soll-Diskrepanz in der Beratung festgelegt werden und außerhalb der Beratungssituation ohne die Unterstützung und aktive Beteiligung der Ratsuchenden ihre Anwendung finden können. Rezepte im Umgang mit Ratsuchenden, die nicht freiwillig an der Beratung teilnehmen, kann es, bis auf die Nichtdurchführung der Beratung, nicht geben. Empfehlenswert ist für solche Situationen die Schaffung von Transparenz im Hinblick auf Klärung der Situation, des Coaching- bzw. Beratungskonzeptes, der Rolle als Coach bzw. Berater und des Ziels.

1.5 Konfusion und die Ambivalenz der Rollen

Das Spannungsfeld kann in vielfältigen Formen, bei verschiedenen Personen und durch vielfältige Faktoren bedingt in Erscheinung treten. Eine häufige Ursache für die Spannung liegt zwischen den Polen Beraten und Beurteilen, die eine Etablierung und Festigung eines horizontalen Beratungsverhältnisses erschweren (vgl. Schnebel 2007, 28). Lehrer beurteilen ihre Schüler, die Schulleitung ihre Lehrer oder die Ausbilder ihre Referendare. Neben ihrer Beratungsfunktion üben sie eine Beurteilungsfunktion aus, die sowohl die Ratsuchenden wie auch die Berater in eine schwierige Situation versetzen. Denner (2000, 64) diskutiert zur Entschärfung zwei Varianten. Erstens das Rollen-Splitting, in der eine Person genau definiert, ob sie sich in der Beratungs- oder Beurteilungsrolle befindet. Zweitens das Personen-Splitting, in dem die Beurteilungs- und Beratungsfunktion konsequent von zwei verschiedenen Personen durchgeführt wird.

Ein Personen-Splitting würde eine endgültige, eventuell vorteilhafte, Trennung der Beurteilungs- und Beratungsfunktion bedeuten, doch ist fraglich, inwiefern sich diese schulorganisatorisch und -administrativ umsetzen lässt bzw. bei welchen Handlungssituationen eine Teilung sinnvoll ist. Weiter würden durch diese Trennung (Klassen-)Lehrer ihre genuine Aufgabe der Beratung verlieren. Sie besitzen jedoch gegenüber ihren Schülern bereits eine (intensive) Vertrauensbasis bzw. der Ausbau dieser Vertrauensbasis sollte angestrebt werden (vgl. Grundhaltung des Beraters, Tausch 2007). Das Nicht-Nutzen dieser bereits vorhandenen bzw. angestrebten Basis erscheint wenig zweckmäßig. Ferner besteht die Frage, wer die Beratungsfunktion ausführen sollte, was zum Problem der Systemzugehörigkeit führt. Ist der Coach bzw. (Beratungs-)Lehrer derselben Schule zugehörig, ist er Teil des Systems, kennt er ggf. den Ratsuchenden oder das Problem. Durch diese Zugehörigkeit können Probleme entstehen, aber auch Chancen eröffnet werden. Im umgekehrten Fall der Nicht-Zugehörigkeit kann die Distanz zum System Schule, zum Ratsuchenden, zum Problem von Vorteil sein, jedoch auch wegen der fehlenden Vertrauensbasis, der fehlenden Kenntnis vom System Schule etc. zum Nachteil geraten. Das Rollen-Splitting setzt eine Transparenz des jeweiligen Rollenverständnisses voraus, in der die jeweilige Rolle, die jeweiligen Aufgaben und Funktionen des Gesprächs genau definiert sind (vgl. Schnebel 2007, 28). Es ist fraglich, inwiefern der Coach und der Coaching-Nehmer längerfristig beide Rollen voneinander trennen können. Eine endgültige Entscheidung zwischen beiden Positionen fällt schwer. Umfassende, empirisch fundierte und zum Gegenstandsverständnis passende Ergebnisse fehlen sowohl in der Beratungs- wie auch in der Coaching-Praxis. Die Etablierung und Festigung einer professionellen Beratungs- und Coaching-Praxis in pädagogischen Handlungsfeldern könnte den Sachverhalt abschwächen, da das bisher »Unnormale« zum »Normalen« werden würde. Jedem wären die Aufgaben, Funktionen, die Verantwortung und die Möglichkeiten einer Beratung bekannt und durch regelmäßige Selbsterfahrung transparent.

c) Differenzierungspunkte des Coachings

Coaching, und das zeigt die eingangs aufgeführte vielfältige Anwendung des Begriffes, lässt sich in die Themen von Coaching und in den Adressatenkreis von Coaching differenzieren (vgl. Wiethoff 2011, 19). In der oben angeführten Definition wird dies durch den Begriff »fachkundig« verdeutlicht.

Fachkundig bezieht sich im Wesentlichen auf zwei Wissensbereiche des Coachs, die von Engel, Nestmann & Siekendiek (2004, 34) in der »Doppelverortung von Beratung« zusammengefasst werden:

- spezifisches Wissen im Handlungsfeld der Beratung, z. B. gesetzliche Grundlagen der Schule oder Umgang und Förderung von Schülerinnen und Schülern im Förderschwerpunkt emotionale und soziale Entwicklung. Dem genannten Wirkfaktor Qualifikation im thematischen Coaching-Gebiet kann damit Rechnung getragen werden.
- Beratungs- und Interaktionswissen, d. h. Kommunikationsmodelle etc., was sich im Wirkfaktor »Kompetenzen im Bereich der Gesprächsführung und Methodenvielfalt des Coachs« ausdrückt.

Professionelle Coachs »benötigen eine handlungsspezifische Wissensbasis und eine feldunspezifische Kompetenzbasis und erst wenn beide vorhanden sind und zusammenwirken, sind zwei notwendige Grundvoraussetzungen professioneller Beratung erfüllt« (Engel, Nestmann & Siekendiek 2004, 35). Es wird deutlich, dass »es nicht die professionelle Beratung gibt, sondern eine Bandbreite an beraterischen Bearbeitungsmöglichkeiten je nach spezifischer Fragestellung« (Schnebel 2007, 22). Folglich muss sich auch Coaching, vergleichbar zur Beratung, den spezifischen Themenfeldern und Adressatengruppen anpassen.

d) Abgrenzung zur Beratung

Doch werden letztlich auch Abgrenzungspunkte zur Beratung deutlich. Anders als häufig dargestellt, unterscheidet sich Coaching von der Beratung nicht durch den zeitlichen Rahmen, d. h. Coaching ist kein längerfristiger Beratungsprozess, Beratung kann durch Nachbereitungen mit dem Ratsuchenden zu einem längerfristigen Prozess werden. Es unterscheidet sich einerseits durch den Grad der Intensität der Nachbereitungen, die kontinuierlicher und nicht so punktuell wie in der Beratung stattfinden. Der Wirkfaktor »Zugänglichkeit und Verfügbarkeit des Coachs« macht diesen Sachverhalt offensichtlich. Anderseits kann Coaching auch weitere Elemente wie Praxisreflexion, Feedback und oft auch Training umfassen. »Letztlich dreht sich also in jeglichem professionellen Coaching – auch und vor allem als Maßnahme ›zur Förderung der Selbstreflexion‹ (Greif 2011; vgl. auch Rauen 2003) – direkt (d. h. praktisch) und indirekt (d. h. theoretisch) alles um die menschliche Handlung, um Handlungsprobleme und um Strategien zur Sicherung und Wiedergewinnung alltäglicher Handlungskompetenz und -sicherheit« (Birgmeier 2011, 26).

2 Stellenwert im schulischen Kontext

Coaching kann nicht losgelöst von anderen pädagogischen Aufgabenfeldern gesehen werden, sondern steht mit diesen in einem direkten Zusammenhang, deren Bedeutung auf der zeitlichen Dimension vor- bis nachgeordnet und auf der Bedeutungsdimension über- bis untergeordnet ist (vgl. Mutzeck & Melzer 2007, 206). Da Coaching wie in der Einleitung benannt, ebenfalls eine Möglichkeit zur Gestaltung eines Förderplanprozesses ist, orientiert sich der Stellenwert an der Synopse der Förderplanung (vgl. Popp, Melzer & Methner 2011 a, 17).

Der Unterricht besitzt im schulischen Kontext einen übergeordneten Stellenwert und wird daher in der grafischen Darstellung als elementare Aufgabe verstanden, die sich über alle Teilbereiche erstreckt. Im Rahmen dieser Tätigkeit werden Auffälligkeiten wahrgenommen (z. B. häufige Fehlzeiten, keine Beteiligung am Unterrichtsgeschehen), die zur Erfassung der Ausgangslage führen und ggf. in eine sonderpädagogische Diagnostik münden können. Bei der Erhebung der Ausgangslage sollte auf ein symmetrisches Verhältnis aller Informationsquellen geachtet werden, d. h. die Erkenntnisquellen des Coachs i. d. F. der Lehrkraft (z. B. Screening, Beobachtungen) sind in ihrem Stellenwert gleichberechtigt zu den Erkenntnis-

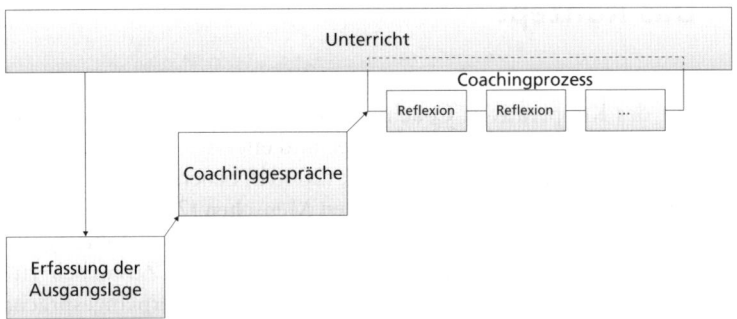

Abb. 1: Coaching im schulischen Kontext

quellen des Coaching-Nehmers i.d.F. des Schülers (vgl. Mutzeck 2003, 201). Gleichzeitig nimmt sich der Schüler durch diese Vorgehensweise als »aktiv« war und erlebt Selbstwirksamkeit. Bei der Auswahl der Erkenntnisquellen sollte darauf geachtet werden, dass sie gleichzeitig für den Coaching-Nehmer eine Verbalisierungshilfe darstellen, die im anschließenden Coaching-Gespräch noch große Bedeutung gewinnt. Neben Beobachtungen stellt das Leipziger Kompetenz-Screening (LKS) eine geeignete Informationsquelle dar. Das LKS liegt in einer Schüler- (Hartmann, Gärtig & Methner 2012) und in einer Lehrerversion (Mutzeck, Hartmann & Fingerle 2003) vor und ist jeweils in zwei Teile gegliedert. Der erste Teil erfasst Kompetenzen im sozialen und emotionalen Bereich, der zweite Teil erfasst Kompetenzen im Arbeits- und Lernverhalten. Mit diesem Verfahren werden die Kompetenzen der Schüler im Sozial-, Emotional- und Arbeitsverhalten aus Sicht der Schüler selbst sowie der Lehrkraft im Schulalltag erfasst. Die Ergebnisse dienen einerseits der Erfassung individueller Kompetenzen, zeigen aber auch Problembereiche sowie Abweichungen der Bewertungen in der Selbst- und Fremdwahrnehmung auf. Durch die Wahrnehmung der Stärken und möglicher Schwächen der Schüler kann eine individuelle Förderung angesetzt werden, die einerseits den Blick auf verschiedenste Aspekte des sozialen und emotionalen Verhaltens lenkt und andererseits an den Kompetenzen der Schülerinnen und Schüler ansetzt. Diese Ausgangslage bildet das Fundament für die sich anschließenden Coaching-Gespräche. Im Rahmen dieser Gespräche werden Ziele und Wege (Maßnahmen) vereinbart, die im anschließenden Coaching-Prozess umgesetzt werden. Vorteilhaft an diesem Vorgehen ist es, dass sich die Maßnahmen nicht allein auf den Unterricht beschränken müssen, sondern auch weitere Lebensbereiche des Schülers mit einschließen können. Der Coaching-Prozess wird durch kontinuierliche Reflexionsgespräche begleitet, in denen gleichzeitig einerseits weitere unterstützende Maßnahmen festgelegt werden können und anderseits eine Rückkoppelung zum Coaching-Gespräch stattfinden kann, d.h. aufgestellte Ziele können permanent mit der aktuellen Ausgangslage verglichen werden. Durch diese Reflexionsgespräche wird die Ausgangslage permanent aktualisiert. Im Sinne der Förderplanung würde von Fortschreibung gesprochen werden (vgl. Popp, Melzer & Methner 2011a, 19).

3 Das Konzept

Das Konzept des Kooperativen Coachings baut auf der Kooperativen Beratung nach Mutzeck (2008 b) auf, einem bewährten und effektiven Beratungsansatz (vgl. Popp, Melzer & Methner 2011 b). Mutzeck (2008 b) benennt für sein Konzept als grundlegende Komponenten die Sicht auf den Menschen (2008 b, 49), die Grundhaltung der Beraterin/des Beraters (2008 b, 66), die Gesprächsführungselemente (2008 b, 83) und eine methodische Abfolge (2008 b, 99). Zusätzlich zu dieser Herangehensweise werden Transferbedingungen von Förderplangesprächen aus der Kooperativen Erstellung und Fortschreibung individueller Förderpläne (KEFF) nach Mutzeck & Melzer (2007) in das Coaching integriert. Dies betrifft vor allem die Umsetzung der Maßnahmen und die Vorbereitung einer Evaluation.

3.1 Kooperatives Coaching – das theoretische Fundament

Ausgehend von diesen Bezugspunkten, ist das Kooperative Coaching in eine Meta- und Schachteltheorie eingebettet. Ausgangspunkt ist, dass unser Handeln und damit auch unser (Coaching-)Handeln von grundlegenden Vorannahmen und unseren Sichtweisen und Einstellungen zur Welt, wie wir uns diese erklären, bestimmt werden. Da der Bezugsrahmen eine Erklärung für all unser Handeln darstellt – sowohl das der Lehrer als auch das der Schüler und Eltern –, ist dieser Bezugsrahmen in der Schule allgemein einsetzbar und nicht auf Beratung bzw. Coaching beschränkt.

Die Menschenbildannahmen bilden den äußeren Rahmen. Nach ihnen richten sich alle weiteren Bezugsrahmen: wie sich die Welt und die Interaktion der Menschen untereinander erklärt (Handlungs- und Störungstheorie), wie die Gesprächsführung und last but not least das Coaching selbst gestaltet werden. Dem Kooperativen Coaching liegt ein humanistisches Menschenbild zugrunde. Dieses Menschenbild und die daraus resultierenden inneren Bezugsrahmen werden im Folgenden kurz beschrieben. Eine ausführliche Beschreibung der Bezugsrahmen ist z. B. bei Mutzeck (1988; 2008 b) zu finden.

Die Menschenbildannahmen der Kooperativen Beratung sind humanistischen Ursprungs und bedienen sich der Erkenntnisse des Forschungsprogramms Subjektive Theorien, des Menschen als reflexiven Subjekts (vgl. Mutzeck 2008 b, 49). Mutzeck hat darauf aufbauend sechs menschliche Fähigkeiten benannt, die jeder Mensch potenziell besitzt und einsetzen kann. Melzer (in diesem Band) zeigt tabellarisch einen Überblick der potenziellen menschlichen Fähigkeiten und gibt eine kurze Erläuterung zu ihnen.

Die Handlungs- und Störungstheorie gliedert sich in die Wirklichkeitskonstruktion und in die Erklärung, wie Handlungen entstehen. Das Kooperative Coaching baut auf den Annahmen des Konstruktivismus auf: Jeder konstruiert seine Wirklichkeit aufgrund der Beschaffenheit unseres Gehirns, wie wir Informationen aufnehmen und verarbeiten (vgl. Maturana & Varela 1987). »Ein Individuum kann nicht eine von ihm unabhängige, d. h. objektive Wirklichkeit bilden, es ist eine ganz bestimmte Realität, seine individuelle Welt- und Selbstsicht« (Mutzeck 2008 b, 56). Die Menschenbildannahme sagt aus, dass eine potenzielle menschliche Fähigkeit die Handlungskompetenz ist. Ein Mensch ist also in der Lage zu handeln, anstatt als bloßes Reiz-Reaktions-Objekt auf Reize zu reagieren. Eine »Handlung geht über den Begriff Verhalten hinaus, da sie die mentalen Prozesse einbezieht und sie in Verbindung zur Umwelt in Aktualität, Soziabilität und Historizität setzt« (Mutzeck 2008 a, 58). Außerdem ist eine Handlung an spezifischen Merkmalen zu erkennen. Sie ist »bewusst, zielgerichtet, geplant bzw. planvoll, absichtlich (willentlich), interaktiv (Mensch-Umwelt-bezogen), normen- und wertorientiert, aus mehreren Möglichkeiten gewählt, abgewägt und entschieden und damit subjektiv sinnvoll und mit einer Bedeutung versehen [...]« (Mutzeck 2008 a, 58). Jede Handlung ist eingebunden in einen Kontext und wird aufgrund der informationsverarbeitenden sowie bewertenden Prozesse der handelnden Person gewählt.

Innerhalb des Problemlöseprozesses werden Elemente der Gesprächsführung eingesetzt. Die Gesprächsführungselemente sind eine notwendige Voraussetzung des Gelingens einer erfolgreichen Beratung (vgl. Mutzeck 2008 b, 17; Schnebel 2007, 143). Die Exploration des Ratsuchenden auf emotionaler und kognitiver Handlungsebene kann der Berater mittels der Gesprächsführungselemente fördern und stützen (vgl. Mutzeck 2008 a, 81). In der Regel sind keine speziellen Gesprächsführungselemente für spezifische (Beratungs-)Situationen vorgesehen, sondern haben universellen Charakter, der einen flexiblen und vielfältigen Einsatz ermöglicht. Damit sind diese Elemente nicht nur für Beratungssituationen geeignet, sondern können bei allen Gesprächen im schulischen Alltag angewendet werden. In den meisten Konzeptionen bildet die personenzentrierte Gesprächsführung nach Rogers den theoretischen Ausgangspunkt der Gesprächsführungselemente (Schnebel 2007, 143; Mutzeck 2008 a; Schlee 2004). Mutzeck (2008 b) benennt sechs Gesprächsführungselemente für die Kooperative Beratung, die ebenfalls im Kooperativen Coaching zur Anwendung kommen:

- Direktes, persönliches Ansprechen
- Anteilnahme Zeigen, aktives Zuhören
- Dialogkonsens
- Konkretisieren
- Ansprechen von Gedanken
- Verbalisieren von Gefühlen

Als unterstützende Handlungsweisen sind insbesondere das »Vermeiden von Fehlern innerhalb der Gesprächsführung« und das »Visualisieren« zu nennen. Aufgrund der jeweiligen Situation des Ratsuchenden vor Ort und des Gesprächsthemas können sich Verhaltensweisen und Handlungen im Nachhinein immer als hinderlich erweisen. Einige von diesen könnten jedoch bereits im Vorfeld vermieden werden. Die möglichen Fehler resultieren aus der jeweiligen Beratungskonzeption. Unter anderem sind hierunter speziell für das Kooperative Coaching zu fassen (vgl. Mutzeck 2008 a, 94 ff.):

- von der Ursachensuche zurückhalten
- Lösungsversuche zurückstellen
- Bewertung und Moralisierungen vermeiden

Eine Visualisierung kann den Beratungsprozess, die Anwendung von Gesprächsführungselementen und die jeweiligen Coaching-Schritte positiv unterstützen. Sachverhalte können auf diese Weise verdeutlicht werden oder für den Ratsuchenden eine Verbalisierungshilfe darstellen. Der Einsatz von Visualisierungsmethoden ist vom jeweiligen Berater, dem Ratsuchenden und der Situation abhängig. Grundsätzlich können in allen Phasen diverse Visualisierungsmethoden eingesetzt werden (vgl. Melzer & Methner 2011).

3.2 Kooperatives Coaching – die methodischen Schritte

Die nachfolgende Abbildung gibt die grobe Darstellung der Coaching-Gespräche wieder, bevor der eigentliche Coaching-Prozess beginnt.

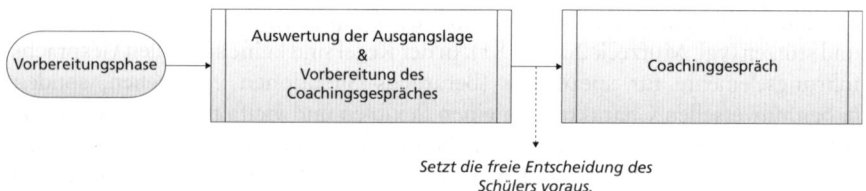

Abb. 2: Darstellung der Coaching-Gespräche vor Coaching-Prozess-Beginn

Die Vorbereitungsphase gehört im engeren Sinne nicht zum Coaching, jedoch wird kein Coach aus der Wirtschaft zum ersten Treffen gehen, ohne im Vorfeld entsprechende, ihm bekannte Informationen zur Firma analysiert zu haben. Die erhobenen Informationen aus der Erfassung der Ausgangslage sollten im Vorfeld entsprechend dem Alter des Schülers aufbereitet werden, z. B. grafisch dargestellt oder auf einem Flipchart zusammengetragen sein. Die Darstellung sollte dabei getrennt nach Fremd- und Selbstwahrnehmung erfolgen.

Die Ergebnisse zur Erfassung der Ausgangslage fließen direkt in das Kooperative Coaching ein. Um dem Schüler die notwendige Reflexionszeit nach der Auswertung der (diagnostischen) Ergebnisse zu geben sowie keine voreiligen Schlüsse aus diesen abzuleiten, findet das Coaching-Gespräch in zwei Phasen statt. In einer ersten erfolgen die Auswertung der Ausgangslage und das Angebot eines individuellen Coaching-Prozesses. In einer zweiten, zeitlich versetzten Phase wird das eigentliche Coaching-Gespräch geführt. Für diese beiden Teile wurde ein Gesprächsleitfaden erarbeitet, der die Gespräche strukturiert. Vorab wird der Gesprächsleitfaden dargestellt, bevor auf die einzelnen methodischen Schritte eingegangen wird.

Das Konzept

Abb. 3: Gestaltung des Coaching-Gespräches

Gemäß der Beratungskonzeption »Kooperative Beratung« nach Mutzeck sollten die beiden Phasen des Coaching-Gespräches in einem geschützten, vertrauensvollen und vorbereiteten Setting stattfinden (vgl. Mutzeck 2008 b, 76 f.). Die Vorbereitung bezieht sich insbesondere auf räumliche, zeitliche und materielle Bedingungen. Beide Phasen umfassen knapp eine Unterrichtsstunde. Zur Visualisierung von Inhalten sollten Papier, Stifte und Haftnotizen zur Verfügung stehen.

Phase I besteht aus fünf Schritten. In allen Schritten werden die personenzentrierten Gesprächsführungselemente nach Mutzeck (2008 b, 83 f.) aktiv umgesetzt. Der Schritt »Begrüßung/Einführung« soll die Voraussetzung für eine effektive Auswertung der erhobenen Ausgangslage schaffen. Dabei erklärt der (zukünftige) Coach die Vorgehensweise, die Ziele und Absichten des Gesprächs in verständlicher Form. Zusätzlich werden der zeitliche Rahmen und die Vertraulichkeit benannt und die Freiwilligkeit des Gespräches betont. In der anschließenden »Exploration der Selbst- und Fremdwahrnehmung« fasst der Coach die Ergebnisse der Erfassung der Ausgangslage unter Verwendung der vorbereiteten Aufstellung zusammen. Diese sollte durch das Benennen konkreter Situationen durch den (zukünftigen) Coaching-Nehmer spezifiziert werden. Die Aufstellung, differenziert nach Selbst- und Fremdwahrnehmung, regt zur Selbstreflexion an. Gleichzeitig sollten gemeinsam mit dem Coaching-Nehmer Ressourcen erkundet werden. Im darauffolgenden Schritt »Benennung des möglichen Veränderungswunsches« bittet der Coach den Coaching-Nehmer zu benennen, was ihn am meisten stört und was er gerne verändern möchte. Dieser Veränderungswunsch sollte gemeinsam konkretisiert und auf einen Haftnotizzettel schriftlich fixiert werden. Im Schritt »Angebot des individuellen Coachings« signalisiert der Coach, unter besonderer Betonung der Freiwilligkeit, das Angebot eines individuell auf den Coaching-Nehmer abgestimmten Coaching-Prozesses, das in der Phase II geplant werden würde. Da Coaching die aktive Beteiligung des Coaching-Nehmers voraussetzt (▶ **Kap. 1**), sollte dem Coaching-Nehmer Bedenkzeit eingeräumt und ein zeitlicher Rahmen (z. B. zwei Tage) vereinbart werden. Dieses Vorgehen ist für die meisten Coaching-Nehmer hilfreich, da sie zunächst verhalten auf das Angebot reagieren. Im anschließenden Schritt der Verabschiedung wird einerseits das Gespräch zusammengefasst und anderseits dem Coaching-Nehmer für das Gespräch gedankt.

In der Bedenkzeit, die die Freiwilligkeit der Coaching-Nehmers betont und bei der im üblichen Rahmen unterrichtet wird, wird die notwendige Voraussetzung für den Coaching-Prozess geschaffen.

Die Phase II beginnt erneut mit dem Schritt der Einführung, der dasselbe Ziel wie in Phase I verfolgt. Aus diesem Grund werden die identischen inhaltlichen Punkte besprochen, jedoch erweitert durch den ausdrücklichen Dank beim Coaching-Nehmer für das erneute inhaltliche Gespräch. Obwohl in der Regel bereits im Vorfeld das Interesse am Coaching-Prozess signalisiert wurde, wird im Schritt »Abfrage des Angebotes« das Angebot zum individuellen Coaching nochmals wiederholt und eine Entscheidung vom Coaching-Nehmer eingefordert. Im darauffolgenden Schritt »Zusammenfassung der bisherigen Arbeitsergebnisse« wird durch den Coach die Phase I zusammengefasst. Aufbauend auf dieser Phase wird der Schritt der »gemeinsamen Zielvereinbarung« gestaltet. Die genannten Veränderungswünsche, die in Phase I auf einen Haftnotizzettel notiert wurden, werden durch den Coaching-Nehmer und den Coach weiter konkretisiert. Um den

Coaching-Nehmer und den Coach nicht zu überfordern, sollte man sich im Sinne des Förderplanqualitätskriteriums »Begrenztheit und Schwerpunkte setzen« auf einen Veränderungswunsch beschränken (Popp, Melzer & Methner 2011a, 26). Sollten mehrere Veränderungswünsche benannt werden, sollte die Auswahl durch den Coaching-Nehmer selbstständig erfolgen, indem z. B. die einzelnen Wünsche hierarchisch nach Priorität geordnet werden. Dieser Veränderungswunsch muss im Weiteren näher spezifiziert und im Sinne des fünften Beratungsschrittes »Zielbestimmung« von Mutzeck (2008 b, 115) formuliert werden. Das formulierte Ziel wird in einer Coaching-Vereinbarung schriftlich fixiert. Um das Ziel zu erreichen, werden im Schritt »Erarbeitung zielorientierter Lösungen« mögliche Maßnahmen zur Zielerreichung gesucht. In diesem sehr motivierenden Schritt (vgl. Mutzeck 2008a, 116) werden von Coaching-Nehmer und Coach gleichermaßen mögliche Lösungen zum formulierten Ziel gesucht. Diese schreibt jeder für sich im Zuge eines Brainstormings auf einzelne Zettel. »Auch Ideen, die auf den ersten Blick nicht umsetzbar erscheinen, sind zugelassen, weil sie befreiend wirken und den Blick für Neues öffnen, also auch zu sinnvollen, bisher nicht bedachten Lösungsmöglichkeiten hinführen können« (Hartmann, Pasewark & Melzer 2010, 22). Zur Ordnung der Vielfalt an gefundenen möglichen Maßnahmen dient der Schritt »Autonome Handlungsbewertung«. Dieser ist dem Schritt 7 der Kooperativen Beratung (vgl. Mutzeck 2008 b, 119) gleichzusetzen. In dieser Phase entscheidet sich der Coaching-Nehmer mithilfe von Kategorien (++, +,-) für ein bis zwei Lösungen aus dem Lösungspool, die er im Zuge der Zielerreichung umsetzen möchte. Dieser Schritt baut auf die Autonomie des Coaching-Nehmers und kann einige Zeit in Anspruch nehmen, da er nun über seine Eigenaktivität – was möchte er tun und was nicht – entscheiden muss. Die im Schritt vier (Zielvereinbarung) erarbeitete Coaching-Vereinbarung wird durch diese Maßnahmen erweitert. Das weitere methodische Vorgehen orientiert sich an den Phasen der Kooperativen Erstellung und Fortschreibung individueller Förderpläne (KEFF) nach Mutzeck & Melzer (2007). Da die bisherige Arbeit streng genommen, trotz des verbindlichen Charakters durch die Coaching-Vereinbarung, nur eine bloße Willensabsichtserklärung darstellt, wird im Schritt »Vorbereitung der Umsetzung« die konkrete Umsetzung geplant. Dabei wird der Weg der Umsetzung festgelegt, d. h. was wann und wie gemacht wird. Zusätzlich werden hilfreiche Bedingungen für die Umsetzung besprochen und als weiterer Punkt in der Coaching-Vereinbarung schriftlich festgehalten. Um eine anschließende effektive Weiterarbeit zu ermöglichen, wird im vorletzten Punkt »Vorbereitung der Evaluation und der Reflexionen« thematisiert, wann und wo die regelmäßigen Reflexionsgespräche stattfinden und wie ein Erfolg des Coaching-Prozesses erkennbar wäre. Diese abschießenden organisatorischen Aspekte werden ebenfalls in der Coaching-Vereinbarung schriftlich fixiert. Im abschließenden Schritt wird durch den Coach die getätigte Arbeit zusammengefasst, dabei wichtige Vereinbarungen (Ziel, Lösungen, Umsetzungshilfen sowie der Zeitraum) noch einmal benannt. Im Sinne eines Förderkontraktes wird die erarbeite Coaching-Vereinbarung durch beide Beteiligten unterschrieben (vgl. Arnold & Kretschmann 2002). Zusätzlich bittet der Coach den Coaching-Nehmer, den Coaching-Prozess und das Ergebnis zu bewerten, z. B. durch verbale Skalen. Abschließend erfolgt ein Dank für die gute, vertrauensvolle Kommunikation.

4 Ausblick

Das Kooperative Coaching eröffnet für zahlreiche Anwendungsfelder im schulischen Kontext Chancen und kann einen individuellen Förderprozess sicherstellen. Die geforderte Autonomie des Coaching-Nehmers spiegelt sich in zahlreichen Punkten der Konzeption wider und die Umsetzung und das pädagogische Handeln im Coaching-Prozess sind folglich erleichtert. Bisher hat sich das Kooperative Coaching im Bereich der schulischen Leistungsförderung in der Grundschule (vgl. Methner 2011) und in der Sekundarstufe I bewährt. Ferner wurde es erfolgreich im Kontext von Schulverweigerung (vgl. Gülden & Rybniker 2011) und im Schulleiter-Coaching eingesetzt. Da individuelle Bedürfnisse des Coaching-Nehmers und des Coachs im Verlauf des Prozesses berücksichtigt werden können und das vorgestellte Coaching, bis auf die investierte Zeit, keine Kosten verursacht, ist das Konzept für den schulischen Bereich ein weiteres Argument der Praktikabilität. Durch die Nähe zur Kooperativen Beratung ist das Konzept leicht erlernbar, was eine spätere Anwendung vor Ort in der Schule erleichtert.

Literatur

Arnold, K.-H. & Kretschmann, R. (2002): Förderdiagnostik, Förderplan und Förderkontrakt: von der Eingangsdiagnose zu Förderungs- und Fortschreibungsdiagnosen. In: Zeitschrift für Heilpädagogik 53 (7), 266–271.

Arnold, R. (2011): LehrerCoaching – Herzstück einer transformativen Weiterbildung von Lehrkräften, in: Birgmeier, B. (Hrsg.): Coachingwissen. 2. Aufl., Wiesbaden, 315–324.

Birgmeier, B. (2011) (Hrsg.): Coachingwissen. 2. Aufl., Wiesbaden.

Breitenbach, E. (2007): Klientenzentrierte Beratung. In: Diouani-Streek, M. & Ellinger, S. (Hrsg.): Beratungskonzepte in sonderpädagogischen Handlungsfeldern. Oberhausen, 33–50.

Denner, L. (2000): Gruppenberatung für Lehrer und Lehrerinnen. Eine empirische Untersuchung zur Wirkung schulinterner Supervisionen und Fallbesprechungen. Bad Heilbrunn.

Diouani-Streek, M. & Ellinger, S. (Hrsg.) (2007): Beratungskonzepte in sonderpädagogischen Handlungsfeldern. Oberhausen.

Ellinger, S. (2010): Kontradiktische Beratung: Vom effektiven Umgang mit persönlichen Grenzen. Stuttgart.

Engel, F., Nestmann, F. & Sickendiek, U. (2004): Beratung – Ein Selbstverständnis in Bewegung. In: Nestmann, F., Engel, F. & Sickendiek, U. (Hrsg.): Das Handbuch der Beratung, Bd. 1: Disziplinen und Zugänge. Tübingen, 103–114.

Fietze, B. (2011): Chancen und Risiken der Coachingforschung – eine professionssoziologische Perspektive, in: Wegener, R., Fritze, A. & Loebbert, M. (Hrsg.): Coaching entwickeln. Forschung und Praxis im Dialog. Wiesbaden.

Fischer-Epe, M. (2006): Coaching: Miteinander Ziele erreichen. Reinbek bei Hamburg.

Grawe, K., Donati, R. & Bernauer, F. (1994): Psychotherapie im Wandel: Von der Konfession zur Profession. Göttingen.

Greif, S. (2011): Grundlagentheorien und praktische Beobachtungen zum Coachingprozess, in: Birgmeier, B. (Hrsg.): Coachingwissen. 2. Aufl., Wiesbaden, 131–146.
Gülden, U. & Rybniker, O. (2011): Kooperatives Coaching, in: Popp, K., Melzer, C. & Methner, A. (2011b): Kooperative Beratung. Eine praktische Reflexion. Weinheim, 96–108.
Hartmann, B., Gärtig, K. & Methner, A. (2012): Das Leipziger Kompetenzscreening. Kinderversion. Leipzig.
Hartmann, B., Pasewark, W. & Melzer, C. (2010): Die Kooperative Beratung – Evaluation der Fortbildung, des Praxistransfers sowie der Effekte. In: Zeitschrift für Heilpädagogik 1 (61), 20–30.
Heidenreich, R., Melzer, C. & Methner, A. (2011): Beratung in hierarchischen Strukturen. In: Popp, K., Melzer, C. & Methner, A. (Hrsg.): Kooperative Beratung. Eine praktische Reflexion. Weinheim, 128–150.
Juul, J. (2011): Elterncoaching: Gelassen erziehen. Weinheim.
Katzenbach, D. & Olde, V. (2007): Beratungskompetenz im Spannungsfeld von Kooperation und Delegation. In: Diouani-Streek, M. & Ellinger, S. (Hrsg.): Beratungskonzepte in sonderpädagogischen Handlungsfeldern. Oberhausen, 191–208.
König, E. & Volmer, G. (2005): Systemisches Coaching. In: König, E. & Volmer, G.: Systemisch denken und handeln. Weinheim, Basel, 171–185.
Lippmann, E. (2006): Coaching. Angewandte Psychologie für die Beratungspraxis. Heidelberg.
Maturana, H.R. & Varela, F.J. (1987): Der Baum der Erkenntnis. Bern u.a.
Melzer, C. & Methner, A. (2011): Gesprächsführung mit Kindern und Jugendlichen. Stuttgart (im Druck).
Methner, F. (2011): »Ich möchte vor der Klasse mit weniger Angst reden können« – Förderung der emotionalen Kompetenz bei einer Schülerin aus der fünften Klasse an einer Schule für Körperbehinderte (schriftliche Arbeit zur Zweiten Staatsprüfung für das Lehramt an Förderschulen).
Mutzek, W. (1988): Von der Absicht zum Handeln. Rekonstruktion und Analyse subjektiver Theorien zu Transfer von Fortbildungsinhalten in den Berufsalltag. Deutscher Studienverlag, Weinheim.
Mutzeck, W. (2003): Kooperative Förderplanung. In: Mutzeck, W. (Hrsg.): Förderplanung. Grundlagen – Methoden – Alternativen. Weinheim, Basel, Berlin, 199–226.
Mutzeck, W. (2008a): Methodenbuch Kooperative Beratung. Weinheim.
Mutzeck, W. (2008b): Kooperative Beratung. Grundlagen, Methoden, Training, Effektivität. 6. Aufl., Weinheim, Basel.
Mutzeck, W. & Melzer, C. (2007): Kooperative Förderplanung. Erstellung und Fortschreibung individueller Förderpläne (KEFF). In: Mutzeck, W. (Hrsg.): Förderplanung. Grundlagen, Methoden, Alternativen. Weinheim, Basel, 199–239.
Mutzeck, W., Hartmann, B. & Fingerle, M. (2003): Das Leipziger Kompetenzscreening. Lehrerversion. Leipzig.
Overbeck, A. & Kunze, O. (2007): »Beratung« im Spiegel der psychoanalytischen Praxeologie. In: Diouani-Streek, M. & Ellinger, S. (Hrsg.): Beratungskonzepte in sonderpädagogischen Handlungsfeldern. Oberhausen, S. 209–244.
Pallasch, W. & Kölln, D. (2002): Pädagogisches Gesprächstraining: Lern- und Trainingsprogramm zur Vermittlung pädagogisch-therapeutischer Gesprächs- und Beratungskompetenz. 5. Aufl., Weinheim, München.
Pallasch, W. & Petersen, R. (2005): Coaching. Ausbildungs- und Trainingskonzeption zum Coach in pädagogischen und sozialen Arbeitsfeldern. Weinheim, München.
Popp, K., Melzer, C. & Methner, A. (2011a): Förderpläne entwickeln und umsetzen. München.
Popp, K., Melzer, C. & Methner, A. (2011b): Kooperative Beratung. Eine praktische Reflexion. Weinheim.
Rauen, Christopher (2003): Coaching. Innovative Konzepte im Vergleich. Göttingen
Rogers, C.R. (1995): Die nicht-direktive Beratung. Frankfurt a.M.

Schlee, J. (2004): Kollegiale Beratung und Supervision für pädagogische Berufe. Hilfe zur Selbsthilfe. Ein Arbeitsbuch. Stuttgart.
Schnebel, S. (2007): Professionell beraten. Beratungskompetenz in der Schule. Weinheim, Basel.
Speck, O. (1997): Chaos und Autonomie in der Erziehung. München.
Tausch, R. (2007): Lernförderliches Lehrerverhalten. Zwischenmenschliche Haltung beeinflussen das fachliche und persönliche Lernen der Schüler. In: Mutzeck, W. & Popp, K. (Hrsg.): Professionalisierung von Sonderpädagogen. Standards, Kompetenzen und Methoden. Weinheim, 14–29.
Wiethoff, C. (2011): Übergangscoaching mit Jugendlichen. Wirkfaktoren aus Sicht der Coachingnehmer beim Übergang von der Schule in die Ausbildung. Wiesbaden.

Beratung von Menschen mit Migrationshintergrund

Christa Thau-Pätz

Die Bevölkerungszusammensetzung in der Bundesrepublik Deutschland hat sich in den zurückliegenden Jahrzehnten durch Arbeits- und Heiratsmigration, durch die Auswirkungen der Globalisierung und durch den Zustrom von Menschen aus Krisen- und Kriegsgebieten nachhaltig verändert. Erwachsene und Kinder vor allem aus Süd- und Osteuropa, aus Afrika und Asien sind mit unterschiedlichen kulturellen und religiösen Erfahrungen nach Deutschland eingewandert. Die anfängliche Offenheit für die Zuwanderer in der Aufnahmegesellschaft veränderte sich durch die Verschlechterung der wirtschaftlichen Lage und die damit einhergehende Verknappung der Arbeits- und Berufschancen. Mit der steigenden Anzahl der Zuwanderer und durch ihr massiertes Auftreten in bestimmten Wohngebieten verstärkte sich auch die öffentliche Diskussion über die Möglichkeiten und Grenzen kultureller Vielfalt. Die Spannbreite dieser Diskussion reicht von weiterer Offenheit bis hin zur Abwehr des vermeintlich Unbekannten und Fremden. Die anstehenden Herausforderungen lassen sich nicht mehr nur an einzelnen regionalen Standorten wie beispielsweise den industriellen Ballungszentren festmachen. Die Integration der Migranten betrifft tiefgreifend die Fortentwicklung der bestehenden gesellschaftlichen Rahmenbedingungen.

Aktuelle Erhebungen gehen davon aus, dass bereits 34,6 % der in Deutschland lebenden Kinder unter fünf Jahren in Familien mit Migrationshintergrund aufwachsen und dass bereits jeder vierte Schüler nicht deutscher Herkunft ist (Statistisches Bundesamt 2010).

Das statistische Bundesamt hat im Jahr 2005 den Themenkomplex »Migration und Integration« in das Erhebungsprogramm des Mikrozensus aufgenommen. Seit dieser Aufnahme wird in unserem Land zwischen Menschen mit Migrationshintergrund und Menschen ohne diesen Hintergrund unterschieden. Zur Kategorie »Menschen mit Migrationshintergrund« zählen nicht nur die Zuwanderer selbst, sondern auch deren Angehörige der 1. bis 3. Generation. Somit fallen auch in Deutschland geborene Kinder von Spätaussiedlern und Kinder von ausländischen Elternpaaren in die neu gebildete Erfassungskategorie.

Menschen mit Migrationshintergrund kennzeichnet eine große Heterogenität. Je nach dem Blickwinkel des Betrachters werden Erfolgs- oder Misserfolgsgeschichten als Beleg für eine geglückte oder weniger erfolgreich verlaufene Integration angeführt: Migranten sprechen in der Regel mehr als eine Sprache. Immer mehr schließen ihre Schulkarriere mit mittleren oder höheren Bildungsabschlüsse ab und finden in der Berufs- und Arbeitswelt ihren Platz. Demgegenüber steht jedoch auch die Migrantengruppe, deren Kinder an den Leistungsanforderungen der Grund- und weiterführenden Schulen scheitern. Zu den schulischen Problemen zählen vorrangig: marginale Deutschkenntnisse, geringes Umwelt- und Alltagswissen, unzureichendes Arbeits- und Regelverhalten, aber auch fehlende Unterstützung vom Elternhaus und mangelnde Zukunftsperspektiven. Die überaus hohe Zuweisungsquote der betroffenen Kinder auf Förderschulen insbesondere mit dem Schwerpunkt Lernen wird von der Mehrzahl der Eltern mehrheitlich als persönliche Kränkung empfunden.

Trotz aller Unterschiedlichkeit sind in der Regel Menschen mit Migrationshintergrund in unterschiedlicher Intensität den kulturellen und religiösen Werten und Normen ihres Herkunftslandes verbunden. Sie können sich beispielsweise für die deutsche Staatbürgerschaft entscheiden, auf der Gefühlsebene bleiben sie aber meist Kroate, Italiener, Türke oder Grieche.

Der Grad der Verwurzelung im Herkunftsland und die Offenheit für Bildung sind entscheidende Indikatoren für das Ankommen in der Gesellschaft. Migration wird in unserem Land zunehmend vordergründig nur als Problem wahrgenommen. Es sollte nicht vergessen werden, dass sie Teil deutscher Zeitgeschichte und gleichzeitig Lebensleistung der Eltern- und Großelterngeneration als Spätaussiedler oder Gastarbeiter ist.

In der Schule treffen Kinder und Eltern mit Migrationshintergrund auf Gleichaltrige und deren Eltern ohne diesen Erfahrungshintergrund. Dabei handelt es sich an vielen Schulen um die Begegnung einer Minderheit mit der Mehrheit. Gemäß dieser quantitativen Verteilung fordert in der Regel die Mehrheit von der Minderheit die Bereitschaft zur Anpassung. Dieses über lange Jahre praktizierte Vorgehen stößt inzwischen aber dort an seine Grenzen, wo sich die Anzahl der Kinder und Jugendlichen mit Migrationshintergrund erhöht. Somit steigt für immer mehr Schulen zwangsläufig die Notwendigkeit, sich mit der Herausforderung Migration auseinandersetzen zu müssen und Aspekte der *interkulturellen Dimension* stärker in den Blick zu nehmen. Dies trifft auf alle Bereiche des schulischen Lernens und Zusammenlebens zu.

Die Gestaltung von Beratungsprozessen gehört neben dem Unterrichten und Erziehen zu den Basisqualifikationen von Förderschullehrkräften. Beratungen von Menschen mit Migrationshintergrund treten angesichts stetig ansteigender Schülerzahlen aus diesem Umfeld vermehrt im schulischen Alltag auf. Durch die Auswertung zweier hessischer Fortbildungsveranstaltungen zum Thema »Beratung und Migration« (Thau-Pätz 2011) konnte ein stichpunktartiger Einblick in hilfreiche bzw. verunsichernde Faktoren für das Beraterhandeln im interkulturellen Kontext gewonnen werden.

Als hilfreich und bestärkend für die Gestaltung von Beratungen führen die Kolleginnen und Kollegen an:

- interkulturelles Wissen
- umfassende Informationen über die bestehende Verschiedenheit
- Berücksichtigung von kulturellen Besonderheiten
- Anerkennung der jeweils anderen Sichtweise
- Informationen durch Kollegen mit Wurzeln in anderen Kulturkreisen
- eigene Erfahrungen durch Austausch, Studium, Studienfahrt, Urlaub
- Einbezug des Familiensystems in die Beratung

- Besuche in Familien
- eigenes Erleben von vielfältigen Lebensstrategien
- verstärktes Wahrnehmen biografischer Verläufe einschließlich der Brüche
- Klärung von unterschiedlichen Erwartungen zu Beginn von Beratungen
- eine offene, wertschätzende Haltung.

Die befragten Lehrkräfte fühlen sich in interkulturellen Beratungsgesprächen verunsichert durch:

- die häufig erlebte Schwellenangst der Eltern vor der Institution Schule
- das generelle Misstrauen vieler Eltern gegenüber staatlichen Institutionen
- die oftmals erlebte Unterstellung von systemischer »Willkür« im Melde- und Überprüfungsverfahren
- die hohe Erwartungshaltung der Eltern an die Beratungslehrkraft
- den Umstand, den Einfluss kultureller Unterschiede nicht einschätzen zu können
- die Kinder orientierungslos zwischen den Kulturen zu erleben
- einen unklaren Kenntnisstand über kulturelle Unterschiede
- den Einfluss religiöser Hintergründe auf Werte und Normen
- das Maß sprachlicher Fähigkeiten, Sprachverständnis
- das Versagen von eigentlich erfolgreichen Beratungsstrategien
- den Spagat zwischen Empathie und Klarheit im Beratungsverlauf
- die Unsicherheit, ob der Gesprächsinhalt von den Eltern wirklich verstanden wird
- die häufig berufliche Perspektivlosigkeit von Eltern und Kindern.
- fehlende Verantwortlichkeit bei den Eltern
- die oftmals fehlende Akzeptanz von Frauen
- die Rollenzuweisung in der Familie – Geschwister, Großeltern, weitere Verwandte
- die unterschiedlichen kulturellen und kommunikativen Umgangsformen
- den Umgang mit vermeintlichen Kränkungen
- die Deutung von Gestik und Mimik
- Missverständnisse bei der Einbeziehung eines Dolmetschers (Rolle, Parteilichkeit)
- Rollenproblematik beim Einsatz von Geschwistern als Übersetzer

Die Auflistung zeigt, dass für Beratungslehrkräfte die Beratung von Menschen mit Migrationshintergrund viele offene Fragen und Probleme aufwirft. Die Reflexion der Situation stellt jedoch einen ersten wichtigen Schritt zur Überwindung der Schwierigkeiten dar. Die eingetretene Verunsicherung auf Lehrerseite kann durchaus positiv genutzt werden, um eine konstruktive Auseinandersetzung mit dem stark affektiv besetzten Thema zu eröffnen.

Um in interkulturellen Beratungssituationen effektiv und angemessen, d. h. lösungsorientiert zu interagieren, ist es notwendig, sich mit den förderlichen Einstellungen und Haltungen auseinanderzusetzen sowie geeignete Handlungs- und Reflexionsfähigkeiten anzubahnen. Diese Zielstellung lehnt sich eng an die von Deardorff entwickelte Definition zur interkulturellen Kompetenz (Bertelsmann

Stiftung 2006) an. Demzufolge bilden bestimmte Haltungen, Einstellungen, Handlungs- und Reflexionskompetenzen die Grundlage für eine konstruktive Interaktion. Sich in Beratungssituationen auf Augenhöhe begegnen zu können, lenkt den Blick zwangsläufig auch auf Fragen nach gesellschaftlicher Teilhabe ohne Rücksicht auf kulturelle Zugehörigkeit in der sich durch Migration veränderten Gesellschaft. Beraterinnen und Berater sind herausgefordert, über die eigene Positionierung in diesen grundlegenden Fragen zu reflektieren. Dieser Schritt kann entscheidend dazu beitragen, den Beratungsauftrag aus veränderter Perspektive neu wahrzunehmen.

Die Weiterqualifikation für die Beratung von Menschen mit Migrationshintergrund wird sich nicht durch eine Fortbildungsmaßnahme realisieren lassen. Das Erlernen einer neuen Sprache, die Erfahrungen durch eine Bildungsreise, das Lesen von Fachliteratur können ebenso wie Gespräche und Begegnungen mit betroffenen Menschen dazu beitragen, den eigenen Blick für die interkulturelle Dimension zu weiten. Deardorff führt im Thesenpapier der Bertelsmann Stiftung (2006) aus, dass Kommunikations- und Konfliktlösefähigkeiten eine sehr viel größere Bedeutung in interkulturellen Beratungs-Settings einnehmen als wissensbezogene Fähigkeiten. Damit gewinnen Gesprächsführungselemente, wie direktes persönliches Ansprechen, aktives Zuhören, Konkretisieren, Dialogkonsens, Einbringen von Gedanken und Gefühlen (Mutzeck 2008 a), unter dem Blickwinkel interkultureller Dimension eine besondere Bedeutung. Zur Annäherung an die komplexe Aufgabenstellung erscheint unter dem Blickwinkel der in der Beratungspraxis gesammelten Erfahrungen die Beleuchtung nachfolgender Aspekte hilfreich. Hierzu zählen:

- Kommunikationsmuster
- Machtasymmetrien – fehlende Anerkennung
- Individualismus – Kollektivismus
- Monochrome – polychrome Zeitauffassung
- Rolle der Kinder

1 Kommunikationsmuster

In einer zufriedenstellend verlaufenen Beratungssituation nehmen die an der Beratung beteiligten Partner gleichermaßen persönliche Wertschätzung, das Gefühl von gegenseitigem Verständnis trotz unterschiedlicher Ausgangs- und Auftragslage, die Möglichkeit der Mitbeteiligung an der Zielfindung und Lösungssuche wahr. Das Ausleuchten differenter Standpunkte durch vielfältige Möglichkeiten der Konkretisierung und das Angebot des Dialogkonsenses stellen dabei wichtige Bedingungen des Gelingens dar. Auftretende Differenzen wahrzunehmen, zu konkretisieren und nicht vorschnell als allein kulturell bedingt einzuordnen, sind wichtige Schritte auf dem Weg zu einem gemeinsamen Dialog. Hierzu gehört auch die Offenheit aufseiten des Beraters, die im Raum stehende Differenz zunächst stehen lassen zu können.

In unserem kulturellen Umfeld findet Kommunikation vorwiegend auf der Sachebene statt. Sachlichkeit hat Priorität und es wird davon ausgegangen, dass sich Kritik an einem Sachverhalt von der Person trennen lässt. In Kulturen, in denen der Beziehungsaspekt gegenüber der Sachorientierung dominiert (Russland, Polen, USA, Japan, Türkei) kann dies zu Irritationen führen. Aufgrund der Dominanz des Beziehungsaspektes ist in etlichen Ländern die mündliche Kommunikation wichtiger als schriftliche. Kommunikationsstörungen »entstehen durch divergente Erwartungen, die zu Erwartungsenttäuschungen führen [...]. Die entscheidende Störquelle liegt ... nicht auf der ›Inhaltsebene‹, sondern auf der ›Beziehungsebene‹«(Auernheimer 2005, 1).

Die Inhaltsebene eines Beratungsgespräches kann sich durch Sprachprobleme des Beratungspartners langwierig und mühselig gestalten. Auf der Beziehungsebene spielen Erwartungen, Bewertungen, Vermutungen und zuweilen vorschnell getroffene Rückschlüsse auf die eigene Person eine große Rolle. Von ebenso großer Bedeutung für das Gesprächsklima können Gestik, Mimik, Lautstärke sowie Gefühlsregungen wie Wut, Trauer und Niedergeschlagenheit sein. Gleichzeitiges Sprechen ist in arabischen Ländern nicht unüblich, denn es signalisiert Interesse am Beratungsinhalt und verfolgt aber auch die Strategie: »Wer den besten Atem hat, setzt sich durch«.

Besonderes Augenmerk sollte auf die Eröffnung eines Beratungsgespräches gelegt werden. Für die Pflege der Beziehungsebene ist eine Zeitressource einzuplanen, sodass der Übergang in die Sachebene möglichst gleitend verläuft. Die Rückversicherung des Beraters, ob er den Namen des Gesprächspartners korrekt ausspricht, kann positiver Bestandteil des Gesprächseinstieges sein.

Zur Unterstützung der Konkretisierung eignen sich Visualisierungsmaterialien wie Papier, Bleistift, Magnete, Steine, Figuren, Whiteboard. Bei Beratungsinhalten, die auf die Bearbeitung beispielsweise von Konfliktsituationen zielen, kann das gemeinsame Aufsuchen der »Tatorte« zur Konkretisierung beitragen.

2 Machtasymmetrien – fehlende Anerkennung

Diese spielen für Menschen mit Migrationshintergrund auf verschiedenen Ebenen eine bedeutende Rolle. Anerkennung bzw. verweigerte Anerkennung sind zentrale Pfeiler des Angekommenseins in der Mehrheitsgesellschaft (Mecheril 2004, 383). Indikatoren für einen erfolgreichen Verlauf sind Aufstiegschancen, eine gelungene Berufsintegration und politische Teilhabe. Aus fehlender oder aus nicht wahrgenommener Anerkennung können Überempfindlichkeit, generelles Misstrauen gegenüber Institutionen oder Personen, die diese Institutionen vertreten, erwachsen. In Beratungssituationen kann deshalb nicht ausgeschlossen werden, dass es zu aggressivem Verhalten des Gesprächspartners, zu Rassismusvorwürfen, zu Gesprächsverweigerung oder -abbrüchen kommt. Erlernte Hilflosigkeit als Abwehr institutioneller Anforderung gilt es zu erkennen und evtl. aufzudecken.

Machtstrukturen bestehen mehrheitlich in den Familien mit Migrationshintergrund zwischen den Geschlechtern sowie zwischen älteren und jüngeren Familienmitgliedern. Die Dominanz männlicher Werte herrscht vor. Der Sohn als »Prinz« steht oftmals unantastbar im Mittelpunkt. Die Rolle der Mädchen ist festgeschrieben auf die Rolle der Mutter und Ehefrau. In vielen Fällen stammt der zukünftige Ehemann aus dem Herkunftsland. In Beratungsgesprächen kann die in unserer Gesellschaft praktizierte Form der Gleichberechtigung auch einen brisanten Gesprächsinhalt bilden. Zur Einschränkung bzw. Verhinderung weiblicher Autonomie können auch mystische Geschichten aus den Herkunftsländern eine Rolle spielen. Der Einsatz von Mythen zielt auf Strafandrohung und Disziplinierung.

3 Individualismus – Kollektivismus

In unserer Gesellschaft steht der Mensch als Individuum im Vordergrund. In Südosteuropa, Afrika oder auch der Türkei ist hingegen das Kollektiv prägend. Die Gemeinschaft ist Dreh- und Angelpunkt des Lebens. Die Gruppe bestimmt und das Individuum muss sich einfügen. Viele hier lebende junge Erwachsene hinterfragen immer mehr diese Abläufe und versuchen, ihren eigenen Ideen zur Lebensgestaltung Ausdruck zu verleihen. Hieraus resultieren in den betroffenen Familien gravierende Spannungen und Konflikte.

Für Berater können diese Situationen eine besondere Belastung darstellen. Bei solchen Herausforderungen ist es daher hilfreich, auf ein Netzwerk von Institutionen wie Jugendämter, psychologische Beratungsstellen etc. zur Unterstützung zurückgreifen zu können.

4 Monochrome – polychrome Zeitauffassung

Zeit ist in unserer Gesellschaft ein kostbares Gut. Ein gutes Zeitmanagement ist Ausdruck professioneller Arbeit. In afrikanischen Ländern hingegen werden Terminvereinbarungen beispielsweise keine besondere Wichtigkeit beigemessen. Man fängt an, wenn alle erwarteten Personen eingetroffen sind. Warten müssen, ist nicht unhöflich, denn das sichere Eintreffen wird als wichtiger gewertet als der Zeitpunkt der Ankunft.

In mehreren Sprachen existiert kein Wort für »Termin«. So bedarf es zumindest beim Erstkontakt auf Beraterseite größerer Nachsicht, wenn Terminvereinbarungen nicht zum vereinbarten Zeitpunkt eingehalten werden und es ist stets zu prüfen, ob die in der Regel schriftlich eingeladenen Personen auch in der Lage sind, das Einladungsschreiben zu lesen oder ob es besser wäre, eine Einladung telefonisch zu übermitteln.

5 Rolle der Kinder

In orientalischen Kulturen unterliegt die Kindererziehung einer besonderen Sichtweise. Abweichendes, nicht den üblichen Normen entsprechendes Verhalten, wie Störung bei Besuchen, Lügen oder Stehlen, Probleme beim Schreiben und Lesen, wird häufig nicht als Schwäche oder Fehler des Kindes interpretiert, sondern als Versäumnis oder Schwäche der Älteren. Das Kind wird deshalb nicht in seinem Fehlverhalten korrigiert. Schulische Kritik wird nicht selten von den Eltern auf die eigene Person übertragen und als persönlicher Angriff umgedeutet.

Kinder sind für Menschen mit Migrationshintergrund in aller Regel Hoffnungsträger. Ihr Erfolg wird oftmals als Beleg dafür gewertet, dass sich die Zuwanderung trotz aller persönlichen Beschwernisse gelohnt hat. Die positive Bewertung eines Kindes, d. h. die Darstellung seiner Stärken und Erfolge fungiert häufig als Türöffner für einen Einstieg in erfolgreiche Beratungsgespräche.

6 Ausblick

Abschließend bleibt festzuhalten, dass die Beratung von Menschen mit Migrationshintergrund ohne Zweifel für viele Beratungslehrkräfte tagtäglich eine große Herausforderung darstellt und sie nicht selten an ihre professionellen Grenzen stoßen. Hierzu gehört auch die schmerzliche Erfahrung, dass die in der Praxis bisher erfolgreich praktizierten Beratungskonzepte im interkulturellen Kontext nicht zu wünschenswerten Lösungen führen. Um diese für viele Beraterinnen und Berater wenig zufriedenstellende Situation positiv zu beeinflussen, können die folgenden fünf Handlungsschritte empfohlen werden:

- Bisher praktiziertes Beratungshandeln um interkulturelle Aspekte erweitern
- eigene Sichtweisen und Handlungsstrategien hinterfragen
- vorhandenes Methodenrepertoire erweitern
- mehrperspektivisches Denken zulassen
- fachkollegialen Austausch suchen und nutzen.

Literatur

Auernheimer, G. (2005): Interkulturelle Kommunikation, vierdimensional betrachtet. Köln.
Bertelsmann Stiftung (2006): Thesenpapier der Bertelsmann Stiftung auf Basis der interkulturellen Kompetenz-Modelle von Dr. Darla K. Deardorff – »Interkulturelle Kompetenz – Schlüsselkompetenz des 21. Jahrhunderts?«. Gütersloh.
Erll, A. & Gymnich, M. (2007): Interkulturelle Kompetenzen. Stuttgart.
Heringer, H. J. (2010): Interkulturelle Kommunikation. 3. Aufl., Tübingen, Basel.
iaf (verband binationaler familien und partnerschaften) (Hrsg.) (2004): vielfalt ist unser reichtum. Frankfurt a. M.
Keil, G. (2010): Einander kennenlernen – verstehen – richtig miteinander umgehen/Migration in Deutschland – Handlungsstrategien im Schulalltag. In: HTW Praxis, 4, ohne Seitenangabe.
Klein, O. G. (2001): Ihr könnt uns einfach nicht verstehen! Frankfurt a. M.
Kumbier, D. & Schulz von Thun, F. (2010): Interkulturelle Kommunikation – Methoden, Modelle, Beispiele. 4. Aufl., Reinbek bei Hamburg.
Lanfranchi, A. (2006): Kulturschock? Interkulturelle Kompetenz in psychosozialen Berufen. In: Psychoscope 8 (27), 12–14.
Mecheril, P. (2004): Beratung in der Migrationsgesellschaft. Paradigmen einer pädagogischen Handlungsform. In: Treichler, A. & Cyrus, N. (Hrsg.): Handbuch Soziale Arbeit in der Einwanderungsgesellschaft. Frankfurt a. M.
Mutzeck, W. (2008 a): Kooperative Beratung. Grundlagen, Methoden, Training, Effektivität. 6. Aufl., Weinheim, Basel.
Mutzeck, W. (2008 b): Methodenbuch Kooperative Beratung. Weinheim.
n. n. (2008): »Sonderpädagogische Förderung heute«, Thema »Migration und Sonderpädagogik«, 53. Jg. 2008, Heft 1
Statistisches Bundesamt (2010): Bevölkerung mit Migrationshintergrund. – In: https.//www.destatis.de/DE/Publikationen/Thematisch/Bevölkerung/Migrationshintergrund/Mitgrationshintergrund.html.
Thau-Pätz, C. (2011): Arbeit im Beratungs- und Förderzentrum – Schwerpunkt Sek. I – »Beratung und Migration – Ergebnisse eines Workshops«. Amt für Lehrerbildung Hessen, Reader. Ohne Ort.
Thau-Pätz, C. & Haun, S. (2010): Kooperative Beratung als Schlüssel zum Dialog in der interkulturellen Beratung am Beispiel einer Förderschule für Lernhilfe. In: Zeitschrift für Heilpädagogik 1/2010.
Von Schlippe, A., El Hachimi, M. & Jürgens, G. (2008): Multikulturelle systemische Praxis. 3. Aufl., Heidelberg.
Von Wogau, J. R. & Eimmermacher, H. & Lanfranchi, A. (Hrsg.) (2004): Therapie und Beratung von Migranten. Weinheim.

Lehreraufgaben konkret

– *Diagnostizieren*

Sonderpädagogische Diagnostik in inklusiven Settings

Peter Jogschies

1 Bildungspolitische Ausgangspositionen

Die Ratifizierung der Behindertenrechtskonvention der Vereinten Nationen (UN-BRK) durch die Bundesrepublik hat die Diskussion um das Schulsystem in Deutschland neu belebt. Insbesondere der Artikel 24, der ein integratives Bildungssystem zur Verwirklichung des Rechts auf Bildung für behinderte Menschen festschreibt und von den Vertragsstaaten fordert, »dass behinderte Menschen nicht aufgrund ihrer Behinderung vom allgemeinen Bildungssystem ausgeschlossen werden und dass behinderte Kinder nicht aufgrund ihrer Behinderung vom unentgeltlichen und obligatorischen Grundschulunterricht oder von der Sekundarschulbildung ausgeschlossen werden« (Artikel 24, Satz 2 a), stellt die Praxis der Feststellung sonderpädagogischen Förderbedarfs, der für die Mehrzahl der betroffenen Schüler derzeit noch mit einem Wechsel an eine Förderschule verbunden ist, infrage. Die bildungspolitische Antwort auf diese Frage ist die Schaffung eines inklusiven Schulsystems, dessen Ausgestaltung sich erst in der grundlegenden Zielrichtung, der gemeinsamen Unterrichtung aller Schüler, abzeichnet. Wie dies konkret gestaltet werden kann, wird auch wissenschaftlich in der Schul- und in der Heilpädagogik diskutiert.

Ist es heute noch zeitgemäß, angesichts dieser Fachdiskussion um Inklusion und der UN-Konvention über die Rechte von Menschen mit Behinderungen über die Erarbeitung wissenschaftlich anspruchsvoller Gutachten für die Förderung von Schülern mit sonderpädagogischem Förderbedarf nachzudenken? Die Antwort ist aus meiner Sicht ambivalent:

Nein. Denn eine Verwaltungsentscheidung über die Zuerkennung von sonderpädagogischem Förderbedarf für einen Schüler, auf dessen Grundlage diesem sonderpädagogische Hilfen zuteil wurden, auf dessen Basis er aber auch klassifiziert und häufig stigmatisiert wurde, als Konsequenz aus dem vorgelegten Gutachten wird es so sehr wahrscheinlich nicht mehr geben. Zumindest geht Sander (2004) in seinem Konzept von Inklusion III davon aus.

Ja. Denn Schüler, die ohne spezielle Hilfen und Unterstützung in einer »Schule für alle« nicht erfolgreich lernen können, wird es weiterhin geben. Deren Förderung wird notwendigerweise individualisiert erfolgen müssen. Dafür ist eine möglichst genaue Kenntnis des Schülers und seines Umfeldes erforderlich. Also muss für das Finden der günstigsten Förderung eine Diagnose des Schülers erfolgen. Für die Darstellung der diagnostischen Befunde und ihre Interpretation bietet ein Gutachten nach wie vor die geeignete Form. Es stellt ein Verlaufs- und Ergebnisprotokoll der durchgeführten Informationssammlungen und -bewertungen in kompakter Form dar. Da die Förderung des Schülers vorrangig im Team geschehen soll, kann der Inhalt des Gutachtens Basis für die multidisziplinären Entscheidungen über die Gestaltung der Förderung sein. So genutzte Gutachten entsprechen dem ganz frühen Ideal der Förderdiagnostik. Auf der Grundlage diagnostischer Daten werden Entscheidungen über die individualisierte Gestaltung der Förderung des untersuchten Schülers einschließlich der hierfür nutzbaren Ressourcen getroffen, ohne ihn zu klassifizieren und in speziellen Einrichtungen zu separieren (vgl. Kobi 1977).

Ergänzt man diese Hinführung auf das Thema mit der Praxis der Förderplanung, da es durchaus sinnvoll erscheint, die Förderung von Schülern mit besonderen Förderbedürfnissen planmäßig durchzuführen (vgl. Mutzeck 1998; 2004), dann findet man in den theoretischen Konzepten zur Förderplanung an deren Anfängen immer Aussagen zur Begutachtung des Ausgangspunktes für die Förderung, des Ist-Standes.

Demnach erscheint es durchaus sinnvoll, über die Gestaltung förderdiagnostischer Gutachten nachzudenken, um deren Potenzial für die Praxis individualisierter Förderung in heterogenen Gruppen zu erschließen.

2 Gemeinsamer Unterricht in heterogenen Klassen

Eine erste wissenschaftliche Herausforderung stellt die Vorbereitung von Lehrern auf die Unterrichtung in leistungsheterogenen Klassen dar. Im Unterricht vollziehen sich in der Auseinandersetzung der Schüler mit dem fachlichen Inhalt Lernen und Förderung. Die Individualisierung der Aufgaben soll jedem Schüler ein Maximum an Lernzuwachs ermöglichen, wofür Lernzeiten, Lerninhalte, Lernwege und -hilfen durch den Lehrer differenziert angeboten werden.

Ein Aspekt dabei ist auch die Rolle spezialisierter sonderpädagogischer Kräfte für die Unterstützung von Schülern mit besonderen Lernvoraussetzungen. So fordert Hinz (2004) beispielsweise für Unterstützungssysteme folgende Qualitäten: »So sollen diese ›nonkategorial organisiert‹ und ›entspezialisiert‹ sein, also keine bestimmte Personengruppe oder Problemstellung fokussieren und wiederum ›systemisch‹ angelegt sein (Hinz 2008, 41). Das bedeutet, dass der Fokus auf Barrieren innerhalb des Umfeldes einer Person und nicht auf die Person selbst gerichtet ist« (zit. n. Schmidt & Dworschak 2011, 273).

Aber aktuell ist sonderpädagogischer Förderbedarf an die Person eines Schülers und bei diesem an festgestellte Besonderheiten in den Bildungs-, Entwicklungs- und Lernmöglichkeiten gebunden (vgl. Drave, Rumpler & Wachtel 2000, 28). Diese Feststellung ist Voraussetzung für die Zuweisung sonderpädagogischer Hilfsangebote für den Schüler, die auch im gemeinsamen Unterricht mit Schülern ohne solche Besonderheiten realisiert werden sollen. Diese Praxis findet sich auch in der Inklusion des Typs II nach Sander (2004). Das erscheint auch durchaus sinnvoll, weil Lernen individuell geschieht. Demzufolge sind Lernbarrieren auch für die verschiedenen Schüler sehr individuell. Diese zu erkennen und deutlich zu beschreiben erfordert zum einen spezifisches Fachwissen eines Diagnostikers und zum anderen einen Prozess der Erkenntnisgewinnungen über jeden Schüler als Voraussetzung für pädagogisches und falls notwendig sonderpädagogisches Handeln.

3 Individualisierung von Lern- und Entwicklungsangeboten

Setzt man die Bestimmung von Inklusion III nach Sander an, so ist eine Theorie der Vielfalt Grundlage für die Gestaltung von Unterricht. Jeder Schüler setzt sich mit dem Lerngegenstand individuell in Art und Weise, Umfang und Zeit auseinander. »Damit wird akzeptiert, was in Leistungsdifferenzen sichtbar ist: Menschen lernen unterschiedlich. Was bisher als problematisch bewertet wurde und zu Benachteiligungen und Diskriminierungen von Kindern und Jugendlichen führte, wird nunmehr als Potenzial für die Entwicklung aller wertgeschätzt« (Ricken 2010, 315 f.). Gleichzeitig wirft dieses Herangehen aber Fragen auf, wie in der Schule ein Curriculum für alle Schüler so realisiert werden kann, dass Bildungsgerechtigkeit in der Schule hergestellt werden kann (vgl. Lindmeier 2011), wie Lernentwicklungen der Schüler erfasst, dokumentiert und bewertet werden. Diese Aufgabe des Lehrers erfordert diagnostisches Handeln, um auf der Grundlage der Kenntnis einer Lernausgangslage ihm angemessene Aufgaben zu stellen, Hilfen anzubieten und die Fortschritte jedes Schülers zu erkennen.

4 Klasse und Schule als Erfahrungsraum für eigenverantwortliches und solidarisches Lernen

»Die Schulklasse wird zu einem Ort, in welchem verschiedenste Mehr- oder Minderheiten miteinander interagieren (...)« (Schmidt & Dworschak 2011, 271). Aber bei Untersuchungen der gegenwärtigen Praxis der Integration fand Huber (2008), dass die Integration von Schülern mit sonderpädagogischem Förderbedarf diese in ihren Klassen häufig in Außenseiterrollen führt. In der Konsequenz lässt sich daraus folgern, dass das schulorganisatorische Zusammenführen einer heterogenen Schülerschaft in einer Klasse nicht ausreicht, um inklusive Settings zu schaffen. Inklusion ist in Ergänzung dessen eine pädagogische Aufgabe, weil Schüler lernen müssen, Verschiedenartigkeit der Mitschüler zu akzeptieren und aus der solidarischen Interaktion mit ihnen Erfahrungen eigenen erfolgreichen

Lernens zu gewinnen. Auch hieraus ergibt sich die Notwendigkeit diagnostischen Handelns von Lehrern: Die Klasse muss in ihrer sozialen Funktion als Lebens- und Erfahrungsraum für die Schüler erfasst und in der Interaktion mit den Schülern gestaltet werden.

Zusammenfassend lassen sich mehrere Aufgaben einer sonderpädagogischen Diagnostik ausmachen, deren Erfüllung Voraussetzung für erfolgreiches Lehren in inklusiven Settings sind. Im Weiteren werde ich mich auf die Begutachtung von Schülern als eine Voraussetzung für die Individualisierung der Förderung konzentrieren.

5 Die diagnostische Fragestellung

Von Knebel (2010) stellt fest: »In den bundesweiten Empfehlungen der Kultusministerkonferenz (KMK 1994) und in vielen daran anschließenden länderspezifischen Verwaltungsvorschriften und Vorgaben wird schon seit vielen Jahren eine gemeinsame Beschulung von Kindern mit und ohne sonderpädagogischen Förderbedarf gefordert, in der Konsequenz auch folgerichtig eine inklusionsorientierte sonderpädagogische Diagnostik. So gesehen gibt es also auch keine wirklich neuen Herausforderungen an eine inklusionstaugliche sonderpädagogische Diagnostik« (Von Knebel 2010, 236).

Aus dem bisher Dargestellten wird eine Widersprüchlichkeit deutlich, die mit der Schaffung eines inklusiven Schulsystems und der Förderung jedes Schülers in diesem verbunden ist. Weder die aktuellen bildungspolitischen Vorgaben noch die wissenschaftlichen Positionen zur Diagnostik sind ausreichend handlungsleitend für Lehrer in der Unterrichtung leistungs- und verhaltensheterogener Klassen.

Sehr grundsätzlich bezieht Schuck folgende Position zur Funktion von Diagnostik: »Ich lasse nicht von der Forderung ab, für alle Kinder, die dem wie auch immer verfassten Schulsystem zum Problem geworden sind, eine gründliche Bestandsaufnahme und die Entwicklung eines Förderkonzepts nach erziehungswissenschaftlichen und entwicklungspsychologischen Standards zu gewähren« (Schuck 2004a, 359):

Die Bestimmung der Lernausgangslage ist demzufolge eine Voraussetzung für eine pädagogisch angemessene Auswahl leistungsfördernder Aufgaben für den Schüler, für die Bestimmung notwendiger und sinnvoller Hilfen einschließlich der Schaffung günstiger schulischer Umfeldbedingungen für das Lernen. Daraus folgend muss die Bestimmung der Lernausgangslage, wenn sie eine Entscheidung für ein Förderkonzept ermöglichen soll, wahre Aussagen über den untersuchten Schüler liefern. Zu solchen Aussagen führt eine wissenschaftlich fundierte, also theoriegeleitete Diagnostik. Eine Theorie bestimmt, welche Daten diagnostische Relevanz besitzen und auf welchen Wegen diese Daten bei dem Diagnostizierten und in seinem Umfeld erhoben werden können. Die Sonder- und Heilpädagogik verfügt über eine Vielzahl von Theorien, mit denen eine Lernbarriere als sonderpädagogischer Förderbedarf von Schülern beschrieben werden kann. Damit ergibt sich die Frage, von welcher Theorie sich ein Lehrer leiten lassen soll, wenn er die Lernausgangslage seiner Schüler erfassen will.

Angesichts der Zielstellung der UN-BRK, das Bildung »die menschlichen Möglichkeiten und das Gefühl der Würde und des eigenen Wertes voll zur Entfaltung zu bringen« ermöglichen soll, müssen zwei Elemente förderpädagogischer Diagnostik hervorgehoben werden:

1. Lernprozesse müssen so gestaltet sein, dass sich der Lerner in diesen als erfolgreich agierend erlebt. In der Diagnostik hat das die Konsequenz, die eine Forderung der Förderdiagnostik von Anfang an war – Stärken des zu Fördernden zu erkennen, um daran seine Förderung zu knüpfen (vgl. u. a. Eggert 2000).
2. Die Autonomie des zu Fördernden und seine Förderbedürfnisse in der Förderung zu respektieren und zu stärken (vgl. Bach 2004).

Die Dokumentation der in der Diagnostik gewonnenen Informationen über den zu untersuchenden Schüler und sein Umfeld, die Art und Weise ihrer Gewinnung und ihrer Interpretation kann im Team der Förderer Basis für eine gemeinsame Sichtweise auf die Problematik, für die kooperative Planung der Förderung, für Entscheidungen über individualisierte Hilfen und gleichzeitig Orientierungsmaßstab sein, von dem aus Fortschritte in der Förderung empirisch erfasst und belegbar sind. Sie erlaubt im gesamten diagnostischen Prozess Transparenz und konstruktiven Dialog mit den Eltern des zu untersuchenden Schülers und dem Schüler selbst.

6 Förderdiagnostische Gutachten als Protokoll des Erkenntnisprozesses

In diesem Abschnitt wird ein theoretisch begründeter Weg der Gutachtenerstellung beschrieben. Das Gutachten dient in diesem Kontext nicht mehr der Legitimation verwaltungsrechtlicher Maßnahmen in der Schuladministration, sondern allein der Entscheidung über die Gestaltung der Förderung eines Schülers. Zugrunde liegt das Modell der Inklusion III nach Sander, in dem jedem Schüler die Förderung zuteil wird, die er benötigt und wünscht. Die Förderung umfasst auch notwendige sächliche und personale, professionelle Ressourcen (vgl. Sander 2004).

Zwei Besonderheiten der Gutachtenerstellung sollen gleich Anfangs benannt werden:

1. Das Gutachten wird im diagnostischen Prozess erstellt, nicht erst an seinem Ende. Dadurch werden die kreativen Leistungen des Autors sichtbar und für Nutzer des Gutachtens nachvollziehbar.

2. Der diagnostische Prozess untergliedert sich in zwei Phasen mit unterschiedlichen Aufgaben und differenten forschungsmethodischen Arbeitsweisen. Während die erste Phase der Hypothesengewinnung dient, werden diese in der zweiten Phase empirisch geprüft.

So können Entscheidungen über eine Förderung getroffen werden, die eine theoretische Begründung und damit eine hohe Erfolgswahrscheinlichkeit haben.

7 Die Zweiphasigkeit des diagnostischen Prozesses

In der wissenschaftlichen Literatur findet sich nur ein Aufsatz, der auf die Zweiphasigkeit des diagnostischen Prozesses aufmerksam macht. Rimmert van der Kooij (2004) beschreibt die zwei Phasen exemplarisch an der Diagnostik eines Erziehungsberaters. Ausgehend von einer ersten Phase der Erkundung und Informationssammlung einschließlich einer Aktenrecherche mit Erkenntnissen aus der Familiengeschichte der Ratsuchenden wurden Hypothesen gebildet. Diese bestimmen die zweite Phase der Diagnostik, indem sie den Untersuchungsgegenstand so konkretisierten, dass seine empirische Prüfung möglich wurde und eine Festlegung der Untersuchungsmethoden vorgenommen werden konnte. Im Ergebnis der Untersuchungen konnte eine theoretisch begründete Entscheidung über die Gestaltung der Förderung getroffen werden.

Gleichzeitig finden sich viele Autoren, die eine Hypothesenleitung der Diagnostik im Kontext der Erarbeitung von förderdiagnostischen Gutachten fordern (vgl. u. a. Arnold 2000; Schuck 2000; Bundschuh 1996). Es kristallisierten sich aus den Begründungen für die Hypothesenbildung drei als wesentlich heraus:

1. Durch die Hypothesenbildung soll das diagnostische Vorgehen individualisiert werden, sodass der besondere Bedarf des zu untersuchenden Schülers umfassend und detailliert bestimmt werden kann.
2. Mit der in den Untersuchungen erfolgenden Prüfung von Hypothesen erfolgt eine empirisch gesicherte Zusammenführung von praktisch vorgefundenen Gegebenheiten der besonderen schulischen Bildungs-, Entwicklungs- und Lernsituation des zu untersuchenden Schülers mit theoretisch begründeten Veränderungsmöglichkeiten, die eine Entscheidung über die Gestaltung der Förderung erlauben.
3. Mithilfe der Hypothesen sollen überflüssige Untersuchungen des Schülers vermieden werden.

Unklar bleibt in diesen Aufsätzen, wie der Diagnostiker zu diesen Hypothesen gelangt. Dazu soll im Weiteren ein Angebot unterbreitet werden.

8 Die Erkundungsphase

Nach Van der Kooij muss der Diagnostiker, um individuumsbezogene Hypothesen zu bilden, bereits Informationen über den zu Untersuchenden vorliegen haben. Diese gewinnt er in der ersten Phase des diagnostischen Prozesses. In dieser haben alle potenziell nutzbaren Theorien, über die der Diagnostiker verfügt, den gleichen Erklärungswert für die besondere Situation des Schülers. Weitgehend unvoreingenommen nimmt der Diagnostiker alle ihm zugänglichen Informationen über die bisherige Entwicklung des Schülers in seiner Situation auf und ordnet sie seinen Theorien zu. In dieser Exploration kann man erkenntnistheoretisch von einem ganzheitlichen Vorgehen sprechen: Alle zugänglichen Informationen über den Schüler und sein Umfeld werden gesammelt. Mit diesen Erkundungen verändern die Theorien ihre Bedeutung für die Beschreibung und Erklärung der konkret vorgefundenen Situation. Wenn beispielsweise für einen Schüler, der aufgrund von Lernschwierigkeiten auf einen möglichen sonderpädagogischen Förderbedarf im Bereich Lernen untersucht wird, in dieser Erkundung dem Diagnostiker bekannt wird, dass in einer relativ zeitnah durchgeführten psychologischen Untersuchung eine altersgemäß entwickelte Intelligenz festgestellt worden war, so sinkt die Bedeutung der Theorie, in der Lernschwierigkeiten als Folge einer unzureichenden Intelligenzentwicklung betrachtet werden, für den konkreten Fall.

Eine Konsequenz aus der Bedeutungsdifferenzierung der verschiedenen Theorien ist, dass auch die in den Theorien enthaltenen pädagogischen und pädagogisch-therapeutischen Interventionsmöglichkeiten differenzierte Relevanz erlangen. Aber dafür ist eine Prüfung der bestehenden Zusammenhänge zwischen Theorien und konkretem Einzelfall notwendig.

Forschungsmethodisch ist diese Erkundung zum einen durch die Sekundäranalyse sowie Gespräche und Beobachtungen bestimmt. Mit diesen qualitativ angelegten Methoden erarbeitet sich der Diagnostiker ein »Bild« vom Schüler und seinem Umfeld: Er befragt ihn und seine Eltern nach deren Sichtweisen auf die Entwicklung des Schülers, sein Erleben der bisherigen schulischen Förderung und der Interaktionen in seiner Klasse mit Mitschülern und Lehrern. Im Gespräch wird die Biografie des Schülers, also seine Sicht auf seine bisherige Entwicklung und seine Perspektiven für den Diagnostiker erschlossen.

Von zentraler Bedeutung für die Findung von Hypothesen ist die Beobachtung des Schülers in seiner aktuellen, natürlichen Lern- und Erziehungssituation in der Schule durch den fachkompetenten Diagnostiker. Sie liefert ein unverstelltes Abbild des aktuellen Lern- und Verhaltensrepertoires des Schülers in seinem schulischen Umfeld.

9 Basis für den Untersuchungsanlass und die Anamnese

Im förderdiagnostischen Gutachten wird die erste Phase der Diagnostik – die Explorations- bzw. Erkundungsphase – für die Gestaltung der Texte im Untersuchungsanlass sowie in der Anamnese herangezogen (vgl. Sächsisches Staatsministerium für Kultur 2002). Die Produktion dieser Texte verhilft dem Diagnostiker zu einem Bild von der besonderen Situation des Schülers, weil er als Autor die Menge der vorliegenden Daten in eine Struktur bringen muss, sonst kann er sie nicht aufschreiben.

Als äußerst wesentlich erweist sich hier, die Informationen zu einem Merkmal des zu untersuchenden Schülers aus verschiedenen Quellen abzugleichen und chronologisch zu ordnen. Die Anamnese verhilft dem Diagnostiker, indem der Text zum Extrakt dieser geordneten Informationen wird, zu einer solchen Struktur. Sie wird so zum Bestandteil des Forschungsprozesses.

Die Gewichtung der Informationen muss mindestens zwei Aspekte berücksichtigen:

1. Der Diagnostiker benötigt Klarheit über die Validität der Information. Die Situation des zu untersuchenden Schülers wird vielfach vermittelt dargestellt, seine Schulleistungen beispielsweise in Zensuren, sein Verhalten in verbalen Beurteilungen. In diese Vermittlungen fließen auch die Wertungen der Informanten mit ein. Unumgänglich erscheint unter diesem Aspekt, dass der Diagnostiker in dieser Erkundung unvermittelte Informationen über den zu Untersuchenden sammelt, beispielsweise durch Beobachtungen im Unterricht, um den Maßstab zu gewinnen, an dem die vermittelten Informationen gemessen werden können.
2. Die Aussagen der verschiedenen Informanten erhält der Diagnostiker in ganz unterschiedlichen sprachlichen Gestalten: umgangssprachlich von dem Betroffenen und dessen Eltern, pädagogisch von Lehrern und Erziehern, psychologisch und medizinisch aus vorliegenden ärztlichen bzw. psychologischen Gutachten. Diese Aussagen müssen sprachlich so in die sonderpädagogische Fachsprache transformiert werden, dass sie miteinander verglichen werden können.
3. Dieser Transformationsprozess ist verbunden mit der inhaltlichen und zeitlichen Ordnung der Informationen, auf deren Grundlage die Entwicklung der Schülerpersönlichkeit und seiner besonderen Situation rekonstruiert wird.

Parallel dazu werden die erkannten Fakten den verschiedenen Theorien zugeordnet. Gut gesicherte und valide Daten, die einen verlässlichen Indikator für die Bedeutung einer Theorie darstellen, erlauben eine Entscheidung über die Gestaltung der Förderung auf der Basis dieser Theorie. Unsichere oder widersprüchliche Daten sowie in der Exploration unzugängliche oder fehlende Informationen erfordern vom Diagnostiker die Bildung von Hypothesen, deren Richtigkeit dann in den Untersuchungen der 2. Phase überprüft werden muss.

In der Anamnese sollen Gutachtenleser die heuristischen Prozesse, die der Gutachtenautor in der Exploration vollzogen hat, nachvollziehen können: Welche Informationen hat der Autor aus welchen Quellen über die Bildungs-, Entwicklungs- und Lernmöglichkeiten des zu Untersuchenden erkundet und welche Bedeutung für die Beschreibungs- und Erklärungskraft der verschiedenen Theorien weist er ihnen zu? Wenn die Bildung der Hypothesen für einen Gutachtenleser nachvollziehbar sein soll, müssen in der Anamnese die Merkmale des Schülers und seines Umfeldes so aufbereitet sein, dass die Bildung der untersuchungsleitenden Hypothesen erklärt werden kann.

10 Hypothesen als Ertrag der Erkundungsphase

Aus der Erkundung der Gegebenheiten für Bildung und Erziehung des zu untersuchenden Schülers ergeben sich für den Diagnostiker favorisierte Theorien. Theorien sind Optiken (vgl. Dederich 2006). Sie reduzieren die Ganzheitlichkeit realer Sachverhalte auf wesentliche, bestimmte und ausgewählte Merkmale des Schülers und seines Umfeldes, von denen die Bildungs- und Erziehungserfolge abhängen oder die mit diesen interagieren.

In den zu bildenden Hypothesen werden genau diese Interaktionen zwischen den Merkmalen und dem Schulerfolg benannt, die in den favorisierten Theorien dargestellt sind. Die Sätze beinhalten theoretisch wahrscheinliche Aussagen über bestehende Zusammenhänge zwischen Schüler- und Umfeldmerkmalen in ihrer chronologischen Entwicklung und dem Schulerfolg. Sie sind begründet, weil sie zum einen den favorisierten Theorien entnommen sind, und zum anderen mit den Informationen übereinstimmen, die der Diagnostiker in der Exploration gewonnen hat. Letztlich begründet sich aus diesen beiden Aspekten ihre Formulierung als Hypothese zur Beschreibung und Erklärung der besonderen Situation des untersuchten Schülers. Van der Kooij (2004) geht davon aus, dass schwierige erzieherische Situationen mit ca. sieben bis acht Hypothesen beschrieben werden können.

In der zweiten Phase des diagnostischen Prozesses werden diese Hypothesen geprüft. Dadurch wird die Wahrscheinlichkeit, dass die Hypothese einen wahren Sachverhalt darstellt, weiter erhöht. Voraussetzung dafür ist, dass die Hypothese empirisch, also in der realen Lebenswelt und in der aktuellen Situation des zu untersuchenden Schülers, prüfbar ist. Dazu müssen Hypothesen so formuliert werden, dass die in ihnen enthaltenen Merkmale unabhängige und abhängige Variable bezeichnen, die in ihrer Interaktion bei dem zu untersuchenden Schüler und seiner Umwelt beobachtet oder durch Befragung erschlossen werden können. Insgesamt stellt Van der Kooij folgende Anforderungen an die zu bildenden Hypothesen: »Man soll so viele Hypothesen erstellen, dass man damit alle erwähnten erzieherischen Beschwerden abdeckt. Sie bilden sozusagen einen Schirm, unter dem alle Aspekte der erwähnten problematischen Fragestellungen gefangen werden können. Es gibt eine Reihe von Anforderungen an Hypothesen, die man berücksichtigen muss:

- Hypothesen müssen sich auf die Fragestellung beziehen.
- Hypothesen müssen so erstellt werden, dass sie in der vorgenommenen Untersuchungssituation prüfbar sind.
- Hypothesen sollten in theoretischen Konzepten formuliert sein, die aus Erklärungstheorien stammen.
- Die Zahl der Hypothesen muss so groß sein, dass alle Beschwerden oder Fragestellungen damit abgedeckt werden.
- Man kann einander ergänzende oder alternative Hypothesen formulieren…
- Hypothesen sollen sich auf kausale Faktoren der pES (problematische Erziehungssituation; P.J.) beziehen, …
- Unvermeidlich ist, dass Hypothesen auf einer relativ hohen Abstraktionsebene formuliert werden und sich nicht auf vereinzelte Verhaltensformen beziehen.

In der Praxis stellt sich heraus, dass man meistens mit maximal sieben oder acht Hypothesen auskommen kann, um die vorliegenden Beschwerden ›abzudecken‹« (Van der Kooij 2004, 66).

11 Die eigenen Untersuchungen

Mit den gebildeten Hypothesen findet die Exploration ihren vorläufigen Abschluss. Vorläufig, weil das Ergebnis der folgenden Untersuchungen durchaus auch darin bestehen kann, eine der Hypothesen zurückzuweisen. Dann muss die Exploration erneut aufgenommen werden, um eine neue Hypothese zu bilden.

Das Vorgehen in den eigenen Untersuchungen wird grundlegend verändert, denn forschungsmethodisch werden jetzt die gebildeten Hypothesen geprüft. Die Prüfung erfolgt nach den Regeln empirischer, quantitativ orientierter Untersuchungen. Wember kennzeichnet diesen Prozess wie folgt: »Die intersubjektive Prüfung verstehend gewonnener Hypothesen ist jedoch ohne Methoden der klassischen empirischen Forschung nicht realisierbar; denn es sind gerade diese Verfahren, die es erlauben, eine hypothetische Aussage auf faktische Geltung zu prüfen, indem man sie gezielt mit Erfahrungsdaten konfrontiert, sodass sie – wenn entsprechende methodologische Regeln eingehalten werden – zugleich streng und fair getestet werden (vgl. Wember 1991a)« (Wember 1998, 115).

Für die Prüfung von Hypothesen werden gezielt Merkmale des Schülers und seines Umfeldes in deren Zusammenhängen, wie sie in den Hypothesen vorgegeben sind, observiert, in Gesprächen erschlossen oder experimentell überprüft. Die Sichtweise des Diagnostikers kann notwendigerweise nicht mehr ganzheitlich sein, sondern ist höchst selektiv auf die hypothetisch bestimmten Interaktionen fixiert. Nur so kann mit den Untersuchungen der Beweis erbracht werden, dass der in der

Hypothese formulierte Zusammenhang für die Problemlage des untersuchten Schülers wesentlich ist.

Als Untersuchungsmethoden stehen systematische Beobachtungsverfahren und Tests zur Verfügung. Auch quantitativ orientierte Befragungsmethoden sind anwendbar. Verschiedene qualitativ orientierte Verfahren erlauben ebenfalls, Hypothesen zu prüfen.

In der Interaktion des Diagnostikers mit dem zu untersuchenden Schüler werden Situationen gestaltet, in denen die hypothetischen Zusammenhänge im Denken und Verhalten des Schülers erschlossen werden können, und pädagogische Interventionen, die sich aus den Hypothesen ableiten lassen, werden erprobt.

Die gewonnenen Daten sind zumeist Zahlen, auf deren Grundlage statistisch entschieden werden kann, ob eine Hypothese angenommen werden kann oder zurückgewiesen werden muss.

12 Der Prozess der Interpretation

»Eine Interpretation ist die Anwendung einer Theorie auf beobachtete Daten. Eine Theorie ist ein wissenschaftliches Deutungsmuster, das aus einer Vielzahl früher, zuvor, andernorts erfasster Beobachtungen induktiv folgernd gewonnen wurde« (Probst & Hofmann 1999, 53).

Mit der Entscheidung über die Annahme oder Ablehnung der Hypothesen wird die Sichtweise des Diagnostikers wieder ganzheitlich. Alle vorliegenden Informationen über den Schüler und sein Umfeld – aus der Exploration und aus den eigenen Untersuchungen – werden nun zu einem Gesamtbild mit dem Ziel zusammengeführt, pädagogische Handlungskonsequenzen aufzuzeigen. Sowohl die Aussage von Probst und Hofmann als auch das folgende Zitat von Schlee verdeutlichen, dass eine sinnvolle Interpretation nicht willkürlich erfolgen kann, sondern theoretisch fundiert sein muss.

»In den ›abgenommenen‹ Daten stecken noch keine Aussagen. Ihre Bedeutung ist ihnen nicht inhärent, sondern resultiert erst aus konstruktiv erstellten Zusammenhängen. Somit ergibt sich auch für die Dateninterpretation eine Notwendigkeit zu einer theoretischen Fundierung, wenn nicht Beliebigkeit gewünscht wird. Und schließlich lassen sich aus den Daten bzw. ihren Interpretationen nur dann sinnvollerweise Konsequenzen ziehen, wenn es über Zusammenhänge, Abläufe und Regeln klare Vorstellungen gibt« (Schlee 1985, 258).

Die Bindung des Interpreten an Theorien ergibt sich konsequent aus den angenommenen Hypothesen. Die ihnen zugrunde liegenden Theorien sind jetzt auch die, mit denen die vorliegenden Daten interpretiert werden müssen. Die Deutung der Daten auf der Grundlage der Theorie, die ja auch die Voraussetzung für ihre Erhebung war, soll die nächsten Schritte in der Förderung des untersuchten Schülers offen legen. Die ermittelten Daten belegen bestimmte Problemkonstellationen, die erfolgreiches Lernen des Schülers behindern, sie beschreiben sein aktuelles Lern- und Verhaltensrepertoire, und erlauben, aus der Sicht der Theorie Handlungsoptionen für die Förderer sowie zu schaffende Bedingungen für die Förderung mit einer hohen Erfolgswahrscheinlichkeit abzuleiten.

Die durchgeführten Untersuchungen werden im Gutachten beschrieben und ihre Ergebnisse für jede der zu prüfenden Hypothesen dargestellt, sodass der jeweils aktuelle Schritt des diagnostischen Prozesses vom Gutachter rekapituliert werden kann. Mit dem Protokoll gelingt es dem Gutachtenautor, alle Daten zeitnah festzuhalten und so für die Entscheidung über die Annahme oder Zurückweisung der Hypothesen sowie für die Interpretation verfügbar zu halten.

13 Finden von Förderzielen

Einen sehr grundlegenden Einwand gegen das Konzept der Förderdiagnostik formulierte Schlee (1985) mit dem nicht nachweisbaren Zusammenhang zwischen den Ergebnissen und den daraus abgeleiteten Zielen der Förderung. Er begründete das mit dem naturalistischen Fehlschluss. Er argumentierte, dass die Ableitung von Erziehungszielen aus diagnostischen Befunden nicht möglich sei, weil aus Deskriptionen nicht auf Präskriptionen geschlossen werden kann. Ersteres sind Beschreibungen empirisch vorgefundener Zustände. Präskriptionen sind Vorstellungen, wie dieser Zustand sein soll. Sie sind normativ und beinhalten Werturteile, die in der Individualität und der Professionalität des Beurteilers gegründet sind. Die Frage ist, ob die Qualität der diagnostischen Befunde und ihre Einordnung in theoretische Zusammenhänge den naturalistischen Fehlschluss nicht verhindern können. Gleichzeitig erwächst aus diesem Nichtbestehen eines Zusammenhangs die Freiheit des Pädagogen in der Gestaltung der Förderung.

Die Erhebung von Daten in der Diagnostik von Schülern in ihren Situationen unter bestimmten Prämissen muss die Freiheit des Diagnostikers in der Wertzuweisung dann einschränken, wenn kausale oder mindestens statistisch stark gesicherte Zusammenhänge zwischen dem untersuchten Merkmal und den Bildungs-, Entwicklungs- und Lernmöglichkeiten des Schülers bestehen. Aus dem Bestehen einer solchen Beziehung ergibt sich eine Fördernotwendigkeit. Solche Zusammenhänge sind entwicklungspsychologisch begründet und empirisch nachgewiesen beispielsweise für die phonologische Bewusstheit und den Schriftspracherwerb von Schülern (vgl. Mannhaupt 2008). Ebenfalls existieren solche Belege für einen Zusammenhang zwischen frühen mathematischen Kompetenzen und den Erfolgen von Schülern im Rechenlehrgang (vgl. Krajewski 2008). Diese Zusammenhänge sind derart, dass die Konsequenz aus diagnostizierten, ungenügend entwickelten Basiskompetenzen sein muss, diese zuerst angemessen zu fördern, bevor der Anfangsunterricht im Lesen, Schreiben bzw. Rechnung mit Aussicht auf Erfolg durchgeführt werden kann (vgl. dazu Ricken 2010).

Auf einen zweiten Weg aus dem naturalistischen Fehlschluss macht Wember (1998) aufmerksam. Im Rahmen der Untersuchung von Schülern werden die konkret erhobenen Ausprägungsgrade der Merkmale des Schülers und seines Umfeldes durch den Diagnostiker unter der Maßgabe ihrer Bedeutung für das Lernen in der Schule und für die Entwicklung des Schülers ausgewählt. Das heißt, die Bestimmung diagnostischer Untersuchungsaspekte ist wertgeleitet. Man diagnostiziert also nur, was man für wichtig und wertvoll hält. Aus den diagnostisch erhobenen Abweichungen in der Merkmalsausprägung ergeben sich durch den Diagnostiker subjektiv begründete Fördernotwendigkeiten. Unterstellt man dem Diagnostiker Professionalität, dann lassen sich diese Notwendigkeiten auch theoretisch begründen.

In diesen Fällen trägt Förderdiagnostik ihren Namen zu Recht. Aus dem Ergebnis der Diagnostik muss notwendig auf ein Förderziel geschlossen werden, es ergibt sich eine Fördernotwendigkeit, die die pädagogische Freiheit des Diagnostikers bzw. des Förderers in der Bestimmung seiner Bildungs- und Erziehungsziele in der Förderung des untersuchten Schülers bezogen auf die Vermittlung der Kulturtechniken eingrenzt.

Schaut man sich jedoch genauer an, was Förderung sein soll, wird eine zweite Dimension des Zusammenhangs zwischen Diagnostik und Förderung deutlich: Schuck kennzeichnet Förderung wie folgt: »Der Begriff der pädagogischen Förderung bezeichnet pädagogische Handlungen bzw. Qualitäten, die gemäß eines impliziten oder expliziten Förderkonzepts auf die Anregung und Begleitung einer an Bildungszielen orientierten, für wertvoll gehaltenen Veränderung individueller Handlungsmöglichkeiten von Menschen in ihren Lebensgemeinschaften und an den sozialen Folgen von Benachteiligungen und Behinderungen ausgerichtet sind« (Schuck 2001, 84).

Schuck setzt bei dem Förderer ein Förderkonzept voraus, aus dem sich dann die Ziele und die konkrete Gestaltung der Förderung ergeben. Das Förderkonzept stellt also das Handlungswissen des Förderers dar. Dieses ist aber an dessen Wissen gekoppelt, das die Besonderheiten von Schülern und ihres Umfeldes im Zusammenhang mit Lernbarrieren beschreibt und erklärt. Zusammen stellen sie die Theorien des Förderers dar. Hier schließt sich nun der Kreis: Auf der Basis dieser Theorien bildet der Diagnostiker seine Hypothesen, erhebt und interpretiert er Daten, kommt er schließlich zu Fördervorschlägen. Wenn er sich seiner Theorie in der Diagnostik bewusst wird, muss er aus ihr logischerweise auch die Ziele für die Förderung und die Wege ihrer Verwirklichung ableiten. Das entspricht professionellem Arbeiten.

14   Bestimmung von Fördernotwendigkeiten

Zuerst muss man sagen, die Orientierung an den Lehrplänen ist keine theoretische Legitimation für die Ableitung von Fördernotwendigkeiten! Viel bedeutsamer für die notwendige Gestaltung der Förderung ist die Berücksichtigung der Bedürfnisse des zu fördernden Schülers. Pädagogische Förderung ist ein Angebot. Inwieweit der zu Fördernde dieses annimmt, bestimmt er ganz allein. Ihn für die geplante, besondere Förderung zu gewinnen, ist eine wesentliche Voraussetzung für ihren Erfolg. Damit wird der zu Fördernde zum Subjekt seiner Förderung (vgl. Schuck 2000). Als Konsequenz ergibt sich Transparenz in der Diagnostik, damit der zu Fördernde permanent über das, was mit ihm gemacht wird, welche Informationen und Daten von ihm und seinem Umfeld erhoben werden und welche Schlussfolgerungen der Diagnostiker daraus zieht, informiert ist und er seine Meinung einbringen kann (vgl. Mutzeck & Jogschies 2004). Als weitere Konsequenz wird deutlich, dass Förderung die Bedürfnisse des zu Fördernden aufgreifen muss (vgl. Bach 2004). Seine individuellen Vorstellungen, wie er sich in der Schule entwickeln will, müssen im Rahmen schulischer Möglichkeiten für die Förderung genutzt werden. Sie erschließen subjektiv erkannte Stärken, stärken das Selbstbewusstsein des zu Fördernden, weil er sich als erfolgreich bei der Bewältigung von Förderaufgaben erlebt und Spaß in der Förderung hat.

Aus meiner Sicht hat ein solches Vorgehen in der Diagnostik für die inklusive Förderung von Schülern mit Lernbarrieren zwei Vorteile:

1. Durch die Theorieleitung erhält der Diagnostiker große Handlungssicherheit, weil er seine Aktivitäten jederzeit begründen kann. Das erlaubt Transparenz gegenüber dem zu untersuchenden Schüler und dessen Eltern. Ein solches Vorgehen ist letztlich auch effektiv, weil es den Umfang der Untersuchungen minimiert.
2. Unterrichtliche Förderung von Schülern wird weitgehend im Fachunterricht durch Fachlehrer ohne spezifische sonderpädagogische Qualifikation durchgeführt werden. Für sie ist es wichtig und notwendig, dass die vorgeschlagene Förderung durch den Experten gut begründet werden kann, sodass ihre Übertragung auf das jeweilige Fach erfolgen und die prozessbegleitende Diagnostik angemessen von jedem Beteiligten an der Förderung selbst erfolgen kann.

Die wesentliche Konsequenz aus diesem Vorschlag für den Diagnostiker besteht darin, sich seiner verfügbaren Theorien über Entstehung, Bedingungen, Entwicklung und Interventionsmöglichkeiten von Lernbarrieren bewusst zu werden und diese immer wieder zu aktualisieren, sodass diese kommunizierbar sind. So wie wissenschaftliche Forschung mit ihren Ergebnissen Theorien erzeugt und erweitert, so sind Diagnostiker durch die jeweils individuelle Situation der von ihnen untersuchten Schüler gefordert, ihr theoretisches Wissen zu aktualisieren und zu erweitern.

Literatur

Arnold, K.-H. (2000): Sonderpädagogische Begutachtung und Förderplanerstellung: ein Strukturschema. In: Mutzeck, W. (Hrsg.): Förderplanung. Grundlagen – Methoden – Alternativen. Weinheim, 33–44.
Bach, H. (2004): Bemerkungen zum Begriff der Förderdiagnostik. In: Mutzeck, W. & Jogschies, P. (Hrsg.): Neue Entwicklungen in der Förderdiagnostik. Grundlagen und praktische Umsetzung. Weinheim, 21–23.
Bundschuh, K. (1996): Einführung in die sonderpädagogische Diagnostik. 4., neubearbeitete Aufl., München, Basel.
Dederich, M. (2006): Wozu Theorie? In: Vierteljahresschrift für Heilpädagogik und ihre Nachbargebiete, 75, 99–109.
Drave, W., Rumpler, F. & Wachtel, P. (Hrsg.) (2000): Empfehlungen zur sonderpädagogischen Förderung. Allgemeine Grundlagen und Förderschwerpunkte (KMK). Würzburg.
Eggert, D. (2000): Von den Stärken ausgehen...Individuelle Entwicklungspläne in der Lernförderungsdiagnostik. 4. Aufl., Dortmund,
Hartke, B. & Plagmann, E. (2004): Lernprozessbegleitende Diagnostik von Lernvoraussetzungen im sozial-emotionalen und Verhaltensbereich. In: Mutzeck, W. & Jogschies, P. (Hrsg.): Neue Entwicklung in der Förderdiagnostik. Weinheim, Basel, 85–109.
Hinz, A. (2004): Entwicklungswege zu einer Schule für alle mit Hilfe des »Index für Inklusion«. In: Zeitschrift für Heilpädagogik, 55. Jg., Heft 5, 245–250.
Huber, C. (2008): Jenseits des Modellversuchs: Soziale Integration von Schülern mit sonderpädagogischem Förderbedarf im Gemeinsamen Unterricht – Eine Evaluationsstudie. In: Heilpädagogische Forschung Band XXXIV, Heft 1, 2–12.
Kobi, E. (1977): Einweisungsdiagnostik – Förderdiagnostik: eine schematische Gegenüberstellung. In: Vierteljahresschrift für Heilpädagogik und ihre Nachbargebiete, 46. Jg., 115–123.
Krajewski, K. (2008): Vorschulische Förderung bei beeinträchtigter Entwicklung mathematischer Kompetenzen. In: Borchert, J., Hartke, B. & Jogschies, P. (Hrsg.): Frühe Förderung entwicklungsauffälliger Kinder und Jugendlicher. Stuttgart, 122–135.
Lindmeier, C. (2011): Bildungsgerechtigkeit und Inklusion. In: Zeitschrift für Heilpädagogik, 62 (4), 124–134.
Mannhaupt, G. (2008): Prävention von Lese-Rechtschreibschwierigkeiten im Kindergarten. In: Borchert, J., Hartke, B. & Jogschies, P. (Hrsg.): Frühe Förderung entwicklungsauffälliger Kinder und Jugendlicher. Stuttgart, 136–147.
Mutzeck, W. (1998): Ansatz und Methoden der Förderdiagnostik bei Schülern mit Verhaltensstörungen. In: Mutzeck, W. (Hrsg.): Förderdiagnostik bei Lern- und Verhaltensstörungen. Weinheim, 243–267.
Mutzeck, W. (Hrsg.) (1998): Förderplanung. Weinheim.
Mutzeck, W. & Jogschies, P. (Hrsg.) (2004): Neue Entwicklungen in der Förderdiagnostik. Weinheim, Basel.
Probst, H. & Hofmann, C. (1999): Vorschlag zur Gutachtenabfassung und Gutachtengliederung in sonderpädagogischen Entscheidungen. In: Sonderpädagogik 29, Heft 1, 48–55.
Ricken, G. (2010): Ansätze einer (behinderten-)pädagogischen Diagnostik in einer inklusiven Schule. In: Schwohl, J. & Sturm, T. (Hrsg.): Inklusion als Herausforderung schulischer Entwicklung. Bielefeld, 315–332.
Sächsisches Staatsministerium für Kultus (Hrsg.) (2002): Handbuch zur Förderdiagnostik in Sachsen. Ohne Ort.
Sander, A. (2004): Konzepte einer Inklusiven Pädagogik. In: Zeitschrift für Heilpädagogik, 55 (5), 240–244.
Schlee, J. (1983): Illusionen sogenannter Förderdiagnostik. In: Kornmann, R., Meister, H. & Schlee, J. (Hrsg.): Förderungsdiagnostik. Heidelberg, 48–57.
Schlee, J. (1985): Zum Dilemma der heilpädagogischen Diagnostik. In: Vierteljahresschrift für Heilpädagogik und ihre Nachbargebiete, 54 (3), 256–279.

Schmidt, M. & Dworschak, W. (2011): Inklusion und Teilhabe – Gleichbedeutende oder unterschiedliche Leitbegriffe in der Sonder- und Heilpädagogik? In: Zeitschrift für Heilpädagogik, 62, 269–280.
Schuck, K. D. (2000): Diagnostische Konzepte. In: Borchert, J. (Hrsg.): Handbuch der sonderpädagogischen Psychologie. Göttingen, 233–248.
Schuck, K. D. (2001): Fördern, Förderung, Förderbedarf. In: Antor, G. & Bleidick, U. (Hrsg.): Handlexikon der Behindertenpädagogik. 2. Aufl., Stuttgart, 84–88.
Schuck, K. D. (2004a): Zur Bedeutung der Diagnostik bei der Begleitung von Lern- und Entwicklungsprozessen. In: Zeitschrift für Heilpädagogik, 55 (8), 350–365.
Schuck, K. D. (2004b): Zur Bedeutung emotional-sozialer Schulerfahrungen im Prozess der Diagnose und Förderung. In: Mutzeck, W. & Jogschies, P. (Hrsg.): Neue Entwicklungen in der Förderdiagnostik. Weinheim, Basel, 110–122.
UN-BRK (UN-Behindertenrechtskonvention der Vereinten Nationen) (o. J.): http://www.institut-fuer-menschenreche.de/uploads/tx_commerce/policy_paper_9_die_un_behindertenrechtskonvention_und_ihr_fakultativprotokoll.pdf [19. 09. 2011].
Van der Kooij, R. (2004): Förderdiagnostik als Prozess. In: Mutzeck, W. & Jogschies, P. (Hrsg.): Neue Entwicklungen in der Förderdiagnostik. Weinheim, 55–73.
Von Knebel, U. (2010): Auf dem Weg zu einer inklusionstauglichen Diagnostik. In: Sonderpädagogische Förderung heute, 55 (3), 231–251.
Wember, F. B. (1998): Zweimal Dialektik: Diagnose und Intervention, Wissen und Intuition. In: Sonderpädagogik, 28. Jg., 106–120.

Diagnostik emotional-sozialen Förderbedarfs – inklusive Gutachten?

Diskussionsbeitrag zur Weiterentwicklung sonderpädagogischer Diagnostik vor dem Hintergrund des Förderschwerpunktes sozial-emotionale Entwicklung in Sachsen

Christian Eichfeld

Ein Diskussionsbeitrag versucht, aus Interesse und Betroffenheit thematische Auseinandersetzungen aus verschiedenen Perspektiven anzustoßen. Diesem Ansatz folgte die Vorbereitung und Durchführung des Workshops »Förderdiagnostik im Spannungsfeld inklusiver Perspektiven« im Rahmen der Fachtagung »Herausfordernde Schülerinnen und Schüler. Lehreraufgaben im Wandel der Zeit«. Zentrale Aussagen und Thesen sollen im Folgenden aus praxisorientierter Perspektive in Bezug zum Diskurs der Sonder- und Integrationspädagogik dargestellt werden.

Die Fokussierung auf Sachsen wurde gewählt, um die Aussagen vor einem konkreten Entwicklungshintergrund plastischer abzubilden. Schulische Inklusion ist natürlich eine weit über Förderschwerpunkt- und Bundeslandgrenzen hinausgehende Entwicklung voller Chancen und Kontroversen. »Verpflichtung... Utopie ... Sparmaßnahme ... Vielfalt als Chance ... Nicht in Sachsen! ... anstrengend« – diese Zitate aus einem Brainstorming in einer Lehrerfortbildung zum Thema verdeutlichen das. Konkrete inklusive Entwicklungen vollziehen sich auch aufgrund der Kultushoheit der Bundesländer und ausgeprägter regionaler Unterschiede, aber immer an konkreten Schulen mit konkreten Schülern, Lehrern und Eltern, die von ihren bundesland- und förderschwerpunktspezifischen Vorerfahrungen geprägt sind.

1 Situation im Förderschwerpunkt emotional-soziale Entwicklung in Sachsen

Bezogen auf die Bundesergebnisse 2009/10, die einen Anteil von Schüler mit Förderbedarf an allen Schülern (Förderquote) von 6,0 % aufweisen (= ca. 485 000 Schüler und Schülerinnen), weist Sachsen, wie andere neue Bundesländer eine stark erhöhte Förderquote von 8,3 % bezogen auf 2009 auf. Dabei sind besonders Kinder und Jugendliche aus sozial benachteiligten/schwierigen Familien betroffen. Besonders ausgeprägt ist die Zuweisung in die Förderschulen Lernen und geistige

Entwicklung, wobei auch kleine Förderschulen aufrechterhalten werden. Auch der Förderschwerpunkt sozial-emotionale Entwicklung (2009/10 3078 Schüler) weist deutlich steigende Schülerzahlen auf (vgl. Preuss-Lausitz 2011, 53 f.; Statistisches Landesamt Sachsen 2010).

Kaum ein Schüler (2009/10: 1,6 %) wechselt im Sinne der »Re-Integration« von der Förderschule wieder in die allgemeine Regelschule. Die Absolventen sächsischer Förderschulen erreichen zu 82 % keinen Schulabschluss. Es werden also kaum erfolgreiche Bildungswege ermöglicht (vgl. Preuss-Lausitz 2011, 59).

Die Integrationsquote von Schülern mit Förderbedarf liegt noch unter dem vergleichsweise schwachen bundesdeutschen Durchschnitt (2009/10 ca. 18 % vs. 21 %). Der Integrationsanteil bei einzelnen Förderschwerpunkten ist extrem unterschiedlich. Während im Förderschwerpunkt sozial-emotionale Entwicklung 2009/10 46,8 % der Schüler integriert unterrichtet wurden (entspricht 1442 Schülern vs. 1636 Schülern an Förderschulen), sind Schüler mit zieldifferentem Lehrplan (Lernen, geistige Entwicklung) mit weniger als 2,5 % Integrationsquote von integrativer Beschulung nahezu ausgeschlossen. Dies verdeutlicht den Stellenwert der Gutachtendiagnostik zur Feststellung des Förderbedarfs im primären Förderschwerpunkt und zeigt sich am deutlichsten in der ausgeprägten Ungleichverteilung der Förderschwerpunkte in integrativer vs. Sonderbeschulung. Während an Förderschulen Schüler des Schwerpunktes emotional-soziale Entwicklung nur 9 % der Schülerschaft ausmachen, sind es in der integrativen Unterrichtung 35 % (vgl. KMK 2010 a/b).

In der integrativen Unterrichtung im Förderschwerpunkt dominiert nach der Grundschulzeit mit 702 Schülern eindeutig die Unterrichtung an einer Mittelschule gegenüber 142 Schülern an Gymnasien (vgl. KMK 2010 b). Bei der Schülerschaft sind klar die Jungen überrepräsentiert, wobei sich die Verhältnisse von ca. 6:1 in der integrativen Unterrichtung zu 9:1 in der Förderschulunterrichtung unterscheiden.

Weiterhin lässt sich beschreiben: Da die Anzahl integrativ beschulter Schüler in allen Schulformen stetig zunimmt, sind Schüler mit diesen Auffälligkeiten in weitgehend allen Schulen präsent, wenn auch in sehr unterschiedlichem Maße (Überrepräsentanz an Mittelschulen und an Schulen in sozialen Brennpunkten). Schulen, Mitschüler (respektive deren Eltern) oder Lehrer können dem perspektivisch kaum ausweichen und sich der integrativen Unterrichtung entziehen.

Die Ressourcen wie Förderstunden, Personalzuweisung u. Ä. sind verringert oder stagnieren bei Zunahme integrativ beschulter Schüler. Eine adäquate sonderpädagogische Unterstützung der Integrationsschüler ist folgend kaum möglich. Derzeit werden folgende Formen praktiziert: a) keine Unterstützung, b) Beratung bei Bedarf, c) ½ bis 1 Stunde Förderung/Woche. Sonderpädagogen in der Integration bleiben Lehrer der Förderschulen, die für die Integration an vielen Schulen zuständig sind. Sie sind also helfende Gäste an den Regelschulen, müssen häufig andere Aufgaben übernehmen und können eine kontinuierliche Betreuung der Schulen und Schüler schwer sicherstellen. Die Lehrer der allgemeinen Regelschulen sind mit Ressourcen von 1 – 5 zusätzlichen Förderstunden pro Schüler sowie Hilfen durch Beratungslehrer weitgehend verantwortlich für das Gelingen der Integration. »Integrations-« und Förderstunden sind aber Ergänzungsstunden. Erfolgreiche Integration ist demnach weitgehend abhängig von Kompetenz, Qualifikation,

Motivation und Offenheit der Regelschullehrkräfte. Erste Fortbildungen werden angeboten, flächendeckendes Grundwissen über Förderkonzepte, Förderplanung, Nachteilsausgleiche etc. ist aber nicht vorhanden (vgl. Eichfeld & Schuppener 2011). Viele Regelschullehrer überfordern integrative Aufgaben auch aufgrund völlig unzureichender Möglichkeiten für gezielte Prävention und frühe Hilfen an den Regelschulen. Integrative Beschulung wird dann als »Auch das noch!« – Aufgabe interpretiert. Positiv zu betrachten ist die Entwicklung erster »Schwerpunktschulen« mit einer gewachsenen Integrationskultur, an denen sich Regelschullehrer für das Gelingen integrativer Beschulung verantwortlich fühlen.

Die Meldung von Schülern mit Auffälligkeiten zu diagnostischen Feststellungsverfahren im Förderschwerpunkt emotional-soziale Entwicklung nimmt drastisch zu. Daraus resultieren bei stagnierenden Ressourcen Wartezeiten von zum Teil mehr als einem Schuljahr. Hilfen kommen häufig zu spät. Besondere Problemlagen, komplexe Hilfebedarfe (Kinder- und Jugendpsychiatrie, Jugendhilfe, Förderbedarf), Delinquenz, Schulabstinenz, schulische Perspektivlosigkeit treten bei einzelnen Schülern massiv auf. Somit nehmen Bedarfe an Schulersatzprojekten, intensiven Einzelfallhilfen u. Ä. zu und erfordern spezifisch gebundene Ressourcen. Die Kooperation zwischen den Hilfen ist optimierbar (vgl. Stadt Leipzig 2009). Massive Unterversorgungslagen, soziale Entwicklungsrückstände, schwere Auffälligkeiten steigen auch bei sehr jungen Kindern von unter sieben Jahren. Somit verschärfen sich Problemlagen der Einschulung, früher sozialer Hilfen und sehr schwierig startender Schulkarrieren mit massiven Stigmatisierungsprozessen.

Bei steigenden Integrationsquoten bekommt die Förderschule den Status eines »Auffanglagers« für Schüler aus schwierigen Familienverhältnissen, mit komplexen Problemen, Schulverweigerungshaltungen und/oder ausgeprägten sekundären Lernschwierigkeiten. Somit erhöht sich die Gefahr sozialer Isolierung der Förderschüler mit gegenseitiger negativer Verstärkung (»Resteschule«).

Zusammenfassend lässt sich also sagen, dass integrative Beschulung als Einzelintegration vom Glück motivierter und kompetenter Lehrkräfte der allgemeinen Schulen, von engagierten Eltern sowie von »beherrschbaren« Auffälligkeiten abhängt. Inklusive Entwicklungen mit systematischer Prävention und hinreichender sonderpädagogischer Förderung als Teil der allgemeinen Schulen sind noch nicht zu erkennen.

2 Zu inklusiven Entwicklungen und der Diskussion in Sachsen

Die Wurzeln aktueller pädagogischer Inklusionsdiskussionen liegen in der Integrationsbewegung ab den 1970er-Jahren und deren Kritik am enormen Ausbau und der Ausdifferenzierung des Sonderschulsystems nach 1945. Diese Bewegung wurde vor allem von Elternverbänden und ermutigenden Ergebnissen von Modellversuchen getragen und begann ab den 1990er-Jahren, auch die (sonderpädagogische) Diskussion in den neuen Bundesländern zu prägen. Mit der Einführung des Inklusionsbegriffes zunächst aus dem angloamerikanischen Raum, der Neufassung des Artikels 3 Grundgesetz, der Salamanca-Erklärung der UNESCO 1994, dem Allgemeinen Gleichbehandlungsgesetz u. Ä. intensivierte sich die Diskussion, um mit Unterzeichnung und Inkrafttreten der UN-Behindertenrechtskonvention insbesondere in Bezug auf Artikel 24 Bildung ihren vorläufigen Höhepunkt zu finden. Ein Paradigmenwechsel des pädagogischen Selbstverständnisses von »*Wie muss ein Kind sein, damit es an einer allgemeinen Schule gemeinsam mit allen Kindern unterrichtet werden kann?*« zu »*Wie müssen wir Schule gestalten, damit hier jedes Kind unterrichtet werden kann?*« wird dabei akzentuiert. Inklusion wird damit definiert als »…allgemeinpädagogische[r] Ansatz, der (…) allen Menschen das gleiche volle Recht auf individuelle Entwicklung und soziale Teilhabe ungeachtet ihrer persönlichen Unterstützungsbedürfnisse zugesichert sehen will« (Hinz 2006, 97) und als konkrete Vision verstanden. »Für den Bildungsbereich bedeutet dies einen uneingeschränkten Zugang und die unbedingte Zugehörigkeit zu allgemeinen Kindergärten und Schulen des sozialen Umfeldes (…)« (Hinz 2006, 97). Inklusion ist aber auch als Weiterentwicklung des Integrationskonzeptes zu sehen und wird im Rahmen dieses Aufsatzes als »*unteilbare Integration als Normalfall entspricht Inklusion*« verstanden. Damit geht aber auch Kritik am Konzept schulischer Inklusion einher, die u. a. Argumente wie Gefahr sozialer Diskriminierungen, Elternwille vs. Kindeswohl, Etikettenschwindel (Inklusion als Sparmaßnahme), Inklusion als realitätsferne Utopie, Überforderung der Lehrer oder Exklusion durch Inklusion (Erhalt aussondernder Maßnahmen innerhalb der Gemeinschaft) aufgreift (vgl. zur Diskussion z. B. Wocken 2011 a, 243 ff.). Dabei wird immer wieder die erschwerte integrative Unterrichtung verhaltensauffälliger Schüler (vor allem aggressiver Jungen) hervorgehoben (vgl. Preuss-Lausitz 2011, 37 f.; Preuss-Lausitz 2005).

Auch im sächsischen Landtag, in sächsischen und überregionalen Medien, an Schulen und Universitäten, bei Betroffenen- und Elternverbänden sowie in der interessierten Öffentlichkeit ergab sich eine breite, zum Teil sehr kontroverse Diskussion zur Zukunft sonderpädagogischer Förderung und der Umsetzung der UN-BRK (UN-Behindertenrechtskonvention der Vereinten Nationen) (u. a. Kailitz 2011). Dabei können fünf Diskussionsrichtungen unterschieden werden:

- Verklärung: Das sächsische Schulsystem wird als »inklusives« deklariert, da Schüler mit Förderbedarf überhaupt Zugang zu schulischer Bildung hätten. »Die UN-Konvention wird schrittweise umgesetzt (…) Dazu werden wir auch weiterhin die Förderschulen brauchen.« (vgl. Kultusministerium Sachsen 2011)
- Stärkung des Elternwahlrechts des Beschulungsortes
- Regionalisierung und Flexibilisierung: Entwicklung soll Gemeinden und Schulen überlassen werden.
- Teilung der Schüler mit Förderbedarf: Förderschwerpunkte Lernen, sprachliche Entwicklung und emotional-soziale Entwicklung sollen nicht mehr diagnostisch festgestellt werden und die Schüler mit Pauschalressourcenzuweisung an den Regelschulen verbleiben. Die Förderschwerpunkte körperlich-motorische Ent-

wicklung, geistige Entwicklung, Sehen, Hören werden weiterhin diagnostisch festgestellt und die Eltern erhalten ein Wahlrecht über den Förderort. (vgl. Preuss-Lausitz 2011, 89–93)
- Transformation: Vollständige Transformation der Sonderpädagogen und Förderschulen durch feste Zuweisung sonderpädagogischer Ressourcen an Regelschulen und Ausbau des Kompetenz- und Unterstützungssystems.

3 Veränderte Anforderungen an Diagnostik und sonderpädagogische Gutachten?

Versteht man pädagogische Diagnostik als »allen pädagogischen Handlungen immanente Erkenntnistätigkeit (...), die Formen der Nichterfüllung von Leistungsanforderungen und normativen Erwartungen, die das Bildungssystem stellt, sowie alle Formen der gefährdeten gesellschaftlichen Teilhabe« (Ricken & Schuck 2011, 110) untersucht, so wird der enge Zusammenhang zum Lern- und Entwicklungsprozess, zur didaktischen Gestaltung und Förderungskonzeption deutlich. Die eigene diagnostische Konzeption und das diagnostische Handeln hängen dabei von zugrunde liegenden Menschenbildannahmen und der Störungskonzeption ab. (vgl. Mutzeck 1998, 178 ff.) Dabei versteht sich sonderpädagogische Diagnostik als Zusammenspiel der Ebenen Eingangsdiagnose (Feststellungsverfahren), Förderplanungsdiagnostik, förderprozessbegleitende Diagnostik und Fortschreibungsdiagnostik in enger Verzahnung von Förderdiagnostik und Förderplanung.

In dieser Vielfalt und Prägung durch Förderschwerpunktspezifika, Verwendungszwecke und administrative Vorgaben ist pädagogische Diagnostik sonderpädagogische Kernkompetenz, aber auch kontroverses Diskussionsthema. Solche Kontroversen betreffen die (Un-)Möglichkeit diagnosegeleiteter Förderung (vgl. Von Knebel 2010, 232 f.; Wocken 2011b, 94 ff.), die Unzuverlässigkeit früher Statusdiagnosen, das Ressourcen-Etikettierungs-Dilemma, die Probleme defizitorientierter und stigmatisierender Diagnostiken (vgl. Wocken 2011a, 22–37) sowie die Qualität sonderpädagogischer Gutachten (vgl. Von Knebel 2010, 233 ff.; Jogschies in diesem Band). Besonders das Inkrafttreten der UN-BRK hat diese Diskussion um veränderte Anforderungen und infrage gestellte Gutachtenerstellungen akzentuiert. Auch hier können restaurierende Ansätze wie »weitere Verbesserung der Förderschul-Diagnostik: Wir werden die individuelle Förderung in allen Kitas und Schulen ausbauen, um dem Entstehen von sonderpädagogischem Förderbedarf schon vor der Einschulung stärker entgegenzuwirken.« (Kultusministerium Sachsen 2011) erkannt werden. Andere Beiträge bestätigen »eine inklusive Unterrichtsgestaltung beruht auf einer den Lernprozess begleitenden pädagogischen Diagnostik und einer kontinuierlichen Dokumentation der Lernentwicklung« (KMK 2010, 11) oder betonen die Weiterentwicklung. »Entsprechend ... erfolgen Begutachtungen, Bewertungen und Entscheidungen über Bildungsmöglichkeiten und Bildungswege differenzierend und nicht selektierend oder stigmatisierend. Eltern werden in das Gutachtenverfahren gleichberechtigt einbezogen. (...) Eine Diagnostik der individuellen Lernausgangslage (...) ist selbstverständlich.« (Verband deutscher Sonderpädagogik 2010). Weitere Beiträge weisen in eine veränderte Richtung: »Der Aktionsplan (zur Umsetzung des Artikels 24 der UN-Konvention – C. E.) soll sichern, dass (...) 11. das diagnostische Verfahren einer unabhängigen Stelle übertragen wird.« (SPD-Fraktion Sächsischer Landtag 2011). »In den Förderschwerpunkten Lernen, emotional-soziale Entwicklung und Sprache wird auf Feststellungsdiagnostik verzichtet. (...) Für die übrigen Förderschwerpunkte bleibt die Feststellungsdiagnostik erhalten, wird allerdings in Bezug auf ihre Standards überprüft.« (Preuss-Lausitz 2011, 117) In Bezug auf konzeptionelle Weiterentwicklungen sei besonders auf die internationalen Empfehlungen der »Europäischen Agentur zur Entwicklung der Sonderpädagogik« verwiesen. Diese identifizieren als sieben Handlungsfelder inklusionsorientierten Assessments Schülerinnen und Schüler, Lehrkräfte, Schulen, Eltern, multidisziplinäre Diagnostikteams, Bildungspolitik und Rechtsvorschriften und leiten als Empfehlungen für die Weiterentwicklung sonderpädagogischer Diagnostik ab: kontinuierliche Prozessdiagnostik, Diagnostik für das Lernen, Diagnostik mit dem Schüler, Anpassung an individuelle Bedürfnisse, Fokussierung der Lernfortschritte, Vermeiden separierter Beschulung, Stärkung der Selbstreflexivität der Schüler, Einbeziehen der Eltern und Anpassung von Rechtsvorschriften (vgl. Watkins & D'Allesio 2009; Von Knebel 2010, 243 f.). Diese Auflistung von Kriterien will Wocken besonders um einfühlendes Verstehen ergänzen und weist darauf hin, dass diese Auflistung den Kriterien einer seit Langem intendierten förder- und schülerorientierten Diagnostik weitgehend entspricht (vgl. Wocken 2011 b, 97).

So befindet sich die sonderpädagogische Diagnostik im kontroversen Diskurs zwischen der Programmatik »auf dem Weg zu einer inklusionstauglichen Diagnostik« (Von Knebel 2010, 231) und der Skepsis »auf dem langen Marsch zur inklusiven Pädagogik« (Wocken 2011 b, 94).

3.1 Fazit: Diskussionsthesen zur veränderten sonderpädagogischen Diagnostik in Bezug auf inklusive Perspektiven

1. Mit Inkrafttreten der UN-BRK ist ein Transformationsprozess zu inklusiver Bildung eingeleitet worden. Dieser bedeutet einen Paradigmenwechsel für das Verständnis von Sonderpädagogik. Ein langwieriger Veränderungsprozess mit der Vision unteilbarer Inklusion als Normalfall ist damit begründet worden.
2. Individualisierung, Diagnostik, Förderplanung, Beratung etc. gehören zu den Kernkompetenzen **sonder**pädagogischer Profession. Sie stellen Aufgaben sonderpädagogischer Unterstützung in schulischen Kooperationsteams dar und folgen dem Primat inklusiver Bildung.
3. Alle Lehrkräfte benötigen Basiskompetenzen, um auch Schüler mit Förderbedarf im Team unterrichten und gezielt fördern zu können. Für alle Lehrkräfte bedeutet dies u.a. fundierte prozessdiagnostische Kenntnisse. Feststellungs-

und Förderplanungsdiagnostiken ohne spezifische Qualifikationen müssen vermieden werden. Dies bedeutet auch eine Begriffsschärfung der zentralen Begriffe »Förderdiagnostik«, »prozessbegleitende Diagnostik« und »Fortschreibungsdiagnostik«.
4. Aus inklusiver Sicht stehen Förderbedarf und Ressourcen von Systemen wie Klasse, Schule, Familie im Vordergrund vor den Kompetenzen und Defiziten (»Integrationsfähigkeit«) des Einzelnen. Der Fokus richtet sich also auf eine Schul-Kind-Umfeld-Analyse im Sinne eines diagnostischen Mosaiks (vgl. Boban & Hinz 1998, 153 ff.).
5. In inklusiver Diagnostik sind Feststellung des primären Förderschwerpunktes (»Förderschulart«) und des Förderort obsolet. Die Beschreibung des konkreten Förderbedarfes der Klasse, des Schülers, der Lehrerin ist primär. Jede Diagnostik ist obligatorisch mit einer Kooperativen Förderplanung (vgl. Melzer in diesem Band) zu verbinden.
6. Da inklusive Diagnostik vom Etikettierungs-Ressourcen-Dilemma entkoppelt ist und Prävention sowie permanente Förderung vorrangig sind, steht die Qualität regelmäßiger Fortschreibungsdiagnostik im Vordergrund. Formale Feststellungsgutachten werden selten.
7. Diagnostische Feststellungsverfahren müssen verändert werden. »In house«-Aufnahmediagnostiken der Förderzentren/-schulen müssen entfallen. Für förderdiagnostische Prozesse vor Ort ohne Entscheidung über Ressourcen oder besondere Bildungswege genügen die *qualifizierten* Sonderpädagogen vor Ort an den Regelschulen. Für besondere Diagnostiken sind dann die zu bildenden Kompetenz- oder Unterstützungszentren ambulant zu beauftragen.
8. Weiterhin muss also das Verfahren verändert werden, indem 1. auf einen primären Förderschwerpunkt zugunsten einer Beschreibung individueller Förderbedarfe verzichtet wird und 2. als Förderort immer zunächst der Normalfall Regelschule gesetzt ist. Jede temporär separierte Förderung müsste gemeinsam mit Eltern und Schüler mit einem Zeitplan vereinbart werden.
9. Somit könnten drei Ebenen inklusiver Diagnostik und Förderung unterschieden werden:
    a) Präventive Förderung und prozessbegleitende Diagnostik:
    Förderung für *alle* Schüler mit festen Förderstunden je Klasse und prozessimmanenter Diagnostik.
    b) Grundlegende Förderung und Förderplanungsdiagnostik:
    Für Schüler mit Förderbedarfen im Lernen, in der Sprachentwicklung und der emotional-sozialen Entwicklung (LES) verfügt *jede* Schule über sonderpädagogische Basisförderung (vgl. Preuss-Lausitz 2011, 90 f.). Nötig ist eine Förderdiagnostik zur Beschreibung der individuellen Bedarfe mit obligatorischer, Kooperativer Förderplanung.
    c) Spezifische Förderung und Diagnostik:
    Für alle Kinder, deren Bedarf über Gruppe II (grundlegende Förderung) hinausgeht, müssen spezifische Diagnostik- und Förderangebote, *wenn nötig*, vorgehalten werden. Deren Planung und Umsetzung erfordert eine umfangreichere Feststellungsdiagnostik für den individuellen Mehrbedarf. Die Förderung dieser Schüler (auch Assistenz, Pflege) erfolgt nach dem Modell

»Kompetenzzentrum ohne Schüler« (Ambulanzlehrersystem) in Form von Schwerpunktschulen.

Literatur

Boban, I. & Hinz, A. (1998): Diagnostik für Integrative Pädagogik. In: Eberwein, H. & Knauer, S. (Hrsg.): Handbuch Lernprozesse verstehen. Weinheim, Basel, 151–164.
Eichfeld, C. & Schuppener, S. (2011): Länderbericht Sachsen. In: Zeitschrift für Inklusion, (2). http://www.inlusion-online.net/index.php/inklusion/article/view/111/112 [06. 10. 2011].
Hinz, A. (2006): Inklusion. In: Antor, G. & Bleidick, U. (Hrsg.): Handlexikon der Behindertenpädagogik. Stuttgart, 97–99.
Kailitz, S. (2011): Wer schwierig ist, muss raus. In: Die Zeit 04/2011. http://www.zeit.de/2011/04/S-Foerderschule [10. 10. 2011].
Klemm, K. (2010): Gemeinsam lernen. Inklusion leben. Status quo und Herausforderungen inklusiver Bildung in Deutschland. Im Auftrag der Bertelsmann Stiftung. http://www.bertelsmann-stiftung.de/bst/de/media/xcms_bst_dms_32 811_32 812_2.pdf [08. 10. 2011].
Kultusministerium Sachsen (2011): Die UN-Konvention wird schrittweise umgesetzt. Medieninformation. http://www.sachsen-macht-schule.de/schule/5771.htm?pmid=1876 [20. 05. 2011].
Mutzeck, W. (1998): Handlungstheoretischer Ansatz zur Explikation, Erklärung, Diagnose und Intervention bei Verhaltensstörungen. In: Wittrock, M. (Hrsg.): Verhaltensstörungen als Herausforderung. Oldenburg, 177–207.
Preuss-Lausitz, U. (2005): Verhaltensauffällige Kinder integrieren. Zur Förderung der emotionalen und sozialen Entwicklung. Weinheim.
Preuss-Lausitz, U. (2011): Gutachten zum Stand und zu den Perspektiven inklusiver sonderpädagogischer Förderung in Sachsen. Im Auftrag der Landtagsfraktion Bündnis 90/Die Grünen Sachsen. http://www.gruene-fraktion-sachsen.de/fileadmin/user_upload/ua/InklusionsgutachtenSachsen_Endfassung.pdf [07. 10. 2011].
KMK (Sekretariat der Ständigen Konferenz der Kultusminister der Länder in der Bundesrepublik Deutschland) (2010a): Sonderpädagogische Förderung in Förderschulen (Sonderschulen) 2009/2010. Statistik. http://www.kmk.org/fileadmin/pdf/Statistik/Aus_Sopae_2009.pdf [11. 10. 2011].
KMK (Sekretariat der Ständigen Konferenz der Kultusminister der Länder in der Bundesrepublik Deutschland) (2010b): Sonderpädagogische Förderung allgemeinen Schulen (ohne Förderschulen) 2009/2010. Statistik. http://www.kmk.org/fileadmin/pdf/Statistik/Aus_SoPae_Int_2009.pdf [11. 10. 2011].
KMK (Sekretariat der Ständigen Konferenz der Kultusminister der Länder in der Bundesrepublik Deutschland) (2010c): Inklusive Bildung von Kindern und Jugendlichen mit Behinderungen in Schulen. Entwurf zur schriftlichen Anhörung durch die Fachöffentlichkeit. style="Times New Roman"; font-size: 12.0pt; text-decoration: none; text-underline-style: none; text-underline-mode: continuous; text-underline-color: 000 000; color: #00 000">http://www.kmk.org/fileadmin/pdf/Bildung/AllgBildung/Anhoerungstext-Entwurf-2010–12–03–205-AK.pdf [17. 10. 2011].
Ricken, G. & Schuck, K. D. (2011): Pädagogische Diagnostik und Lernen. In: Kaiser, A., Schmetz, D., Wachtel, P. & Werner, B. (Hrsg.): Didaktik und Unterricht. Enzyklopädisches Handbuch der Behindertenpädagogik, Band 4. Stuttgart, 110–119.
Sekretariat der Ständigen Konferenz der Kultusminister der Länder in der Bundesrepublik Deutschland (KMK) 2010): Inklusive Bildung von Kindern und Jugendlichen mit Behin-

derungen in Schulen, in: http://www.kmk.org/fileadmin/veroeffentlichungen_beschluesse/ 2011/2011_10_20-Inklusive-Bildung.pdf.

SPD-Fraktion im sächsischen Landtag (2011): Aktionsplan zur Umsetzung Artikel 24 der UN-Behindertenrechtskonvention. Antrag. http://spd-fraktion-sachsen.de/sites/default/fi les/downloads/5_Drs_4503_202_1_1_.pdf [17. 10. 2011].

Stadt Leipzig (2009): »Komplexer Hilfebedarf«. Perspektiven der Kooperation von Jugendhilfe, Psychiatrie und Schule. Abschlussbericht zum Landesmodellprojekt des Jugendamtes Leipzig und der Universität Leipzig in Zusammenarbeit mit dem Landesjugendamt. http://www.leipzig.de/imperia/md/content/51_jugendamt/broschueren_praesentationen/abschl ussbkompl.hilfebedarf.pdf [12. 10. 2011].

Statistisches Landesamt Sachsen (2010): Statistischer Bericht. Allgemeinbildende Schulen im Freistaat Sachsen. Förderschulen. Ohne Ort.

Verband deutscher Sonderpädagogik (2010): Handlungskonzept inklusive Bildung. In: Zeitschrift für Heilpädagogik 62 (2011) 2, 78–81.

Von Knebel, U. (2010): Auf dem Weg zu einer inklusionstauglichen Diagnostik. In: Sonderpädagogische Förderung heute, 55 (3), 231–251.

Watkins, A. & D'Allesio, S. (Hrsg.) (2009): Assessment in inklusiven Schulen. Putting Inclusive Assessment into Practice. Odense.

Wocken, H. (2011 a): Das Haus der inklusiven Schule. Baustellen – Baupläne – Bausteine. Hamburg.

Wocken, H. (2011 b): Sonderpädagogische Diagnostik auf dem langen Marsch zur inklusiven Pädagogik. In: Sonderpädagogische Förderung heute 56 (1), 94–98.

Lehreraufgaben konkret

– *Beurteilen*

Soziometrie in der Schulklasse

Angela Gutschke

Eine wesentliche Aufgabe von Schule besteht in der Sozialisation von Schülerinnen und Schülern. Sie verbringen einen Großteil ihrer Zeit in Schulklassen, auf deren Zusammensetzung sie keinen Einfluss haben. »Die Schulklasse ist nach wie vor ein außerordentlich wichtiger sozialer Erfahrungsraum, in dem Kinder und Jugendliche Beziehungen zu Gleichaltrigen eingehen können und zum Teil auch müssen, indem sie sich mit den anderen vergleichen, anfreunden oder mit ihnen konkurrieren müssen« (Ulich 2001, 51). Umso mehr tragen schulische Kontextbedingungen entscheidend zum Lernerfolg und der Entwicklung sozialer Kompetenzen bei. Der Erwerb sozialer Kompetenzen[1] findet als Lernen im sozialen Kontakt mit anderen sowie als Erwerb bedeutsamer Verhaltensweisen z. B. über Vorbilder statt. In der Schulklasse werden vielfältige Kompetenzen und Strategien für das Gelingen von Konfliktlöseprozessen erworben, denn schulische Anforderungen stellen Kinder täglich vor problematische Situationen, in denen sie aufeinander angewiesen sind und deren Lösung in entwicklungsadäquaten und auf individuellen Erfahrungshintergründen basierten Aushandlungsprozessen stattfindet. Die Summe der Erfahrungen aus diesen gelungenen Prozessen und deren Ergebnisse bilden die Grundlage für die Wahrnehmung eigener Kompetenzen in der sozialen Interaktion (Kompromissbereitschaft, Kooperation, Konfliktbewältigung), fördern das Selbstwertgefühl und das Erleben von Selbstwirksamkeit der Kinder und unterstützen das Klassenklima nachhaltig. Kinder, die sich als sozial kompetent erleben, werden sich auch anderen Kindern aufgeschlossen zuwenden, was die positiven Beziehungen innerhalb der Schulklasse erleichtert und aufrechterhält. Rauh (2010, 149) fasst die Qualität gemeinsamen Handelns in einer Schulklasse und die Art der Regulierung (Kontrollformen, Mitbestimmung) unter dem Begriff »Klassenklima« zusammen und betont die besondere Rolle der sozialen Beziehungen der Schüler untereinander. »Wer als Gruppenmitglied akzeptiert und in die Gruppe aufgenommen wird, erfährt eine Bestätigung und Verstärkung des Selbst(wertgefühls) wie

---

1 Modell sozialer Kompetenz Dodge et al. (1986, zit. n. Von Salisch 2000, 243 f.). Dodge et al. (1986) unterstützen die besondere Bedeutung sozialer Erfahrungen als Grundlage für das Gelingen interaktiver Prozesse. Nach ihrem Modell sozialer Kompetenz stellt der ständige Wechsel von Informationsaufnahme, Verarbeitung, Wertung, Reaktion und sozialer Rückmeldung einen wirkungsvollen sozialen Austausch zur Beurteilung und Veränderung des eigenen Verhaltens der Kinder dar. Soziale Kompetenz impliziert nach Dodge et al. im Sinne von »social functioning« Emotionalität und die Fähigkeit zu Selbstkontrolle. Nach ihren Aussagen sind Kinder mit gut ausgeprägter Fähigkeit zur Kontrolle ihres emotionsbezogenen Verhaltens sozial kompetenter als Kinder, die diese Fähigkeit nur unzureichend ausbilden konnten bzw. ausgebildet haben.

auch eine Unterstützung seiner personalen und sozialen Entwicklung« (Rauh 2010, 185). Die Schulklasse als Gruppe fungiert somit als eine Form des sozialen Rückhalts. Die soziale Integration von Kindern in eine Gruppe stellt nach Schwarzer (2000, 52) eine wichtige Voraussetzung bzw. Ressource für soziale Unterstützung dar. Die Interaktion von zwei oder mehr Personen mit dem gemeinsamen Ziel der Beendigung oder Veränderung einer problematischen Situation erklärt Schwarzer als soziale Unterstützung. Fehlende soziale Unterstützung im schulischen Umfeld kann dazu führen, dass sich Stress erhöht. Schulbezogene Stressoren sind interpersonelle Konflikte mit Schulkameraden, Freunden oder Lehrern und hängen oft mit häuslichem Stress zusammen. Zu den häufigsten Schulstressoren zählt Seiffge-Krenke Probleme in der Klassengemeinschaft wie Ausgrenzung und Aggression sowie schulische Kontextfaktoren. Mädchen schätzen sich im Umgang mit schulischem Stress internal belasteter ein als Jungen und reagieren auf Stress mit sozialem Rückzug und Ängstlichkeit, Jungen dagegen häufiger mit Aggression (vgl. Seiffge-Krenke 2006, 65 f.). Besonders Schülerinnen und Schülern, die aufgrund von Ausgrenzungsprozessen in der Schulklasse nicht auf den sozialen Rückhalt und die Unterstützung durch die Gruppe bauen können, sind in schwierigen sozialen Situationen und Konfliktsituationen benachteiligt und auf die Hilfe von Erwachsenen im Sinne externaler Kontrolle angewiesen (vgl. Brendgen, Bukowski & Wanner 2002, 119 f.). Valtin und Wagner (2004) konnten in einer Untersuchung an insgesamt 3000 Jugendlichen verschiedener Schulformen feststellen, dass sich vor allem bezüglich eines belastenden Klassenklimas die Schulformen nicht unterscheiden. Neben empfundenem Stress beim Übergang in die Sekundarstufe I und Stress-Reaktionen bei Klassenarbeiten sind es vor allem die Ablehnung, das Ausgrenzen und Entwerten durch Mitschüler, die in Studien zu Stresserleben in der Schule benannt werden. Zudem konnte festgestellt werden, dass unstabile schulische Kontextfaktoren wie Klassengröße, Klassenklima und kulturelle Einflüsse ein hohes Stresspotenzial für SchülerInnen birgt (vgl. Seiffge-Krenke 2006, 66 ff.). Damit wird deutlich, dass in der Wahrnehmung von Belastung im Schulalltag die soziale Umwelt eine entscheidende Rolle spielt. Das soziale Umfeld stützt den Erwerb von Stressbewältigungskompetenzen wie z. B. Problemlösefähigkeiten und kann direkt Einfluss auf die Beendigung einer problematischen Situation nehmen. Daneben kann soziale Unterstützung auch palliative Funktionen im Sinne von Anteil-Nehmen und Trost-Spenden (vgl. Klein-Heßling & Lohaus 2000, 14) haben. Nach Lazarus (1991) wird die Bewältigung einer Stresssituation vom Einfluss sozialer Ressourcen doppelt begünstigt: Einerseits stärkt das Vertrauen in soziale Unterstützung die Bereitschaft zu problemorientiertem Vorgehen, andererseits stellt die Mobilisierung und Inanspruchnahme sozialer Unterstützung selbst eine Bewältigungsstrategie dar. Somit lässt sich *die Nutzung sozialer Unterstützung* als eine Bewältigungsstrategie in schulischen Konfliktsituationen bestimmen. Das soziale Umfeld kann auf die Auswirkungen von Belastungen bei Stress einwirken, wenn es dort unterstützend wirkt, wo das Kind selbst nicht weiterkommt (vgl. Klein-Heßling & Lohaus 2000, 14) oder glaubt, dass es allein die Situation nicht verändern kann. Nach Schwarzer (2000, 52) gehören in das Konzept des sozialen Rückhalts die soziale Integration in die Gruppe, die erwartete Unterstützung und die erhaltene Unterstützung. Sarason, Sarason & Shearin (vgl.

Schwarzer 2000, 53) fanden in mehreren Untersuchungen heraus, dass die erwartete Unterstützung in hohem Maß davon abhängt, ob eine Person davon überzeugt ist, dass sie akzeptiert wird. Dieses grundlegende Vertrauen in die Anerkennung durch die Gruppe betrachtet Schwarzer als relativ konstantes Persönlichkeitsmerkmal, das unabhängig davon wirksam ist, ob eine Unterstützung tatsächlich gegeben wird oder nicht. Die Art der tatsächlichen Unterstützung kann je nach Situation stark variieren. Die Art der Konfliktlösung in Aushandlungsprozessen gleichaltriger Kinder im Grundschulalter steht nach Krappmann & Oswald im direkten Zusammenhang mit ihrem soziometrischem Status und ihrer Integration in die Gruppe. »Kinder, die von den anderen akzeptiert werden (›populäre‹ nach den soziometrischen Tests), fügen sich gut in Interaktionen mit Gleichaltrigen ein. Sie ergreifen zwar die Initiative, aber stören nicht die Abläufe. Sie achten auf die Absichten der anderen und missverstehen sie nicht« (Krappmann & Oswald 1995, 509). Im Ergebnis ihrer Studie konnten Krappmann und Oswald feststellen, dass Kinder, die von den anderen Kindern abgelehnt werden, sich auf unteren Rangplätzen in soziometrischen Tests befanden, eher bei Aushandlungen zu physischen Aggressionen oder zu Streit neigten. Andererseits beschreiben sie für Kinder mit höherem soziometrischen Status die Bereitschaft der Aufrechterhaltung einer guten Beziehung (vgl. Krappmann & Oswald 1995, 89).

1 Soziometrie in der Schulklasse

Die klassische Soziologie geht bei der Bestimmung des Gruppenbegriffes vom Kriterium der Interaktion aus (vgl. Rauh 2010, 55 f.). Die Schulklasse wird als ein soziales Gebilde mit eigenen Gesetzen und Strukturen im Sinne von Rangordnungen betrachtet, in denen sich Schülerinnen und Schüler nur in Wechselwirkungen miteinander entwickeln können. Die soziale Umgebung der Gruppe und die emotionalen Beziehungen der Gruppenmitglieder untereinander beeinflussen die Gruppenstruktur und die Position, die jedes ihrer Mitglieder innehat, wechselseitig (vgl. Elbing 1975, 12 f.; Rauh 2010, 54 ff.). So entsteht aus der künstlich durch Schulmanagement geschaffenen Struktur einer Klasse, ganz gleich, ob es sich um eine 1. Klasse oder eine neu zusammengesetzte 5. Klasse handelt, kontinuierlich eine für die Lehrenden nicht offen sichtbare interne Struktur der Gruppe, die sich nicht mit der künstlich hergestellten Ordnung deckt. Innerhalb dieser Struktur bilden sich Untergruppen, »Außenseiter« und »Stars« aus unterschiedlichen Argumenten und Intentionen heraus. Diese Gruppenstruktur ist dynamisch. Sie unterliegt der ständigen Veränderung und wird neben Faktoren wie Klassengröße, Zusammensetzung, Fluktuation, Außenbeziehungen der Schüler, Lehrerpersönlichkeit, Lehrstil und effizienter Klassenführung durch die soziale Reife der Gruppenmitglieder mitbestimmt.[2] Elemente dieser Struktur sind das Beziehungs-

---

2 Moreno (1954, 60).

geflecht, die Rangordnung, die Rollenverteilung und die Führung. Das Beziehungsgeflecht dokumentiert emotionale Beziehungen der Schüler(innen) untereinander. Innerhalb der Gruppe entwickelt sich eine Rangordnung nach dem Grad der Beliebtheit ihrer Mitglieder (vgl. Elbing 1975, 19 f.). Die Rangordnung verdeutlicht die gegenseitige Wertschätzung. Es gibt die Stars, die Beliebten, aber auch die unbeachteten oder abgelehnten Mitglieder. In dieser Gruppenstruktur gelten andere als die formal vorgegebenen Werte und Normen des sozialen Umgangs miteinander. Im starken Bestreben Einzelner, in der Gruppe anerkannt zu werden, spielen offene und verdeckte Aggressionen und Bullying[3] als besonders schlimme Form der Aggression eine große Rolle. In einer Studie von Bayer & Schmidt-Rathjens (2004) bei Schülern der 7. bis 9. Klasse an Gymnasien, Real- und Hauptschulen bezüglich Gewalt und Aggression gaben 24 % der Schüler an, dass sie sehr häufig direkte körperliche Angriffe wählen. Im Alter von 12 bis 14 Jahren ist dieses Bedürfnis, zur Gruppe zu gehören, so stark, dass Jugendliche alles dafür tun würden, um dazuzugehören. Andere Studien (Simmons 2002; Sunwolf & Leets 2004) belegen, dass bis zu 90 % der interviewten Jugendlichen schon ausgestoßen oder ausgegrenzt wurden, dass aber vor allem diese Form der Aggression von Lehrern kaum wahrgenommen wird (vgl. Seiffge-Krenke 2006, 74 ff.). Die Folgen dieser individuell erlebten Belastung bei Gruppenmitgliedern zeigen sich sehr unterschiedlich: psychosomatische Beschwerden, Leistungsabfall, Rückzug und Isolation.

2 Angewandte Soziometrie im schulischen Kontext

Wie bereits beschrieben, entwickeln sich innerhalb einer Schulklasse neben den formellen sehr schnell informelle Gruppierungen in Bezug auf Akzeptanz und Ablehnung. Durch diese soziale Struktur, in der jedes Gruppenmitglied eine bestimmte soziale Position, einen sozialen Status[4] einnimmt, entsteht nach Petillon (2011) ein differenzierter sozialer Handlungsspielraum für Schüler im Sinne von Einfluss und Anerkennung. Weiterhin entstehen Möglichkeiten für die einzelnen Mitglieder der Gruppe, die die Rahmenbedingungen hemmen oder fördern können. Eine detaillierte systemische Analyse ist erforderlich, um die Dynamik dieser Struktur zu erkennen und sozialerzieherisch wertvolle pädagogische Intentionen und Maßnahmen abzuleiten. Petillon unterscheidet vier Analyseebenen:

---

3 Bullying ist eine besonders sadistische Form von Gewalt. Die Opfer werden über Wochen oder Monate meist außerhalb der Schule angegriffen, bedroht, verletzt. Schulangst, Leistungsabfall und psychosomatische Beschwerden sind Folgen dieser Aggression. Aus Angst verschweigen die Opfer ihre Qual (vgl. Seiffge-Krenke 2006, 76 f.).

4 Sozialer Status im Sinne von Rangordnung nach sozialem Ansehen, abhängig von der Gruppe und den Kriterien, die innerhalb der Gruppe gelten.

Kind, Interaktion, Gruppe und Kontext. Auf der Ebene des Kindes sind u.a. Informationen zum Stand der sozialen Entwicklung, der sozialen Kompetenzen und dem sozialen Status zu erfassen. Die Analyse der Interaktion zwischen einzelnen Gruppenmitgliedern ermöglicht Aussagen zu den dyadischen Beziehungen in wechselnden sozialen Situationen. Soziale Strukturen (Rangordnung und Gruppierungen) stehen im analytischen Fokus der Gruppe. Schulische Kontextfaktoren (Klassengröße, Fluktuation u.a.) bilden den vierten wesentlichen Bestandteil einer umfassenden Analyse wirkender Bedingungen (vgl. Petillon 2011).

Neben Beobachtung, Analyse schulischer Leistungen, Gespräch und Befragung stellen soziometrische Techniken seit Jahrzehnten eine wichtige (diagnostische) Informationsquelle zur Situationsanalyse bezüglich der Erfassung sozialer Prozesse in Schulklassen dar. Die Nutzung von Informationen über den sozialen Status als Vorhersagevariable für Anpassungsprobleme und als Ausgangspunkt präventiver sozialpädagogischer Maßnahmen sind nach Coie et al. von entscheidender Bedeutung (vgl. Coie et al. 1982, 569). So sagt ein hoher soziometrischer Status ein geringes Risiko voraus, Opfer von Bullying zu werden (vgl. Spörrle & Strobel 2007). Die Erkenntnis, dass soziometrische Daten wichtige Aussagen über den Zusammenhang mit Kooperationsfähigkeit, sozialem Einfluss, aber auch Aggressivität oder Rückzug enthalten, wurde bereits in den 40er-Jahren (Moreno 1954, Erstwerk) erforscht. Er entwickelte die Soziometrie als Technik zur Erfassung und Darstellung interpersoneller Beziehungen in Gruppen. Seit den 70er-Jahren werden soziometrische Daten für den Einsatz präventiver Interventionsprogramme bei Kindern eingesetzt (vgl. Coie et al. 1982, 556). Eine Metaanalyse zu beliebtem, vernachlässigtem, umstrittenem und durchschnittlichem soziometrischem Status von Newcomb bestätigte den Konsens hinsichtlich der Beziehung zwischen soziometrischem Status und einigen Bereichen des Verhaltens und damit die Notwendigkeit der Erfassung dieser Daten im Rahmen sozialpädagogischer Prävention bzw. Intervention (vgl. Newcomb et al. 1993, 125).

Bei soziometrischen Techniken handelt es sich, wie bereits beschrieben, um Erhebungs- und Darstellungsverfahren zur Abbildung von Beziehungsgeflechten in Gruppen. In Schulklassen haben sich vor allem Wahlverfahren bewährt, die den Status der Gruppenmitglieder und das Beziehungsnetz als Soziogamm abbilden. Auf der Grundlage der Voraussetzungen der Schülerinnen und Schüler erscheinen Bildwahlverfahren am Schulanfang, aber auch unter integrationsspezifischen Aspekten in heterogenen Lerngruppen als besonders geeignet. Aus der Schülerperspektive können somit Sozialereignisse und Gruppenphänomene rekonstruiert werden (vgl. Petillon 1993, 33f.; Köbberling & Schley 2000, 53f., 87ff.; Krappmann & Oswald 1995). Mit Zunahme der sprachlichen und schriftsprachlichen Fähigkeiten der Kinder erweitert sich auch das zur Verfügung stehende Repertoire an Methoden zur Erfassung sozialer Strukturen. Eine häufig verwendete Methode ist die Befragung der Gruppenmitglieder. In mündlicher oder schriftlicher Form werden die Schülerinnen und Schüler gebeten, unter vorher ausgewählten Aspekten alle anderen Mitglieder der Gruppe z.B. auf einer Ratingskala (meist fünfstufig) einzuordnen. Um die Struktur der Gruppe, Teilgruppen und emotionale Beziehungen direkt erfassen zu können, werden Wahlverfahren genutzt, wie sie von Moreno (1934) entwickelt wurden. Aus konkreten Situationen des Schulalltags werden Wahlkriterien gebildet. Häufig dabei verwendete Fragestellungen sind Fragen nach dem Sitznachbarn, dem Lern- oder Spielpartner. Die Fragestellung ist sehr konkret auf bestimmte Situationen im schulischen Kontext zugeschnitten, sodass sie als Einzelbefragung nicht verallgemeinert werden kann. Die Kriterien kann man in zwei Gruppen einteilen:

1. Kriterien, die sich auf das Zusammenleben beziehen (Freizeit gestalten, zusammen spielen, zusammensitzen ...), und
2. Kriterien, die sich auf das Zusammenarbeiten beziehen (eine Gruppenarbeit durchführen, bei einer Problemstellung zusammenarbeiten, eine Diskussionsgruppe bilden ...) (vgl. Jilesen 1995, 102).

Bei periodischer Befragung, z.B. um die Dynamik der sozialen Entwicklung innerhalb der Gruppe über Schuljahre zu verfolgen oder sozialpräventive bzw. sozialerzieherische Maßnahmen zu evaluieren, können daher auch nur die Ergebnisse gleicher Fragestellungen miteinander verglichen werden. Der Auswahl der Kriterien für die Befragung kommt somit eine entscheidende Bedeutung zu. Nach Moreno ist es notwendig, nach Bevorzugung (positive Wahlen) und Ablehnung (negative Wahlen) zu fragen (vgl. Höhn & Seidel 1976, 16 ff.). Unter Berücksichtigung der Dimensionen »Beachtung« und »soziale Präferenz« werden die Negativwahlen von den Positivwahlen abgezogen. So ergeben sich nach Coie et al. (1982) fünf soziometrische Statusgruppen:

durchschnittliche Kinder: mittlere Anzahl von Stimmen

beliebte Kinder: viele positive, wenig negative Stimmen = hohe Beachtung bzw. Präferenz

abgelehnte Kinder: viele negative Stimmen, wenig positive Stimmen, hohe Beachtung und niedrige Präferenz

unbeachtete (übersehene) Kinder: wenig positive und wenig negative Stimmen bzw. niedrige Beachtung

umstrittene (kontroverse) Kinder: viele positive und viele negative Stimmen, hohe Beachtung, mittlere Präferenz.

Die Ergebnisse der Befragung werden in einer Soziomatrix (▶ **Abb. 1**) zusammengefasst und als Soziogramm abgebildet. Die Soziomatrix nimmt alle Kinder als Wähler (senkrecht) und als Gewählte (waagerecht) auf. Es gibt verschiedene Möglichkeiten zur Darstellung der Wahlen. So kann die positive Wahl mit »+« und die negative Wahl mit »–« gekennzeichnet werden. Wird nach zwei Positiv-Wahlen im Sinne von Präferenz gefragt (erster Lernpartner; zweiter Lernpartner, wenn der erste nicht da ist), dann erfolgt die Kennzeichnung »+1« für erste Wahl und »+2« für zweite Wahl und die Kennzeichnung »–1« für Ablehnung. Die Anzahl der Negativ-Wahlen wird von der Anzahl der Positiv-Wahlen abgezogen. Somit erhält man Informationen über die Stellung der Gruppenmitglieder innerhalb der befragten Gruppe, zur befragten Zeit und nach den erfragten Kriterien.

Soziomatrix

Gewählter Wähler	1	2	3	4	5	6	7	8	9	10
1	*									
2		*								
3			*							
4				*						
5					*					
6						*				
7							*			
8								*		
9									*	
10										*
Gewählt an										
1. Stelle										
2. Stelle										
Abgelehnt an										
1. Stelle										

- an erster Stelle gewählt   +1
- an zweiter Stelle gewählt   +2
- abgelehnt   -1

Soziometrische Positionstabelle

Schüler	1	2	3	4	5	6	7	8	9	10
Wie oft gewählt?										
Wie oft abgelehnt?										
Insgesamt +/-										
Rangplatz										

(Rangplatz: 1. / 2. / 3. / Vorletzter/ Letzter)

Abb. 1: Soziomatrix-Beispiel

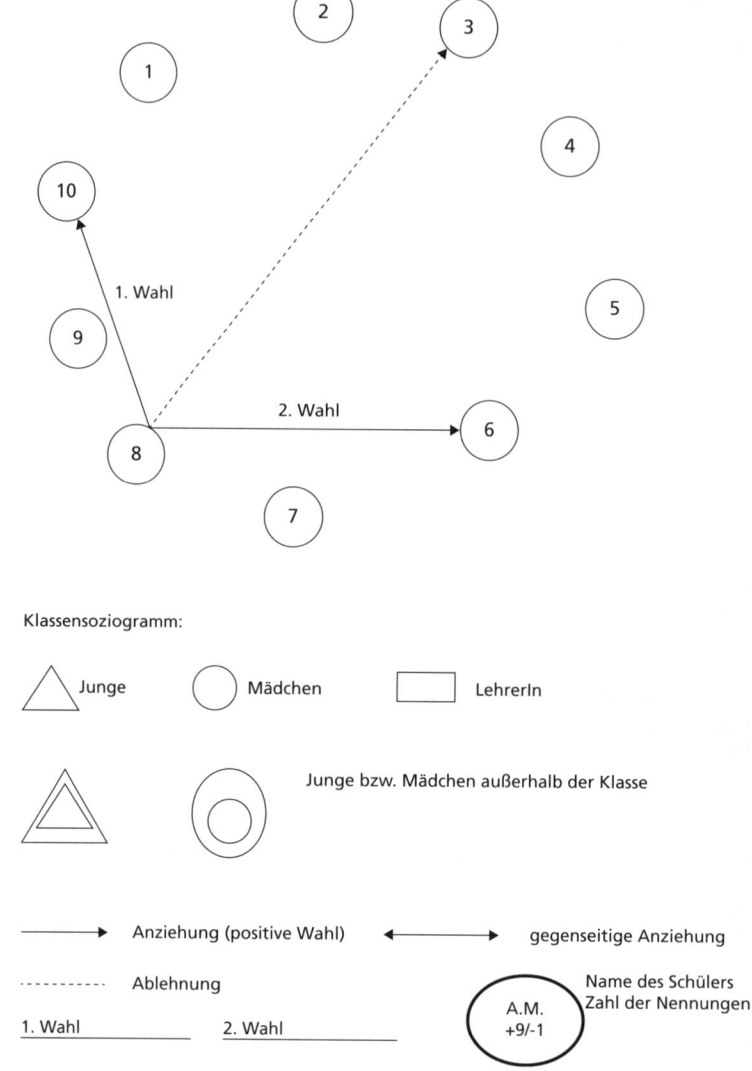

Abb. 2: Soziogramm-Beispiel

Im Soziogramm werden die Ergebnisse der Befragung grafisch verarbeitet. Die einzelnen Mitglieder der Gruppe werden durch Kreise dargestellt, auch die unterschiedliche Kennzeichnung von Mitgliedern, die nicht direkt zur Gruppe gehören, ist möglich, wenn die Befragung diese einschließt. Die abgegebenen Wahlen werden durch unterschiedliche Strichdarstellung gekennzeichnet: —> positive Wahl, ·····> negative Wahl. Bei größeren Gruppen stellt die Anzahl der Personen ein Problem bezüglich der Übersichtlichkeit dar. Es empfiehlt sich dann, die Teilaspekte der Befragung einzeln darzustellen. Mithilfe des Soziogramms können gegenseitige positive Beziehungen und Ablehnungen sowie Nichtbeachtung sichtbar gemacht werden.

Im Unterschied zur Soziomatrix lassen sich mithilfe des Soziogramms Untergruppen und die dramatischen Beziehungen zu bestimmten Gruppenmitgliedern sichtbar machen. So ist deutlich zu erkennen, wenn ein Gruppenmitglied zwar Signale aussendet, aber von der Gruppe vollkommen ignoriert wird (keine Wahlen).

Bei der Auswertung der Daten muss, wie bereits beschrieben, beachtet werden, dass es sich bei der Befragung um die Erfassung der momentanen Situation einer Gruppe unter eng festgelegten Kriterien handelt. Die Gruppenstruktur ist vielfältig und dynamisch.

Der Anteil der beliebten und abgelehnten Kinder beträgt gleich häufig etwa 14 %, die Umstrittenen und Unbeachteten machen jeweils eine Häufigkeit von etwa 7 % aus, der Anteil der durchschnittlichen Kinder ist mit 58 % deutlich der größte (vgl. Spörrle & Strobel 2007, 47). Als am stabilsten werden sowohl die Statusgruppe der Beliebten als auch die der Abgelehnten beschrieben (vgl. Oswald & Uhlendorff 2008, 198).

Es sind vor allem die Kinder in Außenseiterpositionen, die in den Fokus sozialpädagogischer Maßnahmen rücken. Das betrifft die als aggressiv-abgelehnt beschriebenen Kinder (viele negative Nennungen, wenig positive, hohe Beachtung und niedrige Präferenz) ebenso wie die als zurückgezogen-abgelehnt beschriebenen Kinder. Eine Reihe von Studien mit dem Fokus auf Kinder in Außenseiterpositionen hat sich seit den 1980er-Jahren mit deren Verhalten in Anforderungssituationen und der Selbstwahrnehmung dieser Gruppen beschäftigt (vgl. Von Salisch 2000, 353 f.; Brendgen, Bukowski & Wanner 2002, 120 f.).

3   Anstelle eines Schlusswortes

Eine entscheidende Voraussetzung für den Erfolg gruppenpädagogischer Maßnahmen im sozialen Gefüge der Klasse, als soziale Gruppe, ist die Wahrnehmung und Berücksichtigung der ihr innewohnenden Strukturen und deren Wirkung auf jeden Einzelnen. Wer also sozialerzieherische Konzepte begründen oder evaluieren will, benötigt soziometrische Daten, die wiederholt und kontinuierlich erhoben werden. Soziometrische Verfahren sind einfach durchführbar, sie liefern schnell Informationen über die der Gruppe innewohnenden Strukturen. Und sie brauchen die äußerst behutsame Möglichkeit der Verarbeitung in der Gruppe. Mithilfe der gewonnen Erkenntnisse lassen sich (altersabhängig auch unter aktiver Einbeziehung aller Gruppenmitglieder) soziale Themen platzieren, mit denen sich jeder identifizieren kann. Entwicklungsfördernde Elemente der Gruppenbeziehungen können sowohl im schulischen als auch im außerschulischen Kontext genutzt werden. Darüber hinaus ist das Wissen um Außenseiterpositionen eine sichere Grundlage für die Gestaltung von Interventionen bzw. Präventionen unter Einbeziehung des sozialen Umfeldes von Kindern. Insofern ist es bedauerlich, dass im System Schule zu wenig Informationen über Prozesse unter Gleichaltrigen, in denen sie ihre soziale Welt konstruieren, genutzt werden. Existierende Konflikte bleiben unerkannt, übersteigertes Geltungsbedürfnis und Machtverhalten Einzelner wird stillschweigend geduldet. Damit bleibt nicht nur die Entwicklung sozialer Kompetenzen aller Gruppenmitglieder unter ihren Möglichkeiten.

»Mit dem Einblick in die sozialen Beziehungen in Schulklassen wird dem Lehrer die Möglichkeit gegeben, wirklich zu verstehen und nicht immer nur verständnisvoll sein zu müssen« (Petillon 1980, 13).

Literatur

Asendorpf, J. (Hrsg.) (2005): Soziale, emotionale und Persönlichkeitsentwicklung. Göttingen, Bern, Wien, Toronto, Seattle, Oxford, Prag.
Brendgen, M., Bukowski, W. M. & Wanner, B. (2002): Problematische Gleichaltrigenbeziehungen und Selbstwahrnehmungen während Kindheit und Adoleszenz. In: Uhlendorff, H., Oswald, H., Azmitia, M. & Krappmann, L.: Wege zum Selbst. Soziale Herausforderungen für Kinder und Jugendliche. Stuttgart, 117–134.
Coie, J. D. et al. (1982): Dimensions and Types of Social Status: A Cross-Age Perspective. In: Developmental Psychology, Vol. 18, no. 4, 557–570.
Elbing, E. (1975): Das Soziogramm der Schulklasse. Diagnostische und Verhalten modifizierende Arbeitsmöglichkeiten. 5., völlig überarbeitete und erweiterte Aufl., München u. a.
Höhn, E. & Seidel, G. (1976): Das Soziogramm. Die Erfassung von Gruppenstrukturen. Eine Einführung für die psychologische und pädagogische Praxis. 4., vollständig neu bearbeitete Aufl., Göttingen u. a.
Jilesen, Martien (1995): Soziologie. Eine Einführung für Erzieherberufe. 5. Aufl. Köln: Stamm Verlag.
Jilesen, M. (2008): Soziologie für die sozialpädagogische Praxis. 7. Aufl., Troisdorf.
Klein-Heßling, J. & Lohaus, A. (2000): Stresspräventionstraining für Kinder im Grundschulalter. 2., erweiterte und aktualisierte Aufl., Göttingen, Bern, Toronto, Seattle.
Köbberling, A. & Schley, W. (2000): Sozialisation und Entwicklung in Integrationsklassen. Untersuchungen zur Evaluation eines Schulversuchs in der Sekundarstufe. Weinheim.
Krappmann, L. (1994): Sozialisation und Entwicklung in der Sozialwelt gleichaltriger Kinder. In: Schneewind, K. A. (Hrsg.): Enzyklopädie der Psychologie – Pädagogische Psychologie. Göttingen, 495–524.
Krappmann, L. & Oswald, H. (1995): Alltag der Schulkinder. Beobachtungen und Analysen von Interaktionen und Sozialbeziehungen. Weinheim, München.
Lazarus, R. S. (1991): Emotion and adaption. London: Oxford University Press, S. 151. In: Schwarzer, Ralf (2000): Stress, Angst und Handlungsregulation. 4., überarb. Stuttgart: Kohlhammer. S. 61 f.
Moreno, J. L. (1934): Who shall service? (dt.: Die Grundlagen der Soziometrie – Wege zur Neuordnung der Gesellschaft 1953, 4. Auflage Leske u. Budrich.
Moreno, J. L. (1954): Die Grundlagen der Soziometrie. Köln, Opladen, Westdeutscher Verlag.
Moreno, J. L. (1975): Stufen der sozialen Entwicklung. In: Elbing, E.: Das Soziogramm der Schulklasse. Diagnostische und Verhalten modifizierende Arbeitsmöglichkeiten. 5., völlig überarbeitete und erweiterte Aufl., München u. a., 60.

Newcomb, A. F. et al. (1993): Children's Peer Relations: A Meta-Analytic Review of Popular Rejected Neglected Controverial and Average Sociometric Status. In: Psychological Bulletin, Vol. 113, No. 1, 99–128.

Oswald, H. & Krappmann, L. (1991): Der Beitrag der Gleichaltrigen zur sozialen Entwicklung von Kindern in der Grundschule. In: Pekrun, R.: Schule und Persönlichkeitsentwicklung. Stuttgart, 201–216.

Oswald, H.; Uhlendorff, H. (2008): Die Gleichaltrigen. In: R. K. Silbereisen u. Hasselhorn (Hrsg.). Enzyklopädie der Psychologie. Themenbereich C: Theorie und Forschung. Serie V: Entwicklung. Band 5: Psychologie des Jugendalters (S. 189–228). Göttingen: Hogrefe.

Petillon, H. (1978): Der ungeliebte Schüler. Braunschweig.

Petillon, H. (1980): Soziale Beziehungen in Schulklassen. Weinheim, Basel.

Petillon, H. (1993): Das Sozialleben des Schulanfängers. Die Schule aus der Sicht des Kindes. Weinheim.

Petillon, H. (2011): Soziales Lernen in der Gruppe gleichaltriger Kinder – Empirische Befunde zu einem zentralen Lernfeld im Unterricht des Primarbereiches. www.uni-landau.de/instbild/Grundschulpaedagogik/Personal/petillon/SOZTEXTVORLESUNG.pdf [26.09.2011].

Rauh, B. (2010): Triade und Gruppe – Ressourcen schulischer Bildung. Eine Studie zur Weiterentwicklung des Verständnisses emotional-sozial bedingter schulischer Probleme und deren Prävention. Baltmannsweiler.

Schwarzer, R. (2000): Stress, Angst und Handlungsregulation. 4., überarbeitete Aufl., Stuttgart.

Seiffge-Krenke, I (2006): Nach PISA. Stress in der Schule und mit den Eltern: Bewältigungskompetenz deutscher Jugendlicher im internationalen Vergleich; mit einer Tabelle. Göttingen.

Spörrle, M. & Strobel M. (2007): Zum Zusammenhang zwischen soziometrischem Status und Aggression: Eine Bestandsaufnahme der aktuellen Forschungslage. In: ZPS, Heft 17, 43–66.

Ulich, K. (2001): Einführung in die Sozialpsychologie der Schule. Weinheim.

Valtin, R. u. Wagner, C. (2004): Der Übergang in die Sekundarstufe I: Psychische Kosten der externen Leistungsdifferenzierung. Psychologie in Erziehung und Unterricht, 51, 52–68.

Von Salisch, M. (2000): Zum Einfluss von Gleichaltrigen (Peers) und Freunden auf die Persönlichkeitsentwicklung. In: Amelang, M. (2000): Determinanten individueller Unterschiede. Göttingen, Bern, Toronto, Seattle, 345–405.

Beurteilen von Verhaltensauffälligkeiten im schulischen Kontext

Andrea Bethge

1 Einleitung

»Kinder und Jugendliche [...], die ein Etikett tragen wie ›verhaltensgestört‹ oder ›verhaltensauffällig‹, haben keine Verhaltensstörung. Sie haben Schwierigkeiten oder machen Schwierigkeiten in der gemeinsamen Daseinsbewältigung, wie es Kobi ausdrückt, und sie benötigen Hilfe« (Schad 2006, 471). Entsprechend erfordert ein professionelles Beurteilen von Verhaltensauffälligkeiten ein »differenziertes Sehen und Verstehen« (vgl. Mutzeck 2007a, 10), das aus Sicht der Verfasserin eine der herausforderndsten Aufgaben der (Sonder-)Pädagogik darstellt. Im Folgenden soll anhand der skeletthaften Rekonstruktion und Analyse des Falles »Julia« die Komplexität des Beurteilens von Verhaltensauffälligkeiten, des Umsetzens eines »differenzierten Sehens und Verstehens« im schulischen Kontext aufgezeigt werden.

Basis bildet die Annahme, dass jeder Mensch »dem Geschehen seiner Außen- und Innenwelt [...] Sinn und Bedeutung gibt« sowie »grundsätzlich (potenziell) fähig [ist – A. B.], sich selbst Ziele zu setzen und die Wege zu deren Erreichung selbst zu finden, zu planen, zu erproben und ggf. zu verändern [...] bei der Wahl zwischen mehreren Möglichkeiten nach verschiedenen Gesichtspunkten abzuwägen, zu entscheiden und die Entscheidung in Handeln umzusetzen oder dieses fallen zu lassen« (Mutzeck 2007b, 66f.). Das schließt ein, dass er »äußere Reize in verschiedenster Weise zu verarbeiten« und darüber hinaus »seine Gedanken und Gefühle sprachlich zu äußern« vermag (vgl. Mutzeck 2007b, 66f.).

Eine festgestellte Verhaltensauffälligkeit ist vor dem Hintergrund der beschriebenen Menschenbildannahme Ausdruck eines momentanen Unvermögens des Kindes oder Jugendlichen, in dieser Situation verhaltensunauffällig zu handeln. Die Zuschreibung einer Verhaltensstörung löst dieses Unvermögen nicht auf. Vielmehr wird das Problem des Kindes oder Jugendlichen »verstärkt und bleibt ungelöst«. Infolgedessen »wird er [der Schüler – A. B.] erneut Versuche zur Lösung seines Problems unternehmen, also weiterhin abweichendes Verhalten zeigen« (Mutzeck 2007a, 13).

2 Wissenschaftliche Rahmung

2.1 Innen- und Außenperspektive

Um Verhalten angemessen und gegenüber dem auffällig erscheinenden Schüler gerecht beurteilen zu können, sollte entsprechend der beschriebenen Menschenbildannahmen immer der aufrichtige Versuch unternommen werden, die »Innensicht« des Schülers kennenzulernen und vorurteilsfrei nachzuvollziehen. Nur indem die »subjektiven Wahrnehmungsweisen, Ursachenzuschreibungen, Sinngebungen, emotionale[n] Befindlichkeiten, Entscheidungskriterien, Ziel- und Wertvorstellungen, Planungsaspekte etc.« (Mutzeck 2007b, 67), die »subjektive, psychologische Welt- und Selbstsicht« sowie die »handlungsleitenden Phänomene« (vgl. Mutzeck 2007b, 69) expliziert werden, lässt sich Handeln verstehen. Ein außenstehender Beobachter kann das Handeln eines anderen wohl aus seiner Perspektive heraus interpretieren; »der Handelnde selbst jedoch kann, soweit er sich der Inhalte seiner mentalen Prozesse bewusst ist, Auskunft über sie geben« (Mutzeck 1998, 245). Unabhängig davon, wie unlogisch Handeln aus der Außenperspektive wirkt – aus der Innensicht stellt es immer eine logische Handlungsfolge dar (vgl. Mutzeck 1998, 250).

Seine Innensicht kennt allein jeder Mensch selbst. Insofern erfordern das Kennenlernen und der Versuch des Nachvollziehens der Innensicht, dass der Beurteilende in einen Dialog mit dem Zu-Beurteilenden tritt. Vorzugsweise eignet sich ein Gespräch in einer von Vertrauen getragenen Gesprächsatmosphäre.

2.2 Bedeutung des Bedingungsgefüges für das Entstehen von Verhaltensauffälligkeiten

Verhalten dürfe, will man es verstehen, niemals isoliert betrachtet werden (vgl. Mutzeck 2007a, 15). »Persönliche Eigenheiten, individuelle Verhaltensweisen sind interaktionsbedingt« (Schulz von Thun 1993, 83). Die beobachteten Verhaltensauffälligkeiten haben »sicher ›etwas‹ mit den je individuellen Kindern und Jugendlichen zu tun«, sind aber »keineswegs unabhängig von einem bestimmten Umfeld, bestimmten Situationen und insbesondere bestimmten anderen involvierten Personen« (Schad & Stein 2006, 429). Verhaltensstörung ist folglich keine Eigenschaft eines Menschen. Vielmehr ist jedes Verhalten eines Menschen in einem »Bedingungsgefüge unterschiedlicher Faktoren« zu sehen (vgl. Mutzeck 2007a, 15). Für den Unterricht nennt Mutzeck Mitschüler, Lernbedingungen, Stoff, Methode und Lehrer (vgl. Mutzeck 2007a, 15). Über die speziell schulischen Faktoren hinaus können außerschulische Faktoren wie u. a. sozio-ökonomische Faktoren, biologische Faktoren, Familie etc. zur Entstehung und Aufrechterhaltung einer Verhaltensstörung beitragen (vgl. Mutzeck 2007a, 17). Besonders große Bedeutung kommen dem »Verhalten der engeren Bezugspersonen« (Mutzeck 2007a, 15) sowie dem »Verlust oder Hinzukommen einer engen Bezugsperson durch Tod, Scheidung, erneute Partnerwahl, Umzug, Lehrerwechsel« (Mutzeck 2007a, 17) zu.

Die unterschiedlichen Faktoren stehen »oft noch untereinander in Interaktion«, sodass »das Verhalten eines Schülers ein individuell zu erfassender Aktions- und Reaktionszusammenhang ist« (Mutzeck 2007a, 16).

2.3 Bedeutung des Bedingungsgefüges für das Beurteilen von Verhaltensauffälligkeiten

Mutzeck fordert vom Erzieher zu »versuchen«, die »komplexe Kausalität mit ihren zahlreichen Bedingungsfaktoren« für das Zustandekommen von Verhaltensauffälligkeiten »in seinem Beurteilen und Handeln« zu berücksichtigen (vgl. Mutzeck 2007a, 16). Doch ebenso wie der Schüler agiert auch der (be)urteilende Pädagoge in einem komplexen Bedingungsgefüge, das sich u.a. aus kulturellen Mustern und gesellschaftlichen Erwartungen, aus Alltagstheorien wie »Menschen wachsen an Kritik« oder »Strafe muss sein«, aus Faktoren wie Verwaltungsvorschriften (Schulordnung, Schulgesetz), schuleigenen Normen (Schulordnung) und schuleigenen Erwartungen (Schulkonzept) und nicht zuletzt eigenen physischen und psychischen Befindlichkeiten konstituiert.

Mutzeck schreibt: »Die Wahrnehmung und Klassifikation von Verhaltensstörungen hängen insbesondere von den *Normen* der Institutionen und den *Zielvorstellungen* des Lehrers allgemein und in der jeweiligen Situation ab« (Mutzeck 2007a, 13). Mutzeck verweist auf »indirekte mitbestimmende Ursachen« für das Entstehen einer Verhaltensstörung. »Dazu gehören Faktoren der äußeren Schulbedingungen (Gebäude, Lage, Richtlinien, Verordnungen etc.) und der inneren Schulbedingungen (Organisation von Lernbedingungen, Klima im Kollegium etc.)« (Mutzeck 2007a, 17). Diese Faktoren können aus Sicht der Verfasserin als eher das Handeln des Urteilenden als das Verhalten des Schülers beeinflussend angesehen werden.

Darüber hinaus betrachten Schad & Stein den bei der Beurteilung angelegten Maßstab als häufig nicht bewusst. »Verhaltensstörung oder Verhaltensauffälligkeit« seien in diesem Sinne »relative Begriffe« (vgl. Schad & Stein 2006, 440).

Oft allerdings werden (Sonder-)Pädagogen – in einem gewissen Widerspruch zu anderen, allgemein und öffentlich getroffenen Aussagen – ausschließlich als Professionelle betrachtet, die einzig und allein entsprechend ihres Berufsethos rational und objektiv urteilen. Die alltäglichen Geschichten aus der Schule offenbaren aber, dass auch der professionellste Pädagoge ein Mensch ist, der seine Entscheidungen in einem bestimmten Bedingungsgefüge trifft und mithin nicht grundsätzlich anders beschaffen ist als jene, die er zu beurteilen hat.

2.4 Unterscheiden als Basis professionellen Beurteilens

Professionelles Beurteilen verlangt neben dem Einbeziehen des Kontextes und der Innensicht des Handelnden die Fähigkeiten zum *genauen, differenzierten Beobachten*, zum *Trennen von Beobachtung und Urteil* und zum *sprachlichen Formulieren differenzierter Urteile und Diagnosen*.

Etwas beobachten bedeutet, etwas von etwas anderem zu unterscheiden und das Unterschiedene zu bezeichnen. Dafür stehen stets mehrere Möglichkeiten zur Verfügung (vgl. Wernig 2003, 127). So lässt sich über ein Kind sagen, es habe ADHS oder es störe ständig den Unterricht oder es stehe dauernd von seinem Platz auf oder es sei in der vergangenen Unterrichtsstunde fünfmal unvermutet von seinem Platz aufgesprungen oder es hat zehn Minuten auf seinem Platz durchgehalten. Es macht sowohl für das Kind als auch für den Beobachter einen Unterschied, welche Unterscheidung und welche Beschreibung des Verhaltens der Beobachter wählt, denn mit dem Akt des Bezeichnens der Unterscheidung wird zugleich der Fokus auf jene Seite der Unterscheidung gelenkt, die bezeichnet wird (vgl. Balgo 2003, 90 f.). Im Kontext des Beurteilens von Verhaltensauffälligkeiten ist dies fast immer das problematische Verhalten. (Sonder-)Pädagogen lenken die Aufmerksamkeit faktisch auf das problematische Verhalten, wenn sie Schüler als verhaltensauffällig etikettieren. Sie tragen damit indirekt zur Aufrechterhaltung der Verhaltensauffälligkeit bei, zumal sie dem Schüler so begegnen, ihn so behandeln werden, wie es der von ihnen vorgenommenen Etikettierung entspricht.

Darüber hinaus können Unterscheidungen selbst unterschieden werden – in jene, die geeignet sind, dauerhaft – statisch – zu etikettieren, und jene, die sich als vorübergehend – dynamisch – ausweisen. Während erstere den Zu-Beurteilenden aus einer Bezugsgruppe heraus unterscheiden oder in Bezug auf statistische Erwartungen beurteilen, beziehen vorübergehende Unterscheidungen die Situation des Zu-Beurteilenden ein und orientieren sich an einem Vorher-Nachher in dessen Entwicklung.

Eine solche Etikettierung beinhaltet die Gefahr, blind für positive Veränderungen zu werden. »Das ursprüngliche Problem des Schülers wird somit verstärkt« (Mutzeck 2007a, 13). Aber auch der Beurteilende kann sich – aufgrund der kommunikativen Nichtanschlussfähigkeit von »nicht« (vgl. u.a. Wernig 2003, 124) oder aus Respekt vor der von ihm vorgenommenen Beurteilung – als hilflos erleben, weil er der Mächtigkeit des Etiketts nichts entgegenzusetzen vermag.

Wesentlich hilfreicher wäre es, in der im Ergebnis der Unterscheidung vorgenommenen Bezeichnung auf das Verhalten zu verweisen, das entwickelt werden soll (vgl. u.a. Wernig 2003, 124). Eine von den Stärken ausgehende und an Ressourcen anknüpfende Sonderpädagogik verlangt dies ohnehin.

3 Der Fall »Julia«

3.1 Die Vorgeschichte

Ich lernte Julia kennen, weil sich Lehrer, Eltern und Schüler ihrer Klasse einig waren, dass mit Julia kein Unterricht möglich sei. Unter anderem komme sie ständig zu spät, besitze keine Arbeitsmaterialien und störe ständig den Unterricht. Überdies sei die Klasse auch ohne Julia »schlimm genug«.

So wurde für Julia acht Wochen vor Schuljahresende ein gesonderter Plan erstellt. Dieser Plan enthielt neben den Unterrichtsfächern feste Zeiten für »Beratung«. Ich traf Julia also einmal wöchentlich, um »sie zu beraten«.

Zum ersten Gespräch wurde Julia von einem Lehrer der Klasse gebracht. Beim Verabschieden schaute er mich fast ein bisschen mitleidig an und vollführte die Geste des Daumendrückens. Weshalb drückte er mir die Daumen? Hätte er sie nicht Julia drücken müssen?

Julia und ich tasten uns aneinander heran und arbeiten hart. Ich frage sie nach ihren Zukunftsplänen. Julia will einen Schulabschluss schaffen. Sie glaubt, dass sie dieses Ziel erreichen kann und entwickelt auch recht konkrete Vorstellungen darüber, was sie dafür tun muss.

Zu allen folgenden Gesprächsterminen erscheint Julia pünktlich und wird zunehmend aufgeschlossener und gesprächiger.

Während Julia hart an sich arbeitet, kommt von der Klassenführung das Signal, dass ohne Julia alles viel besser ginge. In der Klasse könne wieder unterrichtet und gelernt werden. So kehrt Julia in jenem Schuljahr nicht mehr in die Klasse zurück.

3.2 Verhalten beurteilen

Im darauffolgenden Schuljahr werde ich eine der beiden neuen Klassenlehrerinnen der Klasse.

Der neue Klassensprecher verkündet, dass sie eine ordentliche Klasse werden wollen. Julia strahlt mich förmlich an und kommt jeden Tag pünktlich.

In Vorbereitung des Förderplangespräches bitte ich die Schüler, sich mittels eines Fragebogens selbst einschätzen. Julia überlegt bei jeder Aussage lange. Kein Kreuz scheint sie leichtfertig zu setzen. Auf der Skala, die zu der Aussage »Ich werde schnell wütend« gehört, setzt Julia kein Kreuz. Im Förderplangespräch erklärt sie uns: »Die Skala hat nicht gereicht.« Ich berichte einigen Kolleginnen von dem fehlenden Kreuz, von Julias Erklärung und auch von der Konzentration, mit der sie die Kreuze gesetzt hat. Ich interpretiere es als Signal, dass Julia einen neuen, ehrlichen Anfang will. Eine Kollegin entgegnet: »Sie hat nicht angekreuzt, wie sie ist, sondern wie sie sein will. Damit kann keiner was anfangen.«

Im Unterricht selbst zeigt Julia ein wechselhaftes Verhalten. Oft beginnt sie mit glühendem Gesicht zu arbeiten. Doch gelingt es ihr nicht, einen Anfang zu finden, oder sind die Ergebnisse für sie unbefriedigend, schlägt ihr Verhalten schnell um.

Auf der Klassenkonferenz weist meine Kollegin darauf hin, dass Julia in diesem Jahr jeden Tag pünktlich gewesen ist. Einige Fachlehrerinnen reagieren wie folgt: »Das ist mir gar nicht aufgefallen.« »Das ist ja wohl das mindeste.« »Dafür will sie wohl noch gelobt werden.« Die anderen schweigen.

3.3 Eskalation

Als ich an einem Mittwoch Ende November die Schule betrete, werde ich fast unmittelbar an der Tür von Frau M, Fachlehrerin in der Klasse, abgefangen: »Jetzt langt's. Julia muss weg.«

Wir stehen auf dem Flur und ich versuche zu verstehen. Um uns herum hasten Schüler und Pädagogen vorbei. Ich habe meine Jacke noch an, meine Tasche in der Hand, komme direkt von meiner Lehrtätigkeit an der Universität. Ich ersehne die Pause, um meine Grundbedürfnisse zu befriedigen.

Vor meinem geistigen Auge erscheinen Momente der ersten Monate dieses Schuljahres: Zuerst fällt mir ein, wie vertieft Julia in der letzten Mathematikstunde gearbeitet hat. Dann fällt mir ihre Pünktlichkeit ein. Dann: Sie grüßt, meistens. Sie versucht, ihre Hausaufgaben zu erledigen und ihre Schulsachen mitzubringen. Letztere befinden sich nicht immer in dem Zustand, in dem sie sich befinden sollten. Und die Hausaufgaben sind bei Weitem nicht immer angefertigt.

Julia schlägt nicht mehr und zeigt sich bestrebt, in einer kulturell akzeptierten Art und Weise Kontakt zu Lehrern und Mitschülern aufzunehmen. Auch das gelingt ihr keineswegs immer. Sie fragt und antwortet. Sie hat gelernt zu ertragen, wenn jemand neben ihr sitzt. Während ich meinen Gedanken nachhänge und mir vergegenwärtige, wie toll sich Julia entwickelt hat, wiederholt Frau M ihre Forderung: »Die muss weg. Sofort. Sie hat Frau X vor der ganzen Klasse beschimpft. Was die sich rausnimmt. Zu einer Lehrerin ›alte Hure‹ zu sagen.«

Wir stehen immer noch auf dem Flur. Ich habe die Jacke noch an, die Tasche noch in der Hand. Ich überlege, ob ich artikulieren sollte, was mir durch den Kopf geht. Letztlich verspreche ich nur, mich »noch heute« zu kümmern. Wir trennen uns.

Es klingelt zur Stunde.

Später sehe ich Julia. Sie streitet nichts ab, fügt nichts hinzu. Sie ist bereit, zu einem Gespräch mit mir und Frau X zu kommen. Darüber bin ich so erleichtert, dass ich nicht weiter über das Gespräch und die möglichen Erwartungen ihrerseits daran nachdenke. Ich organisiere für die Mittagspause einen Raum. Julia, die Kollegin, mit der ich mir die Klassenführung teile, Frau M und ich warten vor dem Raum, bis Frau X eintrifft. Es sei nicht früher gegangen. Als wir alle endlich sitzen, bleiben uns knapp zehn Minuten bis zum nächsten Stundenklingeln. Ich verlange unumwunden von Julia, dass sie sich bei Frau X für ihre Äußerung entschuldigt. Julia schweigt. Ich wiederhole meine Bitte. Julia schweigt. Aus der Bitte wird eine Forderung, später fast eine Drohung. Julia, die recht entspannt in den Raum kam, wirkt zunehmend verschlossener. Schließlich verlässt sie – mehr oder weniger mitten im Gespräch – den Raum, ohne sich bei Frau X entschuldigt zu haben.

Frau X verlässt den Raum, ohne etwas gesagt zu haben.

Frau M quittiert die Situation lediglich mit einem Schulterzucken, einem Blick der Art: »Habe ich es nicht gesagt?« Laut sagt sie: »Es langt. Die muss weg. Sofort.«

Die Kollegin, mit der ich mir die Klassenführung teile, schaut mich hilflos an und schweigt.

3.4 Fortgang des Geschehens

Am nächsten Tag kommt Julia – das erste Mal in diesem Schuljahr – zwei Stunden zu spät. Auch am übernächsten Tag kommt Julia wenige Minuten zu spät. Auch nach den Ferien zum Jahreswechsel kommt Julia zu spät. Sie erzählt, dass vor der Schule eine Leiche gelegen habe. Keiner glaubt ihr. Am nächsten Tag steht es in der Zeitung. Niemand spricht Julia darauf an.

Julia raucht auf dem Schulhof. Sie sagt, sie müsse es tun, weil sie eine Wette laufen habe. Ich sage, dass sie mir keine Geschichten erzählen und stattdessen die Zigarette ausmachen solle. Da sieht sie mich an und sagt: »Sie sind auch so eine Geschichte, eine richtige Lügengeschichte.«

Während wir auf dem Flur stehen, kommt ein als autistisch beschriebener Mitschüler von Julia vorbei: »Mit Julia schaffen wir es nie, eine ordentliche Klasse zu werden.«

3.5 Verstehen

Obgleich der Fall Julia nur auszugsweise rekonstruiert wurde, offenbart sich die Komplexität des Beurteilens von Verhaltensauffälligkeiten im schulischen Kontext.

Das Gespräch in der Mittagspause weist mehrere Aspekte auf, die es wert sind, genauer betrachtet zu werden.

Julias spontane Bereitschaft, sich auf das Gespräch einzulassen, zeigt ihre Erwartungen und Hoffnungen. Mutzeck verweist auf die Bedeutung des »Verhaltens der engeren Bezugspersonen« (s. o.; Mutzeck 2007a, 15). Ich war für Julia eine solche. Vermutlich fühlte sich Julia durch das Wissen, dass ich das Gespräch leiten würde, sicher. Sehr wahrscheinlich war sie davon ausgegangen, dass ich ihr Gelegenheit geben würde, sich zu den ihr gegenüber erhobenen Anschuldigungen zu äußern, also ihre »Innensicht«, ihre »Wahrnehmungsweisen, Ursachenzuschreibungen, Sinngebungen, emotionale[n] Befindlichkeiten« (vgl. Mutzeck 2007b, 67), ihre »psychologische Welt- und Selbstsicht« (vgl. Mutzeck 2007b, 69) darzulegen. Sie hatte sehr wahrscheinlich erwartet, dass ich versuchen würde, ihre Sichtweise zu verstehen, denn jedes Handeln stellt wie beschrieben aus der Innensicht eine logische Handlungsfolge dar.

Wie sicher sie sich dessen war, offenbart sich in ihrer später getätigten Äußerung, dass ich »eine richtige Lügengeschichte« sei.

Diese Äußerung Julias ist – ebenso wie die Aussage über meine Kollegin – als ein solcher, von Mutzeck beschriebener individuell zu erfassender Aktions- und Reaktionszusammenhang zu betrachten (vgl. Mutzeck 2007a, 15 ff.). Lässt man das von Mutzeck beschriebene »Bedingungsgefüge unterschiedlicher Faktoren« außer Acht und betrachtet Julias Aussagen isoliert, besteht die Gefahr, Julias Verhalten ein weiteres Mal vorschnell und einseitig zu beurteilen. Eine differenzierte und gerechte Beurteilung verlangt, die Aussage Julias in ihrem Entstehungszusammenhang zu betrachten. Wie zeitlich weit dieser Entstehungszusammenhang gefasst sein kann, offenbart sich in der Äußerung der »Lügengeschichte«. Julia war vermutlich auch nach dem Gespräch noch sicher gewesen, dass ich ihre Innensicht erfragen würde. Vielleicht hatte sie die ungünstigen Gesprächsbedingungen wahrgenommen; schließlich verfügte sie durch die Beratungsgespräche über einen Vergleich. Eine so große zeitliche Distanz zwischen auffälligem Verhalten und auslösenden Faktoren ist eher die Ausnahme. Sie zeigt aber, dass Verstehen zusätzlich voraussetzt, sich an das eigene Handeln erinnern zu wollen und es kritisch zu reflektieren.

Auch der Rückfall in die alte Verhaltensweise des Zuspätkommens kann als Aufforderung oder Bitte vonseiten Julias, sie doch noch nach ihrer Sichtweise zu fragen, interpretiert werden. Ich hatte diese Verhaltensweise als Absage an unsere Beziehung interpretiert. [Auf die Frage, warum sie zu spät komme, antwortete Julia stets, dass es ihr einfach schwer fiele, aufzustehen. Mit dieser Antwort bleibt die Konstruktion eines Zusammenhangs zwischen dem erneuten Zuspätkommen und dem für Julia enttäuschenden Ausgang des Gespräches meine Hypothese.]

Das Explizieren der Innensicht gelingt am besten in einer vertrauensvollen Gesprächsatmosphäre. Hätte es diese Gesprächsatmosphäre gegeben, hätte Julia vermutlich erzählt, dass der Klassensprecher Frau X von ihrem Vorhaben, eine ordentliche Klasse zu werden, erzählt und Frau X darauf geantwortet hatte: »Mit Julia schafft ihr das nie.« Vielleicht hätte sie hinzugefügt, dass es alle gehört hatten.

Prinzipiell hätte es auch die Möglichkeit gegeben, den Kontext von Julias Äußerung vor dem Gespräch anderweitig in Erfahrung zu bringen. Vor dem Hintergrund der beschriebenen Menschenbildannahme wäre das dringend geboten gewesen. Der Kontext der Beurteilungssituation wurde von mir jedoch so erlebt, dass ich hierfür keine Realisierungsmöglichkeit sah. Hinzu kam meine eigene, in dieser Situation wenig hilfreiche Innensicht: Ich glaubte zu wissen, wie die Kolleginnen über Julia denken und welche Erwartungen sie an Schülerverhalten hegen. Eine Bitte um Entschuldigung schien mir das einfachste Mittel, die Diskussion um einen Schulausschluss Julias zu beenden, einen solchen zu verhindern. Indirekt fühlte sich Julia aber vermutlich durch meine ausbleibende Frage nach ihrer Innensicht in dem Sinne vorverurteilt, dass ich ihr offensichtlich zutraute, sich grundlos verhaltensauffällig zu benehmen.

Ein anderer Aspekt, der es wert ist, genauer betrachtet zu werden, ist der Hinweis während der Klassenkonferenz auf das pünktliche Erscheinen Julias und die Reaktionen der Fachlehrerinnen. Fast alle Lehrerinnen unterrichten das vierte Jahr in der Klasse. Ihre in den vergangenen Jahren gefällten Urteile über Julia und die Klasse behinderten sie hinsichtlich einer differenzierteren Wahrnehmung und hilfreicheren Unterscheidungen, in einer Anerkennung von Ansatzen positiver Veränderungen.

Etikettierungen führen dazu, dass man denjenigen entsprechend des verliehenen Etiketts behandelt. Infolgedessen konnten die Fachlehrerinnen für Julia keine Unterstützung sein und erlebten sich selbst – auch infolgedessen – als wenig oder nicht erfolgreich in ihrer Arbeit. Vorher-nachher-Unterscheidungen hätten es erlaubt, die von Julia vollbrachten Veränderungen wahrzunehmen. Dies hätte eine sowohl für die Fachlehrerinnen als auch für Julia hilfreichere Beurteilung ihres Verhaltens möglich gemacht, in deren Folge sich alle Beteiligten als erfolgreich in ihren Bemühungen hätten erleben können.

Die Episode über den Leichenfund unterstreicht die Etikettierung Julias. Indem niemand, dem Julia die Geschichte erzählte, ihr glaubte und sie im Nachhinein niemand für seine Zweifel um Verzeihung bat, wird Julia indirekt als jemand gesehen, bei dem das Zuhören nicht lohnt.

3.6 Ausblick

Julias Fall zeigt, wie komplex sich Beurteilen von Verhaltensauffälligkeiten im schulischen Kontext gestaltet und wie notwendig ein »differenziertes Sehen und Verstehen« einschließlich des Einholens der Innensicht des Zu-Beurteilenden ist. Darüber hinaus wird deutlich, dass es in dem konkreten »Bedingungsgefüge« schulischer Alltag (u. a. viele beteiligte Kollegen, im Laufe der Jahre verfestigte Urteile) nicht ausreicht, wenn ein oder zwei Pädagogen positive Entwicklungen bei einem Schüler beobachten. Hilfreich wäre es für alle Beteiligten vermutlich gewesen, wenn die in der Klasse tätigen Kolleginnen in einer kollegialen Fallberatung oder einer Supervision ihre jeweiligen Innensichten und ihre Beurteilungsmaßstäbe, eben ihre »subjektiven Wahrnehmungsweisen, Ursachenzuschreibungen, Sinngebungen, emotionale[n] Befindlichkeiten, Entscheidungskriterien, Ziel- und Wertvorstellungen, Planungsaspekte etc.« (Mutzeck 2007b, 67) für das Verhalten expliziert hätten.

Und nicht zuletzt wird deutlich, dass geschenktes Vertrauen stets an Erwartungen und Hoffnungen geknüpft ist. Es wäre für alle nützlicher gewesen, »dem abweichenden Verhalten mit Toleranz oder einfühlender Hilfestellung zu begegnen«, statt mit »negative[r] Etikettierung (Stigmatisierung)« (vgl. Mutzeck 2007a, 13).

Literatur

Balgo, R. (2003): Ansätze einer systemischen Theorie der Beobachtung sonderpädagogischen Beobachtens von »Lernbehinderung«. In: Balgo, R. & Werning, R. (2003): Lernen und Lernprobleme im systemischen Diskurs. Dortmund, 89–114.
Bundschuh, K. (2007): Förderdiagnostik konkret. Theoretische und praktische Implikationen für die Förderschwerpunkte Lernen, geistige, emotionale und soziale Entwicklung. Bad Heilbrunn.
Combe, A. & Helsper, W. (1994): Was geschieht im Klassenzimmer? Perspektiven einer hermeneutischen Schul- und Unterrichtsforschung. Zur Konzeptionalisierung der Pädagogik als Handlungstheorie. Weinheim.
Mutzeck, W. (1998): Förderdiagnostik bei Kindern und Jugendlichen mit Verhaltensstörungen. In: Mutzeck, W. (Hrsg.): Förderdiagnostik bei Lern- und Verhaltensstörungen. Konzepte und Methoden. Weinheim, 243–267.
Mutzeck, W. (2007a): Sehen und Verstehen von Verhaltensstörungen. In: Mutzeck, W., Pallasch, W. & Popp, K. (Hrsg.): Integration von Schülern mit Verhaltensstörungen. Grundlagen, Modelle, Praxiserfahrungen. 6., überarbeitete Aufl., Weinheim, 10–22.

Mutzeck, W. (2007 b): Schwierige Situationen im Berufsalltag und Wege ihrer Bewältigung. In: Mutzeck, W., Pallasch, W. & Popp, K. (Hrsg.): Integration von Schülern mit Verhaltensstörungen. Grundlagen, Modelle, Praxiserfahrungen. 6., überarbeitete Aufl., Weinheim, 64–86.

Schulz von Thun, F. (1993): Miteinander reden. Band 1, Störungen und Klärungen. Allgemeine Psychologie der Kommunikation. Reinbek bei Hamburg.

Schad, G. (2006): Didaktik im Kontext von Verhaltensstörungen. In: Ellinger, S. & Stein, R. (Hrsg.): Grundstudium Sonderpädagogik. 2., überarbeitete und erweiterte Aufl., Oberhausen, 468–488.

Schad, G. & Stein, R. (2006): Einführung in die Pädagogik bei Verhaltensstörungen. In: Ellinger, S. & Stein, R. (Hrsg.): Grundstudium Sonderpädagogik. 2., überarbeitete und erweiterte Aufl., Oberhausen, 428–450.

Werning, R. (2003): Integration zwischen Überforderung und Innovation – Eine systemisch-konstruktivistische Perspektive. In: Balgo, R. & Werning, R.: Lernen und Lernprobleme im systemischen Diskurs. Dortmund, 115–129.

Lehreraufgaben konkret

– *Fördern*

Evidenzbasierte Förderung emotional-sozialer Kompetenzen zur Prävention

Thomas Hennemann

Betrachtet man die aktuelle politische und fachwissenschaftliche Diskussion zur Inklusion insbesondere von Kindern und Jugendlichen unter erhöhten emotional-sozialen und kognitiven Risiken, so wird die Frage nach einer konkreten und effektiven Förderung emotionaler und sozialer Kompetenzen zur Vermeidung bzw. Verminderung von Verhaltensstörungen dringlicher gestellt denn je. Der Umgang mit Kindern und Jugendlichen mit einer Verhaltensstörung gehört für viele Pädagogen zu den größten beruflichen Herausforderungen in (vor-)schulischen und außerschulischen Institutionen. Dabei wird nach internationalen und nationalen Einschätzungen von einer Prävalenzrate von 3,5 – 19 % aller Grundschüler ausgegangen, die Verhaltensstörungen aufweisen (vgl. Scheithauer, Mehren & Petermann 2003; Döpfner 2003; Hölling et al. 2007). Umfangreiche internationale Untersuchungen, etwa von Lahey et al. (1999) oder Ihle et al. (2000), gehen von 10 – 20 % aller Kinder und Jugendlichen aus, bei denen Verhaltensstörungen vorliegen, die auch schon durchaus im Vorschulalter festgestellt werden (vgl. Beelmann & Raabe 2007). Auch konservative Schätzungen gehen davon aus, dass ca. 5 % aller Kinder und Jugendlichen aufgrund einer vorliegenden psychischen Störung als dringend behandlungsbedürftig einzuschätzen sind (vgl. Ihle & Esser 2008). Epidemiologische Längsschnittstudien zeigen relativ übereinstimmend Persistenzraten von ca. 50 % auf, wobei externalisierende Formen wie aggressiv-dissoziales Verhalten und ADHS, die bereits im Kindesalter beginnen, die ungünstigsten Verläufe aufweisen (vgl. Ihle & Esser 2008). Zudem weisen auch hohe Komorbiditätsraten etwa von Verhaltensstörungen mit Lernstörungen von bis zu 50 % (vgl. Klauer & Lauth 1997) auf eine Verschärfung der Problematik hin, auf die besonders die (Sonder-)Pädagogik professionelle Antworten auch im Rahmen eines inklusiven Bildungssystems finden muss. Auch vor diesem Hintergrund erhält ein frühzeitiges, unterstützendes Eingreifen und gezieltes Fördern eine immense Bedeutung: Die gezielte frühzeitige, präventive Förderung emotional-sozialer Kompetenzen ist alternativlos, wenn man nicht die individuell und gesellschaftspolitisch gleichermaßen gravierenden Konsequenzen sich verstetigender und kumulierender Risikokonstellationen in Kauf nehmen will, wie zahlreiche Längsschnittstudien dies eindeutig belegen (vgl. Beelmann & Raabe 2007; Laucht, Esser & Schmidt 1997; Masten 2001; Hair et al. 2006). Sowohl wissenschaftlich als auch politisch und ökonomisch nimmt daher die Forderung nach geeigneten Präventionsmaßnahmen, die sich an empirischen und zugleich theoretischen Qualitätskriterien orientieren, zu (vgl. Beelmann & Raabe 2007; Ihle & Esser 2008; Goetze 2001), da sie als kostengünstige Alternative gelten, die zu einem frühzeitigen Zeitpunkt Einfluss auf die kindliche Entwicklung nehmen und somit komplexere Problemkonstellationen, wie sie häufig im Jugendalter bei dissozialem

Verhalten auftreten, verhindern können. Eine effektive, zielgruppenspezifische Präventionsarbeit im Bereich der (vor-)schulischen Erziehungshilfe ist unabdingbar an theoretische und empirisch abgesicherte Erkenntnisse der Entwicklungspsychologie sowie an Ergebnisse der Resilienzforschung gebunden. Insgesamt ergibt sich daher für die Pädagogik im Allgemeinen und für die Sonderpädagogik im Speziellen ein wesentlicher präventiver Auftrag (vgl. Hartke 2005; Goetze 2001; Hillenbrand 2006). Dieser frühzeitige Präventionsauftrag für alle an der Entwicklung von Kindern und Jugendlichen Beteiligten wird auch durch die KMK (2000) dringend empfohlen: »Durch vorbeugende Maßnahmen können die Verfestigung sozial unangemessener Handlungsmuster frühzeitig verhindert, erwünschte angebahnt und dadurch die schulische Entwicklung positiv beeinflusst werden« (KMK 2000, 344). Der vorliegende Beitrag bietet einen Überblick über wirksame Präventionsmaßnahmen zur gezielten Förderung emotional-sozialer Kompetenzen im schulischen Kontext an.

1 Überblick über Ergebnisse der Präventionsforschung

Umfangreiche Metaanalysen bestätigen eine generelle Wirksamkeit von theoretisch gut fundierten und gleichzeitig entwicklungsorientierten Präventionsprogrammen mit einer kleinen Effektstärke (vgl. Lösel & Beelmann 2003; Wilson, Lipsey & Derzon 2003; Wilson & Lipsey 2007; Durlak et al. 2011). Dabei reduzieren wirksame Präventionsprogramme auch das Niveau externalisierender Störungen und zeigen ihre Wirkung also auch als Intervention (vgl. Wilson, Lipsey & Derzon 2003). In der Metaanalyse von Lösel & Beelmann (2003) wurde die Wirksamkeit von 84 Präventions- und Interventionsprogrammen bei Verhaltensstörungen, die 135 unterschiedliche Maßnahmen umfassen (N = 16 723), evaluiert. Die Ergebnisse der Metaanalyse von Lösel & Beelmann (2003) verdeutlichen, dass die höchsten Effekte bei intensiven (längerfristigen) kognitiv-behavioralen Interventionen bei Kindern im Alter von 4 bis 6 Jahren erzielt wurden. Wirksame präventive Förderung setzt nach den vorliegenden Metaanalysen insbesondere als kindorientierte Prävention in der Altersgruppe 4 bis 7 Jahre ein, arbeitet intensiv und nutzt Verfahren, die kognitive und verhaltensorientierte Maßnahmen kombinieren (vgl. Beelmann 2006; Lösel & Beelmann 2003; Wilson, Lipsey & Derzon 2003). Eine Auswertung der Effektstärken nach problemorientierten Maßen und Maßen sozialer Kompetenz zeigte kleine Effektstärken (d = 0,29) in dissozialen Verhaltensmaßen, deutlich höhere Effektstärken im Bereich sozialer Kompetenzmaße (d = 0,43) (Lösel & Beelmann 2003; Beelmann 2006). Eine Unterscheidung der Effektstärken nach weiteren Erfolgskriterien ergab die höchsten Effektstärken bei sozial-kognitiven Erfolgskriterien (z. B. sozial angemessenes Problemlösen), gefolgt von Veränderungen im Bereich der Verhaltenskompetenzen und der sozialen Anpassung (Soziometrie, Einschätzungen zu Verhaltensproblemen). In der aktuellen Metaanalyse von Durlak et al. (2011) wurden insgesamt 213 schulbasierte universell-präventive Programme zur Förderung emotional-sozialer Kompetenzen (SEL) analysiert. Im Vergleich zur Kontrollgruppe zeigen sich in dieser Metaanalyse neben einem generellen positiven Effekt auf die sozial-emotionalen Kompetenzbereiche auch wichtige signifikante Verbesserungen in akademischen Lernerfolgen. Nach der Bewertung der vorliegenden Metaanalysen sind Effekte von einer drittel bis einer halben Standardabweichung bei universellen Präventionsprogrammen zu erwarten, was immerhin einer Verbesserungsrate von 15–25 % entspricht (Beelmann 2006).

2 Effektives Classroom Management als zentrale Wirkvariable für die erfolgreiche Implementation von Präventionsprogrammen

Zahlreiche internationale Studien belegen, dass Schüler in Klassen mit gelingendem Classroom Management in ihrem Lernen wie auch in ihrer sozial-emotionalen Entwicklung profitieren (Helmke 2009; Wilson, Lipsey & Derzon 2003) und Lehrkräfte unter einem geringeren Maß an Unterrichts- und Verhaltensstörungen leiden (Evertson & Weinstein 2006). Zudem steht ihnen erheblich mehr Zeit für den eigentlichen Unterricht zur Verfügung. Kein anderes Merkmal ist so eindeutig und konsistent mit dem Leistungsniveau und dem Lernfortschritt von Schulklassen verknüpft wie die Klassenführung (Brophy 2006; Einsiedler 1997; Emmer & Stough 2001; Walberg & Paik 2000). Die Klassenführung erweist sich zudem als eine der effektivsten Methode zur Intervention bei externalisierenden Störungen von Schülern. Neben einer Betonung wirkungsvoller individuumsbezogener Fördermaßnahmen belegen insbesondere anspruchsvolle Metaanalysen (Wilson, Gottfredson & Najaka 2001; Wilson, Lipsey & Derzon 2003; Wilson & Lipsey 2007) die hohe Wirksamkeit ökologischer Programme, die das Setting, insbesondere den Unterricht und seinen Kontext, verändern. In einer Metaanalyse berechneten Wilson, Lipsey & Derzon (2003) die Effektivität unterschiedlicher schulbasierter Interventionsprogramme bei aggressivem Verhalten. Dabei kamen sie zu dem Ergebnis, dass Classroom-Management-Ansätze mit einer Effektstärke von d =.43 im Vergleich zu sozial-kognitiven Präventionsprogrammen, multimethodalen Ansätzen oder Peer-Mediationsansätzen die höchste Effektstärke erzielt. In der Berechnung der praktischen Bedeutung weisen sie nach, dass durch solch effektive Maßnahmen die Wahrscheinlichkeit des Auftretens massiver aggressiver Störungen um mehr als die Hälfte reduziert wird (Wilson, Lipsey & Derzon 2003, 147). Maßnahmen auf der Basis effektiven Classroom Managements stellen von insgesamt 221 Studien die wirksamste schulbasierte Intervention bei aggressivem Verhalten dar. Differenzierter und konkreter formulieren Evertson & Emmer

(2009) sowie Helmke (2009) Prinzipien effektiver Klassenführung und unterscheiden dabei in proaktive und reaktive Kriterien:

Proaktive Kriterien: Klassenraum vorbereiten, Regeln und Verfahrensweisen planen und unterrichten, Konsequenzen festlegen, Schaffen eines positiven (Lern-) Klimas im Klassenraum, Beaufsichtigen und Überwachen, Vorbereiten des Unterrichts, Verantwortlichkeit der Schüler, unterrichtliche Klarheit, kooperative Lernformen

Reaktive Kriterien: Unterbindung von unangemessenem Schülerverhalten, Strategien für potenzielle Probleme

Oftmals wird jedoch vernachlässigt – und dies belegen Unterrichtsanalysen sehr deutlich –, dass ein effektives Classroom Management nur in dem Zusammenwirken der Faktoren, quasi als »Gesamtpaket«, seine volle Effektivität entfalten kann. Nach Helmke (2009) besteht eine enge Wechselwirkung zwischen einem positiven Klassenklima und einem lernförderlichen Milieu – eine gute Klassenatmosphäre unterstützt das Lernen. Um das Klima und das Zusammengehörigkeitsgefühl in einer Klasse zu fördern, finden schon zu Beginn eines Schuljahres gemeinsame Aktivitäten mit den Schülern statt. Während die genannten Aspekte für ein positives Lernklima im Klassenraum von vielen Lehrkräften bereits berücksichtigt werden und daher leicht systematisch ausgebaut werden können, muss besonders auf die Möglichkeiten einer konsequenten Förderung emotional-sozialer Kompetenzen der Schüler durch wirksame Präventionsmaßnahmen hingewiesen werden, die zugleich der Entstehung von Gefühls- und Verhaltensstörungen entgegenwirken. Da Schulen alle Kinder und Jugendlichen eines Jahrgangs erreichen, sind sie für die präventive Förderung geradezu prädestiniert. Besonders Kinder und Jugendliche unter Risikobedingungen sind in Schulen viel leichter zu erreichen als durch außerschulische Maßnahmen. Ziel sollte hier demnach sein, im schulischen Alltag präventiv emotional-soziale Kompetenzen zu fördern, um sich anbahnende Gefühls- und Verhaltensstörungen zu vermindern. Eine langfristige Verankerung präventiver Maßnahmen im Schulalltag erfordert darüber hinaus eine enge Verzahnung mit den curricularen Lerninhalten von Schule. Eine Analyse der Lehrpläne bestätigt den prinzipiellen Auftrag der Schulen zur präventiven Förderung und zeigt curriculare, didaktische und methodische Möglichkeiten der schulischen Umsetzung für Präventionsprogramme auf (Hartke 2005; Hillenbrand & Hennemann 2006).

Grundsätzlich bieten sich für den schulischen Kontext je nach Zielgruppe universelle (alle Schüler einer Klasse), selektive (Schüler aus einem sozialen Brennpunkt) und indizierte (Förderung von Schülern mit ausgewiesenen Verhaltensstörungen) Präventionsmaßnahmen an. In der nachfolgenden Tabelle erfolgt ein exemplarischer Überblick über empirisch wirksame Präventionsprogramme zur strukturierten Förderung emotional-sozialer Kompetenzen im Grundschulbereich.

Tab. 1: Überblick über wirksame Präventionsprogramme zur Förderung emotional-sozialer Kompetenzen in der Grundschule (Hennemann & Hillenbrand 2010)

	Faustlos (1. bis 3. Klasse) (Cierpka 2001)	Friedensstifter-Training (1. bis 4. Klasse) (Gasteiger-Klicpera & Klein 2006)	Fit & Stark fürs Leben (1. & 2., 3. & 4. Klasse) (Burow, Aßhauer & Hanewinkel 1998)	Lubo aus dem All (1. bis 2. Klasse) (Hillenbrand, Hennemann & Hens 2010)	Verhaltenstraining für Schulanfänger (1. & 2. Klasse) (Petermann, Gerken, Natzke & Walter 2002)
Theoretische Basis	Modell der sozialkognitiven Informationsverarbeitung	Soziale Informationsverarbeitung nach Crick & Dodge 1994	Basiert auf lerntheoretischen und verhaltensmodifikatorischen Erkenntnissen	Modell der sozialkognitiven Informationsverarbeitung unter Berücksichtigung emotionaler Prozesse (Lemerise & Arsenio 2000)	Basiert auf lerntheoretischen und verhaltensmodifikatorischen Erkenntnissen
Intensität/ zeitlicher Rahmen	51 Lektionen à 45 Minuten, 2-mal in der Woche → 3 Monate	13 Unterrichtseinheiten, ca. 45–90 Minuten	20 Unterrichtseinheiten à ca. 90 Minuten, 1-mal in der Woche → flexibel einsetzbar im Zeitraum von 2 Schuljahren	30 Sitzungen à 60 Minuten, 2-mal in der Woche, währenddessen und danach Übernahme wichtiger Prinzipien in den Klassen- und Familienalltag → 3 bis 4 Monate bzw. dauerhafte Etablierung	Jeweils 26 Schulstunden → sollte möglichst innerhalb eines Schulhalbjahres durchgeführt werden
Zielgruppe	Schulkinder der 1. bis 3. Klasse; Lehrerinnen erhalten eintägige Fortbildung	Grundschulkinder der 1. bis 4. Klasse	Schulkinder der 1. & 2. Klasse; curricularer Aufbau für die Klassen 3 bis 6	Schulkinder der 1. & 2. Klasse; Lehrerinnen erhalten begleitende Fortbildung, Elterninformationen	Schulkinder der 1. & 2. Klasse

	Faustlos (1. bis 3. Klasse) (Cierpka 2001)	Friedensstifter-Training (1. bis 4. Klasse) (Gasteiger-Klicpera & Klein 2006)	Fit & Stark fürs Leben (1. & 2., 3. & 4. Klasse) (Burow, Aßhauer & Hanewinkel 1998)	Lubo aus dem All (1. bis 2. Klasse) (Hillenbrand, Hennemann & Hens 2010)	Verhaltenstraining für Schulanfänger (1. & 2. Klasse) (Petermann, Gerken, Natzke & Walter 2002)
Allg. Vorgehen & Prinzipien der Förderung	• Erweiterung der Kompetenzen durch Wissenserweiterung & Einüben von Verhaltensstrategien • Greift weniger die vorhandenen Lösungsideen der Kinder auf • Verbindung zwischen Erleben/emotionaler Beteiligung und Verstehen/Sprache nicht immer gewährleistet	Förderung von 4 Bereichen: • Wie verhalte ich mich in einem Streit? • Verhandeln lernen • Umgang mit Gefühlen (Wut, Ärger) • Frieden stiften – anderen Kindern beim Verhandeln helfen	Persönlichkeitsförderung zur Prävention von Aggression, Rauchen und Sucht: • Selbstwahrnehmung und Einfühlungsvermögen • Umgang mit Stress und negativen Emotionen • Verbales und nonverbales Kommunikationsverhalten • Problemlösen	• Verbindung aus Erleben/ »Selber-Tun« und Bewusstwerdung/Reflexion durch Gespräche • Aufgreifen und Weiterentwickeln der vorhandenen Kompetenzen der Kinder • Gemeinsames Erarbeiten & Ausprobieren von angemessenen Verhaltensstrategien • Zahlreiche Transfervorschläge für andere Unterrichtssituationen • Speziell ausgearbeitete Förderstunden für Kinder mit erhöhtem Risiko	Förderung in drei aufeinander aufbauenden Stufen: • Steigerung der auditiven und visuellen Aufmerksamkeit • Selbst- und Fremdwahrnehmung emotionaler Grundkategorien; Aufbau emotional-sozialer Fertigkeiten • Vermittlung sozialer Basiskompetenzen und eines angemessenen Problemverhaltens

3 Diskussion

Das Auftreten von Gefühls- und Verhaltensstörungen in vorschulischen sowie schulischen Kontexten und die daraus resultierenden Probleme unterstreichen die Notwendigkeit eines frühzeitigen und konsequenten Einsatzes präventiver Maßnahmen in der Kita und insbesondere in der Schule. Im letzten Jahrzehnt hat sich auch in Deutschland nach internationalem, vor allem US-amerikanischen Vorbild eine stärkere Präventionsforschung insbesondere in psychologischen Arbeitsbereichen etabliert. Zukünftig sollte auch in der Pädagogik und vor allem in der Sonderpädagogik eine stärkere Ausrichtung einer interdisziplinär angelegten Präventionsforschung ausgebaut werden, da die gewonnenen Erkenntnisse eher psychologisch orientierter Präventionsmaßnahmen nicht direkt auf die (sonder)pädagogischen Arbeitsfelder übertragbar erscheinen, insbesondere was die didaktisch-methodische Passung, die Rhythmisierung sowie die zeitliche Strukturierung der realen pädagogischen Praxisbedingungen betrifft. Zugleich müssen insbesondere in den sonderpädagogisch relevanten Kontexten die Fördermaßnahmen ein hohes Maß an Zielgruppenspezifität und an didaktisch-methodischer Passung an die individuellen Ausgangslagen der Lerngruppen aufweisen, um auch bei sehr großer Heterogenität wirksam zu sein. Neben der konsequenten Berücksichtigung eines fundierten Theoriemodells bei der Entwicklung von Präventionsprogrammen wie etwa der sozialkognitiven Informationsverarbeitung sollte eine Förderung der empirisch identifizierten protektiven Faktoren (vgl. Laucht, Esser & Schmidt 1997) als wichtige Gütekriterien für wirksame Präventionsprogramme erkennbar sein. Dies lässt Beelmann (2006) nach der Bewertung internationaler Präventionsstudien zu dem Schluss kommen, dass kognitiv-behaviorale und multimodale Präventionsmaßnahmen, mit einer klaren Strukturierung im Programmaufbau, überlegen sind. Auch die Erfahrungen in der Entwicklung, Durchführung und Evaluation des Präventionsprogramms zu »Lubo aus dem All« (Hillenbrand, Hennemann & Hens 2010) weisen auf die Bedeutung der genannten Kriterien hin. Besondere Sorgfalt ist auf eine genaue Instruktion der durchführenden Pädagogen hinsichtlich der Programmziele, -inhalte und -methoden und deren Vermittlung zu legen. Durch zahlreiche metaanalytische Befunde gestützt lässt sich eine bedeutsame positive Effektivität von Präventionsmaßnahmen auf die Entwicklung von Kindern und Jugendlichen attestieren (vgl. Lösel & Beelmann 2003; Beelmann 2006; Wilson, Lipsey & Derzon 2003; Wilson & Lipsey 2007; Durlak et al. 2011). Gerade weil eine präventive Strategie dissoziales, späteres delinquentes oder schulabsentes Verhalten vorbeugen kann, lässt sich jedoch der genaue Beitrag einer fundierten präventiven Förderung in den Bildungsstätten nur indirekt herleiten. Im Umkehrschluss ist jedoch dessen Einfluss keineswegs zu gering zu erachten (vgl. Wilson, Lipsey & Derzon 2003). Um auch längerfristige Entwicklungserfolge bestätigen zu können, bedarf es zukünftig mehr Studien, die über ein Längsschnittdesign verfügen und damit die Kinder und Jugendlichen über einen längeren Zeitraum in ihrem Entwicklungsverlauf begleiten. Greenberg (2004) betont besonders die Bedeutung von Effectiveness-Studien, die deutlich stärker praxisorientiert sind und die zu einer größeren Verbreitung von Präventionsmaßnahmen in das Versorgungssystem führen könnten, mit dem Ziel einer langfristigen Verstetigung in dem Schulprogramm einer Institution. Als entscheidende Wirkvariablen gilt es mehr denn je zu beachten, dass Präventionsprogramme zum einen sehr zielgruppenspezifisch an Entwicklungsstufen und den damit verbundenen Entwicklungsaufgaben orientiert sein sollten. Darüber hinaus sollten Präventionsprogramme aufgrund ihres multimodalen Zuschnitts verschiedene Stufen an Unterstützung und Förderung zur Verfügung stellen und sich gleichzeitig in institutionelle Strukturen und Rahmenbedingungen einfügen können (vgl. Greenberg 2004). Die von Petermann & Koglin (2010) ausdrücklich hervorgehobene Implementationsqualität als entscheidende Prädiktorvariable für die Wirksamkeit eines Programms nimmt dabei die Programmentwickler in eine besondere Verantwortung, da sich langfristig die Qualität eines Programms auch in ihrer professionellen Umsetzung und Verbreitung in den Praxisfeldern wie Kindergarten und Schule beweist.

Die ausführenden Institutionen wie Kita und Schule müssen in ihrem Bemühen, Prävention als feste Säule ihrer Institutionsentwicklung und -konzepte zu betrachten, auch wissenschaftlich stärker begleitet werden. Neben einer summativen Evaluation erhält somit die formative Evaluation, die etwa eine prozessbezogene und somit zeitnahe Rückmeldung über Passungsprobleme eines Programms erlaubt, eine große Bedeutung. Zum anderen bedarf es, wie auch aus den Ergebnissen der Präventionsforschung ersichtlich, eines multimodalen Präventionskonzeptes, das auf den verschiedenen Ebenen ansetzt, entwicklungsorientiert ist sowie auch verschiedene Förderbereiche berücksichtigt. Letztlich hängt der Erfolg eines solchen schulischen Präventionskonzeptes von der Akzeptanz und der Unterstützung von allen beteiligten pädagogischen Fachkräften eines Teams ab. Die Einrichtung selbst muss sich in diesen Entwicklungsprozess begeben und für die Weiterentwicklung ihres Konzeptes professionell Sorge tragen. Dabei ist die Kenntnisnahme über evidenzbasierte Präventionsmaßnahmen bei Gefühls- und Verhaltensstörungen unabdingbar mit den akademischen Leistungsvermögen und gleichzeitig den Erziehungserfolgen der Kinder und Jugendlichen verknüpft. Nicht zuletzt gehört die präventive Förderung emotional-sozialer Kompetenzen von Kindern und Jugendlichen in Kindergarten und in der Schule als definierter Inhalt in die Aus- und Weiterbildung von pädagogischen Fachkräften. Um dem präventiven Auftrag gerecht werden zu können, müssen – und das zeigt sowohl die oft mangelnde Kenntnis wirksamer Präventionsmaßnahmen (vgl. Hennemann & Hillebrand 2010) als auch die geringe Verbreitung von evidenzbasierten Programmen in den pädagogischen Praxisfeldern – die Qualifizierungsbemühungen der pädagogischen Fachkräfte deutlich verstärkt werden. Grundsätzlich bieten sich gerade für die Institutionen wie Kindergarten und Schule sehr große Chancen und Entwicklungspotenziale einer inklusiven sozial-emotionalen Förderung von Kindern und Jugendlichen an, um dem Ziel einer Umwandlung des deutschen »Versorgungssystems von Therapie und Rehabilitation auf Prävention und Gesundheitsförderung« (Beelmann 2006, 160) näherzukommen.

Literatur

Beelmann, A. (2006): Wirksamkeit von Präventionsmaßnahmen bei Kindern und Jugendlichen: Ergebnisse und Implikationen der integrativen Erfolgsforschung. In: Zeitschrift für Klinische Psychologie und Psychotherapie, 35, 151–162.

Beelmann, A. & Lösel, F. (2005): Entwicklung und Förderung der sozialen Informationsverarbeitung bei Vorschulkindern. Zusammenhang zu sozialen Problemen und die Prävention dissozialer Entwicklungsverläufe. In: Guldimann, T. & Hauser, B. (Hrsg.): Bildung 4- bis 8-jähriger Kinder. Münster, 209–230.

Beelmann, A. & Raabe, T. (2007): Dissoziales Verhalten von Kindern und Jugendlichen. Göttingen.

Bender, D. & Lösel, F. (1997): Protective and risk effects of peer relations and social support on antisocial behavior in adolescents from multi-problem milieus. In: Journal of Adolescence, 20, 661–678.

Borich, G. (2007): Observation Skills for Effective Teaching. 5. Aufl., Columbus, OH.

Brophy, J. E. (2006): History of Research on Classroom Management. In: Evertson, C. M. & Weinstein, C. S. (Hrsg.): Handbook of Classroom Management. Research, Practice, and Contemporary Issues. Mahwah, NJ, 17–43.

Büchner, P. & Koch, K. (2001): Von der Grundschule in die Sekundarstufe. Der Übergang aus Kinder- und Elternsicht. Bd. 1. Opladen.

Burow, F., Aßhauer, M. & Hanewinkel, R. (1998): Fit und stark fürs Leben. 1. & 2. Schuljahr. Leipzig.

Cichetti, D. (2003): Foreword. In: Luthar, S. S. (Hrsg.): Resilience and vulnerability. Adaption in the context of childhood adversities. Cambridge, xix–xxvii.

Cierpka, M. (2001): FAUSTLOS. Ein Curriculum zur Prävention von aggressivem und gewaltbereitem Verhalten bei Kindern der Klassen 1 bis 3. Göttingen.

Crick, N. & Dodge, K. A. (1994): A review and reformulation of social-information-processing mechanisms in children's social adjustment. In: Psychological Bulletin, 115, 74–101.

Denham, S. A. & Almeida, M. C. (1987): Children's social problem solving skills, behavioral adjustment, and interventions: A meta-analysis evaluating theory and practice. In: Journal of Applied Developmental Psychology, 8, 391–409.

Derzon, J. H., Sale, E., Springer, J. F. & Brounstein, P. (2005): Estimation intervention effectiveness: Synthetic projection of field evaluation results. In: The Journal of Primary Prevention, 26, 321–343.

Döpfner, M. (2003): Hyperkinetische Störungen. In: Petermann, F. (Hrsg.): Lehrbuch der Klinischen Kinderpsychologie und -psychotherapie. Modelle psychischer Störungen im Kindes- und Jugendalter. Göttingen, 151–186.

DuPaul, G. J. & Eckert, T. L. (1997): The Effects of School-based Interventions for Attention Deficit Hyperactivity Disorder: A Meta-Analysis. In: School Psychology Review, Vol. 26, No. 1, 5–27.

Durlak, J. A., Weissberg, R. P., Dymnicki, A. B., Taylor, R. T. & Schellinger, K. B. (2011): The Impact of Enhancing Students' Social and Emotional Learning: A Meta-Analysis of School-Based Universal Interventions. In: Child Development, 82, 1, 405–432.

Einsiedler, W. (1997): Unterrichtsqualität und Leistungsentwicklung. Literaturüberblick. In: Weinert, F. E. & Helmke, A. (Hrsg.): Entwicklung im Grundschulalter. Weinheim, 225–240.

Emmer, E. T. & Stough, L. M. (2001): Classroom Management: A Critical Part of Educational Psychology, with Implications for Teacher Education. In: Educational Psychologist, 36 (2), 103–112.

Evertson, C. M. & Emmer, E. T. (2009): Classroom management for elementary teachers. 8. Aufl., New Jersey.

Evertson, C. M. & Weinstein, C. S. (Hrsg.) (2006): Handbook of Classroom Management. Research, Practice, and Contemporary Issues. Mahwah, NJ.

Farrell, P., Dyson, A., Polat, F., Hutcheson, G. & Gallannaugh, F. (2007): The Relationship between Inclusion and Academic Achievement in English Mainstream Schools. In: School Effectiveness and School Improvement, Vol. 18, No. 3, 335–352.
Flay, B. R., Biglan, A., Boruch, R. F., Castro, F. G., Gottfredson, D., Kellam, S., Moscicki, E. K., Schinke, S., Valentine, J. C. & Li, P. (2005): Standards of evidence: Criteria for efficacy, effectiveness and dissemination. In: Prevention Science, 6, 151–175.
Gasteiger-Klicpera, B. & Klein, G. (2006): Das Friedenstifter-Training. Grundschulprogramm zur Gewaltprävention. München.
Goetze, H. (2001): Grundriss der Verhaltensgestörtenpädagogik. Berlin.
Gottfredson, M. R. & Hirschi, T. (1990): A general theory of crime. Palo Alto, CA.
Greenberg, M. T. (2004): Current and Future Challenges in School-Based Prevention: The Researcher Perspective. In: Prevention Science, 1, 5–13.
Hair, E. T. et al. (2006): Children's school readiness in the ECLS-K: Predictions to academic, health, and social outcomes in first grade. In: Early Childhood Research Quarterly, 21, 431–454.
Hartke, B. (2005): Schulische Prävention – Welche Maßnahmen haben sich bewährt? In: Zeitschrift für Heilpädagogik, 56. Jg., 470–481.
Heinrichs, N. & Hahlweg, K. (2007): Primäre Prävention psychischer Störungen bei Kindern und Jugendlichen: Ein gewinnbringender Ansatz? In: Deutsche Medizinische Wochenschrift, 132, 2208–2213.
Heinrichs, N., Saßmann, H., Hahlweg, K. & Perrez, M. (2002): Prävention kindlicher Verhaltensstörungen. In: Psychologische Rundschau, 53, 170–183.
Helmke, A. (2009): Unterrichtsqualität und Lehrerprofessionalität. Diagnose, Evaluation und Verbesserung des Unterrichts. Seelze.
Hillenbrand, C. (2006): Einführung in Pädagogik bei Verhaltensstörungen. 3. Aufl., München.
Hillenbrand, C. & Hennemann, T. (2005): Prävention von Verhaltensstörungen im Vorschulalter. Überblick und theoretische Grundlegung. In: Vierteljahresschrift für Heilpädagogik und ihre Nachbargebiete, 74, 129–144.
Hillenbrand, C. & Hennemann, T. (2006): Präventive Erziehungshilfe in der Grundschule. In: Zeitschrift für Heilpädagogik, 57, 42–51.
Hillenbrand, C. & Pütz, K. (2008): KlasseKinderSpiel. Spielerisch Verhaltensregeln lernen. Hamburg.
Hillenbrand, C., Hennemann, T. & Heckler-Schell, A. (2009): Lubo aus dem All – Programm zur Förderung sozial-emotionaler Kompetenzen im Vorschulalter. München.
Hillenbrand, C., Hennemann, T. & Hens, S. (2010): Lubo aus dem All! Programm zur Förderung emotional-sozialer Kompetenzen in der Schuleingangsphase. München.
Hennemann, T & Hillenbrand, C. (2010): Klassenführung – Classroom management. In: Hartke, B., Koch, K. & Diehl, K. (Hrsg.): Förderung in der schulischen Eingangsstufe. Stuttgart, 249–276.
Hölling, H., Erhart, M., Ravens-Sieberer, U. & Schlack, R. (2007): Verhaltensauffälligkeiten bei Kindern und Jugendlichen. Erste Ergebnisse aus dem Kinder- und Jugendgesundheitssurvey (KIGGS). In: Bundesgesundheitsblatt – Gesundheitsforschung – Gesundheitsschutz 5/6, 784–793.
Ihle, W. & Esser, G. (2002): Epidemiologie psychischer Störungen im Kindes- und Jugendalter: Prävalenz, Verlauf, Komorbidität und Geschlechterunterschiede. In: Psychologische Rundschau, 53, 159–169.
Ihle, W. & Esser, G. (2008): Epidemiologie psychischer Störungen des Kindes- und Jugendalters. In: Gasteiger-Klicpera, B., Julius, H. & Klicpera, C. (Hrsg.): Sonderpädagogik der sozialen und emotionalen Entwicklung. Band 3, Handbuch Sonderpädagogik. Göttingen, 49–62.
Ihle, W., Esser, G. & Schmidt, M. H. (2005): Aggressiv-dissoziale Störungen und rechtsextreme Einstellungen: Prävalenz, Geschlechtsunterschiede, Verlauf und Risikofaktoren. In: Verhaltenstherapie & Verhaltensmedizin, 26, 81–101.

Ihle, W., Esser, G., Schmidt, M. H. & Blanz, B. (2000): Prävalenz, Komorbidität und Geschlechtsunterschiede psychischer Störungen vom Grundschul- bis ins frühe Erwachsenenalter. In: Zeitschrift für Klinische Psychologie und Psychotherapie, 29, 263–275.

Keogh, B. (1999): Risiko und protektive Einflüsse in der Schule. In: Opp, G. & Fingerle, M. (Hrsg.): Was Kinder stärkt. Erziehung zwischen Risiko und Resilienz. München, 191–203.

Klauer, K. J. & Lauth, G. W. (1997): Lernbehinderungen und Leistungsschwierigkeiten bei Schülern. In: Weinert, F. E. (Hrsg.): Psychologie des Unterrichts und der Schule. Enzyklopädie der Psychologie D.1.3. Göttingen, 701–738.

KMK (Sekretariat der Ständigen Konferenz der Kultusminister der Länder in der Bundesrepublik Deutschland) (2000): Empfehlungen zum Förderschwerpunkt emotionale und soziale Entwicklung. In: Drave, W., Rumpler, F. & Wachtel, P. (Hrsg.): Empfehlungen zur sonderpädagogischen Förderung. Allgemeine Grundlagen und Förderschwerpunkte (KMK) mit Kommentaren. Würzburg, 343–365.

Lahey, B. B., Miller, T. L., Gordon, R. A. & Riley, A. W. (1999): Developmental epidemiology of the disruptive behavior disorders. In: Quay, H. C. & Hogan, A. E. (Hrsg.): Handbook of disruptive behaviour disorders. New York, 23–48.

Laucht, M., Esser, G. & Schmidt, M. H. (1997): Wovor schützen Schutzfaktoren? Anmerkungen zu einem populären Konzept der modernen Gesundheitsforschung. In: Zeitschrift für Entwicklungspsychologie und Pädagogische Psychologie, 29, 260–270.

Laucht, M., Esser, G. & Schmidt, M. H. (2000): Entwicklung von Risikokindern im Schulalter: Die langfristigen Folgen frühkindlicher Belastungen. In: Zeitschrift für Entwicklungspsychologie und Pädagogische Psychologie, 32, 59–69.

Lochman, J. E. & Dodge, K. A. (1998): Distorted perceptions in dyadic interactions of aggressive and nonaggressive boys: Effects of prior expectations, context, and boys' age. In: Development and Psychopathology, 10, 495–512.

Lösel, F. & Beelmann, A. (2003): Effects of Child Skills Training in Preventing Antisocial Behavior: A Systematic Review of Randomized Evaluations. In: The Annals of the American Academy of Political and Social Science, 587, 84–109.

Lösel, F. & Bender, D. (2007): Von generellen Schutzfaktoren zu spezifischen protektiven Prozessen: Konzeptuelle Grundlagen und Ergebnisse der Resilienzforschung. In: Opp, G. & Fingerle, M. (Hrsg.): Was Kinder stärkt. Erziehung zwischen Risiko und Resilienz. 2. Aufl., München, 57–78.

Mand, J. (2004): Über den Zusammenhang von Lern- und Verhaltensproblemen. Ergebnisse einer Lehrerbefragung in Schulen für Lernbehinderte aus drei Städten. In: Zeitschrift für Heilpädagogik, 55, 319–324.

Masten, A. (2001): Ordinary magic: Resilience processes in development. In: American Psychologist, 56, 227–238.

Masten, A. & Powell, J. L. (2003): A resilience framework for research, policy, and practice. In: Luthar, S. S. (Hrsg.): Resilience and vulnerability. Adaption in the context of childhood adversities. Cambridge, 1–25.

Masten, A. S., Burt, K. B. & Coatsworth, D. (2006): Competence and psychopathology in development. In: Cicchetti, D. & Cohen, D. (Hrsg.): Developmental psychopathology, Vol. 3, Risk, disorder and psychopathology. 2. Aufl., New York, 696–738.

Ministerium für Schule, Jugend und Kinder des Landes Nordrhein-Westfalen (Hrsg.) (2005): Richtlinien und Lehrpläne zur Erprobung für die Grundschule in Nordrhein-Westfalen. Frechen.

Najaka, S. S., Gottfredson, D. C. & Wilson, D. B. (2001): A meta-analytic inquiry into the relationship between selected risk factors and problem behavior. In: Prevention Science, 2, 257–271.

Nation, M., Crusto, C., Wandersman, A., Kumpfer, K. L., Seybolt, D., Morrissey-Kane, E. & Davino, K. (2003): What works in prevention: Principles of effective prevention programs. In: American Psychologist, 58, 449–456.

Opp, G. (2003): Symptomatik, Ätiologie und Diagnostik bei Gefühls- und Verhaltensstörungen. In: Leonhardt, A. & Wember, F. (Hrsg.): Bildung, Erziehung, Behinderung. Grundlagen und Methoden der pädagogischen Rehabilitation. Weinheim, 504–517.

Patterson, G. R., Dishion, T. J. & Yoerger, K. (2000): Adolescent growth in new forms of problem behavior: macro- and micro-peer dynamics. In: Prevention Science 1, 3–13.
Petermann, F. (2003): Prävention von Verhaltensstörungen – Einführung in den Themenschwerpunkt. In: Kindheit und Entwicklung, 12 (2), 65–70.
Petermann, F. & Koglin, U. (2010): Editorial zum Themenheft: Aggression und Gewalt in der Schule. In: Psychologie in Erziehung und Unterricht, 2, 81–87.
Petermann, F., Gerken, N., Natzke, H. & Walter, H.-J. (2002): Verhaltenstraining für Schulanfänger. Ein Programm zur Primärprävention von aggressivem und unaufmerksamem Verhalten bei Kindern in den ersten beiden Grundschulklassen. Paderborn.
Rutter, M. (1985): Resilience in the face of adversity. Protective factors and resistance to psychiatric disorder. In: British Journal of Psychiatry, 147, 598–611.
Sameroff, A. J. & Fiese, B. H. (2000): Transactional regulation. The developmental ecology of early intervention. In: Shonkoff, J. P. & Meisels, S. J. (Hrsg.), Handbook of early childhood intervention. Cambridge, 135–159.
Scheithauer, H., Mehren, F. & Petermann, F. (2003). Entwicklungsorientierte Prävention von aggressiv-dissozialem Verhalten und Substanzmissbrauch. In: Kindheit und Entwicklung, 12, 84–99.
Scheithauer, H., Niebank, K. & Petermann, F. (2000): Biopsychosoziale Risiken in der frühkindlichen Entwicklung: Das Risiko- und Schutzfaktorenkonzept aus entwicklungspsychopathologischer Sicht. In: Petermann, F., Niebank, K. & Scheithauer, H. (Hrsg.): Risiken in der frühkindlichen Entwicklung. Entwicklungspsychopathologie der ersten Lebensjahre. Göttingen, 65–97.
Schmid, M., Fegert, J. M., Schmeck, K. & Kölch, M. (2007): Psychische Belastung von Kindern und Jugendlichen in Schulen für Erziehungshilfe. In: Zeitschrift für Heilpädagogik, 8, 282–290.
Walberg, H. J. & Paik, S. J. (2000): Effective educational practices. Brüssel (www.ibe.unesco.org).
Webster-Stratton, C., Reid, M. J. & Stoolmiller, M. (2008): Preventing conduct problems and improving school readiness: evaluation of the Incredible Years Teacher and Child Training Programs in high-risk schools. In: Journal of Child Psychology and Psychiatry, 49, 471–488.
Wilson, D. B. & Gottfredson, D. C. & Najaka, S. S. (2001): School-based prevention of problem behaviors: A meta-analysis. In: Journal of Quantitative Criminology, 17, 247–272.
Wilson, S. J. & Lipsey, M. J. (2007): Effectiveness of school-based intervention programs on aggressive behavior: Update of a meta-analysis. In: American Journal of Preventive Medicine, 33 (Suppl. 2), 130–143.
Wilson, S. J., Lipsey, M. W. & Derzon, J. H. (2003): The effects of school-based intervention programs on aggressive behavior: A meta-analysis. In: Journal of Consulting and Clinical Psychology, 71, 136–149.
Wittchen, H.-U. & Jacobi, F. (2001): Die Versorgungssituation psychischer Störungen in Deutschland. Eine klinisch-epidemiologische Abschätzung anhand des Bundes-Gesundheitssurveys 1998. In: Bundesgesundheitsblatt, 4, 993–1000.

Voneinander Lernen!

Reciprocal Teaching als wirksamer Ansatz peergestützter Förderung

Tobias Hagen, Marie-Christine Vierbuchen & Clemens Hillenbrand

1 Einleitung

Auf dem Weg zu einem inklusiven Bildungssystem wird die Frage nach einer effektiven Förderung heterogener Lerngruppen, insbesondere von Schülern mit besonderem Förderbedarf zunehmend wichtiger. Vor allem Studien aus dem angloamerikanischen Sprachraum belegen, dass Heranwachsende mit *special educational needs* neben einer effektiven Lernförderung spezifische Verfahren zur Stärkung ihrer sozialen Position benötigen, da diese Schüler im Klassenverband häufig randständige Positionen einnehmen (Rohrbeck et al. 2003).

Neben Studien, die die speziellen Bedürfnisse dieser Schüler identifizieren, liegen weitere vor, in denen gezielt Erfolgskriterien für einen gelingenden inklusiven Unterricht herausgearbeitet werden konnten. Demnach nutzen Lehrkräfte für die erfolgreiche Gestaltung des Unterrichts in heterogenen Lerngruppen solche Maßnahmen, die akademisches, soziales und emotionales Lernen zugleich fördern. Ein gutes Beispiel stellen in diesem Zusammenhang die sogenannten ASEL-Programme dar (Greenberg et al. 2003).

Es geht also darum, neben anderen effektiven Unterrichtsmethoden auch das Lernen der Schüler untereinander oder in der Kleingruppe zu ermöglichen und zu etablieren. Durch die Implementation von peergestütztem oder kooperativem Lernen kann neben der Erarbeitung von neuen Lerninhalten die Entwicklung von sozialen und emotionalen Kompetenzen, wie beispielsweise Empathievermögen, gegenseitige Unterstützung und Kooperationsverhalten gezielt gefördert werden (vgl. Benkmann 2010).

2 Zum Begriff peergestützter Verfahren

Der englischsprachige Begriff bezeichnet u. a. tutorielle oder kooperative Lernformen. Häufig ist die Rede von *Peer-assisted Learning Interventions* (Rohrbeck et al. 2003). Im Rahmen der Maßnahmen wird meist in kleinen Gruppen oder Tandems gelernt; die Gruppenmitglieder unterstützen sich dabei gegenseitig und arbeiten auf ein gemeinsames (Lern-)Ziel hin. »Cooperative learning refers to a set of instructional methods in which students are encouraged or required to work together on academic tasks« (Slavin 1987, 1161). Demnach stellt die positive gegenseitige Abhängigkeit der Lernenden ein zentrales Kriterium für den Lernerfolg dar.

Während in den USA bereits eine Vielzahl von Studien zu peergestützten Verfahren vorliegen, finden die unter diese Gruppe zu fassenden Verfahren hierzulande erst ansatzweise Beachtung. Walter konnte bereits 2002 die Wirksamkeit peergestützter Interventionen im Rahmen einer Zusammenstellung verschiedener Metaanalysen darstellen. Demnach gehören peergestützte Maßnahmen zu den zehn erfolgreichsten Verfahren der sonderpädagogischen Förderung! Auf Grundlage vorliegender Studien konnte eine durchschnittliche Effektstärke von d =.53 für die entsprechenden Verfahren ermittelt werden (Walter 2002, 444).

Grünke (2006) kommt bei der systematischen Auswertung von Metaanalysen zu effektiven Fördermethoden der Lernförderung zu vergleichbaren Ergebnissen. In Bezug auf die Leseförderung steht tutorielles Lernen nach direkter Instruktion, Strategieinstruktion und Computerförderung an vierter Stelle mit einem Effekt von d =.58 (Grünke 2006). Demnach gewinnen die Schüler, denen solche Maßnahmen des tutoriellen Lernens zuteil werden, im Mittel ca. eine halbe Standardabweichung in ihrer Lesekompetenz. Rohrbeck et al. (2003) konnten darüber hinaus in einer Metaanalyse auf Grundlage der Auswertung von 90 Studien (Primarbereich) die hohe Wirksamkeit peergestützter Maßnahmen, vor allem für benachteiligte Heranwachsende (risikobelastete Gruppen), nachweisen. Im Rahmen der Analysen wurden von den Autoren hohe Effektstärken von bis zu d = 1.15 (im Gruppendesign) ermittelt. Als besonders Erfolg versprechend gelten solche Ansätze, in denen Selbst-Management-Strategien vermittelt werden und interdependente Gruppenbelohnungen zum Einsatz kommen.

3 Reciprocal Teaching – Eine effektive peergestützte Methode zur Förderung des Leseverständnisses

Für schulischen Erfolg und gesellschaftliche Teilhabe stellt das Lesen eine entscheidende Kulturtechnik dar. Die Bildungsstandards für das Unterrichtsfach Deutsch fordern Kompetenzen im Bereich Leseverstehen ein. Fächerübergreifend wird der Fähigkeit, Texte zu verstehen, einzuordnen und zu nutzen, eine zentrale Bedeutung beigemessen. Dennoch herrscht häufig ein Mangel an klar definierten und systematischen Lesecurricula im schulischen Alltag (Trautwein 2008). Selten wird das Wissen über effektive Strategien der Textverarbeitung und des verstehenden Lesens und Lernens aus Texten thematisiert und entwickelt. Wie können peergestützte Verfahren im Leselernprozess hilfreich sein?

3.1 Merkmale effektiver Leseförderung

Mittlerweile liegen aktuelle deutschsprachige Studien vor, in denen die Merkmale effektiver Leseförderung systematisch herausgearbeitet wurden (Souvignier 2009). Demnach gelten solche Maßnahmen als besonders effektiv, in denen

- Lesestrategien vermittelt werden (beispielsweise Zusammenfassen, Fragen-Generieren, Klären unklarer Begriffe),
- metakognitive Kompetenzen aufgebaut werden (planvoller Einsatz von Strategien, Überwachung des eigenen Leseverstehens),
- Textstrukturwissen vermittelt wird (Wissen über den Aufbau von Texten),
- Strategiewissen explizit instruiert wird (initiale Vermittlung von Lesestrategien) und
- Peer-Tutoring-Methoden zum Einsatz kommen (eigenverantwortliches Einüben der Strategienutzung in Kleingruppen).

Vor allem die modellhafte Demonstration des Einsatzes sowie die Reflexion über den Nutzen einer Lesestrategie hat sich bewährt, indem der Lehrer laut denkend illustriert, wie er mit den Leseanforderungen umgeht. Darüber hinaus steigt durch Peer-Tutoring-Methoden die Übungsintensität und Lernende werden dazu angehalten zu reflektieren, welche Strategie in welcher Situation zielführend eingesetzt werden kann. Viele dieser Merkmale werden im Rahmen des Reciprocal Teachings, das im weiteren Verlauf detailliert vorgestellt wird, berücksichtigt.

3.2 Was ist Reciprocal Teaching?

Es handelt sich um eine Methode zur Förderung von Schülern der Sekundarstufe mit gravierenden Rückständen im Leseverständnis, die ursprünglich von Palincsar & Brown (1984) auf Grundlage von Beobachtungen im Unterricht entwickelt wurde. Heranwachsende, die eigentlich »flüssig« lesen, also die Schriftsprache dekodieren konnten, hatten zum Teil große Schwierigkeiten, die Bedeutung gelesener Texte zu erfassen. Aus dieser Problemlage resultierte die Fragestellung, wie solchen Schülern geholfen werden kann. Hierzu ermittelten die beiden Autoren zunächst erfolgreiche Lesestrategien guter Leser und entwickelten auf dieser Grundlage die Methode des Reciprocal Teachings. »In einem strukturierten Gespräch wird ein aktiver Umgang mit Sachtexten zur Steigerung des Textverständnisses erlernt und eingeübt« (Trautwein 2008, 21). Diverse Studien belegen unabhängig voneinander die Wirksamkeit der Intervention (Rosenshine & Meister 1994; Palincsar & Brown 1984).

Methode und Durchführung

Die Methode besteht im Kern aus vier Strategien zur Förderung des Leseverständnisses (▶ **Abb. 1**), die zunächst in der Klasse eingeführt und im Unterrichtsgespräch gemeinsam mit den Schülern erarbeitet werden. Nachdem diese die Strategien verinnerlicht haben, werden sie selbstständig in Kleingruppen mit bis zu sechs Schülern angewendet. Texte werden Abschnitt für Abschnitt bearbeitet. Die Strategieanwendung erfolgt jeweils, nachdem ein Abschnitt gelesen wurde. Dieses Lesen erfolgt entweder leise (jeder Schüler für sich) oder gemeinsam laut in der Kleingruppe, abhängig von den Fähigkeiten der Gruppe. Es handelt sich um ein reziprokes Verfahren, da die Schüler abwechselnd die Rolle des »Teamchefs« und des »Schülers« einnehmen. Die Teamchef-Rolle wird jeweils, nachdem ein Abschnitt bearbeitet wurde (Lesen des Texts und Strategieanwendung), an einen anderen Schüler der Gruppe weitergegeben. So entsteht eine bidirektionale, also wechselseitige Unterstützung innerhalb der Kleingruppe, in der jeder Schüler einen individuellen Beitrag auf seinem Niveau leistet.

Klären:
Durch diese Strategie wird die Aufmerksamkeit der Schüler auf unbekannte Wörter oder unverstandene Sätze im Text gelenkt.

Fragen:
Die Schüler erhalten die Aufgabe, verständnisorientierte Fragen zum Text zu formulieren, die sich innerhalb eines Textabschnitts beantworten lassen.

Zusammenfassen:
Durch diese Strategie wird die Fähigkeit trainiert, die wichtigsten Informationen eines Textabschnitts zu erkennen, sie in einer logischen Reihenfolge zu ordnen und in eigenen Worten wiederzugeben.

Vorhersagen:
Die Schüler werden dazu aufgefordert, ihre Vorstellungen bzw. Ideen über den Fortgang eines Texts zu äußern. Hierdurch soll das thematische Vorwissen der Schüler mit dem Text verknüpft werden.

Abb. 1: Die vier Lesestrategien (Demmrich & Brunstein 2004).

Ziel der Strategie *Klären* ist es, Unklarheiten bzgl. der Bedeutung von Wörtern oder Sätzen im Text auszuräumen. Den Schülern wird in diesem Zusammenhang folgende Vorgehensweise vermittelt:

1. Gegenseitiges Erklären der Bedeutung.
2. Unklares Wort nochmals lesen sowie den Satz, in dem das Wort steht.
3. Suche nach Hinweisen im Text, die auf die Bedeutung hinweisen.
4. Zuhilfenahme zusätzlicher Informationsquellen (beispielsweise Internet oder Lexikon).

Führt eine der Techniken nicht zum gewünschten Erfolg, wird jeweils zum nächsten Schritt übergegangen. Bleibt auch die Zuhilfenahme zusätzlicher Informationsquellen erfolglos, wird die Lehrkraft um Hilfe gebeten.

Im Rahmen der zweiten Strategie *Fragen* werden von den Schülern verständnisorientierte Fragen zum Text generiert, so »wie sie auch ein Lehrer stellen würde«. Die Fragen müssen so formuliert werden, dass sie sich innerhalb eines Textabschnitts beantworten lassen. Darüber hinaus sollten alle Schüler ausreichend Zeit erhalten, sich zunächst ihre eigenen Antworten zu überlegen. Durch diese Strategie wird vor allem der flexible Umgang mit Textinhalten gefördert. Zur erfolgreichen Beantwortung der Fragen müssen beispielsweise bestimmte Textpassagen gesucht und nochmals gelesen werden.

Die dritte Strategie *Zusammenfassen* dient der Ergebnissicherung. Zunächst wird mit den Schülern erarbeitet, was eine gute Zusammenfassung ausmacht. Diese sollte kürzer sein als der Text, das Wichtigste enthalten und in eigenen Worten formuliert sein. Hierzu werden den Schülern Techniken vermittelt, die ihnen das Schreiben einer Zusammenfassung erleichtern. Zunächst erhalten sie die Aufgabe, Hauptaussagesätze im Text zu suchen. Diese stehen meist am Ende eines Abschnitts. Falls kein entsprechender Satz im Text enthalten ist, werden die Schüler darin angeleitet, diesen selbstständig zu formulieren. Weitere Strategien zur Formulierung einer Zusammenfassung sind das Unterstreichen zentraler Informationen sowie das Notieren wichtiger Stichpunkte.

Die vierte und letzte Strategie der Methode des Reciprocal Teachings ist das *Vorhersagen*. Von den Schülern sollen Vermutungen geäußert werden, worum es im folgenden Textabschnitt gehen wird. Diese Methode dient vor allem der Aktivierung von Vorwissen der Schüler.

Schritt für Schritt zum Reciprocal Teaching

Im Folgenden wird nun die Ein- und Durchführung der Methode in einer Schulklasse anhand einer Aufteilung in drei konkrete Phasen beschrieben (nach Demmrich & Brunstein 2004):

Phase 1 ›Instruktion und Modellverhalten‹

In dieser ersten Phase werden die Lesestrategien zunächst einzeln eingeführt. Jede Strategie wird vom Lehrer demonstriert (»lautes Denken«) und nachfolgend im Unterrichtsgespräch mit den Schülern erarbeitet, die sich zunehmend selbstständig in der Anwendung der Strategien erproben. Nachdem der Lehrer das Vorgehen konkret und kleinschrittig erläutert hat, könnte beispielsweise ein Schüler gebeten werden, die Anwendung der Strategie laut vor der Klasse zu übernehmen. In dieser Strategieerarbeitung werden die Schüler vom Lehrer angeleitet und unterstützt. Für diese Phase sollten fünf bis zehn Unterrichtsstunden eingeplant werden, bis alle Schüler die verschiedenen Strategien verinnerlicht haben.

Phase 2 ›Vereinbarung von Regeln‹

Da die Schüler die Methode im weiteren Verlauf selbstständig anwenden, sollten bereits zu Beginn für jeden verbindliche Regeln vereinbart werden, die für den erfolgreichen Einsatz der Methode grundlegend sind. Texte werden beispielsweise abschnittsweise gelesen und für jeden Textabschnitt wird ein Schüler der Kleingruppe zum »Teamchef« erklärt (vgl. Abschnitt 3.2.3). Darüber hinaus sollte auf die Einhaltung von Gesprächsregeln geachtet werden. Es empfiehlt sich, diese im Vorfeld mit den Schülern gemeinsam zu erarbeiten. Die Regel, für jeden Abschnitt einen anderen Schüler zu bestimmen, der die Teamchef-Rolle übernimmt, erscheint sinnvoll, damit alle Schüler die Möglichkeit haben, diese verantwortungsvolle Rolle zu übernehmen.

Phase 3 ›Durchführung‹

Zunächst sollten interessante Texte ausgewählt werden (den Fähigkeiten der Schüler angemessen, aber dennoch herausfordernd), die klar in Abschnitte unterteilt sind (mindestens vier bis maximal sechs Sätze pro Abschnitt). Gerade zu Beginn empfiehlt es sich, die Strategien auf einem Merkzettel (z. B. ein Lesezeichen; siehe hierzu: Trautwein 2008) für alle Schüler griffbereit zur Verfügung zu stellen. Auf einen respektvollen und hilfsbereiten Umgang miteinander ist in besonderem Maße zu achten, um abwertende Reaktionen bereits im Ansatz zu unterbinden und kooperatives Verhalten zu unterstützen. Im Rahmen der ersten Stunde, in der die Strategieanwendung in Kleingruppen erfolgt (nachdem die ersten beiden Phasen abgeschlossen sind), empfiehlt sich folgende Vorgehensweise:

1. Der Lehrer bearbeitet zunächst die ersten beiden Abschnitte des Texts mit den Schülern gemeinsam (unter Anwendung der vier Strategien).
2. Anschließend werden Kleingruppen (maximal sechs Schüler pro Gruppe) oder Tandems gebildet.
3. Die Schüler wenden die Strategien in den verschiedenen Gruppen selbstständig an, wobei jeweils ein Schüler die Teamchef-Rolle übernimmt, die nach jedem bearbeiteten Abschnitt an einen anderen Schüler der Gruppe weitergegeben wird.

Das Aufgabenprofil der Teamchef-Rolle

Die Teamchef-Rolle stellt den Kern der Methode dar und erfordert eine gesonderte, schrittweise Einführung und Übung, da diese Rolle besondere Verantwortung trägt. Die Organisation des Gruppengeschehens wird an den jeweils in der Teamchef-Rolle agierenden Schüler übergeben. Diese Rolle sollte über die einzelnen Stunden hinweg gleichmäßig auf alle Schüler verteilt sein, wobei schwächere Schüler unter Umständen von stärkeren Schülern Hilfestellungen oder Unterstützung (z. B. im Rahmen einer Partnerarbeit) erhalten können. Mit der Übernahme der Teamchef-Rolle werden zudem metakognitive Strategien im Sinne von Lernüberwachungsstrategien (Monitoring) angebahnt.

Schlüpft ein Schüler der Gruppe in die Teamchef-Rolle, so übernimmt er als Prozessträger die folgenden Aufgaben:

- Organisation des Ablaufs: Er fordert Mitschüler auf, eine oder mehrere Strategien auf den Textabschnitt anzuwenden (beispielsweise »Wem fällt eine gute Frage ein?«).
- Feedback/Überwachung des Strategieeinsatzes: Er gibt Mitschülern Rückmeldung (direktes Feedback) über die Ausführung der jeweiligen Strategie und macht ggf. Verbesserungsvorschläge.
- Organisation des Rollenwechsels: Er bestimmt, wer seine Rolle als Nächster übernimmt, nachdem ein Abschnitt durchgearbeitet worden ist.

3.3 Berichtete Erfahrungen

Die beschriebene Methode wurde bereits erfolgreich an einer deutschen Hauptschule eingesetzt (Trautwein 2008). Die Förderung erfolgte in Kleingruppen, über alle Klassenstufen hinweg, in einem Umfang von 20 Unterrichtsstunden. Neben positiven Erfahrungen in der Anwendung dieser Methode, wie z. B. einer Steigerung der kommunikativen Fähigkeiten der Schüler, konnten auch einige Schwierigkeiten identifiziert werden. Vor allen Dingen erwies sich die wenig abwechslungsreiche Arbeit an einem Text, über den Zeitraum einer gesamten Schulstunde hinweg, als problematisch. Es traten Motivations- und dadurch auch Konzentrationsschwierigkeiten auf. Aus diesem Grund wurden andere Arbeitsformen integriert, um den Unterricht methodisch abwechslungsreicher zu gestalten (beispielsweise Arbeitsblätter zur schriftlichen Bearbeitung der Texte).

3.4 Forschungsergebnisse

Im Rahmen einer Metaanalyse konnte eine durchschnittliche Effektstärke von $d = .88$ für diese Maßnahme ermittelt werden. Demnach ist von einem starken Effekt der beschriebenen Intervention auszugehen. Für »realistische« Texte führten die Berechnungen darüber hinaus zu einem noch höheren Wert von $d = 1.00$ (Rosenshine & Meister 1994). Anders als in Schulleistungstests handelt es sich hierbei um längere Texte, wie sie auch im Unterricht verwendet werden.

Palincsar und Brown (1984) konnten im Rahmen der ersten Erprobung dieser Methode nachweisen, dass leseschwache Kinder der 7. Klasse bereits nach sechs Wochen (eine Förderstunde pro Tag) Rückstände von bis zu zwei Schuljahren aufholen konnten. Diese Effekte blieben über einen Zeitraum von einem Jahr stabil.

Mastropieri et al. (1996) ordneten verschiedene Interventionen zur Leseförderung in ihrer Metaanalyse drei unterschiedlichen Gruppen zu. Auf Basis der zugrunde liegenden Studien stellte sich »Self-Questioning« als die effektivste Kategorie heraus ($d = 1.33$). Hierunter werden Methoden der Überprüfung eigener Hypothesen durch Fragenstellen, der Aktivierung des Vorwissens, inhaltliche Zusammenfassungen und Vorhersagen über den weiteren Verlauf eines Texts verstanden (also genau die oben beschriebenen Strategien des Reciprocal Teachings). Mnemotechnische Hilfen, Textmanipulationen oder Unterstreichen wurden der Kategorie »Text Enhancement« zugeordnet, die in dieser Studie eine Effektstärke von d =.92 erreichte. Die dritte Gruppe von Interventionen wurde unter dem Begriff »Skills« zusammengefasst, worunter Wortschatzarbeit, wiederholtes Lesen, Verbesserung von Dekodierstrategien und Leseflüssigkeit verstanden werden (d =.62).

4 Fazit

Reciprocal Teaching lässt sich demnach als ein effektives Verfahren beschreiben, das unabhängig vom Alter der Probanden und der genauen Art der Durchführung eine hohe Wirkung erzielt. Verantwortlich für den Erfolg ist neben dem Erlernen und Anwenden der spezifischen Strategien vor allem die Durchführung des wechselseitigen Lehr-/Lern-Prozesses (Streblow 2004).

Somit sollte die Methode Reciprocal Teaching vermehrt in deutschen Schulen zum Einsatz kommen, denn sie stellt eine wertvolle Erweiterung zu bisher verwendeten Unterrichtsmethoden dar und bewirkt nicht nur die Steigerung der Lesekompetenz, sondern eröffnet ebenso vielfältige Chancen zur Förderung der sozialen und emotionalen Fähigkeiten in heterogenen Lerngruppen.

Literatur

Benkmann, R. (2000): Probleme und Perspektiven sonderpädagogischer Förderung von Kindern und Jugendlichen mit gravierenden Lernschwierigkeiten am Beispiel von Entwicklungen im neuen Bundesland Thüringen. In: Zeitschrift für Heilpädagogik 51 (1), 4–12.

Demmrich, A. & Brunstein, J. C. (2004): Förderung sinnverstehenden Lesens durch »Reziprokes Lehren«. In: Lauth, G. W., Grünke, M. & Brunstein, J. C. (Hrsg.): Interventionen bei Lernstörungen. Förderung, Training und Therapie in der Praxis. Göttingen.

Ginsburg-Block, M. D., Rohrbeck, C. A. & Fantuzzo, J. W. (2006): A Meta-Analytic Review of Social, Self-Concept, and Behavioral Outcomes of Peer-Assisted Learning. In: Journal of Educational Psychology, Vol. 98, 732–749.

Greenberg, M. T., Weissberg, R. P., O'Brien, M. U., Zins, J. E., Fredericks, L., Resnik, H. & Maurice, J. E. (2003): Enhancing School-Based Prevention and Youth Development Through Coordinated Social, Emotional, and Academic Learning. In: American Psychologist, Vol. 58, No. 6/7, 466–474.

Grünke, M. (2006): Zur Effektivität von Fördermethoden bei Kindern und Jugendlichen mit Lernstörungen. Eine Synopse vorliegender Metaanalysen. In: Kindheit und Entwicklung, 15 (4), 239–254.

Mastropieri, M. A., Scruggs, T. E., Bakken, J. P. & Whedon, C. (1996): Reading comprehension. A synthesis of research in learning disabilities. In: Scruggs, T. E. & Mastropieri, M. A. (Hrsg.): Advances in Learning and Behavioral Disabilities. Greenwich, CT, 201–227.

Palincsar, A. S. & Brown, A. L. (1984): Reciprocal Teaching of comprehension-fostering and comprehension-monitoring activities. In: Cognition & Instruction, 1, 117–175.

Rohrbeck, C. A., Ginsburg-Block, M. D., Fantuzzo, J. W. & Miller, T. R. (2003): Peer-Assisted learning Interventions with Elementary School Students: A meta-analytic Review. In: Journal of Educational Psychology, Vol. 95, 240–257.

Rosenshine, B. & Meister, C. (1994): Reciprocal teaching: A review of the research. In: Review of Educational Research, 64, 479–530.

Slavin, R. E. (1987): Developmental and Motivational Perspectives on Cooperative Learning: A Reconciliation. In: Child Development, Vol. 58, No. 5, Special Issue on Schools and Development (Oct. 1987), 1161–1167.

Souvignier, E. (2009): Effektivität von Interventionen zur Verbesserung des Leseverständnisses. In: Lenhard, W. & Schneider, W. (Hrsg.): Diagnose und Förderung des Leseverständnisses (Test und Trends N. F. Band 7). Göttingen.

Streblow, L. (2004): Zur Förderung der Lesekompetenz. In: Schiefele, U., Artelt, C., Schneider, W. & Stanat, P. (Hrsg.): Struktur, Entwicklung und Förderung von Lesekompetenz. Vertiefende Analysen im Rahmen von Pisa 2000. Wiesbaden, 275–306.

Trautwein, L. (2008): »Reciprocal Teaching« – Leseverstehens-Training in der Praxis. In: Praxis Schule 5–10, Heft 1, 21–26.

Walter, J. (2002): »Einer flog übers Kuckucksnest« oder welche Interventionsformen erbringen im sonderpädagogischen Feld welche Effekte. In: Zeitschrift für Heilpädagogik, 11, 442–450.

Kooperative Förderplanung

Conny Melzer

1 Einleitung

»Lehreraufgaben im Wandel der Zeit«. Die Förderplanung steht wie fast keine andere Aufgabe von Lehrerinnen und Lehrer für den Wandel. Ende der 1980er-, Anfang der 1990er-Jahre erschienen in Deutschland (u. a. in Anlehnung an das IEP-Konzept in den USA) die ersten Publikationen, die u. a. auch die Förderplanung thematisierten (z. B. Kornmann 1986; Bönifer-Dörr 1992; Suhrweier & Hetzner 1993). In den Empfehlungen der Kultusministerkonferenz von 1994 werden Förderpläne für alle Förderschwerpunkte zur Planung der Förderung empfohlen (vgl. Drave, Rumpler & Wachtel 2000, 30 und 351). Spätestens seit Dietrich Eggert 1997 sein Buch »Von den Stärken ausgehen« veröffentlichte, gehörte die Förderplanung zum professionellen Standard in den meisten Förderschulen Deutschlands, auch wenn Anspruch und Wirklichkeit oft noch weit auseinander lagen. Seit 1998 – bis heute – werden jedes Jahr mehrere Bücher zur Förderplanung veröffentlicht. Bereits 2003 hatte sich die Förderplanung derart durchgesetzt, dass sie für den sonderpädagogischen Bereich in fast allen Ländern der Bundesrepublik Deutschland in Gesetzen, Verordnungen oder Erlassen verbindlich vorgeschrieben ist (vgl. Pluhar 2003, 76 ff.). In den letzten Jahren gewinnt sie auch im Bereich der allgemeinen Schule zunehmend an Bedeutung. Mit der gemeinsamen Presseerklärung der Bildungs- und Lehrergewerkschaften und der Kultusministerkonferenz vom 19.10.2006 (KMK 2006) wird die Förderplanung zur Aufgabe für Lehrkräfte aller Schularten (vgl. Popp, Melzer & Methner 2011, 9).

»Lehreraufgaben im Wandel der Zeit« – die Förderplanung steht in einem dynamischen Entwicklungsprozess und hat (derzeit) einen scheinbar dauerhaften Stellenwert in den Schulen erlangt. Aber ist der vermeintliche Siegeszug tatsächlich einer? Gesetze, Rechtsverordnungen oder Erlasse stellen die Umsetzung im Schulalltag nicht sicher, zumal es zahlreiche Hindernisse gibt, die noch nicht gelöst sind:

- Es gibt Schwierigkeiten bei der Formulierung von passenden Förderzielen und Fördermaßnahmen, vor allem, wenn die betreffenden Schülerinnen und Schüler von der Förderplanung ausgeschlossen werden (vgl. Melzer 2010, 275).
- Die Effektivität von Förderplänen ist – bei gleichzeitiger Unzufriedenheit der Lehrkräfte (vgl. Melzer 2010, 212) mit diesem Professionalisierungsinstrument – bislang nicht nachgewiesen.

- Bisher wurden für die zusätzliche Aufgabe Förderplanung oftmals nicht genügend zeitliche, räumliche und finanzielle Ressourcen zur Verfügung gestellt (Popp, Melzer & Methner 2011, 66).
- Es existiert noch immer ein hoher Fortbildungsbedarf im Bereich Förderplanung (vgl. Melzer 2010, 219).

Diese Hindernisse sollen aber nicht darüber hinwegtäuschen, dass die Förderplanung tatsächlich eine geeignete Methode zur Professionalisierung der Förderung ist (vgl. Melzer 2010, 219; Popp, Melzer & Methner 2011, 13 f.). Im vorliegenden Beitrag werden daher nicht nur die Funktionen und Arten von Förderplänen kurz beschrieben, die genau auf diese Professionalisierungsmöglichkeit hinweisen, sondern auch Kriterien für eine gelingende Förderplanung zur Überwindung zumindest einiger der genannten Hindernisse. Die Kooperative Förderplanung als eine Prozessform der Förderplanung kann fast alle Qualitätskriterien erfüllen. Daher wird abschließend die Kooperative Erstellung und Fortschreibung individueller Förderpläne (KEFF) nach Mutzeck & Melzer (2007) als eine evaluierte Förderplanungsmethode anhand eines Beispiels dargestellt.

2 Funktionen von Förderplänen

Innerhalb der verschiedenen Publikationen zur Förderplanung wurden verschiedene Funktionen vorgestellt, die ein Förderplan erfüllen kann. Popp, Melzer & Methner (2011, 23 f.) haben diese zusammengestellt und erweitert:

- **Zielführende Funktion**
  Die Förderplanung unterstützt eine zielgerichtete (und effektive) Unterrichtung und Förderung der Schülerinnen und Schüler. Der Förderplan ermöglicht eine Zielvereinbarung und -fokussierung der beteiligten Personen.
- **Strukturierende Funktion**
  Förderpläne können bei der Strukturierung von Lern- und Förderprozessen behilflich sein.
- **Legitimations- und Dokumentationsfunktion**
  Mit der Hilfe von Förderplänen wird der Hilfe- bzw. Förderbedarf beschrieben. Neben der möglichen Begründung von Schullaufbahnentscheidungen (z. B. Bewilligung von Maßnahmen zur Integration) wird den gesetzlichen Erwartungen an die Förderplanung entsprochen: Durch die Dokumentation der Förderung wird auch das eigene Handeln dokumentiert und legitimiert.
- **Transparenzfunktion**
  Auf der Inhalts-, Prozess- und Beziehungsebene wird Transparenz hergestellt und damit die Teamarbeit der Lehrkräfte untereinander gefördert.

- **Evaluationsfunktion**
  Förderpläne können zur Kontrolle der Entwicklung der Schülerinnen und Schüler und der eigenen Lehrtätigkeit und Förderung eingesetzt werden.
- **Koordinationsfunktion**
  Zwischen kooperierenden Einrichtungen können unter Berücksichtigung des Datenschutzgesetzes Informationen ausgetauscht werden (z. B. beim Übergang vom Kindergarten in die Schule oder zwischen Schule und Betreuungseinrichtung, Kooperation zwischen Schulen und Jugendhilfeeinrichtungen). Eine ganzheitliche Förderung wird somit unterstützt.
- **Orientierungsfunktion** für die Schülerinnen und Schüler
  Gemeinsame Zielfestlegungen im Förderplanprozess mit Schülerinnen und Schülern bieten ihnen die Möglichkeit einer Orientierung im Schulalltag und die Möglichkeit einer aktiven Mitwirkung am eigenen Förderprozess.

3 Arten von Förderplänen und der Förderplanung

Es kann innerhalb der Förderplanung in das Produkt Förderplan und den Prozess der Förderplanung (Prozessformen der Erstellung, Umsetzung und Fortschreibung) unterschieden werden (vgl. Mutzeck & Melzer 2007, 200). Sowohl für das Produkt Förderplan als auch für den Prozess der Förderplanung gibt es verschiedene Arten, die an dieser Stelle kurz beschrieben werden.

3.1 Arten von Förderplänen

Es können im deutschsprachigen Raum derzeit vier verschiedene Arten von Förderplänen unterschieden werden (vgl. Melzer 2009, 21 sowie Popp, Melzer & Methner 2011, 24):

- Förderpläne für Schülerinnen und Schüler mit sonderpädagogischem Förderbedarf an Förderschulen (separative Unterrichtung).
- Förderpläne für Schülerinnen und Schüler mit sonderpädagogischem Förderbedarf an Regelschulen (integrative Unterrichtung).
- Förder- oder Entwicklungspläne für Schülerinnen und Schüler ohne sonderpädagogischem Förderbedarf (z. B. innerhalb der Inklusion).
- Förderpläne für Schülerinnen und Schüler im Übergang zwischen zwei Institutionen (z. B. vom Kindergarten in die Schule oder von der Schule in den Beruf), sogenannte Übergangspläne.

Diese Arten gelten ausdrücklich für den Schulbereich im deutschen Sprachraum. Im englischen und angloamerikanischen Sprachraum haben sich andere Einteilungen (z. B. nach Förderschwerpunkten) entwickelt. Auch gibt es im deutschen Sprachraum weitere Pläne zur Förderung oder Therapie in anderen professionellen Settings, die anders benannt werden und teilweise eine unterschiedliche Legitimation erfahren (z. B. Therapieplan, Hilfeplan zur Erlangung auch finanzieller Mittel). Zum Produkt Förderplan gehören nicht nur seine Einsatzbereiche, sondern auch sein Layout und seine Inhalte. Nähere Ausführungen hierzu sind zu finden bei Popp, Melzer & Methner (2011, 22 sowie 28 ff.).

3.2 Arten der Förderplanung

Bei den Arten der Förderplanung geht es primär um den Prozess, wie Lehrkräfte oder andere an der Förderung beteiligte Personen die Förderpläne erstellen, umsetzen, evaluieren und fortschreiben. Popp, Melzer & Methner (2011, 36) gehen von vier Prozessformen aus:

- Für den Förderplanprozess ist eine Person allein verantwortlich. Diese erstellt den Förderplan, setzt ihn allein um, evaluiert ihn und schreibt ihn fort. Weitere an der Förderung beteiligte Personen werden nicht einbezogen.
- Eine Person ist für den Förderplanprozess hauptverantwortlich. In Rücksprache mit weiteren an der Förderung Beteiligten (z. B. innerhalb einer Klassenkonferenz) erstellt der oder die Hauptverantwortliche den Förderplan eigenständig. Rücksprache kann zu Zielen, Maßnahmen, Umsetzung, Evaluation und/oder Fortschreibung gehalten werden.
- Die Lehrkraft (oder eine andere Person) erstellt den Förderplan zusammen mit dem Schüler oder der Schülerin im Sinne einer gemeinsamen Zielvereinbarung.
- Alle (bzw. möglichst viele) an der Förderung beteiligten Personen gestalten den Förderprozess gemeinsam.

4 Qualitätskriterien und Kooperative Förderplanung

Dies war bislang eine eher nüchterne Beschreibung dessen, was Förderpläne leisten könnten, was es für Förderpläne gibt und welche Möglichkeiten bezüglich des Prozesses bestehen. Damit ist aber noch nicht sichergestellt, dass die Funktionen tatsächlich zum Tragen kommen und dieses Professionalisierungsinstrument Förderplan eine Unterstützung für den schulischen Alltag ist. Eine Ansatzmöglichkeit bietet die Einhaltung möglichst vieler Qualitätskriterien.

Im Folgenden werden Qualitätskriterien für den Förderplan als Produkt und als Prozess dargestellt, die anhand verschiedener Förderplanveröffentlichungen zusammengestellt wurden (vgl. Melzer 2010 sowie Popp, Melzer & Methner 2011, 25 f.). Zu den einzelnen Kriterien werden mögliche Indikatoren formuliert, die aber nicht vollständig sind, sondern im Gegenteil erweitert werden können.

Tab. 1: Qualitätskriterien und mögliche Indikatoren

Qualitätskriterium	Indikator für dessen Erreichen
Fachliche und sachliche Richtigkeit	• Der aktuelle Entwicklungsstand wird berücksichtigt und aus wissenschaftstheoretischer Perspektive mit aktuellen Diagnoseinstrumenten erhoben. • Grundlagen der Fachdidaktik (z. B. Deutsch oder Mathematik) und Unterrichtsmethodik werden bei der Planung bewährter (und effektiver) Maßnahmen berücksichtigt.
Vielseitigkeit	• Der Förderplan bezieht Förderbereiche aus verschiedenen Lern- und Lebensbereichen ein. • Im Förderplanprozess sind verschiedene Personen einbezogen.
Flexibilität	• Der Förderplan und der Förderplanprozess sind veränderbar bei Veränderungen im Entwicklungsstand des Schülers, im Umfeld, die Einfluss auf die Förderung haben, und Veränderungen in der Fördersituation. • Zum Einbringen von Veränderungen ist der Förderplan ständig zugänglich. • Flexibilität ist durch eine permanente Prozessevaluation gekennzeichnet.
Begrenztheit und Schwerpunkte setzend	• Aus dem Entwicklungsstand werden maximal drei Förderbereiche ausgewählt und in den Förderplan aufgenommen. • Für jeden Förderbereich werden maximal zwei Förderziele formuliert. • Pro Förderziel werden maximal zwei Fördermaßnahmen entwickelt, wobei auch eine ausreichend ist. • An einem kooperativen Förderplangespräch nehmen maximal sechs an der Förderung beteiligte Personen teil.
Kommunizierbarkeit	• Innerhalb der Schule gibt es ein einheitliches Förderplanschema. • Es finden regelmäßige Förderplangespräche zum Austausch von Informationen statt. • Der Förderplan ist so formuliert, dass Kolleginnen und Kollegen, Eltern sowie die Schülerinnen und Schüler die Inhalte verstehen (z. B. Formulierung ganzer, kurzer Sätze in den Adressaten gerechter Sprache). • Die Kommunikation der am Förderprozess Beteiligten ist zur Weitergabe von Veränderungen gewährleistet.
Individuelle Abstimmung	• Der Förderplan ist individuell auf den jeweiligen Schüler, die jeweilige Schülerin abgestimmt und enthält individuelle Ziele und Maßnahmen (keine Klassenziele oder vorformulierte Ziele aus Diagnoseinstrumenten bzw. Trainings). • Die Ziele beschreiben konkrete Soll-Zustände, die durch den betreffenden Schüler erreicht werden können.
Ökonomie in der Erstellung und Fortschreibung	• Auf die Begrenzung der Inhalte wird besonders Wert gelegt. • Es gibt festgelegte Zeiten zur Förderplanung im Team. • Die an einer Kooperativen Förderplanung beteiligten Personen halten sich an Gesprächsregeln und eine formale Struktur, um nicht vom Thema abzuweichen, um »Zeitfresser« zu vermeiden. • Es werden realistische, erreichbare Ziele formuliert, sodass ein Fortschritt erkennbar und die Effektivität der Förderung erhöht wird. • Die Fördermaßnahmen werden gleichmäßig auf alle am Förderprozess beteiligten Personen vergeben, durchgeführt und evaluiert.

Qualitäts-kriterium	Indikator für dessen Erreichen
Unterrichts-relevanz	• Die Förderziele und -maßnahmen beziehen sich auf aktuelle Unterrichtsinhalte oder bereiten mit der Schaffung individueller Voraussetzungen auf deren Bewältigung vor. • Es kommen u. a. individualisierende Unterrichtsmethoden (z. B. Wochenplan oder Freiarbeit) zum Einsatz, innerhalb derer die Umsetzung des Förderplans möglich ist.
Verbindlichkeit	• Alle an der Förderung beteiligten Personen unterschreiben den erstellten und den fortgeschriebenen Förderplan (Förderkontrakt). • Innerhalb der Evaluation wird die Umsetzung der Fördermaßnahmen analysiert.
Dokumentation	• Auf dem Förderplan ist ersichtlich, welche Fördermaßnahmen in welchem Zeitraum durchgeführt wurden und inwiefern mit ihnen angestrebte Förderziele erreicht wurden. • Der Förderplan wird als Kommunikationsgrundlage in Förderplangespräche oder bei Informationsweitergaben genutzt. • Evaluierte Förderpläne werden für die an der Förderung beteiligten Personen erreichbar aufbewahrt (z. B. Abheften in einem Schülerordner).
Evaluation	• Auf dem Förderplan ist ersichtlich, wer was wann und wo kontrolliert. • Das Datum für die Fortschreibung und damit die Zeitspanne der Evaluation sind festgelegt und auf dem Förderplan angegeben.

An einigen Indikatoren wird ersichtlich, dass die Kooperative Förderplanung, also »... der gemeinsame Prozess des Erstellens, Umsetzens, Evaluierens und Fortschreibens individueller Förderpläne im Team« (Popp, Melzer & Methner 2011, 42), das Erfüllen fast aller Qualitätskriterien unterstützt und begünstigt. Als Beispiele sollen die Vielseitigkeit (mehrere an der Förderung beteiligte Personen), die Kommunizierbarkeit (direkter Informationsaustausch beim Förderplantreffen) sowie die Verbindlichkeit (alle unterschreiben den Förderplan und können sich an die Umsetzung erinnern) genannt sein. Die anderen Qualitätskriterien werden insbesondere durch gegenseitige Erinnerungen und Kontrolle (es gibt immer eine Person, die auf die Begrenzung oder die Unterrichtsrelevanz achten kann bzw. protokolliert/dokumentiert, während die anderen Teilnehmer noch überlegen) unterstützt. Außerdem sind aus organisatorischer Sicht kurze Informationswege gewährleistet. Entsprechend können diese Vorteile für eine Kooperative Förderplanung benannt werden (zusammengestellt von Popp, Melzer & Methner 2011, 43):

- In Kooperation erstellte *Förderpläne sind effektiver und umfassender* (vgl. Straggilos & Xanthacou 2006, 339).
- Es kommt zu einem direkten *Informationsaustausch* zwischen allen Beteiligten (vgl. Martin 2005, 5).
- In der Kooperativen Förderplanung werden klar definierte Einzelleistungen beschrieben und vergeben (vgl. Mutzeck & Melzer 2007, 210): Es kommt zu einer *Arbeitsteilung* in den Bereichen: Treffen von Entscheidungen und Durchführung der Maßnahmen/des Plans (vgl. Martin 2005, 5) sowie beim Sammeln von Informationen.

- Straggilos & Xanthacou (2006, 343) ermitteln in ihrer Studie, dass neben der Steigerung der Effektivität der Förderpläne auch die *Effektivität der Teamarbeit* durch eine Kooperative Förderplanung gesteigert wird.
- Vermeidung sich ausschließender Maßnahmen, vor allem wenn auch außerschulische Kooperationspartner beteiligt werden (vgl. Bethge 2010, 6)

Kooperative Förderplangespräche bergen aber aufgrund des Sprechens (oder Diskutierens) mehrerer Personen die Gefahr, »abzuschweifen«. Damit ist das Besprechen von Einzelheiten gemeint oder anderer Themen, die primär nichts mit der Förderplanung zu tun haben. Wohl jeder wird dies schon einmal in einer Teamsitzung erlebt haben. Umso wichtiger ist die Orientierung an einem Ablaufplan für das Förderplangespräch. Die im nachfolgenden Punkt dargestellte »Kooperative Erstellung und Fortschreibung individueller Förderpläne (KEFF)« ist ein Gesamtkonzept, das nicht nur Grundlagen der Förderplanung im Team berücksichtigt (z. B. die Beziehungsebene), sondern auch solche Ablaufpläne in Form von Leitfäden für Gespräche zur Erstellung und zur Fortschreibung individueller Förderpläne zur Verfügung stellt.

5 Die Kooperative Erstellung und Fortschreibung individueller Förderpläne (KEFF) – eine evaluierte FP-Methode

Die Kooperative Erstellung und Fortschreibung individueller Förderpläne (KEFF) ist eine Methode, die aus der Literatur entwickelt (vgl. Melzer 2009), von der Autorin praktisch erprobt, in verschiedenen Fortbildungen vermittelt, von den Teilnehmern der Fortbildungen im schulischen Alltag angewendet und schlussendlich evaluiert wurde (vgl. Popp, Melzer & Methner 2011 sowie Melzer 2009).

An dieser Stelle wird die KEFF mit ihrem Rahmenkonzept, den Leitfäden zur Erstellung und zur Fortschreibung sowie mit Schlussfolgerungen, die sich aus der Evaluation ergeben, vorgestellt.

5.1 Das Rahmenkonzept

Förderplanung ist immer im Kontext von Förderung, Unterricht, Diagnostik und Evaluation zu sehen. »Unterricht und Förderung besitzen [...] einen übergeordneten Stellenwert und werden [...] als elementare Aufgabe verstanden, innerhalb derer sich die Teilbereiche Förderplanung, Diagnostik und Evaluation verorten lassen« (Popp, Melzer & Methner 2011, 16 f.). Über diese Verschränkung besteht in der wissenschaftlichen Diskussion weitgehend Einigkeit. Weitere Ausführungen zu diesem Thema finden sich u. a. bei Popp, Melzer & Methner (2011, 16 ff.), Ricken (2008, 79), Mutzeck & Melzer (2007, 209) sowie Matthes (2003, 23 ff.).

Das Rahmenkonzept der KEFF greift diese Verschränkung ebenso auf. Zusätzlich wird aber von einer Meta- und Schachteltheorie ausgegangen, in die die Förderplanung und alle mit ihr in Verbindung stehenden Aufgaben eingebettet sind (vgl. Mutzeck & Melzer 2007, 204). Innerhalb dieser Meta- und Schachteltheorie wird das Menschenbild transparent gemacht, das in diesem Fall vom Menschen als reflexives Subjekt ausgeht. Weiterhin wird ein Ansatz zur Erklärung von Handlungen und Verhaltensweisen zur Verfügung gestellt. Da diese Grundannahmen für alle Menschen gelten, ist von einer Gleichwertigkeit aller an der Förderplanung Beteiligten auszugehen. Nähere Informationen zu den Grundlagen der KEFF sind z. B. zu finden bei Mutzeck & Melzer (2007) sowie Melzer, Pasewark & Stützel (2007).

5.2 Leitfäden zur Kooperativen Erstellung und Fortschreibung individueller Förderpläne (KEFF)

Für ein kooperatives Förderplanungsgespräch müssen zunächst Rahmenbedingungen geschaffen werden: genügend Zeit, ein ruhiger Raum mit einem großen Tisch, verschiedene Materialien zur Visualisierung des Gesprächsinhalts sowie Bestimmung und Einladung der teilnehmenden Personen. Die Teilnehmerzahl sollte nicht höher als sechs sein, um arbeitsfähig zu bleiben (Konsensfindung, Zeit). Außerdem sollten mindestens der Klassenlehrer, die diagnostizierende Lehrkraft sowie der Schüler selbst teilnehmen (vgl. Popp, Melzer & Methner 2011, 50). Die KEFF kann auch ohne den Schüler stattfinden, wobei das zugrunde liegende Menschenbild eine Teilnahme sehr nahelegt.

Die KEFF stellt im Gegensatz zu vielen anderen Konzeptionen zur Kooperativen Förderplanung zwei Leitfäden – je einen zur Erstellung und zur Fortschreibung – zur Verfügung. Diese werden im Folgenden kurz anhand eines Beispiels vorgestellt.

5.3 Erstellung individueller Förderpläne

Die Erstellung eines Förderplans nach dem Leitfaden der KEFF dauert je nach Zahl der Beteiligten zwischen 60 und 90 Minuten. Geübte Teilnehmer benötigen sehr viel weniger Zeit, vor allem wenn sie sich an folgende Gesprächsregeln halten:

- »Es wird nacheinander gesprochen! Ausreden lassen!
- Kurze sachliche Schilderungen!
- Dialog-Konsens nach jedem inhaltlichen Abschnitt bzw. Darstellung der Informationen!
- Keine Wertung der Informationen!
- Schweigepflicht nach außen!« (Mutzeck & Melzer 2007, 220).

▶ Tab. 2 zeigt die Schritte des Leitfadens zur Erstellung individueller Förderpläne. Im Anschluss nach dem jeweiligen Schritt werden Erläuterungen zum genannten Beispiel zugefügt.

Tab. 2: Schritte der KEFF zur Erstellung individueller Förderpläne (nach Melzer 2009, 127)

Schritte der KEFF	Erläuterungen zum Schritt
Einführung in die KEFF	Begrüßung und Vorstellung der Teilnehmer, Vereinbaren von Gesprächsregeln und Zeit, Zielvereinbarung, Transparenz des Ablaufes
Informationsaustausch und -analyse	Kurzinformationen zum Schüler Differenzierte Einzelberichte mit der Benennung von Defiziten und Kompetenzen. Diese werden auf Kärtchen geschrieben und in Teilaspekte geclustert. Analyse der Informationen durch vertiefende Fragen (Konkretisieren, Finden von Zusammenhängen und Widersprüchen)

Beispiel: **Schülerin S. (Förderschwerpunkt Lernen):**

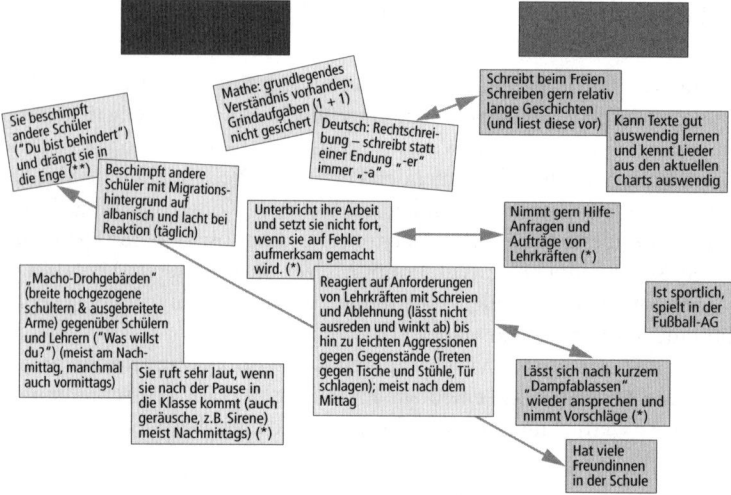

Die Pfeile stehen für Zusammenhänge und Widersprüche zwischen den einzelnen zusammengetragenen Aspekten.

Schritte der KEFF	Erläuterungen zum Schritt
Bestimmen von Förderbereichen und Erarbeiten von Förderzielen	Auf der Basis der Informationsanalyse werden maximal drei Förderbereiche (besser zwei) bestimmt, die aktuell im Vordergrund stehen sollten. Im obigen Beispiel ist dies durch die Sternchen visualisiert – so viele Teilnehmer möchten am jeweiligen Förderbereich arbeiten. In Form eines Brainstormings werden für jeden Förderbereich Ziele erarbeitet und ein Förderziel pro Bereich wird in den Förderplan aufgenommen.

Sie beschimpft andere Schüler („Du bist behindert") und drängst sie in die Enge (**)	Sie kennt Möglichkeiten zum rücksichtsvollen Umgang mit ihren Mitschülern auch im Konfliktfall (***)
Sie ruft sehr laut, wenn sie nach der Pause in die Klasse kommt (auch Geräusche, z.B. Sirene) (meist Nachmittags) (*)	S. geht rücksichtsvoll mit ihren Mitschülern um
Nimmt gern Hilfe-Anfragen und Aufträge von Lehrkräften (*)	Umgang mit Anderen lernen
Lässt sich nach kurzem „Dampfablassen" wieder ansprechen und nimmt Vorschläge (*)	S. findet prosoziale Wege, ihrem Unmut Luft zu machen

Für die von den Beteiligten gewählten Förderbereiche (links) werden Ziele formuliert (rechts). Das oberste Förderziel (drei Sterne) ist von den Teilnehmern in den Förderplan aufgenommen worden.

Kooperative Förderplanung

Schritte der KEFF	Erläuterungen zum Schritt
Erarbeiten von Fördermaßnahmen	Für die gewählten Ziele werden möglichst viele Fördervorschläge gesammelt (Methode: Brainstorming). Gemeinsam wird über zwei bis drei Fördermaßnahmen pro Ziel entschieden.

Rollenspiele (***)

Streitkultur in Rollenspielen üben

Perspektivwechsel

Entspannungstechniken für emotionsgeladene Situationen einüben

Sie kennt Möglichkeiten zum rücksichtsvollen Umgang mit Ihren Mitschülern auch im Konfliktfall (***)

„Giraffensprache" und „Wolfssprache" kennen lernen und üben

Klassen- und Schulregeln aufstellen: „Wie möchte ich behandelt werden?"

Problematisierende Kinder- und Jugendliteratur als Klassenlektüre zur Thematik (*)

Programm „Faustlos" in der Klasse durchführen

Peergestütztes Lernen

Erstellen des Förderplans	Eintragen der Förderbereiche und -ziele in das Förderplanschema Für die Fördermaßnahmen wird bestimmt, wer wann was wo und wie umsetzen wird. Im Sinne eines Förderkontrakts unterschreiben alle Teilnehmer den Förderplan.

Beispiel für ein Förderplanschema (aus Mutzeck & Melzer 2007, 228)

Individueller Förderplan für:		Erstellung am:		Fortschreibung am:	
Förderbereich/-schwerpunkt	Förderziel(e)	Fördermaßnahmen		Besondere Bedingungen	Evaluation Zeit Ergebnis
		Was	Wer/Wann/Wo		

Unterschriften der Verantwortlichen:

_____   _____

_____   _____

Schritte der KEFF	Erläuterungen zum Schritt
Vorbereitung der Fortschreibung	Bestimmen, wie und mit welchen Mitteln die Evaluation der Maßnahmen durchgeführt wird sowie wer verantwortlich ist Bestimmen eines neuen Termins zur Fortschreibung des Förderplans
Die Durchführung der gewählten Fördermaßnahme, des Rollenspiels, kann sehr leicht evaluiert werden (wurde es durchgeführt oder nicht). Schwieriger stellt sich die Kontrolle der Zielerreichung dar. Das Kennen alternativer Handlungsmöglichkeiten könnte z. B. in einem Quiz erfragt oder in Stand-up-Rollenspielen (Wiederholungen der Maßnahme) überprüft werden. Weiterhin können Beobachtungen von Konfliktfällen dokumentiert und in sich anschließenden Gesprächen nach möglichen Handlungsalternativen gefragt werden.	
Abschluss des Förderplangesprächs	Zusammenfassung der Arbeit und Vergleich mit der Zielvereinbarung aus der Einführung Würdigung der gemeinsamen Arbeit (Beteiligung etc.) Verabschiedung

5.4 Fortschreibung individueller Förderpläne

Die Gesprächsregeln, die im Punkt 5.3 aufgelistet wurden, gelten für die Fortschreibung in gleicher Weise. Für die Durchführung dieses Leitfadens sollten zwischen 45 und 60 Minuten eingeplant werden. Auch hier gilt: Geübte Förderplaner sind schneller.

Das Beispiel ist im Workshop nicht evaluiert worden. Die Zufügungen stellen eine fiktive Weiterführung des Beispiels durch die Autorin dar.

Tab. 3: Schritte der KEFF zur Fortschreibung individueller Förderpläne (nach Melzer 2009, 128)

Schritte der KEFF	Erläuterungen zum Schritt
Einführung in die KEFF	Begrüßung und Vorstellung der Teilnehmer (nur, wenn neue Personen hinzugekommen sind), Auffrischung der Gesprächsregeln, Zielvereinbarung
Zusammenfassende Darstellung des gemeinsam erstellten Förderplans	Zusammenfassung der beschlossenen Maßnahmen des zu evaluierenden Förderplans Die Zusammenfassung wird sehr kurz gehalten

Schritte der KEFF	Erläuterungen zum Schritt
Kurzberichte über die Umsetzung und Reflexion der Förderung der Schülerin/ des Schülers	Wie verlief der Förderprozess? Welche Bedingungen waren förderlich/hinderlich? Wie gelang die Arbeit mit dem Förderplan? Welche Veränderungen konnten beim Schüler wahrgenommen werden? Aktualisierung des Ist-Standes (als Blitzlicht durchführen), ggf. erneute Durchführung des zweiten Schritts der Erstellung

Beispiel: Schülerin S.
Es ist ein neuer Aspekt im Ist-Stand dazugekommen:

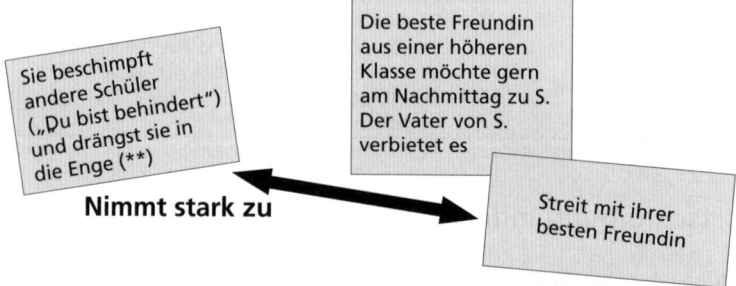

Analyse der Umsetzung der Fördermaßnahmen	Benennen von Gründen für eine Zielerreichung und für veränderte Umsetzung von Maßnahmen. Es wird gemeinsam entschieden, ob die Maßnahme wie geplant/modifiziert/nicht umgesetzt wurde die Maßnahme erfolgreich/nicht erfolgreich war (Zielerreichung?) die Maßnahme abgeschlossen werden soll/ versucht wird, sie ein zweites Mal umzusetzen oder modifiziert wird.

Zur Analyse der Umsetzung der Fördermaßnahme »Rollenspiel« kommt ein Analyse-Schema zum Einsatz. Die möglichen Gedankengänge des Förderplanteams sind grafisch hervorgehoben.

Die Kooperative Erstellung und Fortschreibung individueller Förderpläne (KEFF)

Schritte der KEFF	Erläuterungen zum Schritt

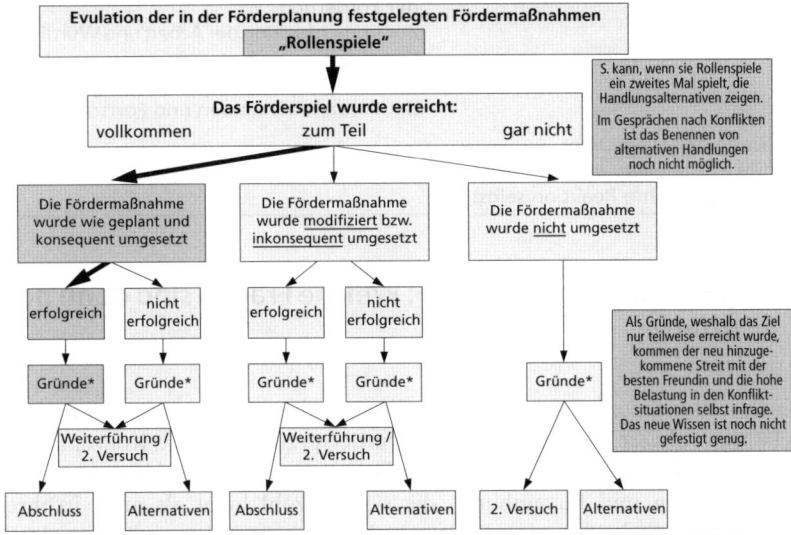

* Hier sind die Gründe für die Ziel(nicht)erreichung, die Art der Umsetzung und den (Nicht-)Erfolg der Maßnahme anzugeben

Fortschreiben des Förderplans	Einarbeiten der Analyseergebnisse in den Förderplan Ggf. Bestimmen neuer Förderbereiche, Förderziele und Fördermaßnahmen. Hierbei können entweder Förderziele und/oder -maßnahmen aus der ersten Sitzung verwendet oder mittels Brainstorming neue entwickelt werden. Im Sinne eines Förderkontrakts wird auch der fortgeschriebene Förderplan durch alle Teilnehmer unterschrieben.

Die Teilnehmer der Kooperativen Förderplanung entschieden sich für den Abschluss der Maßnahme und für eine Veränderung bzw. Anpassung der Zielformulierung.

Neues Ziel:
S. wendet eine gelernte Handlungsalternative in Konfliktsituationen mit ihrer besten Freundin an.

Im Gespräch: Auswahl einer der erprobten Handlungsalternativen für Konfliktsituationen mit C

Auswertungsgespräche nach jeder Konfliktsituation mit C., inwiefern die Alternative zum Einsatz kam

Schritte der KEFF	Erläuterungen zum Schritt
Abschluss des Förderplangesprächs	Entscheidung über die Art der Weiterführung der Förderung Zusammenfassung der Arbeit und Würdigung derselben Ggf. Vorbereitung einer erneuten Evaluation der Fördermaßnahmen und Fortschreibung
Vorbereitung der Evaluation: alle Konfliktsituationen werden dokumentiert: wann fanden sie statt, wie hat S. reagiert und wie schätzt S. ihre Reaktion selbst ein	

5.5 Die Evaluation der KEFF: Welche Fragen sind denn noch offen?

Die Kooperative Erstellung und Fortschreibung individueller Förderpläne (KEFF) ist vielfältig evaluiert worden. Zunächst wurde speziell für diese Konzeption ein umfangreiches Training entwickelt. Dieses Training wurde in zwei Untersuchungsgruppen (Sachsen und Luxemburg), die sich sowohl lokal als auch in ihrem Schulsystem unterscheiden, von Wolfgang Mutzeck und Conny Melzer durchgeführt und evaluiert (Melzer 2009). Weitere Trainings sind dann in Federführung von Kerstin Popp und Andreas Methner durchgeführt und evaluiert worden (vgl. Methner & Popp 2009).

Die Evaluation der KEFF schließt folgende Aspekte ein:

- Evaluation des Trainings in der Wahrnehmung und Einschätzung der Teilnehmerinnen und Teilnehmer
- Evaluation der innerhalb und nach den Trainings erstellten sowie fortgeschriebenen Förderpläne unter Berücksichtigung der unter Punkt 4 beschriebenen Qualitätskriterien
- Erhebung der durch die Lehrkräfte wahrgenommenen Veränderungen der sozialen und emotionalen Kompetenzen der Schüler, für die und mit denen eine Förderplanung erfolgte
- Evaluation des Transfers in Bezug auf die Umsetzung der Inhalte direkt nach dem Training und bis zu einem Jahr nach dem Training
- Fördernde und hemmende Faktoren einer Kooperativen Förderplan-Praxis
- Modifikationen der Methode KEFF, die in der Praxis zum Einsatz kommen

Die Darstellung der einzelnen Ergebnisse würde an dieser Stelle zu weit führen. Es werden jedoch wichtige Aspekte vorgestellt, die auch für die zukünftige Konzeption von Fortbildungen und für die Förderplanung allgemein von Bedeutung sind:

- Die Fortbildung ist bei den Teilnehmerinnen und Teilnehmern gut bis sehr gut angekommen. So liegen die Durchschnittswerte bei allen Trainings fast ausschließlich zwischen 4 und 5 (auf einer fünfstufigen Skala). Dass auch die Auftraggeber der Fortbildung mit der Konzeption zufrieden sind, zeigt die

ununterbrochene Durchführung von Trainings (mit unterschiedlichen, teilweise extra hierfür ausgebildeten Ko-Trainern) seit 2007 bis 2011. Umfangreiche Anschlussveranstaltungen für die kommenden Jahre sind in Planung.
- Die Evaluation der Förderpläne zeigt vor allem zwei Aspekte, an denen in Zukunft noch zu arbeiten ist. Dies betrifft einerseits die Formulierung von Förderzielen, die oftmals noch zu wenig konkret ist. Daraus kann gefolgert werden, dass die Gefahr einer willkürlichen Zielformulierung besteht, wenn die Schüler nicht an der Förderplanung teilnehmen. Eine aktive Teilhabe ist daher anzustreben.
- Andererseits ist die Evaluation der Förderziele und Fördermaßnahmen in vielen Fällen noch unzureichend. Das mag an der Evaluation als solche liegen, die in Schulen oftmals negativ besetzt ist. Dies kann aber auch daran liegen, dass bisher in der einschlägigen Fachliteratur ein Schwerpunkt auf die Erstellung von Förderplänen gelegt wurde und der Evaluation eher wenig Raum zugestanden wurde.
- Die Evaluation der wahrgenommenen Veränderungen bei Schülern hebt eine wissenschaftliche Lücke hervor. Obgleich alle Veränderungen signifikant waren, konnten diese nicht primär auf die Förderplanung zurückgeführt werden. Sicher ist diese ein Medium für Lehrkräfte, sich eingehender mit den Kompetenzen ihrer Schüler auseinanderzusetzen und diese vielleicht unter anderen Blickwinkeln zu betrachten. Die genauen Wirkweisen indes sind bislang nicht nachvollziehbar.

6 Fazit

In der Einleitung steht, dass sich die Förderplanung allgemein zu einem professionellen Standard entwickelt hat. Aber wie wird die Entwicklung weitergehen?

Wahrscheinlich wird sie sich in Richtung der zweiten der unter Punkt 3.2 genannten Prozessformen verschieben: weg von der Förderplanung eines einzigen Lehrers hin zu den Zielvereinbarungen mit den Schülerinnen und Schülern als Regelfall. Hierfür sind bereits Methoden entwickelt worden, die derzeit evaluiert werden. Sonst wäre m. E. eine Förderplanung für alle Schüler in Regelschulen (wie sie teilweise schon heute gefordert wird, z. B. in Grundschulen NRWs) gar nicht realisierbar. Die zweite Prozessform ist die Kooperative Förderplanung, die vor allem dann eingesetzt werden könnte, wenn mehrere Professionen einzubeziehen sind. Dies wird wohl vor allem in Bezug auf Schülerinnen und Schülern mit dem Förderschwerpunkt emotionale und soziale Entwicklung der Fall sein. Eine Einbeziehung der Schüler in diese Kooperativen Förderplanungen erfordert aber auch ihre Vorbereitung darauf. Hier bedarf es noch eines starken Wandels der Einstellungen von Lehrkräften: nicht nur die Lehrer sind die Experten für die Förderung, sondern insbesondere die betreffenden Schüler selbst.

Literatur

Bethge, A. (2010): Förderplanung – offene Fragen und ein Erfahrungsbericht. In: vds (Verband Sonderpädagogik e. V.) (Hrsg.): Sonderpädagogischer Kongress 2010. Inklusion braucht Professionalität. Bearbeitet von Seebach, B. (CD-ROM). Dresden, 7–11.
Bonifer-Dörr, G. (1992): Arbeiten mit dem Förderplan: eine Handreichung für die Berufsausbildung benachteiligter Jugendlicher. Bonn.
Drave, W., Rumpler, F. & Wachtel, P. (Hrsg.) (2000): Empfehlungen zur sonderpädagogischen Förderung. Allgemeine Grundlagen und Förderschwerpunkte (KMK). Würzburg.
Eggert, D. (1997): Von den Stärken ausgehen... Individuelle Entwicklungspläne in der Lernförderungsdiagnostik. Dortmund.
KMK (Sekretariat der Ständigen Konferenz der Kultusminister der Länder in der Bundesrepublik Deutschland) (2006): Fördern und Fordern – Eine Herausforderung für Bildungspolitik, Eltern, Schule und Lehrkräfte. Gemeinsame Erklärung der Bildungs- und Lehrergewerkschaften und der Kultusministerkonferenz. Presseerklärung vom 19. 10. 2006, 6 Seiten.
Kornmann, R. (1986): Förderdiagnostisch orientierte Variationen der Testbedingungen bei ausgewählten Aufgaben des HAWIK. In: Zeitschrift für Heilpädagogik 37 (10), 674–684.
Martin, N. R. M. (2005): A guide to collaboration for IEP teams. Baltimore.
Matthes, G. (2003): Förderdiagnostische Lernbeobachtung: ein Grundriss für die individuelle Lernförderung in Grund- und Förderschulen. Potsdam.
Melzer, C. (2009): Die Kooperative Erstellung und Fortschreibung individueller Förderpläne – Entwicklung und Evaluation einer transferorientierten Trainingskonzeption. Leipzig (unveröffentlichte Dissertation).
Melzer, C. (2010): Wie können Förderpläne effektiv sein und eine professionelle Förderung unterstützen? In: Zeitschrift für Heilpädagogik 6 (61), 212–220.
Melzer, C., Pasewark, W. & Stützel, P. (2007): Der handlungstheoretische Ansatz als förderpädagogische Arbeitsgrundlage für Beratung, Diagnostik und Unterricht. In: Mutzeck, W. & Popp, K. (Hrsg.): Professionalisierung von Sonderpädagogen. Standards, Kompetenzen und Methoden. Weinheim, 364–385.
Methner, A. & Popp, K. (2009): Forschungsbericht Sicherung und Implementierung erarbeiteter Kompetenzen zur Kooperativen Erstellung und Fortschreibung individueller Förderpläne (KEFF). Leipzig.
Mutzeck, W. (1988): Von der Absicht zum Handeln. Weinheim.
Mutzeck, W. (2008): Kooperative Beratung. Grundlagen, Methoden, Training, Effektivität. 6. Aufl., Weinheim, Basel.
Mutzeck, W. & Melzer, C. (2007): Kooperative Förderplanung. Erstellung und Fortschreibung individueller Förderpläne (KEFF). In: Mutzeck, W. (Hrsg.): Förderplanung. Grundlagen, Methoden, Alternativen. Weinheim, Basel, 199–239.
Pluhar, C. (2003): Sonderpädagogischer Förderbedarf aus der Sicht eines Mitglieds der KMK-Arbeitsgruppe. In: Ricken, G., Fritz, A. & Hofmann, C. (Hrsg.): Diagnose: Sonderpädagogischer Förderbedarf. Lengerich, 68–82.
Popp, K., Melzer, C. & Methner, A. (2011): Förderpläne entwickeln und umsetzen. München.
Ricken, G. (2008): Förderung aus sonderpädagogischer Sicht: In: Arnold, K.-H., Graumann, O. & Rakhkochkine, A. (Hrsg.): Handbuch Förderung. Grundlagen, Bereiche und Methoden der individuellen Förderung von Schülern. Weinheim, Basel, 74–83.
Straggilos, V. & Xanthacou, Y. (2006): Collaborative IEPs for the education of pupils with profound and multiple learning difficulties. In: European Journal of Special Needs Education 21 (3), 339–349.
Suhrweier, H. & Hetzner, R. (1993): Förderdiagnostik für Kinder mit Behinderungen. Neuwied u. a.

Kunstpädagogische Potenziale im Hinblick auf heterogene Schülergruppen

Frederik Poppe & Nora Bernhardt

1 Einleitung

In seinem Aufsatz »Die Kunst ist nur ein Weg...« sucht Günther Regel (2006, 328) eine Antwort auf die immer wieder diskutierte Frage nach der Zielorientierung der bildenden Kunst in unserem Bildungssystem und deren Potenzial für die Persönlichkeitsentwicklung der Heranwachsenden in unserer Gesellschaft. Eine solche Auseinandersetzung mit der Kunst verlangt einen Blick auf die beiden derzeit bei der BuKo 12[1] diskutierten kunstpädagogischen Positionen über den Fachgegenstand. In ersterer wird Kunst vorwiegend als ästhetisches Phänomen betrachtet (Konzept der ästhetischen Erziehung). Der zweite Standpunkt rückt Kunst stärker in das Zentrum der Kunstpädagogik mit dem Anspruch der Kompetenzorientierung (künstlerische Bildung).[2]

2 Ästhetische Erziehung und künstlerische Bildung – zum Problem der Polarisierung

Der Begriff »ästhetische Erziehung« wurde erstmals in den 27 Briefen »Über die ästhetische Erziehung des Menschen« erwähnt, in denen sich Schiller 1793 mit dem Verlauf und Ausgang der französischen Revolution auseinandersetzte. Er skizzierte ein Weltbild unter dem Imperativ der Ästhetik, das keine Teilgruppe der Gesellschaft ausschließt. Im ästhetischen Staat leben alle Bürger mit gleichen Rechten und in Freiheit. Die Ungleichheit wirke sich hemmend auf den »ästhetischen Zustand« aus (vgl. Schiller 2010c). Diesen zu erreichen sei nicht möglich, wenn der Mensch durch Unterdrückung, Leibeigenschaft und Bevormundung »jeder Erquickung

---

1 Bundeskongress der Kunstpädagogik 2010–2012 »Wie viel Kunst braucht die Kunstpädagogik« (http://www.buko12.de/part01-wie-viel-kunst-braucht-die-kunstpadagogik/, Stand: 04.10.2011).
2 Mehr dazu bei Wolfgang Legler (2009): Kunstpädagogische Zusammenhänge. Schriften zur Fachdidaktik und zur ästhetischen Bildung, und Joachim Kettel (2001): SelbstFREMDheit. Elemente einer anderen Kunstpädagogik.

beraubt« (Schiller 2010c) werde oder durch materiellen Überfluss keine Motivation zur »eigenen Anstrengung« (Schiller 2010c) habe.

Da Schillers Ansatz ausnahmslos für die gesamte Gesellschaft formuliert ist, könnten seine Forderungen nach Freiheit und gleichem Recht für alle gut in Verbindung mit der Leitlinie der Selbstverwirklichung in sozialer Integration gebracht werden. Der ästhetische Zustand kann dabei durchaus im Kontext der Bildung gesehen werden. Fröhlich versteht unter Bildung »die Partizipation am kulturellen Erbe der Menschheit« (Fröhlich 2010, 23). Ackermann definiert Bildung als »Vorgang im Menschen, als Prozess« (Ackermann 2010, 233), als die Möglichkeit, sich in Bezug zu sich selbst und seinem Umfeld zu sehen. Für die Entwicklung von Bildung bedarf es einer Eingebundenheit in einen sozialen Kontext und die Teilhabe an gesellschaftlichen Prozessen (vgl. Ackermann 2010, 233–235). Klauß und Lamers heben in diesem Zusammenhang die Entdeckung des Bildungspotenzials »von Menschen mit kognitiven Beeinträchtigungen im Bereich der Kreativität und der Kunst, der Selbstbestimmung und der Kommunikation« (Klauß & Lamers 2010, 305) hervor und beziehen sich auf Klafkis Theorie der Allgemeinbildung, die als Dimensionen u. a. ästhetische Gestaltungsfähigkeiten sowie Wahrnehmungs- und Urteilskompetenzen umfasst (vgl. Klauß & Lamers 2010, 306f.; Klafki 1991, 53–54).

Der Begriff der ästhetischen Erziehung wurde im 20. Jahrhundert vor allem als kritische Antwort auf den formalen Kunstunterricht wiederbelebt und mit einer sinnlich orientierten Pädagogik in Verbindung gebracht.[3] Zuvor gab es in der Kunsterziehungsbewegung eine starke Orientierung an der Kunst selbst. Die Protagonisten Reinhard Pfennig und Gunter Otto hoben in ihren Didaktiken des Kunstunterrichts diese Orientierung wieder in den Vordergrund (vgl. Pfennig 1959; Otto 1964) und legten einen deutlichen Schwerpunkt auf die Vermittlung der formalen Seite der Kunst. Dass selbst so scheinbar formalistische Entwicklungen über die reine Vermittlung formaler Aspekte hinaus gehen und persönlichkeitsbildende Zielsetzungen verfolgen, zeigt sich in dem Werk zur Bauhaus-Pädagogik von Rainer K. Wick (vgl. Wick 1982). Wick stellt in seinem Werk diese Spannweite der künstlerischen Lehre im Bauhaus innerhalb der formalistischen Kunstbewegung des Konstruktivismus dar, betont jedoch auch, dass im Zentrum dieser Lehren immer noch formale Aspekte standen. Buschkühle kennzeichnet die postmoderne Kunst dadurch, »dass sie eine Verlagerung vornimmt und die inhaltliche Dimension gegenüber dem formalen Experiment betont.« (Buschkühle 2007, 22). Diese Verlagerung versteht die bildende Kunst heute als einen Ort der Subjektbildung und Vermittlung formaler Aspekte. »Künstlerische Bildung in der Gegenwart kann sich nicht zurückziehen auf die Vermittlung formaler Aspekte. Sie betreibt Subjektbildung im Hinblick auf eine komplexe, widersprüchliche Gesellschaft und Kultur« (Buschkühle 2007, 22). Unter dem heutigen Begriff der »künstlerischen Bildung«

---

3 Ästhetik leitet sich vom griechischen »aisthesis« ab und bedeutet in diesem ursprünglichen Sinn »Wahrnehmung«. Nach Theunissen umfasst ästhetische Erziehung »die Betätigung und Entfaltung aller Sinne« (Theunissen 2007, 2). Der Autor verweist auf ein postmodernes Kunstverständnis, das im Sinne einer inklusiven Betrachtungsweise nicht aussondert. Der Begriff der Normalität tauche im Kontext der Kunst nicht auf; diese werde eher mit Freiheit oder Individualismus verbunden (vgl. Theunissen 2007, 2).

kann man somit verstehen, dass sich die künstlerische Bildung zwar an Inhalten, Zielen und Methoden der Kunst orientiert, jedoch die reiche Formsprache der Kunst als Ausdrucksmöglichkeit versteht, die Schülerinnen und Schüler individuell modifizieren und als Werkzeug zur subjektiven Auseinandersetzung mit ihrer Lebenswelt nutzen können. Günther Regel bestärkt diese Sichtweise mit den Worten: »Wir verspielten leichtfertig weiterhin eine unserer wichtigsten Ressourcen, wenn wir nicht endlich umsteuerten und ernst machen damit, die Kunst als Mittel, als Werkzeug der Menschenbildung mit dem nötigen Fach- und Sachverstand und der gebotenen Intensität zu nutzen« (Regel 2006, 332).

Regel verweist darauf, dass die »Potenzen der Kunst für die Persönlichkeitsbildung und die Entwicklung der Gesellschaft freizusetzen« (Regel 2006, 337) seien und plädiert für eine fachliche Orientierung an der Ausbildung fachspezifischer Basiskompetenzen. Mit der Herausbildung dieser Basiskompetenzen würde die Persönlichkeit als Ganzes gefordert werden und zwar

> »nicht nur die eine oder andere Fähigkeit oder Fertigkeit, nicht nur Kunstverstand und bildnerisches Denken, nicht nur dieses oder jenes spezielle Wissen und handwerklich-technisches Können sind gefragt, sondern auch Empathie, die Fähigkeit, sich einzufühlen, und ein entwickeltes Erlebnisvermögen, eine bestimmte, an tragfähigen Wertvorstellungen orientierte Einstellung und Haltung, eine spezifische Weise, die Welt anzuschauen und sogar eine ganz bestimmte ›Art zu sein‹« (Regel 2006, 337).

Neben den fachspezifischen Kompetenzen »Gestalterische Kompetenz«, »Ästhetische Kompetenz«, »Kunsttheoretische Kompetenz« und »Kunsthistorische Kompetenz« stehen die Entwicklung der Persönlichkeit durch »Künstlerische Kompetenz« und »Soziale Kompetenzorientierung« gleichwertig nebeneinander (vgl. Regel 2006, 337–339). Bei Letzteren wird sowohl der Ausdruck des Erlebens in gestalteter Form, als auch die Ausprägung moralischer Werte, Einstellungen und Haltungen und der selbst bestimmte Umgang mit diesen in persönlichen und sozialen Lebensbezügen fokussiert. Neben diesen verschiedenen Kompetenzen ist ein weiterer Bereich in den Fokus der Fachdiskussion gerückt: die Bildkompetenz. Sie gilt als eine übergreifende Basiskompetenz aller Fächer, die nicht leitend durch die Bildende Kunst bei den Schülerinnen und Schülern entwickelt werden sollte (vgl. Sowa 2005, 7 f.). Die künstlerische Bildung birgt ein persönlichkeitsbildendes Potenzial in sich, das jeden Einzelnen »potenter, leistungsfähiger und innovationsfreudiger, […] toleranter und aufgeschlossener, […] einsatzbereiter und hingebungsvoller, […] lebensfroher und zukunftsorientierter« (Regel 2006, 332) als ein Teil der Gesellschaft sein lässt.

Diese skizzierte Polarisierung in der Fachdiskussion der Kunstpädagogik soll keinen Gegensatz zwischen dem Künstlerischen und dem Ästhetischen aufzeigen, »vielmehr legen allein die Begriffe schon nahe, dass es sich hier um verflochtene Beziehungen und nicht um Ausschließungen handelt« (Buschkühle 2007, 35). Eine Unterscheidung zwischen einer Förderung des Künstlerischen und einer Förderung des Ästhetischen greift bei der Charakterisierung der gegenwärtigen kunstpädagogischen Entwicklungen zu kurz, denn »eine Zuordnung von Positionen unter ein strukturierendes Schema birgt jedoch die Gefahr in sich, Dinge zu vereinfachen und Differenzierungen zu verschleiern« (Buschkühle 2007, 35). Buschkühle beschreibt hierzu eine Vielzahl von Konzepten in der Kunstpädagogik, die selbstgesteuertes

Lernen in den Fokus der Unterrichtsdidaktik stellen und dabei Anteile der Ausbildung bildnerischer Mittel gleichrangig hervorheben (vgl. Buschkühle 2007, 36–46).

3 Die Bedeutung kunstpädagogischer Elemente für einen gemeinsamen Unterricht

Die duale Auseinandersetzung mit den aktuellen kunstpädagogischen Positionen lässt deren Potenziale zum Vorschein kommen und versteht Kunst nicht nur als ein hervorragendes Mittel, durch das sich Kreativität und Gestaltungsfähigkeit in der sich zu entwickelnden Persönlichkeit generieren, sondern diese Auseinandersetzung weckt ein Verständnis, dass Kunst »in ganz besonderer Weise auch dazu bei [trägt, N. B.], [...] das Bewusstsein, die Emotionalität und insbesondere die Empathie und das Erlebnisvermögen [zu bereichern, N. B.]« (Regel 2006, 331). Ein solches Verständnis hebt den besonderen Beitrag hervor, den die Kunstpädagogik unter heutigen Herausforderungen im Unterricht leisten kann. Im Hinblick auf heterogene Schülergruppen haben viele Schulen begonnen, neue Wege zu beschreiten und Lernformen einzuführen, die nicht nur den Erwerb von Wissen und Fertigkeiten im Vordergrund sehen, sondern auch die Ausbildung von Sozialverhalten berücksichtigen. Ein Lernen, das konkrete Wahrnehmungen und Erfahrungen ermöglicht und Begegnungen mit Sachverhalten provoziert, ist ein ästhetisches. Dabei geht es nicht nur um den Erwerb von Kenntnissen oder um den Erwerb von Fertigkeiten. Vielmehr liegen die Potenziale kunstpädagogischer Elemente im Hinblick auf heterogene Schülergruppen darin, jeden Einzelnen herauszufordern und eigene Positionen zum Gegenstand der Auseinandersetzung zu formulieren. Eine solche Arbeitsweise schult die Fähigkeiten der Schülerinnen und Schüler zu differenzierten Wahrnehmungsleistungen, zu selbstständiger Erzeugung von Bedeutungen sowie zur Ausbildung fachspezifischer Basiskompetenzen nach dem Anspruch der künstlerischen Bildung und übt dabei in unterschiedlichen Arbeits- und Kommunikationsformen das Sozialverhalten. Daneben lassen sich folgende Potenziale kunstpädagogischer Elemente im Hinblick auf heterogene Schülergruppen aus den vorangegangen Überlegungen herausstellen:

- Primärerfahrungen über ein vielfältiges Materialspektrum, die durchaus die Qualität der Anregung von ästhetischen Erfahrungen enthalten
- Die Öffnung nach außen zur Mitwelt (Selbstwahrnehmung und Selbstdarstellung)
- Interaktion und Kommunikation im Hinblick auf ästhetisches Handeln
- Förderung der Kreativität und Persönlichkeitsentwicklung
- Förderung des selbstgesteuerten Lernens.

Die fachliche Orientierung an diesen Potenzialen kunstpädagogischer Elemente ist persönlichkeitsbildend und ermöglicht eine Selbstverwirklichung bei gleichzeitiger sozialer Teilhabe (vgl. Regel 2006, 337; Klauß & Lamers 2010, 306 f.; Klafki 1991, 53 f.). Die Herausforderung an die Pädagoginnen und Pädagogen besteht darin, eine geeignete Lernkultur zu schaffen, die jede Schülerin und jeden Schüler einlädt, sich einzubringen und entsprechend der individuellen Potenziale einander zu begegnen (vgl. Wilhelm, Eggertsdóttir & Marinósson 2006). Eine solche Lernkultur wird maßgeblich durch die Wahl der Unterrichtsform bestimmt. Paradies & Linser präferieren in diesem Zusammenhang drei Grundformen des Unterrichts: den individualisierenden Unterricht, den kooperativen Unterricht und den gemeinsamen Unterricht (vgl. Paradies & Linser 2010). Knauer und Wocken plädieren für einen offenen Unterricht, der flexible Vermittlungsformen aufweist und sowohl gemeinsame als auch differenzielle Lernsituationen in sich birgt (vgl. Knauer 2008; Wocken 2011).

4 Ein Impuls für die praktische Umsetzung

Das »Künstlerische Projekt im schulischen Kontext«[4] von Buschkühle bietet die didaktischen Möglichkeiten, gestalterisches Arbeiten und ästhetische Produktion von Schülerinnen und Schülern herauszufordern und gleichzeitig differenzierte Lernsituation zu provozieren (vgl. Buschkühle 2007, 205–331).

4.1 Kunstwissenschaftliche Überlegungen

Raymond Hains begann 1949 übereinander geklebte Werbeplakate schichtweise abzureißen und prägte zusammen mit seinem Kollegen Jacques Mahé de la Villeglé den Begriff »Affiches lacérées«. Die sogenannten Affichistes griffen durch das teilweise Abreißen, Übermalen und Verbrennen in Werbewände im öffentlichen Raum ein und transportierten auf diese Weise konsum- und gesellschaftskritische Inhalte. In den 1950er-Jahren entstand der Begriff der Décollage, bei dem der Aspekt des Abtragenden im Zentrum steht.

In Deutschland verbindet man Décollagen vor allem mit dem Fluxus- und Happeningkünstler Wolf Vostell[5]. Im Gegensatz zu den französischen Affichistes, bei denen die teilweise Zerstörung bis hin zur vollkommenen Vernichtung des Objektes als künstlerische Ausdrucksform verwendet wurde, ging es Vostell eher um das Sichtbarmachen von verborgenen visuellen Elementen durch ihre Freilegung. Bei dem »objet trouvé des gefundenen Lebens« spielt der Zufall eine

---

4 Ausführliche Beschreibungen zur Konzeption: http://www.schroedel.de/kunstportal/bilder/forum/200711_text_Buschkuehle.pdf.
5 Bei Vostell zumeist »De-coll/age« genannt.

entscheidende Rolle: Bei einer Décollage von Werbeplakatwänden ist dem Künstler zunächst nicht bekannt, welche Schichten sich unter der sichtbaren befinden.

Abb. 1: Bernhardt: Décollage

Bei allen Formen der Décollage, insbesondere auch bei den zerstörerischen, ist der Entstehungsprozess von Bedeutung. Oft wurde bereits die Beschaffung des Materials fotografisch dokumentiert, war es den Künstler doch ein Anliegen, das Wechselspiel von Kunst und Alltag zu betonen. Vostell dokumentierte den Prozess seiner Décollagen, die er gelegentlich als Happening inszenierte (vgl. Ketter Kunst 2011).

4.2 Décollage im schulischen Kontext

Auseinandersetzungen mit der Décollage als künstlerische Methode und deren pädagogische Relevanz sind in der Literatur nur vereinzelt zu finden. Es lassen sich jedoch zumindest einige Ausführungen über die Vorteile der Methode im Kunstunterricht finden (vgl. Brög & Wichelhaus 1998, 40–42).

Dem Ruf nach einer stärkeren Öffnung der Schule nach außen kann nachgekommen werden, da die Chance besteht, ein Projekt mit dieser Methode vollständig im öffentlichen Raum durchzuführen. Dabei ist es in erster Linie wichtig, sich rechtlich abzusichern. Für die Arbeit an Werbeflächen sollte in Erfahrung gebracht werden, bis zu welchem Datum der Träger (Plakatwand, Litfaßsäule usw.) finanziert wird. Kurz vor einer erneuten Plakatierung ließe sich ein entsprechendes künstlerisch-ästhetisches Projekt eventuell von der verantwortlichen Firma genehmigen. Damit könnte das Schulprojekt öffentlichkeitswirksam umgesetzt werden. Die Aufmerksamkeit der lokalen Presse ließe sich möglicherweise wecken.

Da mit vorgefundenem Material gearbeitet wird, kommt das sonst so häufige Problem der Kostspieligkeit gar nicht erst auf. Décollagen lassen sich auch ohne großen finanziellen Aufwand durchführen.

Schließlich birgt die Décollage im schulischen Kontext die Chance, uneingeschränkt am gemeinsamen Gegenstand (vgl. Feuser 1982, 85–105) zu arbeiten und so die Kooperation heterogener Schülergruppen zu ermöglichen. Da sich Diversität günstig auf die Entstehung von kreativen Prozessen auswirkt, kann Heterogenität zudem als Chance oder Ressource und damit als ausdrücklich erwünschte Rahmenbedingung gesehen werden. Dieser Ansatz orientiert sich an der von Knauer und Wocken präferierten Form des offenen Unterrichts (vgl. Knauer 2008; Wocken 2011).

4.3 Themenskizze

Analog zu den oben herausgestellten Überlegungen für kunstpädagogische Projekte mit heterogenen Schülergruppen wird eine konkrete Idee bzw. ein Themenvorschlag für den Unterricht beispielhaft skizziert.

Das Thema »Décollage im öffentlichen Raum« ermöglicht eine praktische Umsetzung der oben ausgeführten Gedanken. Eine heterogene Schülergruppe wird in mehrere kleinere Gruppen unterteilt, die mit unterschiedlichen Zielsetzungen zusammen an einer Plakatwand mit möglichst vielen übereinander geklebten Schichten von Werbematerialien arbeiten.

Die Plakatwand ist der gemeinsame Gegenstand, an dem alle Schüler arbeiten. Durch eine Unterteilung von sowohl Fläche als auch Gruppe ist der Einsatz verschiedener Techniken (Schnitt- und Reißtechniken, Kombination mit Mal- und Collagetechniken) möglich – je nach individuellen Voraussetzungen der Untergruppen. Damit werden bei der Planung persönlichkeitsbildende und soziale Zielsetzungen notwendig. Zerstörerische Prozesse werden in diesem Zusammenhang nicht unterbunden – sie sind vielmehr notwendig, um die angestrebten ästhetischen Erfahrungen zu ermöglichen.

Bei einem solchen Vorhaben liegt der Schwerpunkt auf einer prozessorientierten Arbeitsweise. Die verschiedenen Veränderungen durch Eingriffe in die Bildfläche (Plakatwand) sollten immer wieder fotografisch dokumentiert werden, da jeder Zwischenschritt eine neue Ästhetik offenbart. Als Produkt bleiben in erster Linie die Dokumentationen bestehen. Die Veränderungsprozesse der Bildfläche können gut dargestellt werden, in dem man zur Dokumentation eine fest installierte Kamera verwendet und im Anschluss die Einzelbilder in eine Filmsequenz wandelt.

Die Werke von Vostell können in diesem Zusammenhang beispielhaft mit der Schülergruppe rezipiert werden. Bei der Kunstbetrachtung geht es neben dem Erwerb von Bildungskompetenzen wie beispielsweise kunsthistorische Kompetenz oder Bildkompetenz »[...] vielmehr um Dialoge, Annäherungen, Zugänge und bestenfalls Auseinandersetzungen mit Kunst. [...] Sie bewegt sich in und mit Prozessen der Interaktion, die pädagogisch initiiert, begleitet und reflektiert werden« (Uhlig 2005, 71). Die Herausforderung für die Pädagoginnen und Pädagogen ist hierbei, geeignete Methoden für die Begegnung mit ausgewählten Kunstwerken zu finden, die neben dem Erwerb von Fachkompetenzen die Schülerinnen und Schüler befähigen, sich mit eigenen Problemen und Fragestellungen auseinanderzusetzen und davon ausgehend einen fachspezifischen Beitrag zur Persönlichkeitsentwicklung zu leisten.[6]

5 Fazit

Je mehr wir es im Unterricht mit Kindern und Jugendlichen unterschiedlicher Fähigkeiten und Interessen zu tun haben, desto stärker muss der Unterricht diese Unterschiede auch didaktisch aufgreifen. Auf die Frage, unter welchen Bedingungen eine solch pädagogische Arbeit geleistet werden kann, lassen sich aus dem Fachbereich der Kunstpädagogik aufgezeigte Antworten finden. Der übergeordneten Forderung Schillers, mithilfe von ästhetisch orientierten Handlungen keine Teilgruppe der Gesellschaft auszuschließen, kann hier nachgegangen werden. Vielmehr wirkt sich Diversität darüber hinaus kreativitätsfördernd aus, weshalb eine heterogen zusammengesetzte Schülergruppe in diesem Bereich als besonders wünschenswert gesehen werden kann. Der Fokus der vorgestellten Themenskizze liegt zudem gleichermaßen auf den Potenzialen der ästhetischen Bildung und künstlerischen Kompetenzorientierung und berücksichtigt dabei in unterschiedlichen Arbeits- und Kommunikationsformen das Sozialverhalten der Schüler.

»Das Künstlerische Projekt« (Buschkühle 2007) als offene Unterrichtsform ermöglicht hierbei flexible Vermittlungsformen (Wocken 2011) und versteht Heterogenität als Ressource. Dabei ist zu bedenken, dass sich nicht jeder Gegenstand gleichermaßen für die Konzeption von Projekten im Rahmen eines »Arbeiten am gemeinsamen Gegenstandes« (Feuser 1982) eignet. Im Rahmen einer Décollage als Gruppenprojekt kann eine Plakatwand als geeigneter gemeinsamer Gegenstand betrachtet werden, an dem eine heterogen zusammengesetzte Schülergruppe mit

---

6 Ein guter Überblick über verschiedene Methoden der Begegnung mit Kunstwerken lässt sich im Material KOMPAKT (in: KUNST+UNTERRICHT, Ausgabe 254, August 2001) »Spielarten der Kunstrezeption« finden.

unterschiedlichen Zielsetzungen arbeitet, um an einem übergreifenden und zusammenhängenden ästhetischen Prozess mitzuwirken.

Literatur

Ackermann, K.-E. (2010): Zum Verhältnis von geistiger Entwicklung und Bildung. In: Musenberg, O. & Riegert, J.: Bildung und geistige Behinderung. Oberhausen, 224–244.
Brög, H. & Wichelhaus, B. (1998): Collage, Decollage, Montage, Assemblage. In: Kunst + Unterricht, Heft 220, 40–42.
Buschkühle, C.-P. (2007): Die Welt als Spiel. Theorie und Praxis künstlerischer Bildung. Oberhausen, 34–46, 205–331.
Buschkühle, C.-P. (o.J.): Bildung im künstlerischen Projekt. Online im Internet: http://www.schroedel.de/kunstportal/bilder/forum/200 711_text_Buschkuehle.pdf [29.09.2011].
Feuser, G. (1982): Integration = die gemeinsame Tätigkeit (Spielen/Lernen/Arbeit) am gemeinsamen Gegenstand/Produkt. In: Kooperation von behinderten und nichtbehinderten Menschen. Behindertenpädagogik, Heft 21, 85–105.
Fröhlich, A. (2010): Bildung – unsystematisch einführende Gedanken. In: Musenberg, O. & Riegert, J.: Bildung und geistige Behinderung. Oberhausen, 15–26.
Kettel, J. (2001): SelbstFREMDheit. Elemente einer anderen Kunstpädagogik. Oberhausen.
Ketter Kunst (o.J.): Online im Internet: http://www.kettererkunst.de/lexikon/decollage.shtml [26.08.2011]
Klafki, W. (1991): Neue Studien zur Bildungstheorie und Didaktik. Zeitgemäße Allgemeinbildung und kritisch-konstruktive Didaktik. Weinheim, Basel.
Klauß, T. & Lamers, W. (2010): Bildung für Menschen mit geistiger Behinderung – ein unvollständig eingelöstes Menschenrecht. In: Musenberg, O. & Riegert, J.: Bildung und geistige Behinderung. Oberhausen, 302–323.
Knauer, S. (2008): Integration. Inklusive Konzepte für Schule und Unterricht. Weinheim, Basel.
Legler, W. (2009): Kunstpädagogische Zusammenhänge. Schriften zur Fachdidaktik und zur ästhetischen Bildung. Oberhausen.
n.n. (2001): Material KOMPAKT: Spielarten der Kunstrezeption. In: Kunst + Unterricht, Heft 254.
Otto, G. (1964): Kunst als Prozess im Unterricht. Braunschweig.
Paradies, L. & Linser H.J. (2010): Differenzieren im Unterricht. 5. Aufl., Berlin.
Pfennig, R. (1959): Gegenwart der Bildenden Kunst. Oldenburg.
Regel, G. (2006): Die Kunst ist nur ein Weg... Überlegungen zu den Bildungsstandards im Fach Kunst. In: Kirschmann, J. et al. (Hrsg.): Kunstpädagogik im Projekt der allgemeinen Bildung. In: Kontext Kunstpädagogik Band 7. München, 328–350.
Schiller, F. (2000a): Über die ästhetische Erziehung des Menschen in einer Reihe von Briefen. In: Berghahn, K.L. (Hrsg.): Über die ästhetische Erziehung des Menschen in einer Reihe von Briefen. Stuttgart, 7–192.
Schiller, F. (2010b): Über die ästhetische Erziehung des Menschen in einer Reihe von Briefen – 19.–23. Brief. http://gutenberg.spiegel.de/?id=5&xid=2397&kapitel=4&cHash=208882 65d52#gb_found [15.08.2010].
Schiller, F. (2010c): Über die ästhetische Erziehung des Menschen in einer Reihe von Briefen – 24.–27. Brief. http://gutenberg.spiegel.de/?id=5&xid=2397&kapitel=5&cHash=208882 65d5aesterz5#gb_found [15.08.2010].
Sowa, H. (2005): Kunstpädagogische Standards. Inventarisierung, Rebalancierung, Konsolidierung. In: Kunst + Unterricht Heft 295., o.S.

Theunissen, G. (2007): Ästhetische Erziehung – zur Fachdidaktik. In: Lernen Konkret, Heft 2, 2–5.
Uhlig, B. (2005): Kunstrezeption in der Grundschule: Zu einer grundschulspezifischen Rezeptionsmethodik. München.
Wick, R. (1982): Bauhaus-Pädagogik. Köln.
Wilhelm, M., Eggertsdóttir, R. & Marinósson, G. (2006): Inklusive Schulentwicklung. Planungs- und Arbeitshilfen zur neuen Schulkultur. Weinheim, Basel.
Wocken, H. (2011): Das Haus der inklusiven Schule. Baustellen – Baupläne – Bausteine. Hamburg.

Autorenverzeichnis

Bernhardt, Nora, Universität Leipzig, Institut für Förderpädagogik
Bethge, Andrea, Universität Leipzig, Institut für Förderpädagogik
Diehl, Kirsten, Prof. Dr., Universität Flensburg, Institut für Sonderpädagogik
Eichfeld, Christian, Universität Leipzig, Institut für Grundschulpädagogik
Glück, Christian W., Prof. Dr., Universität Leipzig, Institut für Förderpädagogik
Gutschke, Angela, Universität Leipzig, Institut für Förderpädagogik
Hagen, Tobias, Carl von Ossietzky Universität Oldenburg, Institut für Sonder- und Rehabilitationspädagogik
Hartke, Bodo, Prof. Dr., Universität Rostock, Institut für Sonderpädagogische Entwicklungsförderung und Rehabilitation
Hedderich, Ingeborg, Prof. Dr., Universität Zürich, Institut für Erziehungswissenschaft
Hennemann, Thomas, Vertr.-Prof. Dr., Universität Köln, Department Heilpädagogik
Hillenbrand, Clemens, Prof. Dr., Carl von Ossietzky Universität Oldenburg, Institut für Sonder- und Rehabilitationspädagogik
Jogschies, Peter, Vertr.-Prof. Dr., Universität Potsdam, Department Erziehungswissenschaft
Liebich, Viola, Förderschule mit Ausgleichsklassen »Janusz Korczak« Halle/Saale
Mahlau, Kathrin, Dr., Universität Rostock, Institut für Sonderpädagogische Entwicklungsförderung und Rehabilitation
Melzer, Conny, Dr., Carl von Ossietzky Universität Oldenburg, Institut für Sonder- und Rehabilitationspädagogik
Methner, Andreas, Universität Leipzig, Institut für Förderpädagogik
Popp, Kerstin, Prof. Dr., Universität Leipzig, Institut für Förderpädagogik
Poppe, Frederik, Dr., Universität Leipzig, Institut für Förderpädagogik
Rybniker, Oliver, Schule an der Windmühle, Förderzentrum für emotionale und soziale Entwicklung in Berlin-Neukölln
Schledde, Walter, StD., Studienseminar für berufsbildende Schulen in Oldenburg
Schlee, Jörg, em. Prof. Dr., Carl von Ossietzky Universität Oldenburg, Institut für Sonder- und Rehabilitationspädagogik
Schuppener, Saskia, Prof. Dr., Universität Leipzig, Institut für Förderpädagogik
Spreer, Markus, Universität Leipzig, Institut für Förderpädagogik
Stein, Roland, Prof. Dr., Julius-Maximilians-Universität Würzburg, Institut für Sonderpädagogik

Thau-Pätz, Christa, ehem. Schulleiterin der Borngrabenschule, Schule zur Lernförderung als sonderpädagogisches Beratungs- und Förderzentrum, Rüsselsheim

Tscheke, Jürgen, Universität Leipzig, Institut für Förderpädagogik

Vernooij, Monika A., em. Prof. Dr., Julius-Maximilians-Universität Würzburg, Institut für Sonderpädagogik

Vierbuchen, Marie-Christine, Carl von Ossietzky Universität Oldenburg, Institut für Sonder- und Rehabilitationspädagogik

Voß, Stefan, Universität Rostock, Institut für Sonderpädagogische Entwicklungsförderung und Rehabilitation

Wahl, Diethelm, Prof. Dr., Pädagogische Hochschule Weingarten, Pädagogische Psychologie

Wittrock, Manfred, Prof. Dr., Carl von Ossietzky Universität Oldenburg, Institut für Sonder- und Rehabilitationspädagogik